わが町にも学校を

植民地台湾の学校誘致運動と地域社会

藤井康子

九州大学出版会

目次

凡例
巻頭図

第六章　台南高等商業学校誘致運動の顚末……235
——台南市の「繁栄と面目」をめぐる駆け引き——

凡例

一、表記については、以下の原則にしたがった。

1　日本人名や日本語で書かれた書籍・論文・著者の名称、日本統治下の台湾に存在した機関・団体名、旧漢字を使用した日本語の文章・記事、漢語による文章・記事の訳文は、通行の字体で表記した。ただし、旧漢字を通常表記として使用しているものについては、そのままとしている場合もある。

2　台湾人名や戦後台湾に成立した機関・団体名、中国語書籍名・論文名については、繁体字で表記した。だが、たとえば「臺」とすべきところを「台」と表記するなど、もともとの文献表記を踏まえて繁体字を用いていない場合もある。

3　日本統治下の台湾で発行された新聞のなかには日本語・漢語いずれの記事もあるが、前者については通行の字体、後者については繁体字で見出しを表記した。

4　各章注釈のなかに同一の論文・書籍を再掲する際は書誌情報を省略しているが、新聞記事については、この限りではない。

二、公文書や新聞・雑誌記事の引用に際しては、適宜句読点を補った。

三、新聞・雑誌記事の見出しにつけた「／」は改行を示す。

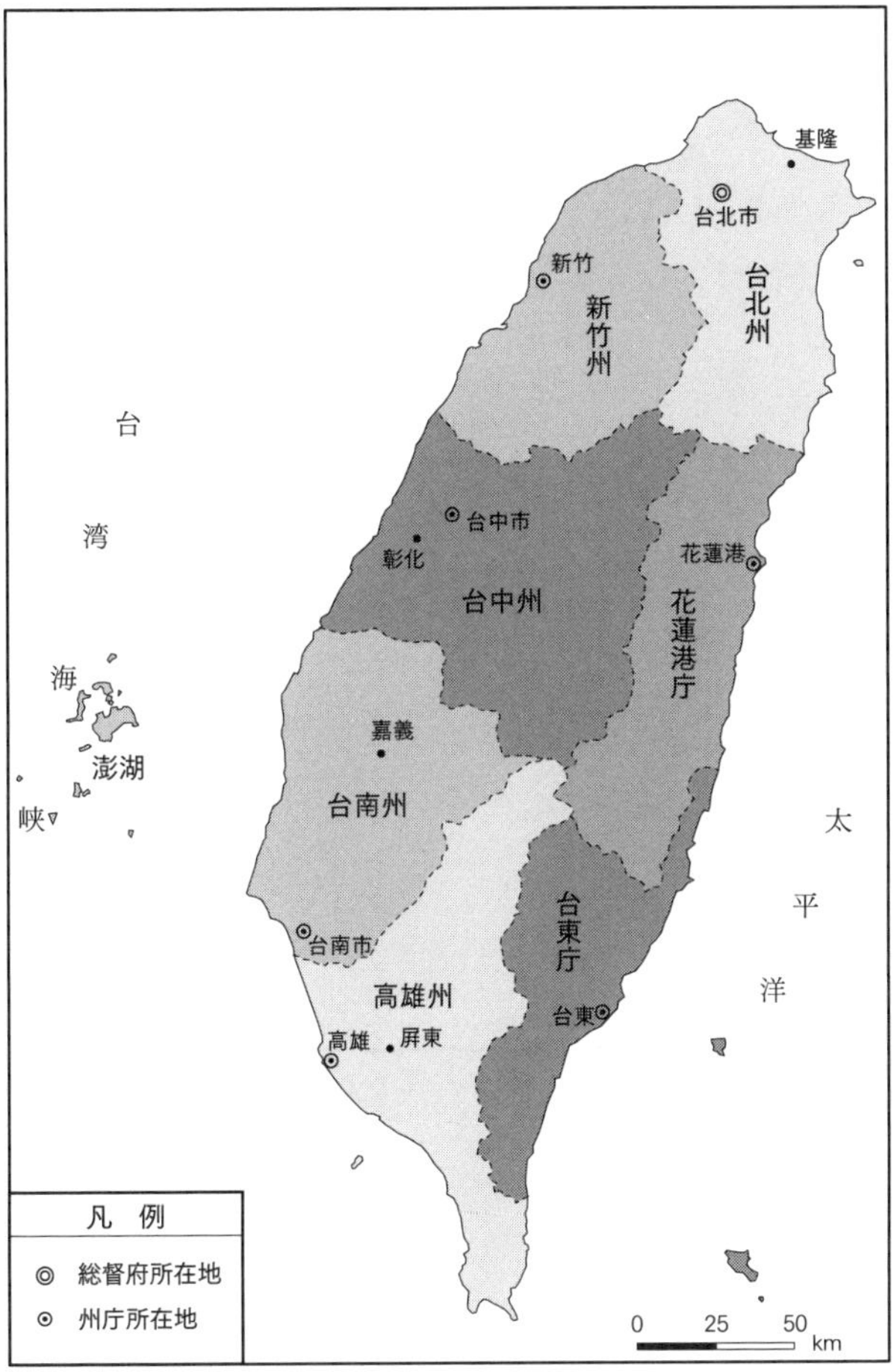

巻頭図1　1920年の地方制度改正により設けられた行政区画

台湾西部の5州（台北・新竹・台中・台南・高雄）と，東部の2庁（台東・花蓮港）からなる。1926年に澎湖庁が新たに設けられて，5州3庁となる。

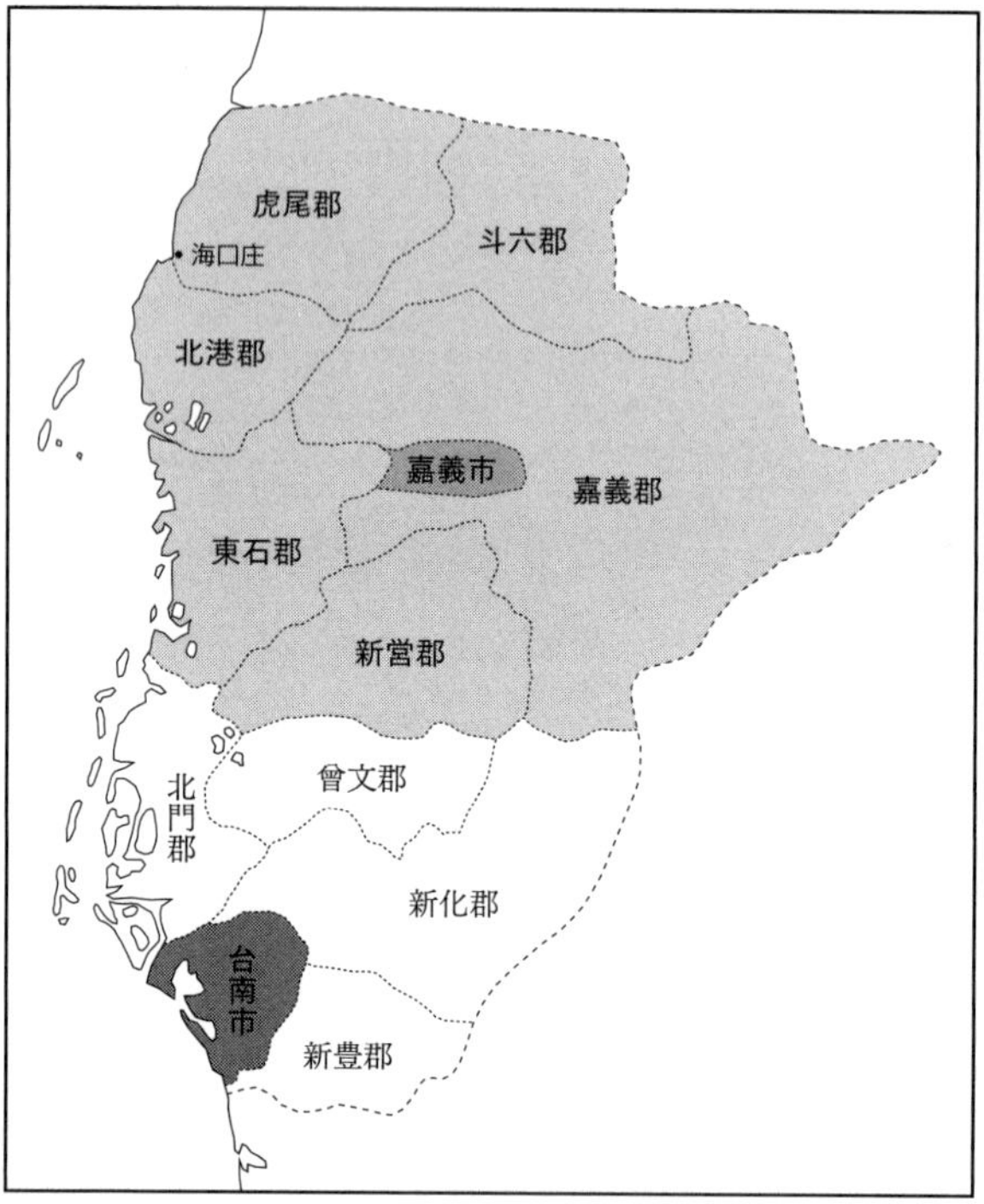

巻頭図 2　台南州

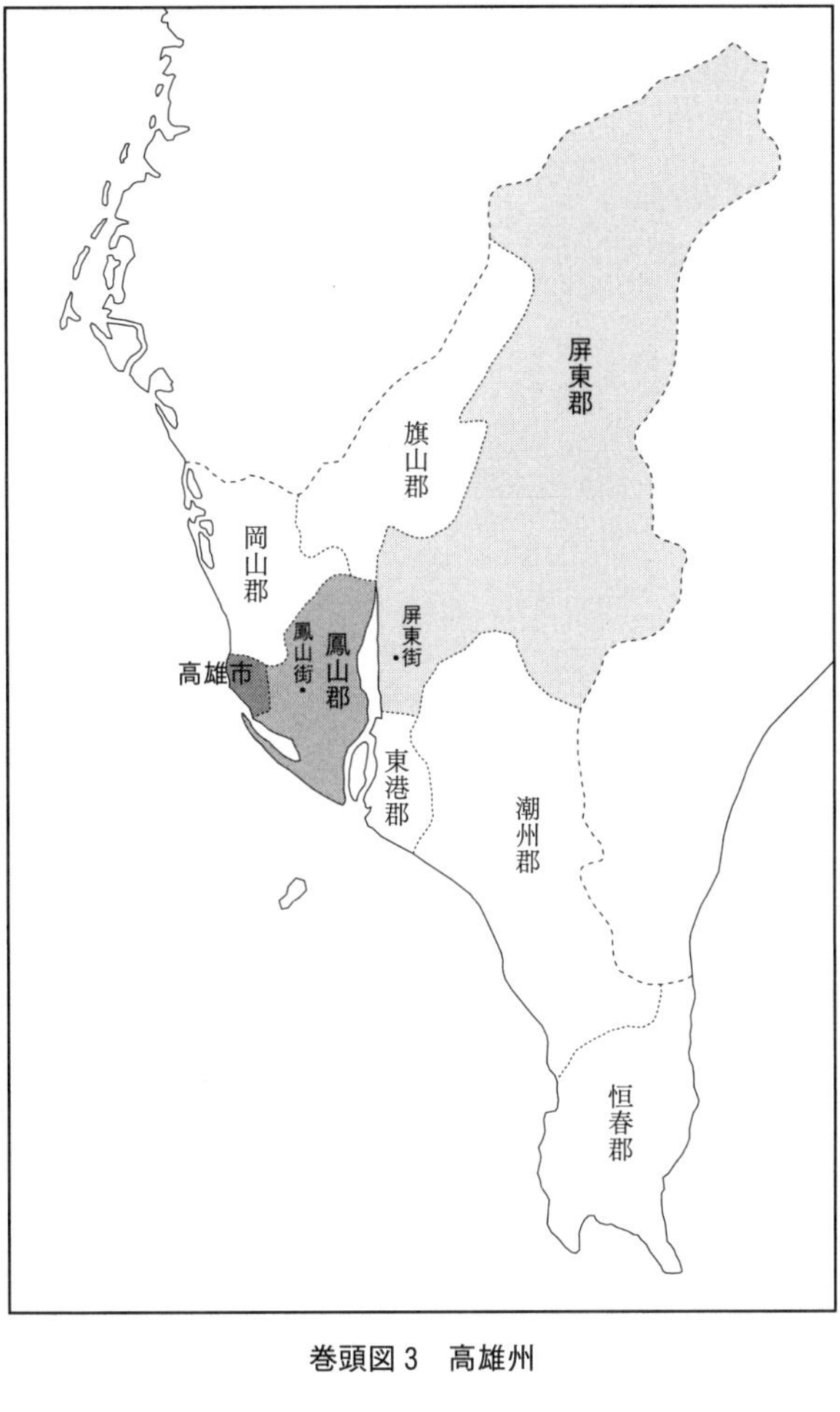

巻頭図 3　高雄州

わが町にも学校を

——植民地台湾の学校誘致運動と地域社会——

序章

一　課題の設定：植民地下における中等・高等教育機関とは何か

（1）日本統治下の台湾で中学校に進学する、ということ

今日の社会において、小学校を出たあとは中学校へ、中学校を卒業したら高等学校へ…というように、進学することは当たり前のこととみなされている。だが上級学校に進むという選択が当たり前ではなかった時代、たとえば義務教育が小学校の六年間だけであった戦前の日本において、中学校は、一部の者だけが入学できるエリート教育機関であった。では、日本内地[1]から遠く海を隔てた植民地台湾においてそれは、台湾人にとって、また台湾で生活していた日本人[2]にとって、どのような存在であったのか。まずは、当事者の言葉に耳を傾けたい。

台湾南部に高雄という港町がある。同地には、一九二二年以来、高雄中学校（現高雄高級中學）という公立中学校が置かれていた。四三年春、陳文雄という生徒が、第二二期生として同校に入学した。陳は高雄市内で材木屋兼製材工場を営む家の子どもであった。それから半世紀以上が経ったのち、彼は、同窓会が発行した回想録『東大武の山高く』（九九年）に、中学受験にまつわる思い出をこう綴っている。

図１　第22期生が在籍した頃の高雄中学校

昭和十八年の三月、受験後間もなく、突然高雄中学校から電話が来た。家庭訪問に来る通知であった。びっくりして学級担任の大江先生の家まで疾走した。

大江先生は、「それは吉報だ。家の中の神棚に天照大神をお祭りしているか」と聞かれた。「それはありません。ただ、祖先の位牌だけです」と答えたら、「ダメだ。早く買ってきてお祀りしなさい。当日は家の中を綺麗に掃除して服装を正しくし、礼儀をわきまえて待っていなさい。お前の受験成績は、合格水準に達している可能性が強いが、公学校出身だから、家の皇民化の程度を調査した上で、最後の決定をするんだ」と、くれぐれも粗相のないようにと注意して下さった。

びくびくして発表の日を待ったが、東園公学校から黄徳揚、曽鈴羊（増田）と、僕が合格した。三人同時に合格したのは破天荒だと、校長先生も大江先生も、とても喜んで下さいました(3)

引用中の「東園公学校」は、一九四一年度から東園国民学校（現大同國民小學）に改称された(4)。しかし陳は、「公学校」（台湾人向け初等教育機関）として記憶している。「学級担任の大江先生」は大江道尚訓導のことであろう(5)。

台湾人である陳にとって、中学受験とは、結果が出るまでは気が抜けないものだった。ある日、自宅に一本の電話がかかってくる。自宅に電話が引かれていたということは、陳家が裕福な商家であったことを示唆する。家庭訪問をするという中学校側に対して陳が採った策は、神棚設置など「日本人らしさ」をアピールすることだった。ときは一九四〇年代初頭。総督府が台湾人の生活・文化の全面的な日本化を推し進めようとした皇民化運動のさなかであった。「皇民化の程度」は、中学校入学の要件となっていたことがわかる。祖先の位牌の横に天照大神を祀ることについて、陳の両親には、心理的な抵抗があったかもしれない。だが息子のため、背に腹はかえられないことだったと思われる。家族の協力もあってということになろう、陳は、晴れて高雄中学校に入学した。同じ国民学校からは、彼も含めて三人が合格した。陳はこの出来事を「破天荒」と表現している。台湾人が公立中学校に入るのは、それくらい難しいことであった。

この回想から、戦時期の皇民化政策がいかに苛酷であったかという見解を導き出すこともできる。しかし筆者としては、右の思い出を語った当事者が、合格発表当時においても、今日においても、中学校合格という事実を肯定的に捉えていることに、むしろ着目したい。

台湾では一九二二年度以降、中等以上の学校において、日本人と台湾人は共学することとなった。中学校へ進学することは、在台日本人にとっても容易ではなかったが、台湾人にとってはなおさら困難であった。だが苦労しても「狭き門」をくぐり抜ける価値はあると、多くの進学希望者に考えられていた。くぐり抜けた先には、立派な赤レンガ造りの校舎（図1）が待っていた。威風堂々とした知識の貯蔵庫に出入りが許されたのは、「選ばれた」人間だけである。当人ばかりでなく家族も、陳の中学校入学を誇らしく思ったことだろう。また公学校（国民学校）の日本人教師たちにとっても、教え子の合格は晴れがましい成果であったと思われる。周囲の祝福を受け、台湾人でありながら、「狭き門」を突破してエリート予備軍の仲間入りを果たすことができた。このことは陳にとって、慌てて神棚に天照大神を祀らねばならなかった経緯など忘れさせてしまうほど、喜びに彩られた出来事だったであろう。

もう一人、『東大武の山高く』から邱輝煌の回想を挙げておこう。彼も前出の陳と同じく、高雄出身の第二二期生である。ただし、邱は「富山輝宏」として、公学校ではなく、堀江尋常高等小学校（卒業時は堀江国民学校、現鹽埕國民小學）から高雄中学校に進んだ。初等教育機関は中等以上の学校と違って別学を原則とし、台湾人が日本人向けの学校に通うのは、ごく少数に認められた「特権」であった。とはいえ、小学校で日本語漬けの毎日を送り、名前さえも日本人風に改めたとあっては、周囲の台湾人とのあいだに溝が生まれやすかっただろう。母語、名前、台湾人社会とのきずな…。台湾人が中学校に入るということは、多かれ少なかれ、自身の文化にかかわるものと距離を置くことを意味した。だが邱は、中学校入学のために疎遠となったものを惜しむよりも、むしろ中学校で得たものへの喜びを強調する。

邱はいう。

　一年一組に編入、担任教官今川先生。平屋の一階教室は一年二組と隣り合わせ、東は講堂、北は赤煉瓦の二年の教室、西は農業倉庫、南は芋畑それから本線の鉄道。
　新しい中学生活に胸をはずませるかなり多くの新環境の要素があった。
　派手で勿体ぶった階段教室で、野村先生のユーモラスで独創啓蒙の色彩深い物理の講義を拝聴し、小学校の明治、大正の児童唱歌から、情調豊かなモツアルトのソナタ形式の名歌・ウェーバ歌戯曲の猟人のコーラスを紹介した吉田先生の音楽の時間は、新鮮且つ活発な理知と情操的刺激を与え、加うるに人間品格づくりの調和整った中学の教育に学徒としての素朴な喜びを感じた(6)

邱は、教師の名前はもとより、校内の間取りや授業のようすといった、遠い中学校時代のことを、なおも鮮明に記憶している。中学校で出会った、「胸をはずませるかなり多くの新環境」が印象的だったからだろう。邱にとって、それは、「派手で勿体ぶった階段教室」で受ける「独創啓蒙の色彩深い物理」の授業であり、「情調豊かなモツアルトのソナタ形式の名歌」であった。中学校では、日本（人）経由で、世界中に散らばる「新鮮且つ活発な理知と情操的刺激」に触れることができた。

中学校は、台湾人入学者に対しても、日本人と同じようにエリート予備軍としての資格を付与したばかりでない。しばしば「胸をはずませる」環境をもたらすものでもあった。本書の出発点として、まずは、そのことを確認しておきたい。

（2）地域に学校を誘致する、ということ

前項では喜びあふれる台湾人の進学体験を取り上げたが、そもそも台湾において、人びとの進学意欲が高まり出したのはいつ頃からなのか。

中等学校をめぐる台湾人の教育要求としては、一九一〇年代前半、一部の有力者が展開した中学校設立運動が知られている（本章四（1））。当時、日本人と台湾人は、いずれの教育段階でも別学であった。このうち中学校は、日本人向けには設置されていたが、台湾人向けには一校もなかった。中学校設立運動は、進学や学歴取得にかかわる、台湾人の明確な意思表示であった。

進学意欲の高まりは、一九二〇年代に入ると、さらに顕著となる。それを後押ししたのは、産業発展に伴い各地で進行した都市化であった。そのもとで、経済的に安定した都市部在住の商店主やホワイトカラー層の子どもを中心に、上級学校への進学希望者が増加し始めた。それは在台日本人はもとより、台湾人も同様であった。またこの頃より中等教育機関（中学校・高等女学校・実業学校）の新設・増設が目立つようになり、さらに台北帝国大学を頂点として、台北高等学校（七年制）や台南高等商業学校などの高等教育機関も整備された。こうしたなかで、学歴の高低が個々の人生に大きな影響をもたらす、いわゆる学歴社会化が進展しつつあった。

学歴社会化は、過熱化する受験熱という現象を伴っていた。それによって引き起こされた入学難は、同じ時期の日本内地よりも、いっそうはなはだしいものであった。その原因は、進学へのニーズと学校数のバランスの悪さである。前出の陳文雄や邱輝煌の出身地である高雄には、中学校が設置されていた。だが台湾全体として見れば、そうした地域はまれであった。植民地台湾において、中等教育機関は一九三八年三月以前、官立または公立であった。また高等教育機関はすべて官立であり、私立の大学や専門学校は存在しなかった。進学へのニーズは高まる一方であったにもかかわらず、中等・高等教育機関ともに、学校数は日本内地に比して圧倒的に少なかった。それにより、多くの地域で通学可能な圏内にこれらの学校が存在しないという問題が生じていた。進学希望者は上級学校を求めて他郷に出るしかなく、そのことによる不便さは、在台日本人においても、台湾人においても、変わりはなかった。

地元に上級学校があれば、どんなに良いだろう。進学に伴う経済的・精神的負担も軽減される。そう考えて、進学希望者やその保護者が学校設置を歓迎するのは当然である。だが中等・高等教育機関の設置・改廃は、そうした進学予備軍にとっての問題に止まらず、特定の地域に居合わせた人びとが広く共有する課題となる傾向があった。こうした状況のもとで起こった学校誘致運動は、かつての運動とは趣きを異にするところがあった。一九一〇年代前半に起こった運動は、台湾人有力者たちが台湾人向け中学校設立という教育要求を実現させようとするものであった。それにひきかえ、二〇年代以降の運動は、地域単位で、日・台双方の住民が学校誘致をめざすものだったからである。

右にいう「誘致」には、①地域住民が関係当局に対して主体的に学校設立を請願・陳情すること、②関係当局による学校設置計画に対して、地域住民が、設置場所を地元に変更してほしいと要望したり、設置にかかる一部費用の負担を申し出たりすることの両方を含む。日本内地における高等教育体制の形成過程について論じた田中智子の研究によれば、学校誘致とは、「商工業者や議員などといった勢力の活動が展開し、地域側の能動性が発揮されて設置の実現にいたる」ものであり、消極的な「受入」とは区別されるべきものである。(7) 誘致が「地域側の能動性」を出発点とすると考えるならば、右に挙げた②は、厳密には「受入」であって、「誘致」ではない。しかし植民地は、日本内地とは事情が異なるところがある。田中が「地域側の能動性」のメルクマールとして着目しているのは、おもに府県官吏と府県会議員の動向であるが、一九二〇年代の台湾には官選の諮問機関が存在するばかりであり、地方自治の機能は限定的だった。学校設置も含めたあらゆる公共事業は、植民地当局主導で行なわれた。したがって、日本内地と同じような次元で、「地域側の能動性」を見出すことは難しい。日本内地では「受入」という表現がふさわしいような事例でも、何らかのかたちで地域住民の積極的な意向を見出すことのできる場合には、これも広い意味での誘致活動として捉えることとしたい。

また本書でいう「地域」とは、さしあたって総督府が一九二〇年に策定した「州市街庄」（日本内地の県市町村に相当）という、地方行政区画を指す。それは基本的には官製の区画を意味する。しかしいったん設置された区画は、地域間の対抗関係のなかで次第に実質的な意味をもち始める。ある州が別の州に対して、ある街が市に対して、複数の街庄がより大きな街に対して、というようにである。中等・高等教育機関は、そうした地域間の対抗関係の一つの焦点となった。

中等教育機関は、人口の少ない土地にもくまなく設けられる初等教育機関とは違う。設置に際しては、当局者によって当該地域の人口規模や都市化の度合いなどが斟酌されるからである。高等教育機関ともなると、設置基準はさらに厳しくなる。ゆえに中等・高等教育機関を有する地域は、ある程度人口が集中した都会として、総督府のお墨付きを得たようなものである。そのお墨付きが人口増加やインフラ整備のさらなる呼び水となり、地域活性化が促進されるという循環の成立が期待されたと考えられる。この点からいえば、中等・高等教育機関は、地域振興のためのツールとしての役割を担っていた。

とはいっても、中等・高等教育機関の存在は、地域振興にかかわる経済的メリットだけに還元できるわけではない。先に引用した回想録中の「情調豊かなモツアルトのソナタ形式の名歌」[8]という言葉に象徴されるように、中等・高等教育機関が地域全体の「文化度」や「格」の向上に資すると、漠然と意識されていた側面もあると思われる。だからこそ、他所に先駆けて、地域に中等・高等教育機関を誘致する必要があると考える住民が登場したのではないか。

ひとくちに中等・高等教育機関が必要だといっても、そこに込められるニュアンスはさまざまであった。保護者として子どもがエリート予備軍となることへの願い、地域振興のためのツール、地元の「文化度」向上への期待…。複数の思いが一人の人物のなかでも混じり合っていた可能性もある。こうした中等・高等教育機関のもつ多義性を明らかにするためには、地域を基盤として、それぞれの立場にとって学校のもつ意味を吟味する必要がある。この課題を達成するために、本書は二つの視角を設定する。

一つは、学校誘致運動に働いた力学を考えることである。運動はいかなる状況のもとに生起したのか。運動の担い手たる日・台の住民のあいだで、それぞれの民族的立場の違いや社会階層の相違は、運動にどのような影響をおよぼしたのか。日・台の住民からの要求は、総督府当局にどのように受け入れられた、あるいは否定されたのか。個々の地域の土地柄は、運動のゆくえにどう作用したのか。このように民族・社会階層・地域の諸側面から、学校誘致にかける人びとの思惑の差異を明らかにしたい。

もう一つは、個別的な学校誘致運動の背景をなす問題として、植民地下における学歴社会化の問題に着目することである。台湾において学歴社会化はいかにして進展し、それは植民地支配下という条件といかなるかかわりをもっていたのか。中等・高等教育機関という「狭き門」のあり方は、在台日本人と台湾人ではどのように異なったのか。それぞれの状況を腑分けして考察したい。

中等・高等教育機関は、入学者に対して「胸をはずませる」[9]環境を提供すると同時に、入学競争から疎外された人びとや学校誘致に失敗した地域住民のあいだに、羨望や嫉妬を募らせる存在でもあった。これらの学校をめぐって、地域としても、個人としても、計算高い目論みが働く一方で、実質的な利害を超える過大な思い入れも働きがちであった。しかも植民地を舞台として進学をめぐる苛烈な競争が展開されたからこそ、学校誘致や学歴取得をめぐる人びとの感情のふり幅はいっそう激しく、善きにつけ悪しきにつけ、人びとの生きざまに深い刻印を残すことになったのではないか。

本書はこうした展望のもとに、植民地台湾における学校誘致運動と学歴社会化という事象を捉えてゆく。

二　研究の対象：一九二〇年代の南部台湾で何が起きたのか

前節で立てた課題を解明する手がかりとして、本書は、一九二〇年代以降、とりわけ二〇年代の南部台湾に着目する。

なぜ一九二〇年代なのか。台湾においてこの時期が独自の重要性をもつのは、二〇年の地方制度改正、続く二二年の教育令改正により、植民地統治のあり方に大幅な修正が加えられたことによる。

一九二〇年、地方制度が改正され、新たに五州（台北・新竹・台中・台南・高雄）二庁（台東・花蓮港）制が導入された（巻頭図1）。それ以前の地方庁は、財政上の自主権をもたなかった。だが新しい地方制度のもとでは、地方公共団体としての州の財産から支出する費目が定められ、協議会で当該地域の歳入出予算が諮問されるようになった。

それから二年後の一九二二年、台湾教育令（勅令第二〇号、以下、第二次台湾教育令）が制定された。これより三年前、一九年に制定された台湾教育令（勅令第一号）は、それまで未整備だった台湾人向けの学校制度を体系化するものであった。それに対して第二次台湾教育令は、初等教育段階では日本人は小学校、台湾人は公学校という原則別学の制度を継承しつつ、中等以上の学校は日・台人共学（以下、共学制）とした。

地方制度改正により、多少なりとも地方「自治」が進展した。続く教育令改正により、台湾人も、中等・高等教育機関で日本人と同等の教育を受けることが可能となった。日本内地と同じではないにしても、それに接近した制度が布かれたことで、台湾の地域社会には次のような変化がもたらされた。

五州二庁制導入後、それまで官治性が濃厚だった地方行政の場に、協議会などを通じて、日・台の民間人が参画できるようになった。限定的とはいえ、未来の地元のあり方を自分たちでつくってゆく機会が住民側にあたえられたのである。こうしたなかで、日・台の住民が共同で、総督府や州当局に対して、地域にまつわる請願や陳情を行なうような事態も出現した。すなわち、一九二〇年代初頭の制度改正を契機として、従来からの民族対立の構図に重層するかたちで、地域を取り巻く諸問題が政治的な課題として浮上する条件が準備されたといえる。

地域を取り巻く諸問題の焦点は民族問題だけではなかった。州庁舎・駅・鉄道・道路・下水道などの産業基盤となる社会資本や、学校・病院といった生活基盤にかかわる社会資本の整備要求、廃庁反対や市制施行などの行政改革要求が、しばしば住民側から提示された。そのことは、一九二〇年代における社会のあり方の変化を象徴的に物語っている。

では、なぜ南部台湾なのか。南部とは、五州二庁制に即していうと、台南州（巻頭図2）と高雄州（巻頭図3）を指す。代表的な都市としては、台南州嘉義街や台南市、高雄州高雄・鳳山・屏東の各街が挙げられる。

清朝が台湾を統治していた時期（一六八三—一八九五年）、台湾における政治・文化の中枢は基本的に南部であり、なかでも台湾府と称された台南だった。ところが一八九五年、新たな統治者たる日本人は、台北を島都[10]と定めた。[11]これにより、台南を中心とする南部の諸都市は政治的に周縁化され、地域間の秩序も大きく変化することになった。その集大成ともいえる出来事が、一九二〇年の地方制度改正であった。

一九二〇年の地方制度改正は、それまで鳳山街の外港に過ぎなかった打狗を高雄街と改称し、同街を州都[12]に格上げして、高雄州を創設した。高雄州鳳山街は、かつて打狗を管轄していた鳳山庁の地方庁所在地であった。また阿緱街も、五州二庁制以前の地方制度のもとで、阿緱庁庁舎が置かれていた地域であった。だが鳳山街も、阿緱街も、高雄州に編入された。なお、二〇年の地方制度改正の際、一部の地名が改められた[13]。打狗は高雄街となり、阿緱街は屏東街となった。本書では、五州二庁制施行前は旧名、施行後は新名というように、時期に応じて呼び方を使い分ける。

高雄州創設の影響は広い地域におよんだ。もし台南州に高雄までが含まれるようなことになれば、台南の北に位置する古都・嘉義街を中心とした州が設けられる可能性もあった。だが、現実にはそうならなかった。嘉義庁所在地であった嘉義街は、五州二庁制導入を受けて、台南市を州都とする台南州に組み込まれた。

南部台湾ではこのように、総督府の後押しを得て発展する新興都市が存在する一方で旧都が斜陽化してゆくという、地域間秩序をめぐる逆転現象ともいうべき事態が生じた。それだけに、地域の利害という問題が他地域に比べて浮上しやすかったと考えられる。加えて、地方都市という点では、圧倒的に多くの日本人が集住する台北市と、台湾人が多数を占める村落部との中間に位置し、日・台人間のさまざまな協力関係や葛藤が顕在化しやすい状況にあった。その影響は教育面にもあらわれた。一九二〇年代以降、日本人も、台湾人も、上級学校への進学が困難になりつつあるなかで、学校配置の不均衡が地域の内部に、総督府や州当局に対する不満や、優遇された他地域への嫉妬や対抗意識を生み出した。

本書は、南部の地方都市に焦点を当てることで、島都・台北や村落部からは捉えにくい、中等・高等教育機関の配置の不均衡という問題を浮かび上がらせることとしたい。

三　概念規定：学校を支える地域の有志たち

学校と地域とのかかわりを考える上で、学校を支える社会的基盤がいかなる特質をもっていたのかということは、重要な位置を占める。

植民地支配下における台湾人有力者の社会的属性について、これまで台湾史研究の分野では、「台湾土着地主資産階級」[14]や「郷紳」[15]、「台湾社会領導階層」[16]、「上流階層」[17]などの概念を用いて読み解いてきた。他方、在台日本人については、官吏や商工業者といった、具体的な職業に焦点を当てて論じたものが多かった。[18]日本人と台湾人は、異なる属性をもつ民族集団として明確に区別され、両者の関係性が描かれるときは、もっぱら民族的な対立に焦点が当てられがちであった。

本書のように、日本人と台湾人が共通の問題として取りくんだ事象を考察するためには、両者に適用できる、より汎用性のある概念を用いることが必要となる。たとえば、当時の新聞記事に「嘉義街の有志大会／中学移転問題に対する／街民の気勢大に揚る」（『台湾日日新報』一九二一年三月一六日付）という見出しが見られる。地域振興にかかわろうとした地元有力者は、「有志」と表現されることが多かった。この場合の「有志」とは、特定の地域において、自身の時間と労力、ときには財力さえも割いて、地元が抱える課題に取りくんだ人びとであり、日本人と台湾人の両方を包含している。本書でも史料上の表現を踏まえ、これらの人びとを「有志」という言葉で捉えたい。

日本人有志は、大まかにいって、①日本の領台初期に総督府関係者として渡台し、のちに官職を辞して特定の地域に定住した人、②領台初期に商売で一旗揚げようと渡台して、一定の経済的な成功をおさめた人、③およそ日露戦争以降に、内地資本をバックに台湾に進出した企業の社員、の三つに分類できる。これらの人びとは、当該地域における古参という地位、あるいは巨大な資本を有する大企業の管理職という立場を背景に、在台日本人社会のまとめ役的な地位を占めていた。

他方、台湾人有志の多くは、名家の出自を背景として、それぞれの地元において、日本人統治者以上にリーダーシップを発揮し得る存在が少なくなかった。その名家の若い世代のなかには、日本の領台初期に植民地教育をいち早く受容した人、日本内地への留学経験者なども確認できる。こうした学校教育にまつわる社会経験は、台湾議会設置請願運動（立法権と予算編成権を有する植民地議会の開設を求める運動）に代表されるような、抗日運動の担い手にも共通する。ただし、地域で学校誘致などにかかわった有志のなかで、そうした抗日運動への参加者はごくわずかである。多くは、故郷に腰を据えて個々の事業にいそしむかたわら、必要とあらば、一部の日本人民間人とも協力しつつ、地元の発展に貢献しようとした人びとであった。

有志の多くは、日・台人の別なく、総督府や州当局により、総督府評議会員（総督の諮問に答える役職、任期二年）[19]や、街庄長（日本内地の町村長に相当、任期四年）、協議会員、保甲（台湾人の相互監視を目的とした警察補助組織）役員などに任命され、その社会的影響力が統治の円滑化のために利用された。そして個々の働きへの見返りとして、紳章（植民地支配に協力的な台湾人名望家に授与された勲章）を佩用したり、専売品売捌人の指定を受けたりといった、「名誉」や「特権」が付与された。こうした側面から見れば、彼らは、合法的な抗日運動の勃興した一九二〇年代にあっても、統治機構の枠組みに包摂され続けていた。しかし他方では、地域にまつわるより多くの利益を勝ち取るために、総督府や州当局に請願や陳情を行なうこともあった。つまり、総督府や州当局の政策遂行を下支えすると同時に、統治者側に対して地域にまつわる新たな政治的課題を提起する主体でもあったといえる。

有志たちは、しばしば立場を超えて運動にたずさわった。とはいえ、個々の意向は一枚岩とは限らなかった。運動の過程では、総督府や州当局の対応に応じて、協調のみならず、葛藤や対立、分裂、妥協といった関係性が見られた。江口圭一は日本内地の中間層を「経済的・社会的・政治的な力関係の変動に応じて、さまざまの動揺・変容・分化をくりかえす[20]」存在と特徴づけたが、それと同様の性質が台湾における地域の有志にも認められた。

運動の過程で有志が「動揺・変容・分化」を繰り返した要因としては、個々の職業的な立場の違いが想定できる。国勢調査の職業分類に即していえば、有志には「商業」も、「公務、自由業」も含まれた。さらに「商業」に括られた人びとのなかには、個人商店主もいれば、企業幹部のようなホワイトカラー的な立場の人も存在する。また「公務、自由業」のなかには、学校教員もいれば、弁護士も、新聞記者もいる。立場の違いは、地域や学校とのかかわりを大きく左右したと思われる。ほかにも、有志の年齢や子どもの有無、役職、居住地の土地柄、さらに日本人の場合なら、渡台時期や支持政党なども検討する必要がある。本書ではこれらの要素を考慮しつつ、日・台の有志間に、どのような動揺、変容、分化が見られたのかを探ることにする。

四　先行研究の検討：抗日運動史研究とは異なるスタンスのアプローチの可能性

本書の課題にかかわる先行研究は少なくない。個別具体的な課題に関する先行研究については各章で論じることとして、ここでは、学校教育にかかわる研究と、日本人植民者にかかわる研究を検討する作業を通じて、本書のアプローチの特質を明確にしたい。あらかじめ筆者の姿勢を要約しておくならば、抗日運動史としての台湾史研究の成果を踏まえながらも、学歴社会化という、普遍的で長期的な社会変容に照らして教育問題を検討するということが基本的なスタンスとなる。また、こうしたスタンスを具体化するために南部の地方都市を取り上げ、そこで見られた、台湾人を支配し抑圧するばかりではなく、必要に応じて協調する在台日本人植民者の動向に着目することにする。

(1) 学校教育にかかわる研究

日本統治下における学校教育の問題は、これまでの研究でどのように語られてきたのだろうか。

先に述べたように、植民地下で中等・高等教育機関に進学できた台湾人は、きわめて少数であった。台湾では一九四三年度まで義務教育制度が施行されなかった。そのため公学校は、村落部では就学者が少なく[21]、逆に、都市部では校舎や教員の不足を理由に就学が叶わない児童の姿が目立った[22]。初等教育さえ受けない・受けられないありさまでは、上級学校進学など夢のまた夢であった。

こうした状況を受けて、戦後における植民地下の学校・教育にかかわる研究は、総督府による台湾人向け教育政策や、公学校における教育実態の解明を中心に進んだ[23]。他方、中等・高等教育機関は、多くの台湾人とは無縁とみなされ[24]、日・台人間の教育機会の不平等を指摘する際に取り上げられる傾向が強かった[25]。

教育機会の実質的不平等にかかわる指摘は間違いではない。しかし台湾人の入学難の前提となる問題にも、目を向けるべきではないか。台湾人が進学に際して相対的に不利な状況に置かれていたとしても、それだけでは問題は顕在化しにくい。総督府の予想をはるかに上回る勢いで進学を希望する台湾人が増加したことにより、教育機会の不平等が社会問題として浮上した。いい換えれば、「狭き門」をくぐり抜けたいと思う人が大量に出現することで初めて、その「狭さ」がリアルな社会問題として立ちあらわれたと考えられる。「狭き門」をくぐり抜けることができたのが少数であったという事実は、必ずしもこの社会問題のリアリティーを打ち消すものではない。

台湾において、小学校・公学校よりも上級の学校へ進学しようとしたのは誰なのか。とりわけ台湾人のなかで、中学校進学の道を切り拓こうとしたのは、どのような人びとであったのか。この点にかかわる代表的な研究成果として、若林正丈「総督政治と台湾土着地主資産階級」と、駒込武『世界史のなかの台湾植民地支配』が挙げられる。

若林は、公立台中中学校誕生の契機となった、一九一〇年代前半に中部在住の有力者を中心に展開された中学校設立運動の経緯を論じている。若林によれば、台湾人有力者たちが中学校設立を要求したのは、「有用な近代的知識・技能を獲得することにより、日本人がペースを設定している近代化に有効に適応し、実力を伸ばして」ゆくためであった[26]。

若林の論は、中学校の支持基盤を、「台湾土着地主資産階級」として把握している。その「台湾土着地主資産階級」のなかでも、一九二〇年代の抗日運動に連なる人物の足跡に着目している。若林の研究テーマが「台湾抗日運動史」である以上、こうした姿勢は当然である。しかし、中等・高等教育の「狭き門」をくぐり抜けようとする人びとがどのようにあらわれたのかという本書の関心からするならば、抗日運動に参与しなかった有力者を含めて、

「有志」の動向を追う課題が残されているといえる。この課題を明らかにするにあたって着目したいのは、運動の質的変化である。若林が研究対象とした一〇年代においては、日・台人別学制のもとで、台湾人向け中学校設立運動が、教育要求であると同時に、抗日運動としての性格を備えるに至る客観的な条件が存在していた。しかし日・台人共学が原則とされた二〇年代には、本論で明らかになるとおり、地域間対立という要因が重要な位置を占めることになるであろう。

若林が公立台中中学校の創設経緯に着目したのに対して、駒込は、一八八〇年代にイングランド長老教会宣教師が設立した、私立台南長老教中学校に着目している。同校は、もともと「宗教教育中心の小規模な学校」だった。だが一九二〇年代以降、次第に宗教色を薄め、抗日運動関係者の支援も得て、「台湾人の学校」を標榜するようになった。駒込はこの経緯のうちに、台湾人にとっての「自治的で公共的な空間」が構築されてゆく状況を見出している。[27]

駒込の論は、台南長老教中学校という私立学校の支持基盤として、教会や抗日運動の関係者に着目している。しかし、彼らの動向が地域の利害関係とどのように結びついていたのか、という着眼は弱い。さらに、教育にかかわる台湾人の「夢」を追おうとするあまり、そこに存在したはずの現実的な打算や利害関係が過少に評価されがちだという問題も存在する。たとえば、「台湾人の学校」という「夢」の中心的な担い手とされる林茂生（台南長老教中学校教頭）が、自身の息子は、台南長老教中学校ではなく、官立の台北高等学校尋常科に入学させた事実をどのように受けとめれば良いのか。その点は、当時の公立中学校や官立の高等教育機関の文化的な威信や、子どもの将来にかかわる現実的な打算のあり方を、学歴社会化という背景のもとで考慮しなければ理解しがたい。逆に、これらのことを理解することで、台南長老教中学校が私立各種学校という位置に留め置かれたことの意味を、さらに明確にすることもできるであろう。

抗日というよりも教育要求の側面に着目した筆者の観点に近いのは、許佩賢「實業補習學校的成立與臺灣社會的教育欲求」である。共学制施行後の台湾において、公学校卒業生が学校教育を継続したい場合、中等学校のほかに、公学校高等科や公学校に附設された実業補習学校などが受け皿として想定された。許の研究は、題名が示すように、実業補習学校を対象としている。許によれば、実業補習学校は、特に一九三〇年代後半以降、総督府による統治上の必要と台湾人の教育要求とが相俟って大幅に増加した。それは統治者側にとっては、中等学校を増設しないで済ますための便宜措置という性格が強かった。だが「台湾社会にとって、実業補習学校は正規の中等学校の代替機関」として機能していた[28]。

許の研究は、植民地支配下の差別・抑圧にさらされながらも、主体的に進学の途を模索する台湾人の姿を描いている。同時に、「中等学校の代替機関」を求めるほど、台湾人側に進学熱が高まっていたことも指摘している。その上で、同論がいう「台湾社会」とは、何を意味をするのか。日記や回想録を多用していることから、「中等学校の代替機関」を求める台湾人保護者と子どもたちがおもに想定されているようだが、筆者としては、そのような個々人の教育要求を学校誘致運動へと束ねていった日・台人有志の動きや、それを可能にした地域のあり方を検討することが重要と考える。

本書では、必ずしも「抗日」という目標には括られない教育要求や、学校誘致にかかわる個々の住民の願いに着目する。このことにより、一九二〇年代以降の台湾における中等・高等教育機関のあり方が、同時代に起こった社会の変容とともにリアルに解明できるのではないかと考える。

（2）日本人植民者にかかわる研究

在台日本人は、これまでどのように描かれてきたのか。前述の駒込の研究は、一九三〇年代に一部の在台日本人が台湾人を排撃する全体主義的な運動を担ったことを強調している[29]。確かに、在台日本人が台湾人を差別し、抑圧したという事例は枚挙にいとまがないし、そうした傾向は三〇年代において顕著になったと考えられる。しかしその日常生活や経済活動に目を移すと、また異なる在台日本人の姿が見られたと思われる。

まず、本書の問題関心に近いものとして取り上げたいのは、顔杏如『植民地都市台北における日本人の生活文化』である。

顔は、台北市在住の日本人の生活文化を分析し、その社会構成の多様さを指摘している。顔によれば、台北市には高級官僚や成功した商人ばかりではなく、「嘱託雇員以下の下級職員」など、「直接に統治の掌に当たらない人々」も多数存在した。彼らは、「『母国人』としての使命感」から内地式の生活習慣を堅持することで台湾人の模範たらんとしたが、自身も「教化される対象」という二面性を備えていたと、指摘されている。[30]

このほか、波形昭一や須永徳武は、商工会議所の研究などを通じて、台湾における日本人実業家層の動きを経済史的観点から追っている。[31]また清水美里は、日月潭発電所の建設にかかわる在台日本人有力者の社会運動を取り上げている。[32]それぞれ個別的には示唆するところが多いものの、おもに台北を拠点とする日本人有力者に焦点を当てている上に、個々の日本人有力者と台湾人との関係については述べるところが少ない。これに対して本書では、南部台湾の地方都市という、台北に比すれば「不遇」の地位にある地域について、「不遇」であるがゆえにこそ、在台日本人と台湾人の協力・協調的関係も存在したことに着目したい。

日本人植民者にかかわる研究は、台湾史だけではなく、朝鮮史の領域においてもなされている。なかでも内田じゅんの研究において、日本人植民者の二面性という、顔の指摘した問題がさらに発展したかたちで示されている。内田は『帝国のブローカー（*Brokers of Empire*）』のなかで、植民地期朝鮮に暮らした日本人を、「日々の営利的な努力から大規模な請願活動に至るまで」利益志向の強い「ブローカー」と特徴づけている。そして彼らは、威圧的であると同時に懐柔的であり、協調的かと思えば差別的でもあるという、複雑かつ矛盾した存在であった、と述べている。[33]

在台日本人も、宗主国からきた植民者である以上、そうした「ブローカー」的な性質が濃厚であった。本書では、地域振興にかかわった有志を描いている関係上、在台日本人と台湾人との関係においては、協調の側面により強く光を当てることになる。だがひとことで「協調」といっても、さまざまなレベルがある。「理想」や「理念」が先行するタイプの協調もあるが、「計算づく」のそれもある。在台日本人有志と台湾人有志のあいだで、どのような協調関係が見られたのか。それぞれの地域の特質を踏まえながら、この点を腑分けして論じることとしたい。

五　構成と史料

(1) 各章の紹介

本書は七章と補論一篇からなる。第一章は、地方制度に関する総論的な研究である。第二章以降は、地域の有志たちによる学校誘致運動の事例を中心に論ずるという形式を採る。以下に、各章の概要を述べる。

第一章「『自治』意識の萌芽」では、一九二〇年に施行された五州二庁制について考察する。同章においては、五州二庁制が「自治」という観点からはきわめて限定的ながらも、地域の利害をめぐる新しい政治の舞台を切り拓いたことを明らかにしたい。

第二章以降の事例研究では、地方制度や教育令の改正を機に、地域振興や教育要求の実現を追求し始めた人びとの動向を地域ごとに描写する。その際、事件の発端を起点として、時系列で事例を配列する。すなわち、第二章「台南商業専門学校の存廃」・第三章「高雄街の成立と中等学校誘致」・第四章「嘉義街の地域振興・中学校誘致運動」では、一九二〇年代前半に展開された運動を対象とする。第五章「嘉義街から嘉義市へ」・第六章「台南高等商業学校誘致運動の顛末」・第七章「台南高等工業学校の誕生」では、二〇年代後半以降に起こった運動を扱う。地域に即していうと、第二章・第六章・第七章では、台南州台南市で取りくまれた専門学校をめぐる運動。第三章では、高雄州高雄街の形成過程と、同州鳳山・屏東両街における中等学校誘致運動。第四章と第五章では、台南州嘉義街で展開された中学校移転をめざす運動、および一連の地元振興策を取り上げる。

第四章補論「『狭き門』に群がる志願者たち」は、各地域における中学校誘致運動の社会背景となった入学難の問題を、統計データや校友の回想録から考察するとともに、誘致運動の担い手と学校の支持基盤との関連性を明らかにする。事例研究を中心とした構成との関係で補論と位置づけているものの、ここで集中的に取り上げる学歴社会化の進行という事象が、各事例の基底に存在する問題であるという点では重要な章である。

(2) 史料について：新聞記事と公文書から時代に接近する

最後に、本書で用いるおもな史料を紹介したい。

地方制度や教育制度の仕組みを読み解く史料として、台湾総督府文書や[34]『公文類聚』(国立公文書館所蔵)、総督府官報『府報』などを活用する。

中等・高等教育機関をめぐる状況や支持基盤については、総督府発行の学事関連の統計や国勢調査、各州発行の統計書、学校要覧、校友会誌、同窓会誌、個人の回想録などを参考にする。

南部各地で展開された日・台の民間人による運動の過程を示す史料としては、おもに新聞を利用する。一九二〇年代に発行されていた分の現存が確認できるのは、『台湾日日新報』・『台南新報』・『台湾民報』の三紙である。三紙とも四四年の戦時新聞統制まで発行されていた日刊紙だが、媒体としての性格はそれぞれ異なる。

『台湾日日新報』は、一八九八年に『台湾新報』(一八九六年創刊)と『台湾日報』(九七年)を合併して誕生した全島紙である。日本統治下の台湾で発行期間がもっとも長く、かつ発行部数も最大だった。総督府や州当局の刊行物である『府報』や『台北州報』、『新竹州報』を附録として配布し、総督府から毎年多額の補助金が支給されていた。新聞メディアの研究を行なった李承機は、同紙を「植民地権力たる台湾総督府の『代弁者』」と特徴づけている。[35]

『台南新報』（一九〇三年までは『台澎日報』）は、一八九九年に創刊された。同紙は、『台南州報』や『高雄州報』を附録として配布していた関係で、『台湾日日新報』と並ぶ「御用新聞」の一紙に数えられている。特徴としては、①総督府によるコントロールの程度が『台湾日日新報』ほど厳密ではなかったこと、②本社が台南に置かれた関係からか、特に南部で起こった出来事や民間人の動向を比較的詳細に報じるローカル色の強いものであったことなどが指摘できる。[36]『台南新報』は、すべての年代を通じて閲覧が可能な『台湾日日新報』に比べて、現段階では欠損が多い。だが本書では、南部台湾の地域に着目する観点から、同紙を活用することとしたい。

『台湾民報』は、台湾人による唯一の言論紙を標榜して創刊された。前身は、一九二〇年に東京在住の台湾人留学生を中心に創刊された、白話文の政論雑誌『台湾青年』である。『台湾青年』は、二二年に月刊の『台湾』に変更され、翌二三年に半月刊の『台湾民報』となった。二五年から週刊の形態が定着し、二七年から台湾島内で発行されるようになった。二九年には紙名が『台湾新民報』と改められ、三二年から日刊紙となるという変遷をたどった。寄稿者の多くは台湾文化協会の会員だった。台湾文化協会は、台湾人の文化的啓蒙を目的として、二一年に島内で台湾人知識人によって結成された。しかし若林正丈の表現を借りれば、「新たな民族的自覚に支えられた知識人の大衆啓蒙運動と、官憲および日本人コロン達の偏見ある妨害とによって」、次第に反官的色彩を強めてゆく。[37]会員のなかには、台湾議会設置請願運動への参加者も少なからず存在した。

右に挙げた三紙は、当時の人びとの生活状況やものの見方を理解するのに役立つと思われる。だが新聞記事は、各媒体がめざす方向性や想定される読者層、関係当局から加えられる規制の程度をあらかじめ予測して篩いにかけた結果の産物である。そのため、各紙に統一した論調を見出すのが困難であり、報道の仕方もまちまちという問題も併せもつ。本書では、三紙のあいだの論調のズレや報じ方への温度差に着目しながら、運動の内実や地域の事情を読み解いてゆきたい。

(1) 本書は、大日本帝国憲法のもとで、行政上日本本土とされたところを「日本内地」と呼ぶ。
(2) 植民地台湾において、日本人は「内地人」、漢族系住民や先住民は「本島人」と称されることが多かった。だが本書は、前者を「日本人」あるいは台湾在住の日本人という意味で「在台日本人」、後者を「台湾人」、「台湾人」中の先住民のみを示す場合は「先住民」と表記する。
(3) 陳文雄「思い出いろいろ」『東大武の山高く――台湾・高雄中学第二十二期生の記録――』(高雄中学第二十二期会、一九九九年)一二頁。
(4) 台湾の国民学校については、林琪禎『帝国日本の教育総力戦――植民地の「国民学校」制度と初等義務教育政策の研究――』(台北・國立臺灣大學出版中心、二〇一五年)、許佩賢「日治末期義務教育與國民學校制度的展開」(許佩賢『殖民地臺灣近代教育的鏡像――一九三〇年代臺灣的教育與社會――』新北・衛城出版、二〇一五年)など。
(5) 『昭和十七年十一月一日現在 台湾総督府及所属官署職員録』(台北・台湾時報発行所、一九四三年)七一八頁。
(6) 邱輝煌(富山輝宏)「遥かなりし吾等の日々」前掲『東大武の山高く』一頁。
(7) 田中智子『近代日本高等教育体制の黎明――交錯する地域と国とキリスト教界――』(思文閣出版、二〇一二年)二四一頁。
(8) 前掲邱「遥かなりし吾等の日々」一頁。
(9) 同上、一頁。
(10) 本書は、総督府所在地として、人的・物的資源が集中する地域を「島都」と呼ぶ。
(11) 日本の領台一年前である一八九四年、首府が台南から台北に移されたので、台南中心から台北中心へという変化は、必ずしも日本統治下に始まったわけではない。
(12) 本書は、州庁所在地として、インフラ整備が州内のどの街庄よりも優先された地域を「州都」と呼ぶ。
(13) 一九二〇年、中南部を中心に、六街一一八庄の地名が改称された。内訳は、台北州(一市六街三四庄)九庄、新竹州(四街三九庄)二〇庄、台中州(一市九街五一庄)二八庄、台南州(一市八街五九庄)二街三八庄、高雄州(六街四四庄)四街二三庄である(「新らしく/名命《(ママ)》された地名」『台湾日日新報』一九二〇年八月一三日付より算出)。下村宏総督府総務長官は、地名改称に際して、「呼び悪い語呂の悪いものや余りに字画の多く又何んと呼んでよいか一寸判り悪いもの」を適当な地名に直した、と説明している(「地名の改正には/人知れぬ苦心が潜む/地方に一任するとなると/同じ名前が続出する/と下村総務長官は談る」『台湾日日新報』一九二〇年八月一一日付)。
(14) 「台湾土着地主資産階級」は、若林正丈が「総督政治と台湾土着地主資産階級――公立台中中学校設立問題、一九一二―一九

一五年――』で用いた概念である。彼らは、清朝統治下で漢族社会上層部（大地主・科挙タイトル保有者・資産家など）を構成した。日本統治下に入り、武力や特権を奪われた代わりに一定の経済的保証を受け、資産・名望・対日協力の度合いに応じて地方行政の末端の役職や専売品売捌などの特権を振り分けられた、と定義されている（若林正丈『台湾抗日運動史研究 増補版』研文出版、二〇〇一年、三四一―三四五頁）。

（15）「郷紳」は、駒込武が『植民地帝国日本の文化統合』（岩波書店、一九九六年）で用いた概念である。彼らは、宗族のネットワークや資産を背景に、地域で実力を発揮した。国籍選択期限が切れたのちも台湾に留まり、相対的に清朝への帰属意識が薄かった。ゆえに、経済的ステータスよりも文化的威信に依存した植民地期朝鮮の両班層とは、大きく異なる存在だった、と分析されている（一〇八―一一一頁）。両班については、宮嶋博史『両班――李朝社会の特権階級――』（中公新書、一九九五年）など。

（16）「台湾社会領導階層」は、呉文星が『日據時期臺灣社會領導階層之研究』（台北・正中書局、一九九二年）で示した概念である。それは、「日本統治下において政治、経済、教育および文化などの方面でより重要な地位を占めた人、あるいは傑出した業績をもつ人」とされている（五頁）。関連研究として、呉文星『日治時期臺灣的社會領導階層』（台北・五南圖書出版公司、二〇〇八年、日本語版は所澤潤（監訳）『台湾の社会的リーダー階層と日本統治』財団法人交流協会、二〇一〇年）など。

（17）「上流階層」は、黄慧貞が『日治時期臺灣「上流階層」興趣之探討――以《臺灣人士鑑》為分析樣本――』（台北・稻鄉出版社、二〇〇七年）で用いた概念である。黄は、台湾新民報社発行の興信録である『台湾人士鑑』に掲載された人びとを「上流階層」と呼ぶ。そして彼らを、「日本の台湾領有初期においては、総督府が極力篭絡しようとした士紳〔引用者注：地方社会において政治的・文化的地位を有した人〕や富豪、中期においては、新式教育を受容して台湾社会に影響をあたえた知識人、後期においては、都市化の進展に伴い輩出された各分野の人材」としている（二二頁）。同論は、あまたの興信録から『台湾人士鑑』を取り上げたのはなぜか、同書に掲載する人を選ぶ際にいかなる取捨選択が生じたのか、「人士」の職業にどのような傾向が見られたのかなどに対して充分な説明がなく、すべてを「上流階層」に一括するという、大きな問題をはらんでいる。

（18）日本人官吏に関する先行研究として、波形昭一「植民地台湾の官僚人事と経済官僚」（波形昭一・堀越芳昭（編著）『近代日本の経済官僚』日本経済評論社、二〇〇〇年）、岡本真希子『植民地官僚の政治史――朝鮮・台湾総督府と帝国日本――』（三元社、二〇〇八年）、近藤正己・北村嘉恵・駒込武（編）『内海忠司日記一九二八―一九三九――帝国日本の官僚と植民地台湾――』（京都大学学術出版会、二〇一二年）、近藤正己・北村嘉恵（編）『内海忠司日記一九四〇―一九四五――総力戦体制下の台湾と植民地官僚』（京都大学学術出版会、二〇一四年）など。商工業者については、本章四（2）参照。

（19）総督府評議会員については、劉夏如「植民地の法制化過程と台湾総督府評議会（一八九六～一九二一）――総督政治・法制官僚・地方名望家――」(『東アジア近代史』創刊号、一九九八年三月)、駒込武「台湾総督府評議会の人的構成――予備的作業報告――」(中京大学社会科学研究所・檜山幸夫(編)『歴史のなかの日本と台湾――東アジアの国際政治と台湾史研究――』中国書店、二〇一四年)など。

(20) 江口圭一『都市小ブルジョア運動史の研究』(未来社、一九七六年)一五頁。

(21) 弘谷多喜夫の研究によれば、村落部では、公学校教師が生徒集めのために家々を回る状況が、一九三〇年代半ば頃まで日常的に見られた(「植民地教育と日本人教師」石川松太郎他(編)『講座日本教育史四 近代Ⅱ・近代Ⅲ』第一法規、一九八四年、三七六、三八一頁)。

(22) 「初等教育の/学校が足りない」『台湾日日新報』一九二〇年一〇月八日付など。

(23) 関連研究として、前掲駒込『植民地帝国日本の文化統合』、陳培豊『「同化」の同床異夢――日本統治下台湾の国語教育史再考――』(三元社、二〇〇一年)、許佩賢『殖民地臺灣的近代學校』(台北・遠流出版社、二〇〇五年)など。

(24) 高等教育機関については、国策との関連から比較的研究成果が蓄積されている。台北帝国大学に関しては、葉碧苓『學術先峰――臺北帝國大學與日本南進政策之研究――』(台北・稻鄉出版社、二〇一〇年)など。台北高等学校に関しては、徐聖凱『日治時期臺北高等學校與菁英養成』(台北・國立臺灣師範大學出版中心、二〇一二年)など。専門学校に関しては、横井香織「台北高等商業学校卒業生の動向に関する一考察」(『東洋史訪』第八号、二〇〇二年三月)、同「日本統治期の台湾における高等商業教育」、王栄「日本統治時代の台南高等工業学校に関する一考察」(以上『現代台湾研究』第二三号、二〇〇二年七月)、國立成功大學(編)『成功的道路――第一屆成功大學史學術研討會論文集――』(台南・國立成功大學、二〇〇二年)、王耀德「日治時期臺南高等工業學校之入學問題與族群關係」(『臺灣史研究』第一六巻第二期、二〇〇九年六月)、同「日治時期臺南高等工業學校設立之研究」(『臺灣史研究』第一八巻第二期、二〇一一年六月)、同「日治時期臺南高等工業學校之籌辦與建校」(『臺灣文獻』第六三巻第一期、二〇一二年三月)、高淑媛『成功的基礎――成大的臺南高等工業學校時期――』(台南・國立成功大學博物館、二〇一一年)など。

(25) 弘谷多喜夫・広川淑子「日本統治下の台湾・朝鮮における植民地教育政策の比較史的研究」(『北海道大学教育学部紀要』第二二号、一九七三年一一月)、近藤純子『「共学制」と日本語教育――植民地台湾における日本語教育の実態――』(平成四・五年度科学研究費補助金(総合A)研究成果報告書『戦前日本の植民地教育政策に関する総合的研究』一九九四年三月)、前掲陳『同化の「同床異夢」』一八五頁、王耀德「日本統治期台湾人入学制限のメカニズム」(『天理臺灣學報』第一八号、二〇〇九年)など。

(26) 前掲若林『台湾抗日運動史研究 増補版』三五二頁。関連研究としてほかに、駒込武『世界史のなかの台湾植民地支配――台南長老教中学校からの視座――』（岩波書店、二〇一五年）二〇六―二二三頁。
(27) 前掲駒込『世界史のなかの台湾植民地支配』一九五、三四一、三四九頁。
(28) 許佩賢「實業補習學校的成立與臺灣社會的教育欲求」前掲許『殖民地臺灣近代教育的鏡像』一二九頁。中等学校の代替機関が実業補習学校であるとすれば、公学校の補完機関としては国語講習所があった。国語講習所も、実業補習学校と同じく、一九三〇年代後半に普及が進んだ。関連研究として、藤森智子『日本統治下台湾の「国語」普及運動――国語講習所の成立とその影響――』（慶應義塾大学出版会、二〇一六年）。
(29) 前掲駒込『世界史のなかの台湾植民地支配』第八章、第九章。
(30) 顔杏如『植民地都市台北における日本人の生活文化――「空間」と「時間」における移植、変容――』（東京大学大学院総合文化研究科地域文化研究専攻博士論文、二〇〇九年）三二四、三二九頁。
(31) 波形昭一「台湾における経済団体の形成と商業会議所設立問題」（波形昭一（編著）『近代アジアの日本人経済団体』同文館、一九九七年）、波形昭一（編著）『民間総督三好徳三郎と辻利茶舗』（日本図書センター、二〇〇二年）、趙祐志『日人在臺企業菁英的社會網路（一八九五―一九四五）』（上）（下）（新北・花木蘭文化出版社、二〇一三年）、須永徳武（編著）『植民地台湾の経済基盤と産業』（日本経済評論社、二〇一五年）など。
(32) 清水美里『帝国日本の「開発」と植民地台湾――台湾の嘉南大圳と日月潭発電所――』（有志舎、二〇一五年）第五章。
(33) Jun Uchida, *Brokers of Empire: Japanese Settler Colonialism in Korea, 1876–1945*, Harvard University Asia Center, 2011, pp. 5–6, 13.
(34) 台湾総督府文書とは、台湾総督府官房文書課所轄『台湾総督府公文類纂』を中心とした文書群の総称である。文書自体は國史館臺灣文獻館（台湾南投県）に所蔵されているが、閲覧希望者はデジタル文書が利用できる。同文書については、檜山幸夫「台湾総督府文書と目録編纂について」（中京大学社会科学研究所台湾総督府文書目録編纂委員会（編）『台湾総督府文書目録』第一巻、ゆまに書房、一九九三年）、檜山幸夫（編）『台湾総督府文書の史料学的研究』（ゆまに書房、二〇〇三年）など。
(35) 李承機「植民地新聞としての《台湾日日新報》論――『御用性』と『資本主義性』のはざま――」『植民地文化研究』第二号（二〇〇三年）一七〇頁。『台湾日日新報』についてはほかに、李承機「一九三〇年代台湾における『読者大衆』の出現」（呉密察・黄英哲・垂水千恵（編）『記憶する台湾――帝国との相克――』東京大学出版会、二〇〇五年）など。
(36) 駒込武は、一九三〇年代にミッション・スクールが「非国民」養成所として在台日本人による排撃運動の対象となった事件の顛末で、『台南新報』の事件への関与の仕方は、特に台南長老教中学校に対して『台湾日日新報』より積極的であったと述べている（前掲『世界史のなかの台湾植民地支配』四七〇―四七一頁）。ほかに『台南新報』の特徴を述べたものとして、王美雯・

張靜宜「臺南新報内容概要及其史料價値」（『臺灣史料研究』第三九號、二〇一二年六月）など。

(37) 若林正丈「資料紹介総督府秘密文書『文化協会対策』」『台湾近現代史研究』創刊号（一九七八年）一五九頁。

第一章　「自治」意識の萌芽

第一節　地方制度改正は地域のあり方に何ら意味をもたなかったのか

植民地台湾における一九二〇年の地方制度改正は、これまでどのように語られてきたのか。この改正がなされた背景としては、一〇年代後半以降、第一次世界大戦後の世界的な民族自決の風潮を受けて、被植民者による合法的な政治活動が活発化しつつあったことが指摘されている[1]。

一九一八年、日本内地の東京で、台湾人留学生を中心に、六三法撤廃期成同盟が結成された[2]。六三法は、一八九六年制定の台湾ニ施行スヘキ法令ニ関スル法律（法律第六三号）の通称であり、総督に立法権と緊急命令権を授けることを旨とした。総督が定めた法律は律令と呼ばれ、法域は台湾に限定された。三年の時限立法として成立したが、再三延長された。一九〇六年になってようやく、期限を五年とする、台湾ニ施行スヘキ法令ニ関スル法律（法律第三一号、通称三一法）へと変更された。しかし三一法も、総督に律令制定と緊急命令を発する権利を付与していた。ゆえに六三法撤廃期成同盟は、憲法違反の象徴として六三法の名を掲げ、その撤廃を求めた[3]。

当時の原敬内閣はこうした事態を受けて、植民地統治体制を抜本的に改めることが急務と考えた。その任にあたったのは田健治郎だった。

一九一九年、台湾の初代文官総督に就任した田は、総督府高官を招集して訓示を行なった。彼は冒頭で、「台湾は帝国を構成する領土の一部にして当然帝国憲法の統治に従属する版図なり」と述べたのち、次のようにいう。

台湾民衆に向て、急激に総て内地と同一の法律制度を実施せんとするが如きは忽ち齟齬扞格を来し、却て之れが疾苦を招くの虞なしとせず。先以て教育の普及に務め、一面其智能徳其《ママ》を啓発し、一面我朝廷蒼生撫育の精神と一視同仁の聖旨を感得せしめ、之を醇化融洽して内地人と社会的接触上何等径庭なき地歩に達せしめ、結局政治的均等の域に進ましむべく、教化善導せざるべからず(4)

訓示には、台湾人の権利意識の高まりに対処するために導入された漸次的な内地延長主義の本質とともに、六三法撤廃期成同盟の要求への間接的な回答が示されている。すなわち日本政府は、将来的に台湾を日本内地と「政治的均等の域に進ま」せるつもりだが、時宜は台湾人の日本（人）への「醇化融洽」の度合いを見て決定する。現段階において台湾に日本内地と同じ法律を整備するのは、「急激」すぎて「齟齬扞格」を来たしかねないと、六三法撤廃期成同盟の要求を間接的に却下している。

右の訓示の翌年、地方制度が改正された。これにより施行された五州二庁制は、「政治的均等の域に進ましむ」以前の段階に止まった。近藤正己の研究によれば、それは施行に際して「『地方自治制』と宣伝」されたが、植民地朝鮮とも格差があった。大きな違いは諮問機関（協議会）にあらわれた。協議会は、朝鮮の一部地域では選挙が行なわれたが、台湾ではまったくの官選であった。近藤は、総督府官僚の文章を引用しながら、こうした相違は「一般民智進歩の程度」を考慮するという、統治者側の判断にもとづくものだったと述べている(5)。

議会が未設の状況に、一部の民間人は不満を募らせた。かつて六三法撤廃期成同盟にかかわっていた台湾人知識人の多くは、植民地議会の開設を求める台湾議会設置請願運動（一九二〇―三四年）を展開した(6)。また、一九三〇年代に入ると、一部の在台日本人のあいだでも地方選挙制度導入が議論されるようになる[7]。五州二庁制は、相対的に官治性が強く、植民地朝鮮のシステムと比べても後進的であった。議決機関が設けられない事態は、日本人・台湾人の別なく、人びとの不満を惹起した。これが従来の見解である。では、五州二庁制は、何の意味もない制度変更だったのか。台湾における地方制度は官治性が強かったといっても、その強さは、日本による台湾支配五一年のあいだ、終始同じだったわけではないだろう。特に五州二庁制は、施行にあたって、わざわざ「地方自治制」と宣伝された。そう宣伝するからには、総督府側にもそれなりの根拠があり、結果として、新しい地方制度が各地域の人びとのありようにもたらしたインパクトは小さくなかったはずである。

五州二庁制は、具体的にどのような特色をもち、各地域にどのようなインパクトをもたらすことになったのか。以下に探ってみたい。

第二節　五州二庁制はいかにして策定されたのか

（1）もともとの構想

台湾における地方制度は、日本による植民地支配の過程で、何度か手直しされた[8]。一九二〇年に五州二庁制が導入される以前、全島を一二（宜蘭・台北・桃園・新竹・台中・南投・嘉義・台南・阿緱・台東・花蓮港・澎湖）の庁に区画する、一二庁制（一九〇九―二〇年）が布かれていた（図1）。

一二庁制の目的は、植民地支配に抵抗する抗日ゲリラの活動を抑制して、治安を維持することにあった。そのため、庁長の事務を分掌する支庁の長（支庁長）のほとんどは警部であった。また庁配下の警察官に対しては、庁長のみならず、総督府警視総長までもが直接指揮権を有する二重の指揮系統を布いた[9]。当時は地方税制度についても、地方費区という変則的なシステムが採られていた。地方費区とは、各地方庁の庁長により賦課・徴収された地方税を総督が管理・編成するための単位である。区域は、第二費区が台東・花蓮港両庁、第三が澎湖庁、ほかはすべて第一と定められた（府令第八一号）[10]。地方税は、地方費区にもとづいて総督に掌握され、各地方庁にその使途を決める権限がなかったために、地域の意向ではなく総督本位で配分されるという問題が見られた。庁長は、警察権でも、「地方税」の面でも、権限が制限され、総督（府）の命令を伝達・実行する役割に終始した。

庁の末端には、区長（庁長が執行する普通地方行政事務の補助機関として、単独あるいは複数の街庄に一人置くと規定された）や参事（庁長の諮問機関）、保甲（台湾人により組織された警察行政の補助機関）が配置された。これらの人び

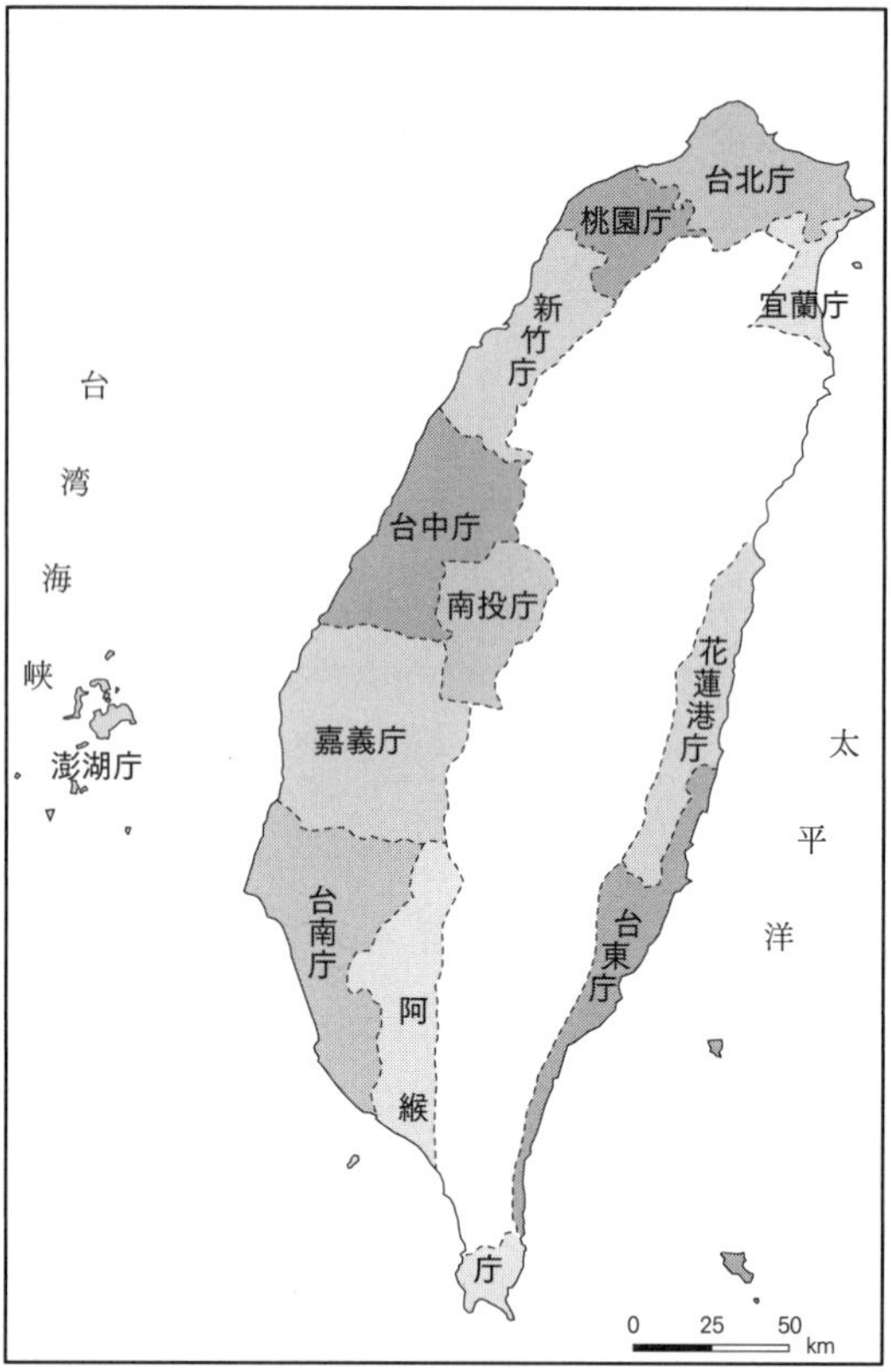

図1　12庁制下の行政区画

台湾島中央部の空白部分は，「蕃地」と呼ばれた先住民居住区を示す。5州2庁制施行後，「蕃地」も各州・庁に管轄区域として組み込まれた（呉密察・翁佳音（審訂）・黄清琦（地圖繪製）・黄驗・黄裕元（撰文）『増訂版臺灣歴史地圖』台北・遠流出版事業股份有限公司，2018年，100頁)。

とを通じて、上意下達の体制が補強された。だが、区長や参事はたぶんに名目的な役職であり、実質的に機能していたのは保甲くらいであった。[11]

庁制は、中央集権的・官治的な側面が強く、地方自治的な要素がほとんどなかった。民間人の政治参加という点で不十分なだけではなく、行政の効率や執行、「地方税」のあり方に至るまで、改善すべき問題の多いシステムだった。総督府は、こうした問題に自覚的であり、一九一五年頃から地方制度改正に向けて調査に着手した。一九年一一月、田健治郎が総督に着任すると、改正の動きが加速した。総督府内部では、同年一二月から翌二〇年一月にかけて、新地方制度案の骨子となる事項が何度か討論された。当時の総督府地方課長・水越幸一は、後年、雑誌『台湾地方行政』に制度の原案が形づくられる過程を回顧している。

水越によれば、総督府は当初、全島を台北・新竹・台中・嘉義・台南・阿緱・台東の七県に区画し、県下に市制・町区制を布く案をもっていた。[12]程なくして、理由は不明だが、町区は「区庄」に改められた。[13]県という行政単位を用いたのは、それが日本の領台以前から使われていた台湾人に馴染み深い名称であり、日本内地の例に照らしても「最も適当」と判断されたからだった。また市制は、「内地の例に倣ひ地方の中心市街に『市』なる名称を附し他の普通市街地と区別」するために採用された。[14]

その後、①阿緱県、②台東県、③区庄の名称の三項目に、それぞれ①高雄県、②台東・花蓮港両庁を据え置く、③町村に変更するという修正がなされた。水越の説明に即して、各項の修正ポイントを以下に補足したい。

①について、一二庁制下で台南庁の管轄下にあった打狗は、一九一〇年代以降「南支南洋」への経済進出に対する期待の高まりを背景に、地理的重要性が増していた。そうした状況を踏まえ、地方制度改正をめぐる議論のなかで、「打狗港の発展が将来行はるべきことを予想」すれば、阿緱を中心として阿緱県を創設するよりも、打狗を中心とする行政区画を検討するほうが適当だという意見が出た。総督府はそうした意見を採り入れ、阿緱県ではなく打狗県を設置することに決定した。その際、打狗の地名を「南方発展の拠点たるの意味を加へ」た高雄という名称

図2　水越幸一
1929年に台中州知事に就任するも，翌30年に州内で発生した霧社事件（先住民による抗日蜂起事件）により州知事を引責辞任。その後は，台湾における地方制度の歴史や仕組みを紹介する活動に精力を傾けることになる。

に改め、新県は高雄県とすることとした[15]。

②について、台東県は、東部の台東・花蓮港両庁を一県にする構想のもとに考案された。だがこれらの地域は、「蕃人を包含せる地方なるの故を以て当分従来通り官治行政を以てする」のが適当だと判断し直され、二庁は「その儘として存在せしむる」こととした[16]。

③について、区庄は「県と同じく区及庄を内地同様に改めて、町村と倣すことが制度の趣旨に合する」という意見が多く、「町村」という名称に改めることにした[17]。

こうして、全島を六県（台北・新竹・台中・嘉義・台南・高雄）二庁（台東・花蓮港）に区画し、そのもとに市郡町村を置く構想がまとまった。「主脳者」として、庁には庁長、県には県知事を置き、前者は「単に国の官治行政機関たるの制度」であるが、後者は「自治体たる県の事務と国の官治行政の機関たる地位とを兼ねしむることは内地と略同様」とした。また庁下には支庁、県下には市と郡を配置した[18]。市には条例制定などの「自主権」を認めた[19]。県と市には諮問機関を設置することにした。郡は「官治行政たる県を更に細分したる」行政区画であり、「制度改正前の支庁長の延長」として警察行政を司る機関とした。町村に関しては、「首脳たる町村長は公吏となす」という方針を立てた[20]。

総督府は、特別行政区域に置かれた先住民が多数を占める東部[21]は別としても、それ以外の地域については、より日本内地に接近した地方制度を布く計画を進めていた。そうすることで、一九一〇年代後半以降活発化しつつあった台湾人による政治的な活動に対処しようとしたと思われる。

（2）「自治」度のトーンダウン――六県二庁から五州二庁へ

総督府内部で県制・市制・町村制の律令案が詰められたところで、一九二〇年二月から日本内地の中央政府との討議に入る。討議をとおして、総督府の構想には大きな修正が加えられ、新しい地方制度の「自治」度もトーンダウンしてゆく。

総督府は新しい地方制度をめぐり、日本内地の拓殖局や法制局、大蔵省といった関係当局と四〇回近い審査を重ねた[22]。その後、一九二〇年六月二九日付で枢密院会議のための「御下付案」が出された。そこに提出された「台湾総督府地方官官制」では、「県市町村」ではなく、「州市街庄」という地方行政単位が用いられていた。また行政区画は、嘉義を抹消した台北・新竹・台中・台南・高雄の五州と台東・花蓮港の二庁に修正された[23]。これは、七月一四日の枢密院会議を経て、同月二七日に「台湾総督府地方官官制」（勅令第二一八号）として公布された。

それにしても、県市町村から州市街庄へと地方団体の名称が変更されたのはなぜなのか。また県が州に改められた際、いかなる理由で州の数が一つ減らされたのか。

① 地方団体の名称

七月一四日、日本内地の枢密院会議で、台湾の地方公共団体を州市街庄とする件が取り上げられた。会議には、原敬首相を筆頭に各大臣や皇族に加え、台湾総督府からは田健治郎総督、下村宏総務長官、川崎卓吉内務局長、鼓包美参事官が出席した。

『枢密院会議筆記』によると、途中から出席した枢密院顧問官・濱尾新が内地延長主義との整合性という観点から次の質問をした。濱尾はまず、台湾の制度を、「成ルヘク内地ノ制ニ近カラシムル趣旨ナルカ、又或ハ島内ニハ多数ノ旧支那人居住セルカ故ニ支那ノ旧慣ニ鑑ミ彼等ノ感触ヲ良カラシムル様仕組ム趣旨ナルカ」と訊ねた。そして、「以前ハ其ノ管内ヲ県ト称シタルニ、今回ハ之ヲ州ト称ス。州ハ国ニ通ス。寧ロ県郡ト云フ慣用語ヲ用フルコト可ナラサルカ」と質した。これに対して田は、同件は審査報告として「先刻二上〔引用者注：二上兵治〕書記官長ヨリ報告」済みだが再度説明するとして、台湾の従来の制度を簡単に説明したあと、次のようにいう。いわく、「台湾ニハ往年県ヲ置キタルコトアルモ、支那ニテハ県ハ郡ニ当リ、小ニ過クルノ感アリ。固ヨリ必ス州トスヘシト云フ絶対ノ理由アルニ非サルモ、何分台湾ハ福建ト一葦帯水《ママ》ノ関係ニ在リ、対岸ニ於テハ県ハ小ニシテ州ハ大ナルノ観念アルカ故ニ、今回ハ州トシタル次第ナリ。又街庄ハ町村トスル方可ナラムトノ説アリシモ、街庄ハ多年ノ慣行ニ依リ馴染アル名称ナルカ故ニ今回之ヲ襲用」した。[24]

では、濱尾顧問官が不在時になされた審査報告で、台湾人に「馴染アル名称」によった地方制度は、どのように説明されたのか。審査報告には、「此等ノ団体〔引用者注：州市街庄〕ノ権力ハ挙ケテ国ノ任命スル長官ノ手中ニ帰シ、又協議会ノ設アルモ其ノ会員ハ総テ官選ニシテ且其ノ権限ハ決議ノ権能ニ非スシテ単ニ諮問ニ答申スルニ過キス。殊ニ急施ヲ要スル場合ニハ、諮問ヲ省略スルコトアリ。州、市、街庄ハ殆ト公共団体ト称シ難キモノニシテ、今日此ノ程度ノモノヲ実施スルハ蓋シ已ムヲ得サル所ナリト認ム」とされている。[25]

台湾では、民間人が政治的な意思を示す機会は制限され、州市街庄の「権力ハ挙ケテ国ノ任命スル長官ノ手中ニ帰」していた。ちなみに、日本内地では、一九一一年から市町村が単独で市町村長の給料額を決定することができるようになった。[26] 改正の背景には、集権的な行財政構造への批判や、住民の政治参加要求の高まりがあった。[27] まがりなりにも地方自治の理念に接近しつつあった日本内地に比べて、台湾の州市街庄は、「殆ト公共団体ト称シ難」いものだった。総督府は、日本内地の関係当局と審議に入る以前、台湾の地方制度を日本内地に近づけるという構想をもっていた。だが審議の過程で、植民地という特殊性を踏まえた制度を布く方向に改められた。したがって、従前よりやや自治度の高い地方制度を施行するとしても、それは決して日本内地と同程度ではないことを示すために、地方団体の名称として、台湾人に「馴染アル名称」を採用したと考えられる。

②　六県から五州への再編経緯

州の数も、地方自治の度合いに鑑みたものとなった。

一九二〇年七月二四日付『台湾日日新報』は、高田元治郎総務長官代理の談話を引用し、五州になった経緯を報じている。高田によれば、六県を六州に変えて「其筋へ提した」ところ、「元の三州（ママ）〔引用者注：一八九八年から一九〇一年まで施行された、三県三庁制を指すと思われる〕の事を知る人あつて三州にては如何と云はれ漸く五州として承認を得た」。ここから、総督府と日本内地の関係当局とのあいだには、地方団体の名称だけでなく、行政区画の数についても意見の齟齬があったことが窺える。

高田以上に詳細に内幕を語っているのは、鼓包美総督府参事官である。鼓は、『台湾時報』に、行政区画の策定過程で「大地域論者」と「小区域論者」の意見対立があったと語っている。

鼓によると、「大地域論者」は、日本内地の状況を見て「小県中往々にして自治団体たる基礎を危ぶまるゝものなきにあらず」なので、「此際遠き将来を達観して大区域を画するを至当とす而して地方長官は内地の如く、其の権限を大ならしむべし」と主張した。他方、「小区域論者」は、「異民族たりし民衆の大部分を有するのみならず、化外の民たる蕃人さへ包容する台湾に於ける行政は、内地のそれよりも複雑せるは論なし」とし、「区域を小にし行政の徹底を計るに若かず」と意見した。鼓は、誰がどのような見解を示したかについて、「事機密に属する点あるが故に其が詳細なる発表は差控ふる」として、詳らかにしていない[28]。よって、行政区画をめぐる個々の思惑は不明だが、議論の争点は結局、台湾の地方団体にどの程度の自治権を認めるかにあった。

続いて鼓は、「大地域論者」と「小区域論者」の意見の折衷過程を補足する。まず、「大地域論者」の「苟も地方公共団体を設置する以上、之をして将来存立の不安を感ぜしむる程脆弱なる素質を与ふるに忍びず」という見解は、「最も尊重すべき所」と評価された。だが、「内地との比較論は完全なる地方分権説」であり、台湾の現状で「極端なる地方権力の増大は、終に尾大振はざるの結果を招来する事となるは明かである」とし、この点は「小区域論者の実際的主張を多とする」とした。そして最終的に、「地方公共団体としては独自活動の素質を与ふる限度に於て、極端なる地方分権に陥らざる区画」として五州が適当と、関係当局が合意した。(29)

州の数は五つに決まった。次なる問題は、台北・新竹・台中・嘉義・台南・高雄のうち、どれを削除するかだった。これに関して、前出の七月二四日付『台湾日日新報』に、高田元治郎総務長官代理は、「新竹は台北と台中の間に一庁《ママ》を置く必要あり、阿緱《ママ》は恒春まで六十里もあるを以て一州置かざるべからず遂ひに気の毒なれども嘉義を除きたる次第なり」と説明している。嘉義州抹消は、州と州の地理的間隔の兼ね合いから決定したようである。だがこの決定は、旧嘉義庁所在地である嘉義街で、置州運動を始めとする一連の地元振興策が講じられる発端となる。

第三節　地方「自治」制の導入

一九二〇年九月一日、五州二庁制が施行された。この体制は、二六年に高雄州の管轄下にあった澎湖が庁として独立したことで、五州三庁制に調整されたのち、四五年の敗戦まで続く。

五州二庁制施行の前日、田総督は、州知事や庁長などの内定者を集めて訓示した。そこで田は、従来の地方制度を「余りに都会集中主義に傾いて田舎方面は忘れられ頭ばかり熱して手足は冷えて居る」と評する。そして「漸次地方の街庄に一般文明的恩沢を及ぼす」には、「地方制度にも幾分改善を加ふべき相当の考慮を要することの必要ある」という。こうした考えにもとづいて、「州制市街庄制は先づ地方公共団《ママ》として自ら公共事業を経営するの権能を与へ人民をして徐ろに公共的事業に対する公義責任観念を涵養せしめ以て地方自治の真境に達すべき基礎を確定したる次第」である、と述べている。(30)

田の訓示は、庁制の問題を端的に示している。地方費区のもとで地方税として徴収された税金が「都会」にばかり支出され、「田舎方面は忘れられ」がちだったという問題である。この場合の「都会」とは、島都・台北を指すのだろう。田はこうした状況を改善するために、各地方公共団体に「自ら公共事業を経営するの権能」を付与した、という。台湾の州市街庄は、先の枢密院会議では「殆ト公共団体ト称シ難キモノ」と説明されていた[31]。だが田の訓示では、「地方自治の真境に達すべき基礎を確定」した団体と位置づけられている。それは、五州二庁制が日本内地にはおよばないものの、従前の台湾の制度と比べて多少「自治」度の進展が見られたことを意味している。

五州二庁制は、五州二庁のもとに三市（台北・台中・台南）四七郡を置き、四七郡をさらに二六三街庄に区画するものだった。庁や郡は「単に行政区画」だったが、州市街庄は行政区画であると同時に「地方団体の区域」とされた[32]。州には州知事（勅任）、庁には庁長（奏任）が着任した。市には市尹、郡には郡守が配置された[33]。街庄には、区長を廃して街庄長を置いた。街庄長は判任官待遇の名誉職を原則とし、当該地域に居住する住民のなかから州知事または庁長によって任命された[34]。台湾人に限定された区長と異なり、街庄長に任命される日本人民間人もあらわれた。街庄長の職務は、「台湾街庄制施行令」（一九二〇年・府令第一一二号）により、街庄財産および営造物の管理、収入・支出に関する命令、街庄税の賦課・徴収などとされた。

州市街庄からなる地方公共団体には、参事に代わって協議会という諮問機関が設けられた。協議会の議長は、州では州知事、市では市尹、街庄では街庄長が就任した。協議会員（任期二年）は、当該地域に住所を有する日・台の民間人のなかから任命された。協議会員への諮問事項は、当該地域の歳入出予算や基本財産の管理・処分などに関することだった[35]。

ここで、諮問事項のなかに当該地域の歳入出予算が含まれていることに注目したい。これは「地方税」のあり方が変化したということである。州制施行に伴い地方費区が撤廃された。これにより、地方公共団体と徴税の区域が一致した[36]。そして、州市街庄の費用から、①吏員ノ給料其ノ他ノ州及郡ノ庁費（市の場合は市役所費、街庄は街庄役場費）、②土木費、③教育費、④衛生費、⑤勧業費、⑥社会事業費、⑦営繕費、⑧協議会費、⑨州費（市の場合は市費、街庄は街庄費）用取扱費の九費目が支弁されるようになった[37]。きわめて限定つきとはいえ、住民は、地元運営にかかわる予算の使途を考える機会があたえられたといえる。

「自治」度が多少なりとも進展すれば、それに伴い住民の責務も重くなる。地方費区に即して総督が地方税の使い道を決定していた時期、住民は、地元振興に対して受身であった。地方税の名目で徴収される税金の多寡に関心を払う必要もなかった。だが、州制施行を機に地方費区が撤廃され、地方税財政に対してある程度権限がもてるようになると、地方行政に主体的にかかわらねばならなくなった。

地方税財政を安定させるには、地域における一定の人口確保が必要である。そのためには、地域からの住民流出を最小限に抑えること。さらに重要なのは、新たな転居者、特に日本人を呼び込むことである。台湾が日本の植民地である以上、地域における日本人の多寡は地元の発展を大きく左右する。地方行政にたずさわることになった人びとは、日本人を中心に人口を増やすことが地元発展のカギと考えたと思われる。地元がある程度の都会、かつ人を引き付ける魅力的な町だということは、それらを象徴するメルクマールを掲げるとアピールしやすい。ここに、各地域の有志たちが中等・高等教育機関誘致に意欲を燃やす一つの動機が形成されることになる。

（1）近藤正己『総力戦と台湾――日本植民地崩壊の研究――』（刀水書房、一九九六年）一四二頁など。

（2）呉三連・蔡培火等『臺灣民族運動史』（台北・自立晩報社文化出版部、一九七一年）六八頁。なお、六三法撤廃期成同盟結成の三年前である一九一五年には、東京で、台湾・朝鮮・中国人の留学生による秘密結社・新亜同盟党が結成された。台湾人と朝鮮人による民族運動の相互連帯については、小野容照『朝鮮独立運動と東アジア――一九一〇―一九二五――』（思文閣出版、二〇一三年）第三章。

（3）六三法については、栗原純「明治憲法体制と植民地――台湾領有と六三法をめぐる諸問題――」（『東京女子大学比較文化研究所紀要』五四、一九九三年）など。

（4）「田総督蒞任の訓示」（一九一九年一一月一二日）台湾総督府（編）『詔勅・令旨・諭告・訓達類纂（一）』（一九四一年／台北・成文出版社、一九九九年復刻）二九三頁。

（5）前掲近藤『総力戦と台湾』一四二―一四四頁。五州二庁制については、傅奕銘『近代台湾の地方制度と地方財政（一八九五～

一九四五）』（岡山大学大学院文化科学研究科博士論文、二〇〇三年）や、謝政徳『植民地台湾と地方「自治」制度』（大阪大学法学研究科博士論文、二〇一三年）でも論じられている。傅は、五州二庁制により地方制度が「地方分権制に変更された」と述べている（二五頁）。だが、議会未設の状況での「地方分権制」とは何を意味するのか、「地方分権制」と銘打たれた制度と実際の措置とのあいだにいかなる乖離があったのかについては、掘り下げられていない。他方、謝論文は、従来ほとんど注目されてこなかった五州二庁制の制定過程や、協議会の実態を論じている点で重要である。謝は、協議会について、「基本的には台湾人『土着地主階級』、すなわち地域の有力者を懐柔・籠絡するもの」だったが、議事の過程で「統治当局に積極的に異議を申立てる官選台湾人協議会員の存在は見逃すことができない」と述べている（八五頁）。こうした指摘は首肯し得るものの、統治者側が「懐柔・籠絡」しようとした台湾人有力者や、彼らとともに任命された日本人がどのような人びとだったのか、社会的出自が示されていないため、人的構成の全般的な傾向を把握できない点に議論の余地が残る。

（6）詳細は、若林正丈『台湾抗日運動史研究　増補版』（研文出版、二〇〇一年）第一篇。

（7）岡本真希子「一九三〇年代における台湾地方選挙制度問題」『日本史研究』四五二号（二〇〇〇年四月）一六八頁。関連の研究として、同研究者による「アジア・太平洋戦争末期における朝鮮人・台湾人参政権問題」（『日本史研究』四〇一号、一九九六年一月）、「政党政治期における文官総督制――立憲政治と植民地統治の相剋――」（『日本植民地研究』第一〇号、一九九八年）、「在台湾『内地』人の『民権』論――植民地在住者の政治参加の一側面――」（『日本史攷究』第二五号、一九九九年）など。

（8）日本が台湾を領有した一八九五年、総督府は、台北・台湾・台南の三県と澎湖島庁からなる地方制度を布いた（三県一庁）。これは同年中に、台北県、台湾・台南民政支部、澎湖庁のかたちに改められる（一県二民政支部一庁）。翌九六年、台北・台中・台南の三県と澎湖島庁になり（三県一庁）、九七年、台北・新竹・台中・嘉義・台南・鳳山の六県と宜蘭・台東・澎湖の三庁に改められた（六県三庁）。九八年には台北・台中・台南の三県と宜蘭・台東・澎湖の三庁になり（三県三庁）、一九〇〇年には台南県から恒春庁が分かれて三県四庁となった（外務省（編）『外地法制誌』文生書院、一九九〇年、一八六―一八七頁）。領台初期の地方制度は、一年ごとに目まぐるしく変化していた。〇一年、全島を二〇庁（台北・基隆・宜蘭・深坑・桃仔園・新竹・苗栗・台中・彰化・南投・斗六・嘉義・塩水港・台南・蕃薯寮・鳳山・阿猴・恒春・台東・澎湖）に区画する二〇庁制が施行された。これは、〇九年に二〇庁が一二庁に整理されるまで続く。

（9）「台湾総督府官制中改正」（一九〇九年・勅令第二七〇号）第二三条。

（10）『府報』第二八一九号（一九〇九年一〇月二五日）。

（11）水越幸一「地方制度の要旨」『第一回地方改良講習会講演集』（台北・台湾総督府内務局、一九二四年）二、七頁。

(12) 水越幸一「本島の現行地方制度成立経過覚え書（八）」『台湾地方行政』第四巻第一号（一九三八年一月）九四—一〇一頁。
(13) 水越幸一「本島の現行地方制度成立経過覚え書（九）」『台湾地方行政』第四巻第二号（一九三八年二月）九〇頁。
(14) 同上、九一頁。
(15) 同上、九一—九二頁。
(16) 同上、九二頁。
(17) 水越幸一「本島の現行地方制度成立経過覚え書（十）」『台湾地方行政』第四巻第四号（一九三八年四月）一四六頁。
(18) 同上、一四七頁。
(19) 前掲水越「本島の現行地方制度成立経過覚え書（八）」九七頁。
(20) 前掲水越「本島の現行地方制度成立経過覚え書（十）」一四七—一四八頁。
(21) 日本統治下の台湾で山地に居住し漢化が進んでいない先住民は、「生蕃」（のち「高砂族」）と称され、特別行政区域（納税義務がない一方で強制労働が課され、原則として土地所有権が保証されないといった特殊行政が適用される区域）に置かれた。一九二〇年当時、人口比で「生蕃」が占める割合は、台湾全島平均で二・二五パーセントだったのに対し、台東庁は二一・六一パーセント、花蓮港庁は一八・二〇パーセントであった（『大正九年　台湾総督府第二十四統計書』台北・台湾総督官房調査課、一九二二年、三八頁）。日本統治期の対先住民政策については、松岡格『台湾原住民社会の地方化——マイノリティの二〇世紀——』（研文出版、二〇一二年）など。
(22) 鼓包美「新制度に関して中央政府との交渉の一端」『台湾時報』一九二〇年一〇月号、一七〇頁。
(23) 「大正九年御下付案」（一九二〇年六月二九日、国立公文書館所蔵）。
(24) 「枢密院会議筆記」（一九二〇年七月一四日）『枢密院会議議事録』第二二巻（東京大学出版会、一九八五年復刻）一七四—一七五頁。
(25) 同上、一七〇頁。
(26) 亀卦川浩『地方制度小史』（勁草書房、一九六二年）一四三—一四四頁。
(27) 金澤史男「日本における地方財政の歩み」林健久（編）『地方財政読本（第五版）』（東洋経済新報社、二〇〇三年）五九頁。
(28) 前掲鼓「新制度に関して中央政府との交渉の一端」一七〇—一七二頁。
(29) 同上、一七二頁。
(30) 「地方制度改正に関する田総督の諭告訓示」（一九二〇年八月三一日）前掲『詔勅・令旨・諭告・訓達類纂（一）』三二一—三

二三頁。
(31)　前掲『枢密院会議筆記』一七〇頁。
(32)　木下信「地方制度に就て」『第三回地方改良講習会講演集』(台北・台湾総督府内務局、一九二六年)一七頁。
(33)　郡守・市尹とも奏任官である。郡守は郡下の警察官の指揮・監督権のほか街庄長の監督権を有したが、市尹は職務を普通地方行政事務に限定された。市には警察署が置かれ、警察署長には州知事の任命を受けて地方警視(奏任)が配属された。
(34)　「台湾総督府地方官官制」(一九二〇年・勅令第二一八号)第四六条、「台湾街庄制」(一九二〇年・律令第六号)第五条。
(35)　「台湾州制」(一九二〇年・律令第三号)第一三条、「台湾市制」(一九二〇年・律令第五号)第一二条、前掲「台湾街庄制」第一四条。
(36)　台東・花蓮港両庁では、「台湾庁地方費令」(一九二〇年・律令第四号)により庁地方費が設置され、総督が管理するとされた。台東・花蓮港両庁の一部には街庄が置かれたものの、地方費区の制度は庁地方費と名を変えて据え置かれた。
(37)　前掲「台湾州制」第二一条、前掲「台湾市制」第二〇条、前掲「台湾街庄制」第二三条。

第二章　台南商業専門学校[1]の存廃
――「継子扱ひ」される南部――

第一節　島都に差をつけられた、元島都――台南州台南市の概観

台南は、西に安平港を擁し、約四七キロ南に高雄港をひかえた、「南部第一の商業都市」である。[2]台湾でもっとも早期に開発が始まった地域の一つであり、その興りは一七世紀前半にさかのぼる。当時、安平港に上陸したオランダ人が、貿易の拠点としてゼーランディア城（安平古堡、図2と二）を築き、続いて、オランダ連合東インド会社の事務所としてプロビデンシア城（赤崁樓、図2は二）を建設した。三八年におよぶオランダによる支配ののち、明朝の遺臣・鄭成功が、オランダ人を駆逐してプロビデンシア城を占領し、台南一帯を治世の拠点とした。その後台湾は鄭氏政権を滅ぼした清朝に領有されたが、台南は、首府・台湾府として、島内における政治・商業の中心であった。ところが、一八九四年に首府が台北に移されたことで、オランダ統治時代より数えて三〇〇年近く続いた台南の繁栄は翳り始める。翌九五年、清朝に代わって台湾を統治することになった日本も、総督府を台北に置いた。台南はこれ以降、旧都という評価に落ち着く。[3]

清朝統治下（一六八三―一八九五年）の台南には、中国式の囲壁都市が形成されていた。しかし日本の台湾支配に伴う兵火により、旧時代の面影は失われた。日本統治下では、台湾人による抗日武力行動が鎮静化されてから、

図1　1910年代の台南市街

左手に見える洋風の建物は，台湾銀行台南支店。総督府商業専門学校（台南商専）も同じ通りにあった。1920年の地方制度改正により，通りの名前は大宮町に改まる。

都市計画のもとに大半の楼門城壁が撤去され、市街の面目は一新された[4]。その後、一九二〇年に五州二庁制が施行された。台南は台南市となり、台南州の州都に定められた。二〇年代当時の台南市は、どのようであったのか。図2から覗いてみよう。

市内への玄関口である台南駅（ほ三）は町外れにある。降り立った駅の裏手（東側）には、歩兵第二聯隊（ほ二）の広大な敷地が広がっていた。台南駅舎を背にして正面に伸びる大正町（に三）を南西に歩くと、大正公園（現湯徳章紀念公園）のロータリー（は四）に到着する。ロータリーは、台南州庁舎や市役所、警察署（は四）が並ぶ官庁街に面していた。

ロータリーから西側に走る錦町（は三）、これに並行する本町（は三）、それら二本を南北に横切る大宮町（は三）のあたりは、市内でもっとも賑やかなエリアだった[5]。また、台南警察署（は四）に接して、末広町という大通りがあった。一九二六年に台南運河（い三）が竣工して以降、この通りから西側は、建築様式を統一して美観が整えられ[6]、「台南銀座」の美称で呼ばれるようになった。右に挙げた界隈には、日本人経営の企業や商店が特に多かった[7]。台湾銀行台南支店（大宮町、は三）、台南新報社本社（本町、は三）、台湾日日新報社台南支局（錦町、は三）、大阪商船（大正町、に三）など、全島規模で影響力をもつ企業はこの界隈に集中していた。日本人の多くはこのあたりに居を構えていた。それに対して台湾人は、プロビデンシア城やゼーランディア城に程近い、永楽町（ろ三）や西門町（ろ三）、安平といった地区に居住が目立った(8)。

市内には、初等後の教育機関も何校かあった。男子対象のものだけでも、台南第一中学校（大北門、ほ一）、台南第二中学校（竹園町、へ三）、師範学校（緑町、に五）、それに、鉄道線路東側に台南長老教中学（第四章補論第二節）という私立各種学校（大東門、へ四）もあった。

大きな会社が立ち並び、教育施設もある程度充実した台南市には、日本人も多かった。地方制度改正の時点で、その数は一万を超えていた（第三章第四節表2）。台南市は南部台湾最大の日本人集住地であった。とはいえ、もはや島都ではない。そのことは専門学校の配置に如実にあらわれた。

台湾では、一九二五年に七年制高等学校である台北高等学校の高等科（尋常科は二二年開校）、二八年に台北帝国大学が開校するまで、実質的な最高学府は専門学校であった。

専門学校は、一九一八年と一九年に新設が相次いだ。一八年、台湾人向けの総督府医学校（一八九九年創設、のちの総督府医学専門学校）に、日本人を対象とした医学専門部が附設された。翌一九年には、日本人向けに総督府高等商業学校が新たに設けられた。同年四月、台湾人向け学校制度を体系化した台湾教育令が施行された。この教育令のもとに、総督府商業専門学校（以下、台南商専）と総督府農林専門学校が開校した。一九年の時点で専門学校の数は、五校（日本人向け二校・台湾人向け三校）となった。このうち、台南商専を除く四校は台北に設置された。台南商専は、台南に設けられた唯一の専門学校であった。

一九二二年、教育令改正により共学制が施行された。これに合わせて、民族別に整備された専門学校も改廃の対象となった。

医学系の学校は、日本人向けと台湾人向けを統合した総督府医学専門学校（以下、新制医専）となった。もとは

に
ほ
へ
と
一
二
三
四
五
安平街圖
縮尺一万分一
塩水河
公学校
市場
安平船溜
小学校
赤崁城址
燈台
税関
台湾製塩会社
至基隆
開元寺
第一中学校
公園
老松町
二丁目
北門町一丁目
偕行社
衛戍病院
步兵第二聯隊
旭町
台南駅
北門町
明治町一丁目
東屋
大正町三丁目
台南医院
武徳館
物産陳列館
大正町二丁目
寿町
清水町
高砂町
竹園町
二丁目
長老女学校
長老中学校
開山町
開山神社
東門町
弥陀寺
四丁目
至高雄
至関廟
師範学校
法華寺
竹溪寺

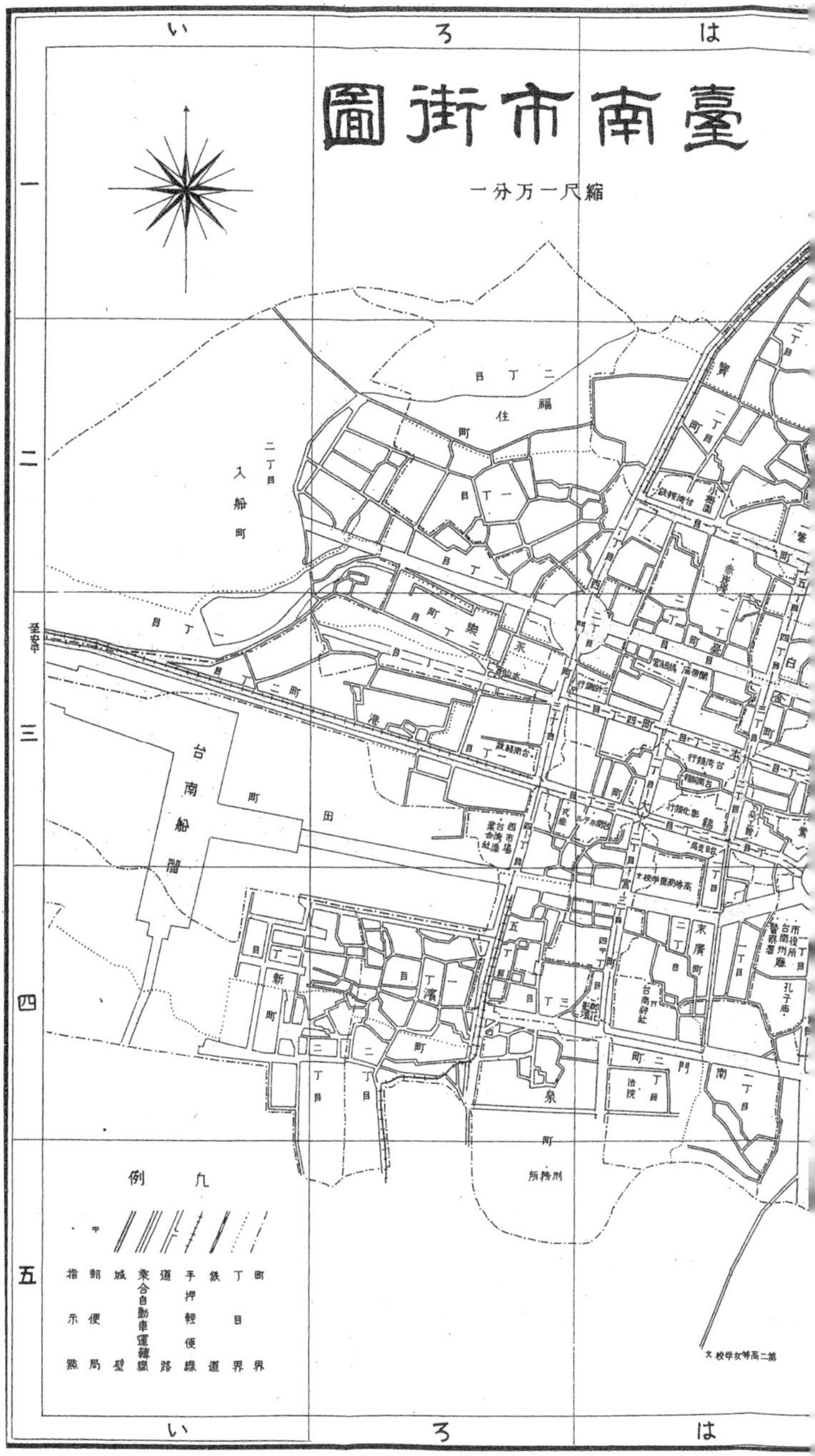

図 2　台南市街略図（1930 年頃）

台湾人向けの農林専門学校は、総督府高等農林学校（以下、高等農林）に改組され、日・台人共学とされた。もとは日本人向けの高等商業学校も共学校となった。いずれも日本内地の専門学校令（一九〇三年・勅令第六一号）に準拠するとされた。だが台南商専だけは、異なる運命が用意された。設立からわずか三年にもかかわらず、在校生の卒業を待って廃校すると告示されたのである。

地域に一校しかない専門学校が間もなく消滅するという事態に直面して、学校関係者を含む台南市の人びとは、どのように対処したのか。本章では、日・台の民間人の学校や教育をめぐる思惑を、共学制施行前後の専門学校をめぐる状況と併せて考察してゆきたい。

第二節　新しい、低度な「権威」――第一次台湾教育令下の学校事情

一九一九年一月、台湾教育令（勅令第一号、以下、第一次台湾教育令）が公布された。[9] 本節では、台南商専が置かれた状況を理解するために、第一次台湾教育令下の学校事情を見ておきたい。

教育令公布直前である一九一八年末、日本内地の枢密院において、台湾教育令に関する報告がなされた。その際、金子堅太郎審査委員長は、台湾に教育令を布くのは、「島内ニ於テ父兄ノ膝下ニ在リテ官憲ノ監督ノ下ニ適当ナル教育ヲ施シ、能ク向学ノ精神ヲ善導シテ善良ナル人民ヲ造出スルニ如カサルナリ」という考えによる、と述べている。[10] 報告書では、「適当ナル教育」を施す前提として、台湾人を島内の「父兄ノ膝下ニ在リテ官憲ノ監督ノ下」に置く必要が強調されている。文面からは、台湾人の留学に対する統治者側の憂慮が色濃い。

日本の領台初期、総督府は、被植民者懐柔策の一環として、台湾人有力者の子どもの留学を優遇する措置を採っていた。ただし、その数はごく限られた。[11] その後一九一〇年代頃より、留学生の数は目に見えて増加し出した。[12] それは統治者側に不都合な事態を惹起した。第一章冒頭で述べたように、一八年に東京で、のちに台湾議会設置請願

運動を主導する台湾人留学生を中心に、六三法撤廃期成同盟が結成されている。この時期、植民地支配に対する台湾人側の異論が高まり、統治者側にとって一つの対抗勢力となりつつあった。おりしも当時の日本内地は「大正デモクラシー」と呼ばれる時代であり、民主主義や民族自決の重要性が語られていた。加えて一九年三月には、台湾人有力者の教育要求により一五年に開校した公立台中中学校から、最初の卒業生が送り出される予定だった。同校卒業生の多くが高等教育にアクセスするために日本内地に留学することが予想されていた。留学によって植民地統治に批判的な思想が形成される可能性が高まるとすれば、その萌芽を防止するために、台湾人を極力島内に留め置くこと。特に公立台中中学校卒業予定者の目が島外に向かないように、学校体系の整備が必要である、と統治者側は考えた。これが第一次台湾教育令が制定に至ったおもな理由と考えられる。

寺崎昌男の研究によれば、戦前の日本では、帝国大学を頂点としたピラミッド型の学校配置が二〇世紀の初め一〇年間にほぼ完成した。帝国大学の下に高等学校を配し、さらにその下に府県立中学校・有名私立中学校が連なる進学ルートが成立する一方で、実業学校や師範学校、私立専門学校などの「傍系」がその外側に追いやられるかたちで存在するという学校配置である。こうした体制のもとで、官庁の局長クラスが帝国大学出身者で独占される事態が生じ、「どの学校を、どの段階にまで登ったかが人の一生を左右する」時代がつくられた[13]。植民地台湾でも、第一次台湾教育令をもって台湾人向け学校体系がようやく整備された。それは初等教育機関—中等教育機関—専門教育機関からなる、より単純な構造であった。とはいえ、台湾人に対する教化・教育が新しい段階に入ったことを告げる、少なからぬ変革を伴っていた。

初等教育機関について、公学校は、従来地域によって修業年限がまちまちであったが、日本人向け尋常小学校と同じく、六年に統一された[14]。ただし、義務教育制度は布かれず、使用される教科書は公学校用として特別に編集されたものであった[15]。

中等教育機関について、第一次台湾教育令施行以前より、公立台中中学校が設置されていた。同校は、「中学校」

と銘打たれてはいたが、在台日本人向けの中学校（五年制）とは異なり、四年制で、公学校第四学年修了程度の者に受験資格をあたえる教育機関であった。公立台中中学校については、教育令制定の過程で不要案も出されていた[16]。だが結果的には存置され、修業年限は据え置かれたものの、受験資格は「修業年限六年ノ公学校ヲ卒業シタル者又ハ之ト同等以上ノ学力ヲ有スル者」へと引き上げられた[17]。また第一次台湾教育令をもって、校名が公立台中高等普通学校に変更された。総督府はこの改称について、「中学校といふときは、如何にも中途半端の感ありて、恰も大学の予備校たる思あらしむればなり。故に寧ろ高等普通教育を完成する意味に於て、之を高等普通学校と改めたり」と説明している[18]。だが名前を改めたところで、「中途半端の感」は払拭されなかった。高等普通学校は、カリキュラム面で「国語」（日本語）の授業時間が長く、英語が随意科目とされるなど、中学校との相違が顕著だったからである[19]。

　そのほか、一九一二年に設置された総督府工業講習所は、公立台北工業学校に改組され、新たに公立台中商業学校と公立嘉義農林学校が設置された。三校とも三年制であった。

　専門教育機関について、従来の総督府医学校は、総督府医学専門学校（以下、医専）に改められた。新たに総督府商業専門学校（台南商専）と総督府農林専門学校（以下、農専）も設置された。いずれの学校も予科と本科で構成された。受験資格は、予科が公学校卒業程度、本科が当該校の予科修了または高等普通学校卒業程度とされた[20]。修業年限は、台南商専と農専は予科・本科とも三年であり、医専は各四年であった。

　右に挙げた個々の学校名の前に、公立もしくは総督府の文字が冠されていることに注意してほしい。第一次台湾教育令のもとで、「専門学校及師範学校ハ官立トシ公学校、高等普通学校及女子高等普通学校〔引用者注：三年制〕ハ官立又ハ公立トス」（第三二条）と定められた[21]。他方、私立学校については、既設のものはそのままとされたが、将来設置されるものについては、実業学校・簡易実業学校・特殊学校に限られることとなった[22]。

　第一次台湾教育令のもとでは、留学への警戒感から台湾人向け官立・公立学校の整備がある程度進んだ。しかし改組・新設された学校はいずれも、修業年限やカリキュラム、受験資格が変則的であった。また「徒に向学心を誘発せしめない」[23]という方針から実業系の学校を中心に施設されたので、進学に際しての選択肢に乏しかった。教育内容は全般的に低く抑えられ、高等教育も等閑された点では、教育令施行以前と根本的な違いはなかった。だが同令のもとに学校制度の全体像が可視化されたことで、植民地台湾でも日本内地と同様に、学校選択や学歴の高低が個々の人生設計に大きな影響力をもつ学歴社会化の土壌が整備された。

第一次台湾教育令により学校選択や学歴の重要性が高まったことについては、台湾人側も自覚的であった。教育令施行後である一九一九年度、男子の公学校就学率は、前年度に比べて七パーセント強上昇した。初等後の学校についても、台中高等普通学校は、公立台中中学校時代よりも多くの入学希望者が押し寄せた。総督府医学校を引き継いだ医専にも、新設の台南商専と農専にも、少なくない志願者が集まった[24]。だがそうはいっても、いずれも門戸は狭い。第一次台湾教育令下に整備された高等普通学校は台中に一校のみ、専門学校は医学・商業・農林の各分野につき一校ずつと、学校数はごく限られた。そのため入学を希望したところで、それがたやすく叶う状況ではなかった。だからこそ、これらの学校は、日本内地の学校に比すれば低度とはいえ、台湾人に対して一定の「権威」をもち得たのである。高等普通学校や専門学校という、新しい、低度な「権威」をめざして、さらに進学意欲を募らせる台湾人が、第一次台湾教育令を境として、徐々にではあるが、確実に増加していった。

こうした状況下に新設された台南商専は、教育階梯をのぼりきった「勝ち組」だけが到達できる、エリート教育機関の一つのはずであった。しかし次節以降に示すように、教育令の短期間での改正に翻弄されることになる。

第三節　格下の「専門学校」——台南商専の特徴

台南商専（図3）は、どのような学校であったのか。

図3　台南商業専門学校
台南商専校舎はその後，台南高商，台南市役所へと引き継がれる。

台南商専の校舎敷地に関しては、打狗在住の資本家・陳中和から、台南中学校（のちの台南第一中学校）付近の土地を買収して寄付したい、という申し出があった。(25)それは実現には至らなかったものの、このエピソードからは、台南商専の誕生が一部の台湾人富裕層から期待をもって受けとめられていたことがわかる。結局、台南商専の所在地は、台南市大宮町二丁目（図2は四）となった。本章第一節で述べたように、この界隈には、台湾銀行台南支店や台南新報社本社があった。台湾人向けの学校ながら、日本人の多いエリアに置かれたのである。

台南商専が誕生した年、台北市には、日本人向けに総督府高等商業学校（二六年に総督府台北高等商業学校と改称、以下、台北高商）が開校している。台南商専と台北高商（図4）は、設立年度のみならず、教育目標と定員も同じくした。両校とも、教育目標は「南支南洋」に発展する商業人材の育成であり、定員は一九二〇年度まで一五〇人、二一年度からは第一次世界大戦後の好景気を背景に三〇〇人に増員した。(26)だが、①修業年限・入学資格、②カリキュラム、③校長の経歴・官等、④日本内地の文部省から受けた指定に違いが見られた。

①修業年限・入学資格について、台南商専は、前節で述べたように、台湾人を対象とする独自の学校体系に位置づけられていた。他方、台北高商は三年制で、中学校もしくは甲種商業学校卒業者に入学資格を付与した。

②カリキュラムについて、英語に注目すると、台南商専本科は三年間を通

図4　台北高等商業学校

台北高商の設計者は梅澤捨次郎である。梅澤は，ほかに台中師範学校本館や台南警察署庁舎などの設計も手がけた（蔡龍保「梅澤捨次郎の台湾での活躍」『NICHE mook02』2015年3月号，110–121頁）。

じて週六時間だった。だが台北高商では、第一学年は週九時間、第二・第三学年は週八時間に設定された。加えて台南商専本科では、台北高商にはない「国語及漢文」が週六時間（第三学年のみ週五時間）組み込まれていた。数学関連の科目を見ると、科目名は、台南商専本科では「算術」・「簿記」、台北高商では「商業数学」・「簿記及計理学」となっている。そのほか、台北高商には「法律」の授業があったが、台南商専本科にはそれに該当する授業がなかった(27)。台北高商のカリキュラムは日本内地の専門学校同様、アカデミックな性格を色濃くもっていたのに対し、台南商専は初等教育の延長線上ともいえるような性質が強かった。

③校長の経歴・官等について、台南商専の加藤正生校長は、東京高等商業学校卒業後、師範学校で中学校商業科教員免許状を取得し、京都市立第一商業学校校長などの経歴をもっていた。加藤は、「支那」語教授の経験があったことから、台南商専校長に任命されたと推測できる(28)。他方、台北高商初代校長・隈本繁吉は、東京帝国大学文科大学史学科卒業。その後文部省視学官や東京高等師範学校教授、朝鮮総督府学務局学務課長を経て、台湾総督府学務課長（のち学務部長）となり、第一次台湾教育令の制定に関与した(29)。日本内地の実業学校から台湾人向け「専門学校」に異動した加藤と、植民地で教育面での重責を担った隈本の差は、官等に反映された。加藤

の官等は奏任三等であり、隈本は加藤より格上の勅任二等であった。[30]

④日本内地の文部省から受けた指定について、台北高商は、「高等学校教員規程ニ依ル専門学校ニ準スヘキ指定学校」(一九二一年・文部省告示第四四九号)により、「専門学校ニ準スヘキ学校」とされた。[31] 他方、台南商専は、こうした指定は受けず、後述するように、一九二二年に、試験検定を経ずに、本科第二学年修了時に台北高商の入学資格があたえられた。[32]

専門学校入学者検定規程(一九〇三年・文部省令第一四号)、俗に専検と呼ばれるシステムは、実業学校や各種学校の卒業生が専門学校に入学するためのバイパスとして機能した。一九〇三年制定の専門学校令(勅令第六一号)が、専門学校入学有資格者を中学校、あるいは高等女学校の卒業生に限定したことを受けての措置だった。専検には、試験検定と無試験検定の二種類があった。試験検定は、毎年実施される試験に合格した個人に専門学校入学資格を付与するもの。無試験検定は、中学校卒業と同等以上の学力を有すると文部大臣が指定した学校の卒業生全員に、専門学校入学資格をあたえるものだった。三上敦史の研究によれば、無試験検定は当初、「①中学校と同じ段階の中等教育機関である師範学校・甲種実業学校、②文部省管外の中等教育機関である学習院中等科や外地の中等学校、③中学校令では認められていない宗教教育を行うため各種学校として設置された私立中等学校」に適用された。[33] この説明を踏まえれば、台南商専は、甲種実業学校程度に位置づけられていたことになる。

要するに、台南商専は、日本内地の専門学校と同等の台北高商と比べて、明らかに低度で、格下の「専門学校」であった。

第四節 「同等」を叶えるための学校——台南商専の社会的機能

台南商専は、甲種実業学校程度の「専門学校」であったが、そこで学ぶ台湾人にとっては、どのような意義をもったのか。同校の社会的機能を、入学状況や卒業生の進路から探りたい。

表1は、開校初年度から共学制施行前年度までの、台南商専入学状況を示したものである。

表1から各年度の「予科」を見ると、志願者は毎年かなりの数にのぼるが、入学者は定員を大幅に下回っている。志願者の学力が要求される水準に満たないと、学校側が判断した結果であろう。

表1から各年度の「本科」に目を移すと、志望者・入学者の数が不詳の一九二〇年度を除くいずれの年度も予科以上に定員割れが顕著である。この場合は、志願者の学力というよりも、志願者が定員よりはるかに少なかった事態に原因を求めるべきだろう。

本科への志願者が少なかった原因としては、入学有資格者が限定されていたことを考慮する必要がある。一九一九年開校の台南商専には、原則として二二年三月まで予科修了者が存在しない。これ以前、どのような経歴の生徒が本科に入学したのか。一九年九月調査の『台湾総督府商業専門学校一覧』によれば、本科在学者一七人の入学前の経歴は、台中高等普通学校卒業一三人、台南長老教中学校卒業四人となっている(34)。

本科在学者のなかには、台中高等普通学校卒業生が目立つ。台中高等普通学校の生徒にとって、台南商専はどのような位置を占めたのか。一九一九年度の『台湾総督府学事年報』によると、二〇年三月の時点で、台中高等普通学校卒業生六六人中、三〇人の進学が確定している。内訳は、台南商専一五人、医専一四人、中国上海の東亜同文書院一人だった(35)。台南商専進学者が多かったのは、同校が台湾人に開かれた商業専門教育の場であったこと。そこで優秀な成績を修めれば、日本内地留学などにより高等教育機関進学の途も開けるかもしれない。そうした期待をもって台南商専に入学した台中高等普通学校卒業生もいただろう。

では、台南商専本科の生徒は、卒業に際してどのような進路を選択したのか。表2は、本科卒業生の進路と勤務地・進学地を示したものである。

表2「進路」に注目すると、進学一五人に対して就職（銀行・会社・官署・自営）六五人と、多くが就職を選択し

表1　台南商専入学状況（1919-21年度）　（単位：人）

1919年度						1920年度						1921年度					
予科			本科			予科			本科			予科			本科		
定員	志願者	入学者	定員	志願者	入学者	定員	志願者	入学者	定員	志願者	入学者	定員	志願者	入学者	定員	志願者	入学者
150	269	40	150	34	26	150	749	44	150	不詳	不詳	300	632	81	300	27	21

（典拠）『台湾総督府学事年報』大正9年度（第19）～大正10年度（第20）（台北・台湾総督府内務局学務課，1922-23年）をもとに作成。

ている。就職先としては、会社（二三人）と官署（一九人）が目を引く。この場合の官署とは、専売局や役所・役場などを指す[36]。

表2「勤務地・進学地」を見ると、就職にせよ、進学にせよ、島内に留まる者が多い。特に母校所在地である台南に残った者が目立つ。対照的に、勤務地・進学地を「南支南洋」に求めた者は、きわめて少数である。台南商専は「南支南洋」に発展する商業人材育成を教育目標としたはずだが、教育目標と卒業生の進路とのあいだには落差があった。

表2右端「合計」を見ると、一九二三年度のように、卒業生がわずか五人の年度がある。当該年度卒業生が本科に入学したのは二一年度だが、前出の表1で確認すると、二一年度本科入学者は二一人である。入学から卒業までの三年間で、一六人もの中途退学者が出ている計算になる。表1と表2を照合してみると、二三年度ほど極端ではないにしろ、ほかの年度でも一定数の中途退学者が認められる。

台南商専校友会発行の『会報』は、卒業生だけでなく中途退学者の進路も記載している。それを表3に挙げる。

表3を見ると、一九二一年度から二六年度までの中途退学者は八五人である。表2によれば、同じ時期の卒業生の合計は、一一一人となっている。中途退学者と卒業生の数にあまり差はない。

表3から中途退学者の進路を分類すると、進学五二人、就職一二人、死亡・不詳二一人である。卒業生とは対照的に、中途退学者のなかには進学が多い。

彼らの進学先はどこか。表3「進学」を見ると、もっとも多いのは一九二六年度に新設された台南高等商業学校（以下、台南高商）であり、次点は日本内地留学である。

表２　台南商専本科卒業生進路（1921-26年度）　（単位：人）

卒業年度	進路						勤務地・進学地				合計
	銀行	会社	官署	自営	進学	その他	台湾	日本	南支南洋	その他	
1921	1	4	4	3	1	1	12（4）	0	1	1	14
1922	1	1	3	2	4	0	7（2）	2	0	2	11
1923	0	1	2	2	0	0	4（3）	0	1	0	5
1924	4	7	7	6	6	0	24（14）	5	1	0	30
1925	2	10	3	2	4	0	21（9）	0	0	0	21
1926	—	—	—	—	—	30	—	—	—	30	30
合計	8	23	19	15	15	31	68（32）	7	3	33	111

（典拠）『会報』終刊号（台南・台湾総督府商業専門学校校友会，1927年）をもとに作成。
（注１）「その他」には進路不明者と死亡者を含む。カッコ内の数字は台南で進学・就職した者の数を示す。

表３　台南商専中途退学者の進路　（単位：人）

進学					就職			死亡・不詳	合計
台南高商	台北高商	島内その他	日本内地留学	中国留学	会社	官・公吏	自営		
25	6＊	3	13	5	3	4	5	21	85

（典拠）表２と同じ。
（注１）＊に日本人１人を含む。中途退学者の退学時の学年は典拠史料からはわからない。

台南商専には、なぜこれほどまでに中途退学者が多かったのか。原因として、①本科第二学年修了者に中学校卒業と同等の資格が認められたこと、②台南商専のカリキュラムへの不満の二つが考えられる。

①に関して、一九二二年三月一五日、告示第三四号により、台南商専本科第二学年修了者は、「台湾総督府高等商業学校ノ入学ニ関シ中学校卒業者ト同等以上ノ学力ヲ有スルモノ」と指定された[37]。一部の中途退学者は、本科第二学年修了時に高商を受験して合格したため、台南商専を退学したのだろう。

②に関して、台南商専は実質的に甲種商業学校である。台中高等普通学校卒業後に台南商専本科に入学しても、中等教育を受ける期間が延長されたに過ぎない。しかも、台中高等普通学校卒業生が受験できるのは、本科第二学年への編入学試験ではない。学年上では母校の第四学年に相当する、本科第一学年の入学試験だった。ここから、カリキュラムが物足りずに中途退学

し、進学先を日本内地などに求めた者が一定数存在したことが想像できる。これは見方を変えれば、一部の生徒にとって、台南商専での経験は、進学意志を新たにするモチベーションとなったともいえる。

台南商専は、日・台人別学が原則だった一九二一年度以前、台湾人が日本内地留学などにより専門学校令に準拠した専門学校への進学をめざすための予備的機関として注目された。共学制施行後の二二年度以降、本科第二学年修了時点で島内の高商を受験するためのバイパスと捉えられていた。台南商専は、単に商業上の知識を得る・伝える場というだけではない。低度に抑えられた教育状況を克服して、日本人と同じ学歴・資格を得るための、数少ない進学ルートの一つとして機能していた。

第五節　廃校告示の衝撃

（1）台南商専関係者の緊張

一九二二年二月六日、新しい台湾教育令（勅令第二〇号、以下、第二次台湾教育令）が公布された。一九年の第一次台湾教育令施行から、三年という短い期間で教育令改正に至ったのは、次のような経緯である。

第一次台湾教育令施行直後である一九一九年五月、冨島元治台北庁長（のち高雄州知事）は、「教育令ニ対スル台湾人ノ感想」という報告書を、総督府に提出した。それによると、台湾人は、公学校の修業年限延長や台中高等普通学校が専門学校に接続したことについて、「教育範囲拡張セラレ程度ノ向上シタルヲ歓迎シツヽアル」ようである。だが一部には、「一　内地人本島人ノ共学ハ島民同化上必要ナリ、二　公学校教育ヲ義務教育トナス必要アリ、三　内地ト等シク何故ニ中学校女学校等ノ名称ヲ使用セザリシカ、四　台湾ノ学校ハ内地ノ学校系統ト連絡ナキハ遺憾ナリ、五　中等以上ノ学校卒業者ニ如何ナル待遇ヲ与ヘラルヽヤ、六　教員待遇ノ道ヲ講セサレバ教育令ノ徹底困難ナラン」という六つの「希望意見」がある、と報告されている。(38)

台湾人側の「希望意見」は、大きく分けて、①初等教育レベルにおける義務教育の実施（二）、②「中等以上ノ学校卒業者」や教員などの台湾人「高学歴者」の待遇改善（五、六）、③日本人と同等の教育機会獲得（一、三、四）、の三つである。総督府は、①と②については消極的であったが(39)、③については表向きにでも善処しようとした。一九一九年一二月、「国語習熟ノ程度」や家庭の情況などを「斟酌」し、きわめて少数ながら、台湾人の小学校入学を許可した(40)。中等以上の学校について、同年一一月、田健治郎総督は、各地方庁の庁長を招集して行なった施政方針に関する訓示のなかで、「中等以上の教育には内地人と本島人との共学と云ふことは段々教育が盛んになる丈け其必要を認めることゝ思ふ」と述べている(41)。

田総督は、初等教育段階での微調整とともに、中等以上の学校で日・台人共学を認める可能性を示唆した。それは、第一次台湾教育令が台湾人の留学防止策として功を奏さなかったことへの対策と思われる。日本内地へ留学した台湾人は、一九一八年には四九三人であったが、第一次台湾教育令施行をはさんだ二年後の二〇年には六四九人になった(42)。教育階梯を整備したにもかかわらず、留学生の数は上昇している。総督府はこうした状況を見て、第一次台湾教育令に即して学校を増やしても、そこに「台湾人向け」と但し書きをつける限り、留学増加の潮流が止められないことを実感した。そして、日本人と同等の教育を求める台湾人側の意向に一定の譲歩を示すことで、留学阻止を模索した。その過程で、中等以上の学校で日本人と台湾人を共学させる「必要を認め(43)」たと考えられる。

こうして、第二次台湾教育令が公布された。だがそれは、台南商専にとっての試練の始まりであった。教育令附則は、「本令施行ノ際現ニ存スル台湾総督府商業専門学校ハ現ニ在学スル生徒ノ卒業スル迄仍旧例ニ依リ存続スルコトヲ得」（第二七条）と謳っていた(44)。つまり、二一年度までの入学者全員が卒業したのち、台南商専を廃校すると告示していたからである。

こうした事態に、台南商専関係者のあいだには緊張が走った。

新教育令の概要が明らかになりつつあった二月四日、加藤正生台南商専校長は、「特に父兄の懇望に依り」、総督府当局者と交渉している。[45]

生徒保護者も、対応を校長に任せきりにしていたわけではない。二月一八日、校内で「父兄大会」を開催した。[46]そこで、「本校入学当時の希望及本島の現状に鑑み、本校を新教育令に拠る高等商業学校となし、□在校生を之に進むべき恩恵を与えられん事を其筋に請願し、協力以て之が達成を図らん事を期す〔引用者注：□は印字が消えて判読不能〕」という決議文を、満場一致で承認した。[47]

陳情委員は、荘伯容（漢方医・台南州嘉義街）、陳際唐（煙草売捌・台南州嘉義街協議会員）、劉揚名（洋家具室内装飾品商・台南州教育委員）、蘇雲英（屏東信用組合専務理事・高雄州協議会員）、陳定國（貸地業・台北州汐止街長）などで構成された。[48]蘇雲英は屏東街で中学校誘致運動に（第三章）、荘伯容と陳際唐は嘉義街で州庁移転（＝置州）運動にかかわった経験をもっていた（第四章）。それぞれの地元で街長や協議会員として地方行政にたずさわりつつ、地域振興にも積極的な人びとが中心となって、台南商専の高商昇格を求めたのである。

だが、総督府が台南商専を廃校する意志は固かった。末松偕一郎総督府内務局長は、一九二二年二月二三日付『台南新報』に、次のように述べている。

台湾の現状にては、一の高等商業学校すら生徒を得るに困難を感じて居る。特に本島人生徒は、五年後でなければ原則上中学卒業生、即ち高商入学者《ママ》資格者は出来ない。運動者は台南に高商を置き生徒を得る見込があるであらうか。教育費不足のために公学校に入学する事も思ふ様に出来ない今日に於て、更に一の高商を設立することは、茲数年間は必要と認むることは困難である

高等工業学校は台湾に一もない。将来台湾の工業を発達させる上より見ても、数年後には必ず必要を感ずるに相違ない。故に、次に設立すべき専門学校は高等工業であることは自然の勢と思ふ。併し高等工業学校設立では二百万円に近き経費を要するであらう。且近き将来に於て入学生が充分あるや否やも疑問である。台南は

商業地であるから商業学校を希望するといふ考への様であるが、地方に適切の商業学校は寧ろ甲種程度のものであるから、高工でも設立せらるゝことゝなれば、地方人としては寧ろ高商よりも歓迎する理由が多くはないかと思ふ

末松は、台南商専関係者の要求を却下する理由として、専門学校入学有資格者の少なさを挙げている。台湾には共学制施行直前の段階で、日本人向けに中学校が二校、台湾人向けに台中高等普通学校が存在した。このうち台中高等普通学校は、中学校とはカリキュラムも修業年限も異なる。ゆえに同校卒業生には、新制専門学校入学資格が付与されない。入学資格を有したのは中学校卒業生だけ、ということになる。では、中学校卒業生はどのくらい存在したのか。二一年度卒業生は、二校合わせて一三七人であった[49]。このなかの一部が島内で進学を希望する場合、新制医専・高等農林・台北高商の三校が受け皿となる。卒業生の数に比して専門学校の数が多すぎる。末松は、台北高商を例に取り、「一の高等商業学校すら生徒を得るに困難を感じて居る」と説明する。実際、台北高商は二二年当時、日本内地でも学生募集と入学試験を実施していた[50]。こうした措置を採らなければ、一定の入学者を確保することが困難だったのだろう。さらに末松は、「教育費不足のために公学校に入学する事も思ふ様に出来ない」者がなお多いと、台湾人側の教育状況について付言する[51]。これらの理由から、新たに高商を設置しても学生が集まる見込みは薄いので、台南商専の高商昇格は「困難」と結論している。

だが、地方行政の要職にある台湾人有力者の要求を一刀両断に切り捨てるのは、さすがに差し障りがあると感じたらしい。「地方に適切の商業学校は寧ろ甲種程度のものである」とか、「高工でも設立せらるゝことゝなれば、地方人としては寧ろ高商よりも歓迎する理由が多くはないか」といった、代替案も提示している。末松が高商ではなく商業学校の設置を仄めかしたのは、台南商専が実質的に甲種商業学校であることを踏まえたからであろう。とはいえ、一九二二年二月の時点で、台南市に甲種商業学校を設置する計画はなかった。加えて、高等工業学校（以下、

図5　末松偕一郎

台南商専廃校説明会では歯切れが悪かった末松には，明治大学などで講師を務めた経験もあった。

高工）新設に言及する一方で、それには「二百万円に近き経費を要する」や、「近き将来に於て入学生が充分あるや否やも疑問」ともいう。この記事を目にした人びとは、高工新設計画は本当にあるのか、あるとすれば、それが台南市に設置される見込みはあるのか、皆目見当がつかなかったに相違ない。

(2) 日本人の苛立ち

三月一日、末松内務局長は、台南市で、改めて台南商専廃校説明会を開いた。彼の台南行きは、結果的にさらに波紋を広げることになった。一九二二年三月三日付『台南新報』は、台南商専廃校説明会のもようを、次のように報じている。

> 局長が述べた教育令の講釈は、成るべく言質を取られぬ様に成るべく予約をせぬ様に、謎の様な、歯に衣を着せた様な所もあつた、概約して言へば、台南には商専は必要が無い、分教室も困難だ、甲種商業が宜からう、高等工業が其中出来る時代もあらうといふにあつた
> だが高商は出来る時代はあらうが、台南に出来るだらうとは言はぬ、明日御馳走をするとは言ふたが、お前に食はすとは言はぬと同様、香ばしく嗅がしたゞけで、体裁の宜い小供だましである、甲種商業にすれば宜いは御尤だが、それは地方に建てるべしとの御託宣、誠に以て難有い《（ママ）》仕合せで御座る
> 懇談会では、大勢を一日に決した感がある、劉揚名君の建白は、申し上げます的で、黄欣君の意見も脱線だらけ、お負け《（ママ）》に二人とも教育令の精神と、地方の利害との切り分けも出来ず、条理不明哲で、咽喉元に匕首を擁する程の事は愚か、豎子御し易しの感を与へしめた

内地人側では津田君が高商は高雄に建設する内約があると聞いて居ますが、と予約秘密の鍵を探り出さうとしたが、局長としては其んな事は聞いて居ませんと答ふるの外は無い、田村君の意見も、先づ穏健なもので、此外里見、村上、佐々木、橋本諸君の意見もあつたが何事も目下講究中でと押へつけられては手の出し様がない山川君の議論は、督府が南部を継子扱ひにする事を憤慨したものであつて、初めから喧嘩腰に出たが、要するに南部有志諸君は、不意の逆襲を受けたゝめ、陣客が整ふて居なかつた、本島人側で今少しく徹底的な意見を運ぶる事の出来無かつたのは物足らぬ事夥しい

併し末松局長も、目下講究中といふ一語を楯にして、具体的の解決案を示さなかつたのは、余り誠意がありとは思はれぬ

右には、出席者として「劉揚名」、「黄欣」、「津田」、「田村」、「里見」、「村上」、「佐々木」、「橋本」、「山川」の九人が登場する。「劉揚名」は台南商専生徒保護者で構成された陳情委員の一人。「黄欣」は台南州協議会員。日本人に関しては姓しかわからないが、「津田」は津田毅一（弁護士・台南州協議会員）、「田村」は田村武七（弁護士・台南州協議会員）、「里見」は里見四郎（医師・台南市協議会員）、「村上」は村上玉吉（台湾弘仁株式会社社長）、「佐々木」は佐々木紀綱（台南煉瓦株式会社社長・台南州協議会員）、「橋本」は橋本源太郎（医師・台南市協議会員）と推測できる[52]。「山川」については特定できない。

台南商専廃校をめぐっては、同校関係者のみならず、日本人も関心を寄せていた。『台南新報』は、廃校説明会における台湾人側の対応について、「教育令の精神と、地方の利害との切り分けも出来ず」と不満げである。台湾人側からどのような陳述がなされたかは不明だが、日本人と台湾人は、台南商専をめぐる立場が異なるので、論点が異なるのも当然である。おそらく「教育令の精神」を楯に、台南商専を高商に昇格させることで台湾人の教育機会の確保を訴えた台湾人側に対し、日本人側がより重きを置いたのは、「地方の利害」だった。『台南新報』は、日

本人主宰の新聞ゆえに、台南商専廃校をおもに日本人の視点から報じている。

末松の発言は、廃校説明会に集まった日本人の心証を損ねたようである。日本人出席者の苛立ちは、「督府が南部を継子扱ひにする」という言葉に投影されている。この記事を書いた『台南新報』記者も同調し、「目下講究中といふ一語を楯にして、具体的の解決案を示さなかつたのは、余り誠意がありとは思はれぬ」と、末松内務局長の対応に批判的だった。

台南市在住の日本人が自らを「継子」と称するとき、対立軸として想定していたのは、台北市在住の日本人であろう。台南は清朝統治末期まで島都であり、その状況が日本統治下でも維持されていれば、台南市在住者がもっとも都市化の恩恵を受けてしかるべきだった。だが現実に、島都は台北に移された。台南市は台南州の州都とはいえ、所詮は地方都市である。共学制施行に際して、台北高商は共学校に改組されたが、同じく商業系の学校で、しかも台南市にとっては唯一の「専門学校」である台南商専は、廃校されることになった。この事実は、台南市在住の日本人が抱く不公平感に拍車をかけた。廃校説明会に集まった日本人の多くは、総督府が台南商専に代わる学校を新設して、台北市に対するのと同じ「誠意」を、台南市にも示すべきだと考えたのだろう。

さらに津田の発言から、当時、高雄に高商が新設されるという噂が流れていたこともわかる。これが事実なら、台南が南部の中心という自負も揺らいでしまう。記事からは日本人側の不安も感じ取れる。

『台南新報』は、台南商専が台湾人向けであっても、その廃校は地元の利害にかかわると、廃校説明会に集まった日本人と気脈を通じていた。また台南商専は、台南新報社本社から目と鼻の先の位置にある。同紙としては、近所の学校のために、一肌脱ごうという気持ちもあったかもしれない。

（3）拭い去れない「継子」感

前段に挙げたのは、台南商専がある台南市を本拠地とする、『台南新報』の見解である。台北市に本社を置く『台湾日日新報』は、台南商専廃校問題をどのように捉えていたのか。一九二二年三月三日付同紙は、次のように述べている。

高等工業学校の設立地としては台南を以て最も適当なる位置として衆目の一致する処である、されば近き将来に於て台南は甲種商業学校の設立か若しくは高等商業学校の分教場を贏ち得る以外に高等工業学校の設立をも併せ有することゝなるのである、而して吾等は此時機の決して遠きにあらざることを思考するものである、されば将来は此の機運を熟□して何事に依らず地方官憲との連絡を密にし常に意志の疎通を図りて之が収穫の実現に向つて不断の努力を為す可きである、穏健にして秩序ある行動努力に依つて最終の勝利を得るに誠心を尽せば必ずや其目的を達成することは吾等の保障する処である、焦燥的妄動は却て事柄を破壊する計りでなく民心をして無用有害なる結果に了らしむる事に細心の注意を払はなければならぬ〔引用者注：□は印字がつぶれて判読不能〕

『台湾日日新報』は、近い将来、台南市に甲種商業学校か「高等商業学校の分教場」、高工さえできるかもしれないと慰め、台南市の人びとの境遇に一定の配慮を示す。その上で、学校獲得を急ぐあまり「焦燥的妄動」に走るのは「却て事柄を破壊する」と述べている。

『台湾日日新報』が慎重な姿勢を示したのは、台南商専廃校問題と同じ時期に起こった、台北第二工業学校昇格要求の失敗を踏まえたものと思われる。台北第二工業学校(53)の前身は、第一次台湾教育令下の公立台北工業学校である。台北工業学校は、第二次台湾教育令のもとで台北第二工業学校という、日・台人共学の学校に改組された。だがその修業年限は、台北工業学校時代と同じく三年とされた。生徒たちはこの措置を不服として、台北第一工業学校（第二次台湾教育令施行以前は日本人対象の台湾総督府工業学校、一九一八年開校）と同様の五年制にしてほしいと、校長や州当局に訴えた。ただ、方法を「同盟休校」によったために、学校側からも、州当局からも、「軽挙妄動」と一蹴された。[54]『台湾日日新報』はこの経過を見て、総督府に「焦燥的妄動」と受けとめられないように、行動には「細心の注意」を払うべきだと、注意を喚起したと考えられる。

この記事が掲載されたのち、新聞に、台南商専をめぐる民間人の対応はしばらく見当たらない。理由として考えられるのは二つである。

一つ目は、台湾人側も、日本人側も、台北第二工業学校の二の舞にならないよう、要求を自粛したことである。特に台南商専関係者は、廃校反対に同調してくれた台南市在住の日本人や、「高等商業学校の分教場」というかたちではあれ、高商設置に理解を示してくれた『台湾日日新報』との関係に差し障りが生じないよう、注意を払ったと考えられる。

二つ目として、台南商専在学中の台湾人生徒への対応として、高商入学資格が変更されたことが挙げられる。台南商専校長や一部の教授陣は、在校生の待遇をめぐり、総督府関係者とのあいだで善後策を講じていた。[55]この話し合いを経て、第四節で述べたように、本科第二学年修了者を中学校卒業と同等とみなす告示第三四号が、ほかの台湾人向け専門学校に先駆けて公布された。

とはいえ、こうした措置は一時凌ぎに過ぎなかった。台南商専廃校は厳然たる事実である。廃校となれば、台湾人にとって、貴重な学び舎の一つが消滅してしまう。また、台南商専に代わって高商が新設される見通しには光が差さず、高等教育機関の配置に関して島都との格差に不公平感を抱く、台南市在住の日本人の不満も解消されなかった。台湾人側も、日本人側も、それぞれ別の意味での「継子」感が、依然として払拭できずにいた。

第六節　専門学校を取り巻く環境の変化

（1）激減する台湾人学生

一九二二年四月、第二次台湾教育令により共学制が導入された。台湾における専門学校にはこれ以降、どのような変化が見られたのか。

表4は、共学制施行から四年間の官立専門学校入学状況を示している。

表4から台湾人側の状況を見ると、志願者・入学者とも、全般的に日本人よりも少ない。ちなみに、共学制施行の前年度である一九二一年度、専門学校に入学した台湾人は、医専一〇〇人（予科九三人・本科七人）、農専七八人（予科のみ）、台南商専一〇二人（八一人・二一人）だった[56]。これと比べれば、共学制施行後、台湾人専門学校入学者は、著しく減少したことがわかる。

台湾人入学者が激減した理由として、共学制により、すべての専門教育機関が専門学校令に準拠する学校に改組されたことが挙げられる。共学制施行後、台中高等普通学校卒業生が新制専門学校への進学を希望した場合、改めて中学校に編入学して専門学校を受験する資格を得るか、台中高等普通学校卒業の資格で専検を受けるかしなければならなかった[57]。台湾人向け旧制専門学校の生徒も、新制専門学校の相当学年に直接編入されるわけではなかった。医専は本科第一学年修了、台南商専と農専は本科第二学年修了をもって中学校卒業と同等の資格が認められ、その資格により各分野の専門学校を受験しなければならなかった[58]。

こうした事情を考慮しつつ、表4から学校別に状況を見たい。

まず、新制医専を見てほしい。同校は台湾人にもっとも人気が高い。共学制施行から最初の二年こそ、台湾人志願者・入学者は少なかった。だが一九二四年度以降その数は急増し、入学者数は日本人を上回るようになる。台湾

表4　官立専門学校の年度別・民族別入学状況（1922-25年度）

年度	新制医専							高等農林						
	定員（人）	日本人			台湾人			定員（人）	日本人			台湾人		
		志願者（人）	入学者（人）	入学率（%）	志願者（人）	入学者（人）	入学率（%）		志願者（人）	入学者（人）	入学率（%）	志願者（人）	入学者（人）	入学率（%）
1922	不詳	77	30	39.0	27	3	11.1	不詳	35	19	54.3	0	0	0.0
1923	↓	70	37	52.9	9	5	55.6	↓	85	56	65.9	↓	↓	↓
1924	↓	118	28	23.7	61	41	67.2	↓	127	34	26.8	↓	↓	↓
1925	80	118	27	22.9	61	40	65.6	65	131	39	29.8	7	5	71.4

年度	台北高商						
	定員（人）	日本人			台湾人		
		志願者（人）	入学者（人）	入学率（%）	志願者（人）	入学者（人）	入学率（%）
1922	不詳	283	72	25.4	0	0	0.0
1923	↓	208	72	34.6	↓	↓	↓
1924	↓	281	87	31.0	6	1	16.7
1925	80	371	66	17.8	20	6	30.0

（典拠）『台湾総督府学事年報』大正11年度（第21）～大正13年度（第23）（台北・台湾総督府内務局学務課，1924-26年），『台湾総督府学事年報』大正14年度（第24）（台北・台湾総督府文教局，1927年）をもとに作成。

（注1）「↓」は前年度の状況と同様であることを示す。入学者中に転入学者・再入学者・臨時入学者を含めない。

人は、学校卒業後いかなる進路を選択しても、相応の待遇が得られやすい日本人とは違う。仕事で得られる賃金は概して日本人よりも低かった[59]。官・公庁に就職できたとしても、台湾人には日本人とは違って、植民地在勤加俸のような手当てはつかなかった。そこでも日・台人間の待遇格差は歴然であった[60]。だが医師になれば、必ずしも組織に属する必要がなく、独立開業の途が開ける。社会的地位も相対的に高い。それゆえ、鐘肇政（作家）の表現を借りれば、「多くの人が家族のなかに医者になった者がいることを誇りとし、医学を志すことを最高目標とした」のである[61]。

高等農林は、一九二二年度から二四年度までの三年間、台湾人入学志願者・入学者とも存在せず、日本人の独占状態である。同校の定員が判明した二五年度に注目すると、日本人入学志願者は定員を上回っているものの、大幅な定員割れを起こしている。これは、多くの入学志願者の学力不足に起因するものと

表5　官立専門学校入学者の従前の学歴（1922-25年度）

年度	新制医専		高等農林		台北高商	
	日本人	台湾人	日本人	台湾人	日本人	台湾人
1922	中学校卒 30人	中学校卒 3人	中学校卒 15人 農業学校卒 4人	0人	中学校卒 50人 商業学校卒 17人 専検合格 5人	0人
1923	中学校卒 36人 その他 1人	中学校卒 5人	無試験検定 27人 農業学校卒 9人 中学校卒 20人	↓	中学校卒 48人 実業学校卒 24人	↓
1924	中学校卒 28人	中学校卒 10人 旧本一修 31人	中学校卒 25人 実業学校卒 9人	↓	中学校卒 56人 専検合格 6人 実業学校卒 25人	専検合格 1人
1925	中学校卒 27人	中学校卒 9人 旧本一修 31人	中学校卒 31人 農業学校卒 8人	中学校卒 1人 旧本二修 3人 旧専門卒 1人	中学校卒 51人 商業学校卒 15人	中学校卒 1人 旧専門卒 3人 商業学校卒 2人

（典拠）『台湾総督府学事年報』大正11年度（第21）～大正13年度（第23）（台北・台湾総督府内務局学務課，1924-26年），『台湾総督府学事年報』大正14年度（第24）（台北・台湾総督府文教局，1927年）をもとに作成。

（注1）「旧専門卒」は旧制専門学校卒業，「旧本一修」は旧制専門学校本科1年修了，「旧本二修」は旧制専門学校本科2年修了を示す。「↓」は，表4注1と同様。

考えられる。

台北高商は、三校中日本人の人気がもっとも高い。同校を見る上では、定員の変化に注意したい。第三節で述べたように、台北高商は、一九二一年度に定員を三〇〇人に増員した。定員は、二二年度から二四年度までは不明だが、二五年度には八〇人に激減している。激減した原因については、第六章で検討したい。

専門学校へは、どのようなルートから進学したのか。表5は、一九二二年度から四年間の専門学校入学者の従前の学歴を示したものである。

表5から新制医専を見ると、日本人は、いずれの年度も中学校という「正系」の進学ルートからの入学者が大半である。台湾人に関しては、志願者・入学者が急増した一九二四年度以降に注目すると、従前の学歴として、医専本科第一学年修了が圧倒的に多い。

次に、高等農林を見たい。一九二三年度の日本人入学者に注目すると、無試験検定が全入学者の半数近くを占める。また、二二年度と二三年度、二五年度の日本人入学者中の「農業学校卒」にも注目したい。農業学校は、二八年に高雄州立屏東農業学校が開校するまで、台湾に存在しなかった。もっとも嘉義農林学校は既設だったが、同校は二五年度まで乙種程度の実業学校に位置づけられており、卒業しても専門学校入学資格は得られなかった。ゆえに、「農業学校」とは、日本内地の学校を指すと思われる。高等農林は、かなりまとまった数の日本内地の学校出身者を受け入れていたのである。

そのしわ寄せは台湾人側におよんだ。共学制施行から最初の三年間、高等農林に入学した台湾人学生は一人もいない。一九二四年度に一九年度農専予科入学者が「旧本二修」の資格で高等農林が受験できるようになったにもかかわらず、である。翌二五年度になると、やっと「旧本二修」が見られるが、微々たる数である。

最後に、台北高商を見ると、第五節で述べたように、同校は日本内地でも学生募集と入学試験を行なっていた。そのなかには無試験入学も見られた。一九二二年度に台北高商に入学した鈴木源吾は、「私は無試験入学をしたので、入学許可の通知が二月末までに来た。従って、台北に着いたのは三月上旬であって、そのときには、三年生はまだ卒業試験の最中であり、試験入学者は発表されておらず、東京での入学試験を行った教授が答案を持って帰って来たばかりのところであった」と、同窓会誌に語っている。[62] 表5から二二年度の台北高商の日本人の欄を見ると、「無試験検定」は記録されていない。だが右の回想を見る限り、無試験で台北高商に入学した日本人は、例年一定数存在したことが連想できる。他方、台湾人入学者を見ると、共学制施行後の二年間は皆無。二四年度に「専検合格」一人、二五年度に「旧専門卒」三人が統計されている。「専検合格」や「旧専門卒」が台南商専とどのような関連があるかはわからない。「旧専門卒」が台南商専卒を指すとしても、その数はきわめて少ない。

(2) 閉ざされた教育機会——廃校告知後の台南商専

台南商専からは、本科第二学年修了時点で、高商を受験することが可能であった。それにもかかわらず、台南商専から台北高商へという進学ルートは、ほぼ機能していなかった。なぜなのか。台北高商側には、日本内地の学校出身者を無試験で入学させているという問題があった。台南商専の生徒側には、台南を離れることによって生じる不都合から、台北高商進学を躊躇したという事情もあったかもしれない。だが、これらに増して考慮しなければならないのは、廃校が告示されたのちの台南商専における学習環境の悪化である。

一九二五年、台南商専生徒は、自分たちが置かれた境遇を次のように描写している。


大正十一年の教育令の改正と共に廃校の悲運に遭遇し、毎年一学級宛の卒業生を社会に送るに拘らず、新に新入生を募集せざるを以て、学級数の減少に伴ひ、職員の数も減り、今迄専門的に一学科を受持つて居られた先生が、次第〳〵に二学科三学科と掛持つ様になりつゝある状態であります。従つて、表面上従来と変らぬ学科課程を授けられて居りましても、実質上不完全な学科を受けつゝあることは、到底吾々在校生の堪へ得べからざる苦痛であります(63)

生徒たちは「堪へ得べからざる苦痛」の一つとして、教員の減少を挙げている。台南商専教員は、二一年度は、教授七人・助教授五人だった。だが二五年度には、教授五人・助教授四人の編制に変更された(64)。こうしたなかで、生徒たちが進学をめざすなら、「実質上不完全な学科」を自習などで補いつつ、入学試験の準備もしなくてはならない。こうした状況が負担となり、台北高商進学に支障を来たす結果となったことも考えられる。

学習環境の悪化は、台北高商への進学を困難にしただけではない。台湾人のための商業専門教育の場が消滅しつつある現実を、多くの生徒に実感させたと思われる。廃校の現実が日に日に色濃くなるなかで、台南商専生徒たちは、母校に代わる教育機関をつくりたいという思いを新たにしてゆく。

第六章で論じるように、台南商専関係者はその後、台南市在住の日本人有志の協力を得て、高商誘致運動を展開する。あらかじめその展望を示しておこう。

台南商専生徒有志は、一九二五年夏頃から、高商誘致の必要を訴えた趣旨書を台南市の有力者に配布する。それがきっかけとなって、地元の日・台人有志を中心とした高商誘致運動が盛り上がる。運動を支持した『台湾民報』は、「台北高商が日本人本位である以上、我々は、台湾人本位の台南高商の設立を要求せざるを得ない」と主張している。[65]

『台湾民報』がいう「台湾人本位」を、どのように解釈すべきなのか。高商は共学制下に整備される以上、カリキュラムや教員、学生が「台湾人本位」で構成されることなど、不可能である。そうした現実を踏まえつつ、台南商専が短い歴史のなかで台湾人を教育対象としたことを考慮すれば、「台湾人本位」という言葉には、台湾人が多数を占めるという含意があったと考えることができる。

台南商専は、修業年限が変則的で、カリキュラムも低度の「専門学校」であった。そのため、教育資格と卒業資格との関係もねじれたものとなり、中途退学者が後を絶たなかった。だが台南商専での経験は、生徒にとって決して無意味ではなかったと思われる。

呉新榮（医師・作家）[66]は、台南商専在学中に台湾人教授・林茂生の授業を聴講したときのようすを、次のように回想している。

林先生は、カーライル『フランス大革命史』やトルストイ『家庭の幸福』などを教材に使っておられた。夢鶴〔引用者注：呉新榮〕は、言葉の問題で十分に理解できたとはいえないが、先生の講義を熱心に受講し、筆舌に尽くしがたい感動を覚えた。先生は、大革命のクライマックスを話されるとき、ご自身が革命家になったかのように雄弁をふるわれた。また『家庭の幸福』に描かれた、人間同士のしがらみを論じられるとき、宗教家のように深い内面世界に沈まれた。林先生は、ときにこっそりと台湾語でプライベートな話しをされた。公けにするには不都合な世事をそれとなく教えてくださった。学生たちは名誉の気持ちと興奮を感じた[67]

台南商専には、台湾人教員が自らの思いを教材に託して語りかけ、生徒にはその意味を思考する空間があった。こうしたことは、教員はすべて日本人で生徒も大半が日本人の、いわば「日本人本位」の学校では味わえない経験だったであろう。回想に登場する林茂生は、台南商専教授であると同時に、台南長老教中学という、生徒が毎年ほぼ台湾人だけの私立各種学校の教頭でもあった。駒込武の研究によれば、林の教育理念は、台南長老教中学における実践と緊密に結びついていた。こうしたことを考慮すると、林は、官立の学校さえも、「台湾民衆の教育機関」に近いものにつくり変えようと努力していたという解釈も成り立つ[68]。そしてそれは、一部の台南商専生徒や『台湾民報』にも共通の願望であった。そうした願いが「台湾人本位」という表現に込められていたのだろう。

「台湾人本位」の学校を獲得したいという要求は、日本人有志の思惑も巻き込んで、どのような変遷をたどるのか。詳細は第六章に譲りたい。

（1）　正式名称は総督府商業専門学校である。しかし当時の新聞では、「台南商業専門学校」や「台南商専」と呼ばれることもあった（本書巻末「新聞記事見出し一覧」参照）。本書は同校を、台南に設置された商業専門学校という意味で、「台南商業専門学校」あるいは「台南商専」と呼ぶ。

（2）　台湾総督府交通局鉄道部『台湾鉄道旅行案内』（一九三〇年／栗原純・鐘淑敏（監修・解説）『近代台湾都市案内集成』第四巻、ゆまに書房、二〇一三年復刻）一七二頁。

（3）　木原義行『最新台湾地誌』（台北・台湾郷土地理研究会、一九三四年）一四六頁。

（4）　橋本賢康『少年日本地理文庫　台湾』（厚生閣書店、一九三〇年）一九一頁。

（5）　同上、一九二頁。

（6）　「台南末広町の／建築様式を統一／街路の美観を整へる／関係者打合会で決定」『台湾日日新報』一九二七年五月六日付。

（7）　今林作夫『鳳凰木の花散りぬ――なつかしき故郷、台湾・古都台南――』（海鳥社、二〇一一年）一五一頁。

（8）　『第一回　台南市統計書　大正十年』（台南・台南市役所、一九二二年）六―七頁。

（9）　一九一五年から着手された教育令制定作業の過程については、駒込武『世界史のなかの台湾植民地支配――台南長老教中学校からの視座――』（岩波書店、二〇一五年）二三九―二四五頁。
(10)「枢密院会議筆記　台湾教育令」（一九一八年一二月八日）『枢密院会議議事録』第二〇巻（東京大学出版会、一九八五年復刻）二四二頁。
(11) 紀旭峰『大正期台湾人の「日本留学」研究』（龍渓書舎、二〇一二年）六二―六四頁。
(12) 佐藤由美・渡部宗助「戦前の台湾・朝鮮留学生に関する統計資料について」『植民地教育史研究年報』第七号（二〇〇四年）八五頁。
(13) 寺崎昌男「入試制度の歴史的背景――戦前日本を中心に――」日本教育学会入試制度研究委員会（編）『大学入試制度の教育学的研究』（東京大学出版会、一九八三年）二七―二八頁。
(14) 台湾教育会（編）『台湾教育沿革誌』（一九三九年／台北・南天書局、一九九五年復刻）三二五頁。
(15) 公学校で使用された教科書の変遷や概要については、周婉窈・許佩賢「台灣公學校制度、教科和教科書總説」（『臺灣風物』五三巻四期、二〇〇三年一二月）など。
(16) 前掲駒込『世界史のなかの台湾植民地支配』二四四頁。
(17) 前掲『台湾教育沿革誌』七五六頁。
(18) 同上、七五七頁。
(19) 同上、七三六、七六六頁。なお、女子向けの中等程度の学校としては、女子高等普通学校が設置された。
(20) 同上、九三一―九三六頁。
(21) 同上、九六―九七頁。
(22) 同上、九九二頁。ちなみに、第一次台湾教育令施行以前から中学校としての形式・体裁を整えた学校として、外国人宣教師の設置にかかるミッションスクールが二校（淡水中学校、台南長老教中学校）存在した。駒込武の研究によれば、総督府は、これらの学校が帝国日本の内部に存在しながら「外部世界への通路という性格を備えていた」ことを問題とし、「台湾人の教育熱が私立学校に向かっていく事態を抑制しようとする」狙いから、私立中学校を学校体系の外に置き、新設を禁じたと説明されている（前掲『世界史のなかの台湾植民地支配』二四八、二七七頁）。
(23) 前掲『台湾教育沿革誌』九三頁。
(24)『大正八年度　台湾総督府学事第十八年報統計書』（台北・台湾総督府内務局学務課、一九二一年）二七、四九、五三、五五、七五頁。

(25)「台南商業学校」『台湾日日新報』一九一九年四月三〇日付。
(26)前掲『台湾教育沿革誌』九四三、九四六頁。台南商専の定員は予科・本科三〇〇人ずつだった。
(27)「高等商業学校規則（ニ関シ府令発布ノ件）」『台湾総督府公文類纂』冊号二九五八・文号一九、「商業専門学校規則」『台湾総督府公文類纂』冊号二九五八・文号二二。
(28)加藤の経歴は「加藤正生（任府商業専門学校長）」『台湾総督府公文類纂』冊号二九七五・文号八。
(29)隈本の経歴は「事務官為隈本繁吉国語学校長兼視学官」『台湾総督府公文類纂』冊号一八六九・文号二九。
(30)『台湾総督府職員録』（台北・台湾日日新報社、一九一九年）四頁。
(31)『台湾総督府台北高等商業学校一覧　自大正十五年至大正十六年』（台北・台湾総督府台北高等商業学校、一九二六年）八〇―八一頁。
(32)ちなみに、一九一七年に日本人向けに開校した総督府商業学校は、一九年に無試験検定の指定校となった（台湾教育会（編纂）『台湾学事法規』台北・帝国地方行政学会、一九二二年、四三六頁）。日本人向け実業学校と台湾人向け「専門学校」が得られる指定は同じであった。
(33)三上敦史『近代日本の夜間中学』（北海道大学図書刊行会、二〇〇五年）六八頁。
(34)『台湾総督府商業専門学校一覧　大正八年九月調』（台南・台湾総督府商業専門学校、出版年不詳）。駒込武は、台南長老教中学校卒業生が台南商専本科に入学したことについて、林茂生が台南長老教中学校教頭と台南商専教授を兼務していたことが「『内交渉』をスムーズに進めさせた可能性がある」としている（前掲『世界史のなかの台湾植民地支配』三〇三頁）。
(35)前掲『大正八年度　台湾総督府学事第十八年報』七七頁。東亜同文書院は、一九〇一年に創設された日本人向け高等教育機関である。政治・商務の両科からなる三年制教育機関として出発し、おもに日本政府の補助金と留学生派遣費で維持され、二一年に専門学校の認可を受けた。同校については、広中一成「ふたつの授業ボイコットからみた東亜同文書院の学校運営の問題（一九二〇～一九三〇年）」（『史潮』第八一号、二〇一七年六月）など。
(36)「校友名簿」『会報』終刊号（台南・台湾総督府商業専門学校校友会、一九二七年）六四―六七頁。
(37)『府報』第二六〇六号（一九二二年三月一五日）。
(38)「台湾教育令ノ反響ニ関スル件報告（枢密院顧問官）」『台湾総督府公文類纂』冊号六七一六・文号二三。
(39)義務教育は、序章で述べたように、一九四三年度まで実施されなかった。また、台湾人「高学歴者」として高等文官試験合格者を例に挙げると、二〇年代以降台湾人有資格者が輩出されるようになったが、総督府は採用を制限し、たとえ採用してもその昇進を抑制していたと、岡本真希子は叙述している（『植民地官僚の政治史——朝鮮・台湾総督府と帝国日本——』三元社、二〇〇八年、三一六頁）。

(40) 前掲『台湾教育沿革誌』三五一頁。

(41) 「田総督施政訓示」（一九一九年一一月二二日）台湾総督府（編）『詔勅・令旨・諭告・訓達類纂（一）』（一九四一年／台北・成文出版社、一九九九年復刻）二九六頁。

(42) 前掲佐藤・渡部「戦前の台湾・朝鮮留学生に関する統計資料について」八五頁。

(43) 前掲「田総督施政訓示」二九六頁。

(44) 前掲『台湾教育沿革誌』一一六—一一七頁。

(45) 「商業専門父兄大会／決議事項と委員選挙」『台南新報』一九二三年二月二〇日付。

(46) 「商専父兄大会／昨日同校にて開催」『台南新報』一九二三年二月一九日付。

(47) 「商業専門父兄大会／決議事項と委員選挙」『台南新報』一九二三年二月二〇日付。

(48) 同上。莊伯容の経歴は第四章第二節、陳際唐は第四章表2参照、蘇雲英は第三章表5参照のこと。劉揚名は『台湾実業名鑑』（台中・台湾新聞社、一九三四年）二三二頁。陳定國は林進發（編）『台湾官紳年鑑』（一九三四年／台北・成文出版社、一九九九年復刻）台北州下一三〇頁。

(49) 『大正十一年度　台湾総督府学事第二十一年報』（台北・台湾総督府内務局文教課、一九二四年）一一一頁。

(50) 横井香織「台北高等商業学校卒業生の動向に関する一考察」『東洋史訪』第八号（二〇〇二年三月）四二頁。

(51) ちなみに、一九二二年三月時点における台湾人男子児童の公学校就学率は、全島平均四二・二〇パーセントであった（『大正十年度　台湾総督府学事第二十年報統計書』台北・台湾総督府内務局学務課、一九二三年、一一二頁）。末松は、学齢児童の半分にも達しない就学率の低さを念頭に置いて、こうした発言をしたと思われる。

(52) 黄、津田、田村、村上、佐々木の経歴は第六章第一節表1参照のこと。橋本と里見については、『最近の南部台湾』（台南・台湾大観社、一九二三年）附録一六、一九頁。

(53) 台北第二工業学校の成り立ちやその後の展開については、鄭麗玲『臺灣第一所工業學校——從臺北工業學校到臺北工專（一九一二—一九六八）——』（新北・稲郷出版社、二〇一二年）。

(54) 「台北第二工業学校／昇格問題に関し／全校生同盟休校／真相に就き吉田校長語る」『台南新報』一九二二年二月一四日付。運動を首謀したとされる一部の生徒は、その後台北第二工業学校を退学処分となった（「泣いて馬稷を斬る／工校退学発表／愛児を失つた如き校長／の感慨と彼等の不遑振」『台湾日日新報』一九二二年三月一九日付)。
(55)「商専生徒の前途には／何等かの曙光が見へやう／生駒課長と関係者の会見」『台南新報』一九二二年三月七日付。
(56)前掲『大正十年度 台湾総督府学事第二十年報』四三、四七、四九頁。
(57)前掲『台湾教育沿革誌』七七〇頁。
(58)医専は告示第五九号(『府報』第二六二四号、一九二二年四月八日)、台南商専は告示第三四号(『府報』第二六〇六号、一九二二年三月一五日)、農専は告示第六〇号(前掲『府報』第二六二四号)の規定による。
(59)たとえば、一九三〇年下半期台北市の菓子製造工賃金を見ると、日本人二・五〇円、台湾人一・五〇円である(『昭和五年 台湾総督府第三十四統計書』台北・台湾総督官房調査課、一九三二年、四二二頁)。
(60)前掲岡本『植民地官僚の政治史』二二五頁。
(61)鐘肇政『鐘肇政回憶録(一)――彷徨與掙扎――』(台北・前衛出版社、一九九八年)五二頁。植民地台湾における台湾人医師の社会的立場については、ロー・ミンチェン(著)・塚原東吾(訳)『医師の社会史――植民地台湾の近代と民族――』(法政大学出版局、二〇一四年)など。
(62)鈴木源吾「母校揺籃期の思い出」『緑水会記念特集号』台北高商創立六十周年特集号(台北高等商業学校同窓会緑水会本部、一九七八年)五九頁。
(63)「台南高商設置運動／商専同窓会の熱情」『台南新報』一九二五年六月一八日付。
(64)『大正十年七月一日現在 台湾総督府職員録』(台北・台湾日日新報社、一九二一年)一四九頁、『台湾総督府及所属官署職員録 大正十四年』(台北・台湾時報発行所、一九二五年)一七七頁。
(65)「打破教育搾取政策／宜設臺灣人本位的臺南高商」(漢文)『台湾民報』一九二六年八月一日付。
(66)呉は、のちに台南商専を中退して日本内地へ留学した(呉新榮(著)・張良澤總(編撰)『呉新榮日記全集一(一九三三―一九三七)』台南・國立臺灣文學学館、二〇〇七年、三七〇頁)。
(67)呉新榮『呉新榮回憶録』(一九七七年／台北・前衛出版社、一九八九年復刻)九三頁。
(68)前掲駒込『世界史のなかの台湾植民地支配』三四一、三九九頁。

第三章　高雄街の成立と中等学校誘致
――斜陽の旧都を脅かす新興都市――

第一節　速成された港町――高雄街誕生までの過程

（1）前史

高雄は、南部台湾最大の貿易港を擁する港湾都市である。だが、町自体の歴史は古いものではない。一九二〇年の地方制度改正以前、高雄は、打狗と呼ばれた。打狗に面する港は、古くは移出入港として利用されていた。清朝統治下である一八五八年、天津条約（天津で締結された清朝と欧米諸国とのあいだの不平等条約）[1]により、台南の外港である安平などとともに欧米に向けて開港された。当時は安平の補助港とみなされていた[2]。

その頃、打狗市街の開発は、ほとんど進んでいなかった。台南以南の地域で政治的・経済的・文化的に重要な位置を占めていたのは、打狗ではなく、その東方に位置する鳳山だった。

『高雄州地誌』（一九三〇年）は、清朝期の鳳山を、「台南と共に南台の古都として文運夙に開け」、「台南以南の中心市場で西方に打狗港を其の外港として持ち、市勢大いに振つて居た」と紹介している。他方、打狗については、「南台の一寒村に過ぎず、僅かに、旗後及哨船頭の一部海岸に戎克〔引用者注：ジャンク〕貿易品の集散場として狭隘なる街衢を形作つた」と述べている[3]。「文運夙に開け」た状況を示すように、鳳山には、県儒学（官立の科挙実施

図1　1920年代の高雄市街
縦貫鉄道の終点である高雄駅の北側に位置する山下町の風景。

機関、一六八四年設立）や、鳳儀書院（儒学の補完機関、一八一四年設立）が設置されていた[4]。他方、打狗には「狭隘なる街衢」が形成されていた程度であり、全体的に「南台の一寒村」という印象が強かった。鳳山との関係では、鳳山が主であり、打狗はその附属物としての外港の位置づけであった。

また打狗から約六〇キロ隔てた屏東平野の西半に、日本統治下で阿緱庁の地方庁所在地となる阿猴（一九〇五年から阿緱、のち屏東街）があった。同地には一七〇〇年代初頭に漢族系移民が町づくりを始め、乾隆年間（一七三六―九五年）初期には、阿猴と呼ばれる市街が成立していた[5]。

清朝統治下において、打狗・鳳山・阿猴のなかでもっとも開発が遅れていたのは、打狗だった。だが台湾が日本の統治下に入ったのち、この関係性は変化してゆく。発端は、南部の要港と目されていた安平が機能的に問題があると、総督府に判断されたことだった。安平港は海底が浅くて船舶が海上一里以内に接近できず、そこから先は艀舟などを使っていたために、風波の荒いときは貨物や乗客の上陸ができなかった[6]。こうした状況を改善しようと、安平に代わる貿易港として打狗築港が進められることになった。

打狗は、一八九九年から着工した北部の要港・基隆の第一期

表１　５州２庁制導入以前の打狗・鳳山街・阿緱街の人口　（単位：人）

	打狗					鳳山街					阿緱街				
	管轄庁	日本人	台湾人	外国人	合計	管轄庁	日本人	台湾人	外国人	合計	管轄庁	日本人	台湾人	外国人	合計
1903年	鳳山	489	4,055	0	4,544	鳳山	762	5,079	0	5,841	阿緱	216	2,202	0	2,418
1908年	↓	不詳	→	→	6,390	↓	不詳	→	→	5,996	↓	不詳	→	→	3,503
1913年	台南	6,513	7,895	273	14,681	台南	420	5,158	94	5,672	↓	不詳	→	→	6,483
1918年	↓	7,825	9,948	485	18,258	↓	500	4,932	134	5,566	↓	2,380	5,342	215	7,937

（典拠）『台湾総督府統計書』明治36年度（第7）・明治41年度（第12）・大正2年度（第17）（台北・台湾総督府官房文書課，1905年・10年・15年），『台南庁第3統計摘要 大正2年』（台南・台南庁庶務課，1913年），『大正7年12月31日 台湾現住人口統計』（台北・台湾総督官房調査課，1920年）をもとに作成。

（注1）1908年の打狗・鳳山街・屏東街，13年の阿緱街人口は，史料に種別の記載がないため合計のみを示す。1913年の打狗の外国人人口中，朝鮮人1人を含む。「↓」は同上，「→」は同左を示す。

工事よりやや遅れ[7]、九九年から一九〇一年まで概略調査が行なわれた[8]。基隆築港が打狗に先んじたのは、総督府所在地である台北に近いという、地理的位置によるものだろう。

打狗港の概略調査が行なわれていた期間、台湾総督府と清朝とのあいだに厦門事件（一九〇〇年、義和団事件の混乱に乗じて、総督府が清朝の福建省・厦門へ軍事進出を企てた事件）が起こった[9]。この軍事行動による厦門進出は失敗に終わるが、日本政府はこれを機に、対「南支」政策を軍事的進出から経済的進出へと切り替えた。総督府は、そうした政策転換に呼応して、基隆のみならず打狗も「南支」に向けた貿易港とすべく、本腰を入れることになる。その後一九〇四年から〇八年にかけて、打狗駅構内の拡張を目的として、干潟約四万坪が埋め立てられた。続く〇八年から、一ヵ年で四五万トンの貨物呑吐を標準とする規模の港を築く計画を定め、六ヵ年継続事業が開始された[10]。

打狗築港の進展は人口にも影響をおよぼした。

表1は、一九〇三年から一八年まで、五年ごとの打狗の人口推移を示したものである。参考までに鳳山街と阿緱街のデータも併記した。

表1は、打狗のみ「打狗」としている。一九二〇年以前、打狗は「打狗街」でも、「打狗庄」でもなかったので、これは典

拠史料にもとづく表記である。[11] 町としての歴史は浅いとはいえ、一九〇〇年代から一〇年代にかけて、人口増加がもっとも著しいのは打狗だった。一二庁制施行の前年である〇八年の時点で、すでに旧都・鳳山街を凌駕している。一九〇八年といえば、基隆（北部）から打狗（南部）を縦貫する、台湾縦貫鉄道が開通した年でもある。縦貫鉄道は、一方では鉄道沿線の農産物を呑吐港であった基隆や打狗へと搬出し、他方では日本内地の工業製品や肥料などを台湾島内に搬入する、双方向的なルートとして機能した。[12] 鉄道の開通によって、中国諸港―台湾諸港という伝統的なルートに加えて、日本内地―基隆―（縦貫鉄道）―打狗という、新たな流通ルートが確立した。

　これは打狗を盛り立てる一方で、文化都市・鳳山の斜陽化を決定づける出来事となった。縦貫鉄道開通の翌年である一九〇九年、地方制度が改正され、一二庁制が布かれた。これにより、打狗を管轄していた鳳山庁が廃庁された。その地方庁所在地であった鳳山街は、打狗とともに台南庁の管轄に移された。このあと鳳山地方は、「鉄道の開通と高雄港の発達に伴ひ老年期に入り諸官衛の移転廃止《（ママ）》、と衛生状態の不良の為め益々衰微」してゆくことになる。[13]

（2）高雄街の誕生

　没落しつつある鳳山とは対照的に、打狗は、基隆とともに台湾の要港として地位を固めてゆくようにみえた。だが一九一〇年代に入ると、打狗築港は一時的に滞る。「総督府の財政は予算増額を許さず、故に四十三年〔引用者注：一九一〇年〕に至り計画の一部縮少《（ママ）》を犠牲とし、総予算を変更せずして継続年限一箇年を短縮」することになったためである。[14]

　築港規模は財政問題により縮小された。これは、総督府の意向というよりも、中央政府の意向だった可能性が強い。総督府高官は打狗築港の重要性を強調していたからである。一九一一年二月、内田嘉吉総督府民政長官は、日本内地の衆議院予算委員会で次のように発言している。

〔引用者注：台湾でも〕甘藷ノ改良、機械ノ改良等ニ依ッテ節約ヲ加ヘルコトニナリマシタタメニ、砂糖ノ生産費ト云フモノモ安ク出来ルヤウニナリマシタノデ、尚今日ニ於テハ多少ノ相違ハアラウト思ヒマスガ、従前ト比較シテ見マスルト余程生産費ガ〔引用者注：ジャワで生産される砂糖の価格に〕近寄ッタヤウニ見受ケルノデアリマス、就中上海方面ニ於テ売ッテ居ル砂糖ノ話ヲ聞イテ見マスルト、頗ル見込ミガアルヤウニ承知致シテ居ルノデアリマス、四十四年度ニ於テハ先ヅ以テ其ノ便利ヲ与ヘテ奨励ヲシナケレバナラヌノデアリマシテ、第一ニ交通ノ便ヲ開ク必要ガアラウト思ヒマス、従前ハ直接ニ上海ニ参ル航路ガナカッタノデアリマスガ、是モ先程申上ゲタ通リ、四十四年度ニ於テハ打狗即チ砂糖ヲ最モ余計ニ輸出スル打狗カラ上海ニ向ケテ航路ヲ開クト云フコトガ一ツ、是ニ依リマシテ従前ノ不便、即チ船ヲ他所ニ廻ラシテヤッテ居ッタモノヲ直接ニヤルコトニナリマスカラ、運搬費ニ於キマシテ経済ニナルコトデアラウト思ヒマス[15]

内田は、生産高が向上しつつある砂糖を例に挙げ、それを「南支」方面に売り込む際の運搬費を考慮するなら、打狗港を活用するのがもっとも経済的だと力説した。彼は、翌一二年二月の衆議院予算委員会でも、緊縮を唱える委員に対し、「築港ノ如キモノハシナケレバ、台湾ノ物ヲ空シク棄置カナケレバナラヌト云フ状態ニナリマスノデ、誠ニ今日欠クベカラザル仕事デゴザイマス」と反駁している[16]。

こうした主張が打狗築港計画を見直す契機となったと考えられる。一九一二年の帝国議会で、打狗築港費に設備拡張および防波堤築造のための予算が追加された[17]。築港工事はこれにより、縮小から拡張へと転じた。

その後、一九一四年に第一次世界大戦が勃発する。日本政府は、欧米植民地宗主国との貿易が途絶した東南アジア市場へと、大々的に進出する足がかりとして、打狗港をさらに重視するようになった。そして一七年、日本内地の大手船舶会社・大阪商船に、命令航路として南洋線を開設させた。南洋線の往航は、日本内地からの貨物に加えて、台湾の基隆で包種茶や米などを積み、厦門や香港などの「南支」に寄港して貨物を搭載し、それらをフィリピ

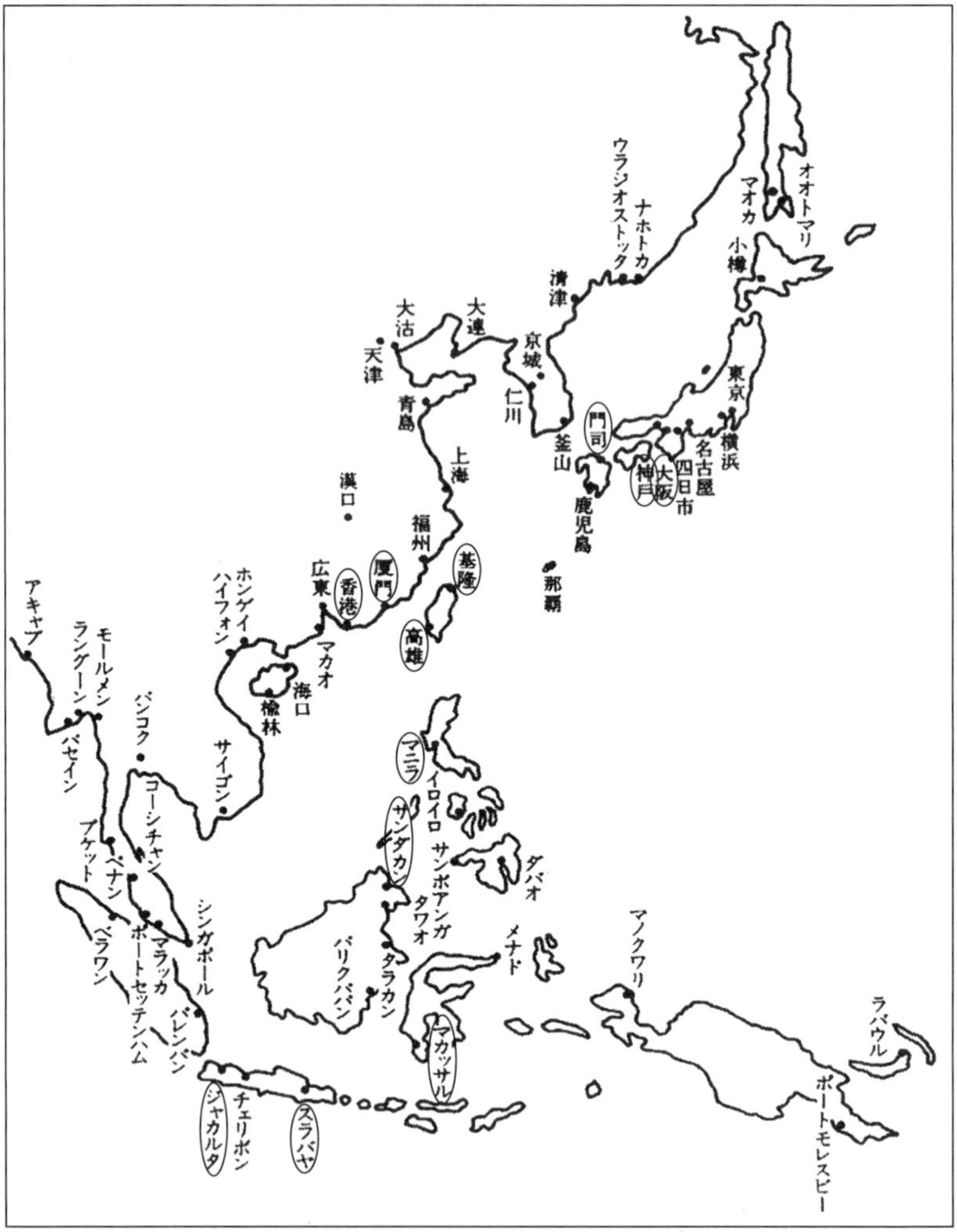

図 2　商船の定航・蕊取丸《しべとろまる》の航路

1917 年 6 月 1 日大阪発▲同 3 日神戸発▲同 4 日門司発▲同 10 日基隆発▲同 11 日厦門発▲同 14 日香港発▲同 18 日マニラ発▲同 22 日サンダカン発▲同 29 日バタビヤ発▲ 7 月 19 日スラバヤ発▲同 23 日マカツサ発▲同 28 日サンダカン発▲ 8 月 5 日香港発▲同 8 日打狗発▲同10日基隆発▲同15日神戸着(「大阪商船南洋航路開設／南洋郵船との盟約成立」『神戸新聞』1917 年 5 月 17 日付，神戸大学経済経営研究所「新聞記事文庫」海運〔05‒113〕)

ンやオランダ領東インドで降ろす。復航は、オランダ領東インドで砂糖や貝殻、パラフィンなどを積み、マニラでさらに砂糖や雑貨などを積んで、香港、台湾（基隆・打狗）、日本内地で貨物を降ろすというルートだった。[18]

『台湾総督府統計書』によれば、南洋線開設の翌年である一九一八年、台湾の貿易総額は二億四三五七万五五九一円であり、うち基隆の輸移出入品額は一億三〇二九万五九三三円、打狗は九二五〇万六二七二円だった。[19] 輸移出入総額に占める割合は、基隆五三パーセント・打狗三八パーセントにのぼった。台湾には、基隆と打狗以外にも輸移出入港が存在した。特に安平はかつて南部の代表港だったが、一〇年代後半以降、その地位は完全に打狗に移行している。

打狗の南部の要港としての地位が定着するにつれて、町並みも変化した。地方制度改正の前年である一九一九年には、「商売軒を並べ坦々たる道路は縦横に相通じ、市街美を添ゆる輪奐宏壮の建築物も亦数多き」と形容されるまでになっていた。[20] 同地には、日本人の姿がますます目立つようになった。前出表1から打狗の日本人人口に注目してみると、〇三年には五〇〇人足らずだったが、一八年には八〇〇〇人近くに膨張している。

打狗は、都市整備と人口増加の両面で長足の進歩を遂げていた。それは住民に置庁要求を芽生えさせた。一九二〇年、地方制度改正の消息が伝わると、打狗在住の一部の住民は、打狗を台南庁から独立した一庁にしてほしいと、四回にわたって陳情書を総督府に提出している。[21]

彼らの要求は叶えられた。一九二〇年七月一五日付『台湾日日新報』は、台湾西部を五州に区画し、そのうちの一州を打狗州（のち高雄州に修正）とすると発表した。川崎卓吉総督府内務局長は、行政区画を策定する過程で、「打狗の置庁は同港の将来を予測した措置で動かすべからざるもの」だったと述べている。[22] 南洋線のルートからわかるように、総督府は、日本内地―台湾―「南支南洋」を結ぶ経済的ネットワークとの関連から、高雄置州を不可欠と考えた。そうした思惑が住民の要求と合致したといえる。高雄州創設に伴い、州都となる打狗も「高雄街」という地名に改まった。かくして、かつての「南台の一寒村[23]」は、一気に州都へと格上げされた。

第二節　新興都市・高雄街における出入りの激しさ

一九二〇年、高雄州創設に際して、冨島元治（図3）が初代州知事に任命された。冨島は、一〇八年に総督府法院判官として来台後、南投庁長や台北庁長などを歴任した人物である。[24]彼は、総督府発行の総合誌『台湾時報』のなかで、高雄街を「内地人が主となり、特に内地式に出来上がった港津である丈け、縦し船舶の出入其他の事情の為めに、住民は全然統一して居ると云ふ訳には往かず」と評している。[25]前出の表1から一八年の打狗の人口内訳を見ると、日・台人比率はおよそ四：六である。同年の鳳山街の比率が一：九、阿緱街が三：七だったことを踏まえれば、打狗（高雄街）には相対的に日本人が多かった。

高雄街はどのような町だったのか。図4を参照してほしい。

高雄市街は、高雄港南岸の旗後（い六周辺）、北岸の哨船頭（い五周辺）、その東側の鹽埕埔（に四周辺）の三エリアで構成された。『台湾鉄道旅行案内』（一九二四年）は、旗後について「支那漁民の移住に因つて、漸次、市街を形成したもので、街路狭隘、錯雑せる、純支那式街衢で、其住民の約八割は本島人」と評し、哨船頭と鹽埕埔については、「高雄港湾の修築に伴ひ、其の掘鑿せる土砂を以て、海埕・塩田等を埋立て、漸次、地形を整理して、其の上に建設せる、新しき市街で、家屋も概して宏壮、其の住民の七割は内地人」と評している。[26]

高雄街は民族別の棲み分けが明確であり、日本人は北岸の埋め立て地帯に集中していた。高雄街には、どのような日本人が居住していたのか。同街には、一九二〇年の時点で、大阪商船株式会社（一八八四年設立・資本金五〇〇〇万円、ろ五）や浅野セメント株式会社（一九一七年設立・資本金一五〇〇万円、は一）、日東製氷株式会社（一九一九年設立・資本金九三七万五〇〇〇円、い四）、台湾肥料株式会社（一九一〇年設立・資本金三〇万円、ほ四）といった、日本内地資本の大企業の支店や営業所が存在した。ほかに資材の製造・販売や船舶による運送、船舶のメンテナンス、燃料供給などの分野の企業も目立った[27]。こうした状況から、高雄街には資材製造や船舶事業を中心とした産業構造が成立していたこと。同街に暮らす日本人は、それらに関連の企業に勤務する者が割合として多数だったことが想像できる。

これらの人びとの存在形態を示すものとして注目したいのは、前出の冨島州知事の「船舶の出入其他の事情の為めに、住民は全然統一して居ると云ふ訳には往か」ないという記述である[28]。高雄街の日本人の多くは、職業柄「船舶の出入」にかかわって流動性が高かった。人の入れ替わりが激しく、地域を支える住民間が「全然統一」されていない状況が目立ったと考えられる。

住民間の結束がはかりにくい状況は、街長人事にも投影された。

一九二〇年、高雄街の初代街長に鐸木直之助が任命された。鐸木は、一八九六年に来台して弁務署書記などを務めたのちに官職を辞し、一一年に台湾地所建物株式会社高雄出張所（ろ四）所長となった[29]。彼は、街長就任から一年後の二一年一〇月に辞任を申請し、同年一二月に受理された[30]。『実業之台湾』は、辞任の理由を「地代値上げという『私利』が禍ひ」したと推測している[31]。鐸木が勤務する台湾地所建物は、浅野セメント創業者・浅野総一郎が経営する不動産会社である。そこで発生した「地代値上げ」という会社の「私利」が一部の高雄街民の反感を買い、辞任の原因となったと考えられる。

鐸木の辞任後、後任はなかなか決まらなかった。そのため、一九二一年末の街協議会で、原則として無給の名誉職である街長を、二二年度から有給にする決定がなされたほどである[32]。その後二二年二月に、州協議会員を務める加福

図 3　冨島元治

1924 年末に高雄州知事を依願免職（『府報』号外, 1924 年 12 月 25 日）後, 故郷の京都に戻って公証人となる。そして, 台湾在住経験者のネットワーク「京都台湾会」を立ち上げる。

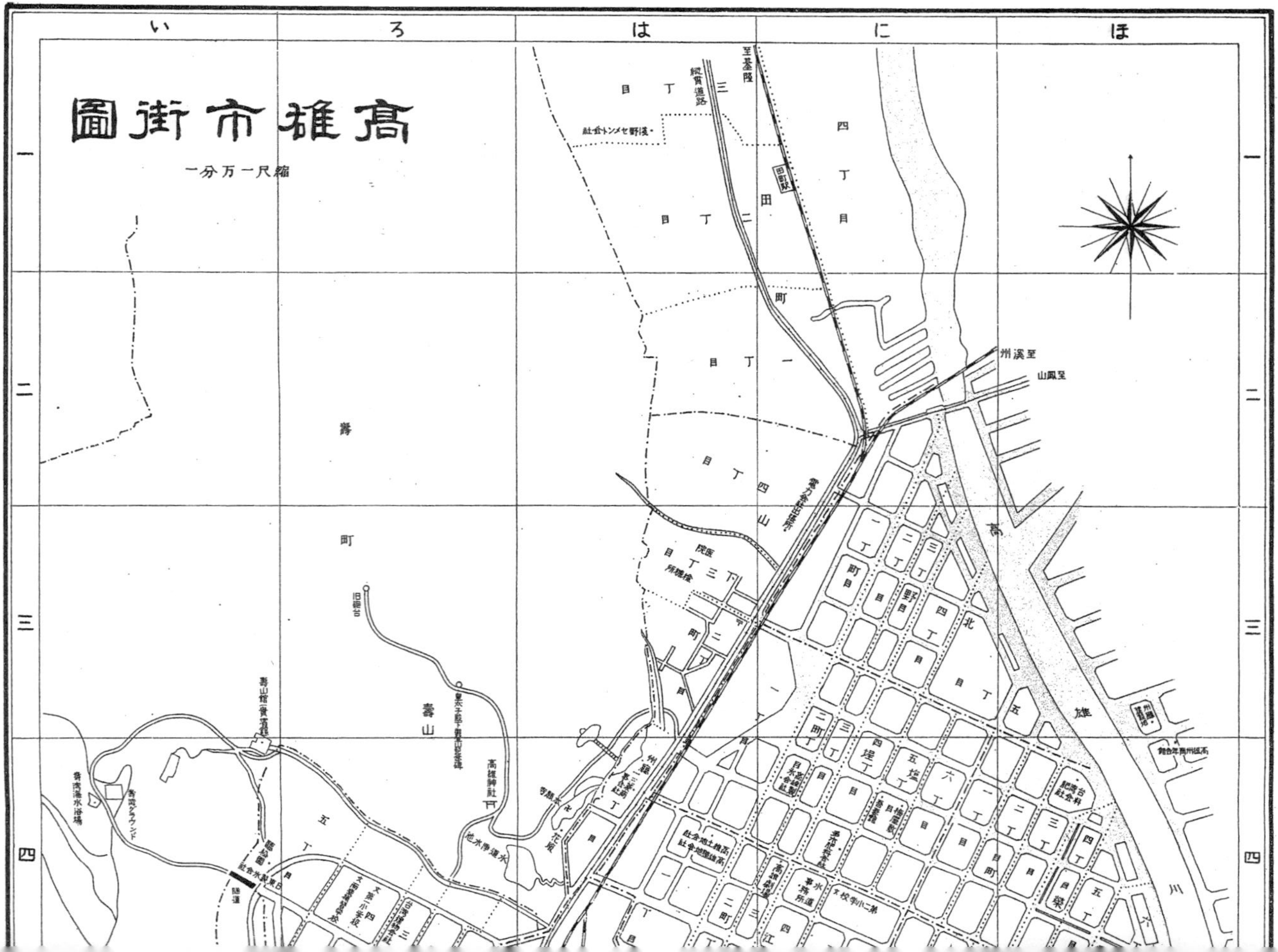

高雄市街圖
縮尺一万分一
い
ろ
は
に
ほ
一
二
三
四
浅野セメント会社
縦貫道路
至基隆
田町駅
至渓州
至鳳山
壽町
壽山
高雄神社

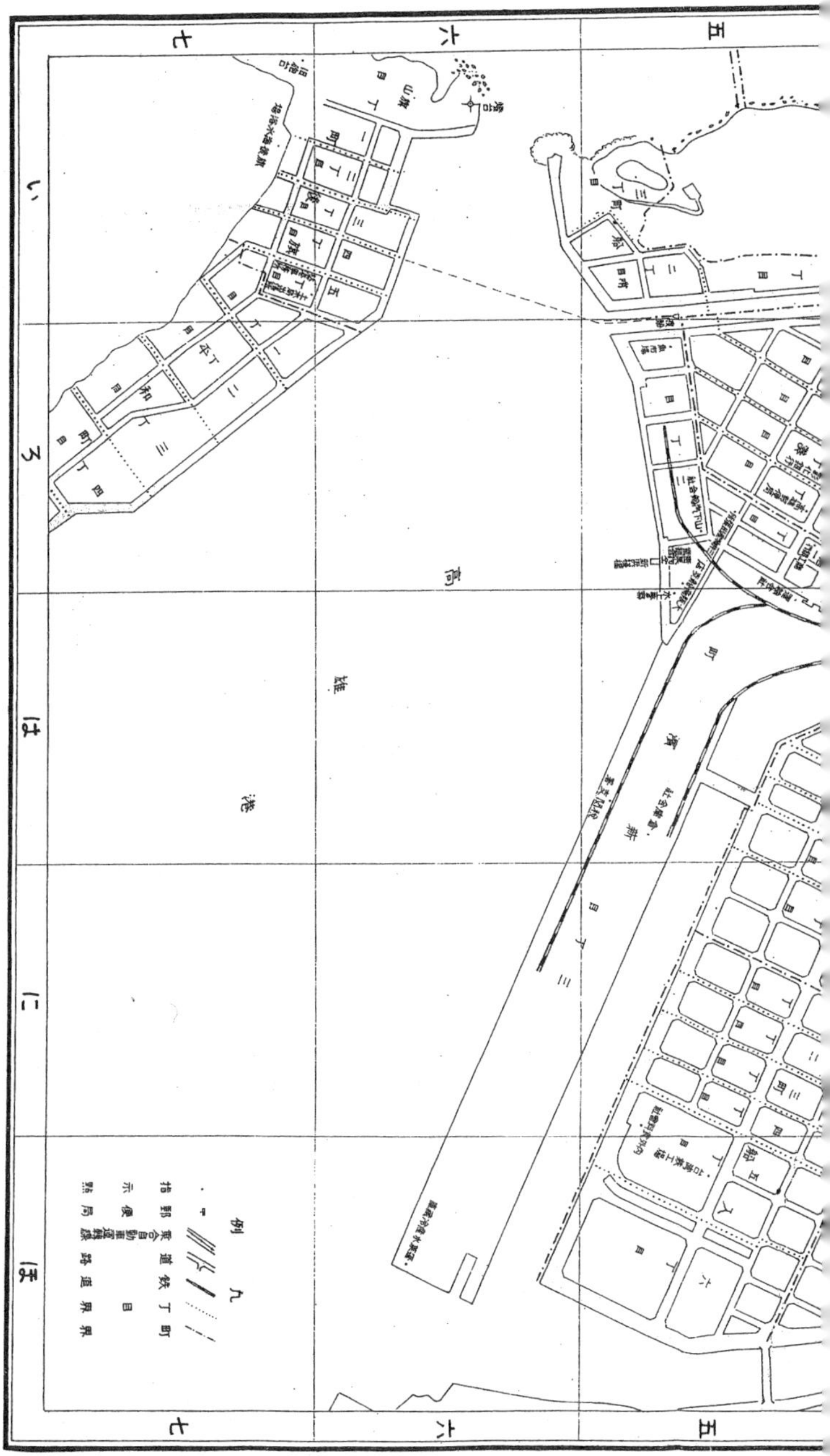

図 4　高雄市街略図（1930 年頃）

均三（台湾肥料株式会社取締役）が街長を兼務することになった。[33] だが加福も長続きせず、翌二三年には、高橋傳吉（元台南庁警視、煙草売捌）に交代した。[34]

高雄街は一九二四年一二月に高雄市となる。市尹は奏任官のため、民間人のなかから地方行政のトップが任命されるのは一期（四年）だけであったが、この限られた期間に街長が三人も存在する。

高雄街では、街長だけでなく街協議会員の顔ぶれも変動が大きかった。一九二〇年（第一期）に任命された街協議会員のなかで、二二年（第二期）に再任されたのは、台湾人は五人中三人。日本人に至っては、一五人中六人である。[35] 街協議会員は、もとより固定的な役職ではない。一期目には街協議会員だったが、二期目には州協議会員に任命されたことで、街協議会員のポストを退くケースもままあった。街協議会員の再任率の低さが日本人の定住性の低さを示すとは、一概にはいえない。だが高雄街の場合、街長が頻繁に交代し、しかも冨島州知事自身が「住民は全然統一して居」ないと述べている。こうした状況を加味すれば、高雄街の日本人街協議会員の再任率の低さは、定住性の低さに起因する側面があったと推測できる。[36]

高雄街には、日本人は一定数存在しても定住性が低く、街長や街協議会員が頻繁に入れ替わり、街行政に意欲を示す住民が少ないという問題があった。だが一九二〇年代以降、総督府や州当局の主導のもとで、州都としての体裁を整えることが優先された。それは、高雄州に編入された旧地方庁所在地の人びとの動揺や不満を喚起し、さらには旧都・嘉義のゆくすえにも影響をおよぼすことになる。

第三節　冷遇に屈した旧都――仮州庁舎設置をめぐって

一九二〇年七月六日付『台湾日日新報』は、高雄州誕生について、「グレート台湾の進展を期待するに存す可く、豈に夫れ阿緱庁下の向来を継児扱ひに無視せんとするものにあらざる可し」と述べている。高雄置州を歓迎しつつも、その管轄に置かれることになった「阿緱庁下」の人びとに対して、それは決して「継児扱ひに無視」する措置ではないだろうと、わざわざ記している。こうした記述は、高雄州誕生が阿緱庁下にもたらした衝撃の強さを、かえって際立たせている。そして置州後の措置は、旧阿緱庁下の住民からだけでなく、かつて打狗を管轄していた地方庁の庁所在地・鳳山街の人びとからも、「継児扱ひ」されたと評されても仕方のないようなものとなった。

まずは、地方制度改正直後の屏東（旧阿緱）街における仮州庁舎をめぐる出来事から、関連の事例を追ってみたい。[37]

（1）阿緱庁の廃庁

阿緱街は、一九〇一年に阿緱庁の地方庁所在地に選定された。その後〇九年に地方制度が一二庁制に変更されたが、阿緱庁は存置された。その直後の『台湾日日新報』は、阿緱街について、廃庁となった旧地方庁所在地から転居者が殺到し、家屋不足に陥っていると伝えている。[38] 前出の表1からも確認できるように、阿緱街は、一九〇〇年代から一〇年代にかけて、人口増加の途上にあった。

だが、そうした状況は長くは続かなかった。

阿緱街で誕生した企業として台湾商工銀行（一九一〇年設立）があるが、同行は一九一二年に台湾貯蓄銀行（一八九九年設立）を合併したのを機に、本店を台北に移した。[39] それが阿緱街の、その後の心許ない運命を暗示していたのかもしれない。その予感は、二〇年の地方制度改正で現実のものとなる。同年六月末、『台湾日日新報』は、一二庁制下の西部九庁が六州に再編されるとし、州名リストを報じた。そこに阿緱州の名前はなかった。[40]

阿緱に置州されない事実は、阿緱街民に少なからぬ衝撃をあたえた。

一九二〇年七月一日付『台湾日日新報』は、「阿緱街中の内地人商売」のあいだで廃庁の噂が駆けめぐり、「周章狼狽」した彼らは、近く代表を立てて総督府を訪問し、真相を質す予定だと報じている。

「内地人商売」とは、『台湾日日新報』の造語である。同紙はそれを、「在台多年旧鳳山庁下や蕃薯寮、恒春等の

図5　1910年代の阿緱市街
家々が軒を連ねた大通り。地方庁所在地としての繁栄ぶりが窺える。

旧庁所在地に在住し永らく落ち着き乍ら其処で相当の商売営業を行って来て、突如彼の明治四十二年の地方官改正の沙汰に接し、廃庁の断乎たる運命が商売営業の廃止を余儀させ《ママ》一時は当惑の色々と行く末を物案じの上、辛うじて落ち着く先は阿緱たりと決心し、爾来其地の住人となり今日に至つて居る」人びとと描写している(41)。

「内地人商売」が商売に従事する日本人のみを指すのか、それとも日本人と商取引のある台湾人も含めるのかは不明である。いずれにせよ、経済活動が日本人の多寡に左右される商店、もしくは小規模企業の経営者という意味であろう。右の記事から、在台日本人は地方庁の存廃に即応して転出・転入を考慮する傾向が強く、彼らを最大の顧客とする「内地人商売」もまた、その移動とともに商売の拠点を変えざるを得なかったようすが窺える。「内地人商売」のなかには、一九〇九年の地方制度改正を機に阿緱街に転居してきた、会社・商店の経営者も存在したと思われる。彼らにとって、阿緱庁の廃庁は、再び経済的基盤を脅かされかねない、ショックな事態であったことだろう。

「内地人商売」を中心とする阿緱街の住民がいつ頃総督府を訪問したのか、その際当局者からどのような説明を受けたかについては、新聞に続報が見当たらない。だが、訪問の結果はすぐに明らかとなる。七月一四日、日本内地で臨時枢密院会議が開かれ、台湾総督府官制改正案が可決された。翌一五日の『台湾日日新報』に発表された新しい地方制度は、六月段階の六州構想から嘉義州を抹消して五州にするという手直しが施されていたものの、やはり阿緱州は見当たらなかった[42]。つまり、「内地人商売」の陳情は功を奏さず、阿緱庁を高雄州に編入するという総督府の方針に変更はなかったのである。

（2）仮州庁舎設置への期待と挫折

一九二〇年の地方制度改正に際し、阿緱庁以外にもいくつかの庁が廃庁に直面することになったが、反応はさまざまであった。

台中州に編入されることになった南投街（旧南投庁所在地）では、阿緱街と同じ時期に廃庁の消息が伝わり「騒ぎ」になっていると、新聞で報じられた[43]。だが続報が見当たらないことから、廃庁への具体策は講じられなかったと推測できる。また新竹州に編入されることになった桃園街（旧桃園庁所在地）では、一部で「廃庁にならうが州を置かれなからうが、お上の事で致し方もない」という意見が聞かれた[44]。こうした見解が大勢を占めたのか、桃園街でも廃庁反対運動は取りくまれなかったようである。

反対に、廃庁が深刻に受けとめられたのは、台北州に編入されることになった宜蘭街（旧宜蘭庁所在地）と、台南州に編入されることになった嘉義街（旧嘉義庁所在地）だった。宜蘭街では、住民が廃庁の代償として、築港速成や鉄道敷設などを、総督府に陳情する状況が見られた[45]。その結果、一九二三年に南方澳漁港の修築工事が竣工し、翌二四年に宜蘭線の開通が実現している[46]。他方、嘉義街では、七月の正式発表直前まで嘉義州設置が伝えられていたにもかかわらず、結局は不成立に終わった経緯があるためか、住民の反発がことのほか激しかった。詳細は次章で述べるが、同街の日・台人有志は、地方制度改正から二年にわたり、州庁を台南市から地元に移転させるための置州運動を展開する。

図６　阿緱庁庁舎

では、阿緱街はどうだったのか。同街では、六月末時点では「内地人商売」のなかに廃庁への動揺が見られた。だが新しい地方制度の概要が正式に伝えられたのち、廃庁反対運動が起こった事実は新聞に見当たらない。一因として、さしあたって州庁として阿緱庁庁舎（図６）を利用する計画があったことが考慮できる。高田元治郎総務長官代理は、一九二〇年七月一八日付『台湾日日新報』に、台南以南の新州を高雄州とし、打狗をその州都に定めるとしても、「現在の打狗は庁舎及び宿舎の建物が無いので、先づ当分は取り敢へず高雄州庁を阿緱に置かねばなるまいと思ふ」と語っている。それを裏づけるように、阿緱庁庁舎の工事は、廃庁告示後も続行されており、八月中に竣工予定と伝えられていた。[47]

一九二〇年八月八日付『台湾日日新報』は、阿緱街では、「州庁舎を或る期間まで阿緱に置かるゝ事によつて住民が焦眉に迫る離散の非運より一時的なりとも免れ」ることができると考え、仮州庁舎設置を歓迎する風潮が強いと報じている。かつて廃庁された地域から阿緱街に転居した住民にとって重要なのは、「内地人商売」が成立する程度に、地域に日本人が存在することである。彼らの多くは、少なくとも仮州庁舎が置かれた期間は、日本人の減少が食い止められ、生活・経済の基盤がある阿緱街から「離散」せずにすむと考えていたとしても不思議ではない。

だが阿緱街民の期待は、打狗の横槍により水を差されることになった。「置州の吉報と其実現に将来の発展殷賑を見越して近頃頓に活気を呈して」いた

図7　打狗公館
1914年に山下町に完成し，のちに高雄州庁舎に充当される。

打狗の住民が、阿緱街に仮州庁舎が置かれそうな成り行きを静観しなかったからである。(48)

一九二〇年七月末、打狗公会評議員会は、打狗公館（図7）を州庁舎として無償提供することを決定した。(49)打狗公館は、打狗在住の日本人を中心とした集会場であり、一二年に打狗内地人組合の主宰で開催された市民大会の決議を受けて設置された。打狗内地人組合とは、一九〇〇年から二〇年の地方制度改正まで存続した民間団体である。おもな活動は、打狗医院新設（一三年）、打狗公館設立（一四年）、打狗簡易実業学校設立（一八年、のち南鵬商業補習学校）など、地域の利益にかかわる要求を関係当局への陳情や請願を通じて実現しようとするものだった。(50)打狗内地人組合は、法人組織ではなく、「財産管理の主体と為る事が出来ぬのみか、諸般の点に於て不便」だった。そこで、打狗公館の経営主体として財団法人打狗公会が組織された。役員には、古賀三千人（台湾商工銀行頭取）、平山寅次郎（台湾製糖取締役）、鐸木直之助（台湾地所建物出張所所長）、荒木萬三郎（旅館経営）などが名を連ねた。(51)

打狗公会の役員は、いずれも企業経営者である。ひとくちに企業経営者といっても、個人経営の旅館のような、相対的に小規模な地域密着型企業の経営者もいれば、台湾全島レベルで事業を展開する企業の経営者もいる。打狗の場合は、台湾製糖や台湾地所建物、台湾商工銀行といった、比較的大手企業の経営者が地域の有力者として存在感を発揮していた。ただ、打狗公会役員のなかに、台湾人の存在は確認できない。州庁舎に関する提案は、あくまで日本人側の希望として表明されたようである。

　打狗公会に所属する日本人企業経営者からの提案は、総督府の政策決定に一定の効力をもった。阿緱街に仮州庁舎を置く計画が見直され始めたからである。一九二〇年七月三〇日付『台湾日日新報』は、「廃庁の結果一時阿緱街に仮州庁の設置を見るとしても、本年度の計上配布に属す可しと期待せられ居たる庁舎増築営繕費約三十万円は、既に新地方官制の公布ありたること丶て、其配布は中止となるの外無かる可し」と報じている。

図８　下村宏（1920年頃）

　この報に接して、阿緱街の住民の一部から不満の声が上がった。一九二〇年八月五日付『台湾日日新報』によれば、「阿緱市民は再び陳情委員を出府せしめ仮州庁設置に関し総務長官に親しく陳情」した。これに対して下村宏総務長官（図８）は、「大勢既に決し今は如何とも詮術なき」と返答した、という。翌八月六日付同紙は、「如何に阿緱市民が運動しても高雄に州庁舎を置く意である」という、下村の談話を掲載した。この報道により阿緱庁庁舎が仮州庁舎に充当される望みは完全に絶たれたということであろう、八月八日付同紙は、「血眼の奔走も憐れ徒労」に終わったと、阿緱街民の陳情の結末を報じている。この記事が掲載されたのち、仮州庁舎設置をめぐる阿緱街民の動向は伝えられていない。総督府の決定にしたがって、運動も収束したと思われる。このあと阿緱街は、「継児扱ひ[52]」された感が拭えないまま、阿緱庁廃庁により、地方庁所在地から一地方都市へと周縁化される。

　一方、打狗では、打狗公館を州庁舎に充当する計画が順調に進んだ。『台湾日日新報』は、打狗公館周辺の空地に新たに警察部庁舎などが建設されることになり、打狗住民から一部費用として三万円が寄付されることになったと報じている[53]。そして九月一日、旧打狗公館を州庁舎として、高雄州開庁式を迎えた[54]。

第四節　廃庁の後遺症

一九二〇年の地方制度改正による行政区画の再編は、新・旧地方庁所在地にどのような影響をもたらしたのか。人口推移から探ってみたい。

表2は、地方制度改正後の一九二〇年一〇月を基点とし、同年末から二四年末までの人口推移とその割合を示している。州単位で上段に示したのは州都に選ばれなかった旧地方庁所在地、下段は州都をあらわす。「高雄州」の枠内に示した「屏東街」とは、阿緱街の新名である。

表2から、先に高雄州以外の四州を見てみよう。

台湾人はどの地域でも軒並み増加している。だが日本人の場合、州都は人口が増加しているのに対し、廃庁された旧地方庁所在地は地域ごとに差がある。桃園街（新竹州）と南投街（台中州）は、地方制度改正後、日本人が減少している。反対に、宜蘭街（台北州）は大きな変動がなく、嘉義街（台南州）は毎年着実に日本人が増えている。

高雄州はどうか。

屏東街は高雄州に編入されたのち、台湾人は増えているが、日本人は減っている。仮州庁舎設置計画の挫折後、新たな地元振興策も講じられないままに日本人官・公吏が減少し、それに伴い「内地人商売」(55)も減少したものと推測できる。対照的に州都・高雄は、日・台人とも増加の方向で推移している。一九二三年から翌年にかけて日本人が減少しているが、これは二四年末に高雄が市になったことに伴う変動であろう。

廃庁は、日本人の移動の引き金になりやすいという点で、旧地方庁所在地にとって大きなダメージとなった。対応いかんでは、宜蘭街や嘉義街のように日本人の流出が抑えられる可能性もあった。だが屏東街の場合、最初の対応でつまづいてしまった。後遺症は後を引くことになる。

表2　1920年10月1日を基点とした算定現住人口の推移と割合

管轄州	市街名	種別	1920年10月		1920年12月		1921年12月		1922年12月		1923年12月		1924年12月	
			人口	起点	人	%	人	%	人	%	人	%	人	%
台北	宜蘭街	日	1,838	100	1,850	100	1,790	97	1,870	101	1,868	101	1,842	100
		台	18,336	100	18,425	100	18,712	102	18,890	103	19,328	105	19,620	107
	台北市	日	45,211	100	45,675	101	48,418	107	49,894	110	51,717	114	52,007	115
		台	108,107	100	109,141	100	114,140	105	119,188	110	122,922	113	127,012	117
新竹	桃園街	日	818	100	830	101	740	90	767	93	774	94	769	94
		台	16,354	100	16,527	101	17,053	104	17,589	107	18,194	111	18,583	113
	新竹街	日	2,649	100	2,771	104	3,142	118	3,521	132	3,803	143	3,957	149
		台	28,951	100	29,005	100	30,039	103	31,222	107	32,165	111	32,973	113
台中	南投街	日	981	100	879	89	771	78	707	72	675	68	653	66
		台	19,621	100	19,731	100	19,975	101	20,250	103	20,804	106	21,242	108
	台中市	日	8,817	100	9,075	102	9,725	110	9,909	112	9,927	112	10,149	115
		台	22,250	100	22,573	101	24,332	109	25,859	116	27,456	123	28,968	130
台南	嘉義街	日	5,445	100	5,432	99	6,029	110	6,178	113	6,174	113	6,403	117
		台	31,392	100	31,690	100	32,974	105	34,033	108	35,217	112	36,130	115
	台南市	日	12,140	100	12,358	101	13,298	109	13,650	112	13,789	113	13,689	112
		台	62,115	100	62,297	100	63,816	102	65,400	105	67,173	108	68,302	109
高雄	屏東街	日	3,112	100	3,123	100	2,950	94	2,939	94	2,973	95	3,030	97
		台	18,420	100	18,561	100	19,288	104	19,894	108	20,721	112	21,462	116
	高雄街	日	8,839	100	9,006	101	10,110	114	10,216	115	10,136	114	9,979	112
		台	25,553	100	25,708	100	26,605	104	27,533	107	28,876	113	30,437	119

(典拠)『台湾現住人口統計』大正9年12月31日・大正10年12月31日・大正11年12月31日・大正12年12月31日・大正13年12月31日（台北・台湾総督官房調査課，1922-26年）をもとに作成。

(注1)「日」は日本人，「台」は台湾人の略。

(注2) 史料では漢族系住民も先住民も，すべて「本島人」に分類されている。そのため，各市街の台湾人の人口中に先住民を含む可能性がある。

地方制度改正の翌年、高雄州で中等学校新設計画が発表された。その設置場所をめぐって、屏東街や鳳山街は誘致運動を展開した。だが運動はいずれも功を奏さず、中学校は高雄街に配置された。学校をめぐる地域間の対抗関係のなかに、地方制度改正によってもたらされた地域格差や住民間の階層格差、民族利害にまつわる、複雑に錯綜した状況があらわれることになる。

第五節　誘致合戦の背景

台湾には、一九一〇年代末から二〇年代前半にかけて、どのような「中等程度の学校(56)」があったのか。誘致合戦の背景を見る前に、全般的な整備状況を、表3から確認したい。

表3「管轄州」と各年度の「校名」を照合すると、一九二一年度までは、日本人向けは台北に多く、台湾人向けは台中以南に目立つというように、対象別に学校配置に偏りが見られる。このうち中学校に関しては、第二次台湾教育令施行後である二二年度、五州すべてに新設・増設された。これにより分布が広がっている。

表3から一九二〇年度以前の「校名」を見ると、日本人向けの学校は「総督府」、台湾人向けは「公立」の文字を冠している。これは学校の管理・運営にかかる経費が、日本人向けは国庫支弁、台湾人向けは地方税支弁によったことを意味する。ただし、当時の地方税は、地方費区にもとづいて徴収されていた。地方費区のもとでは、地方庁の管轄区域と徴税の区域は必ずしも一致しなかった。そのため、たとえば、台中高等普通学校の運営費は、学校が所在する台中ではなく、同じ費区である鳳山などで徴収された「地方税」から支弁されることもあったと考えられる。当時は、学校配置も経費負担も、地域間の不均衡がより明らかだった。

一九二一年度以降の「校名」に目を移すと、いずれも「州立」に変更されている。二〇年の地方制度改正を契機として、中等程度の学校が所在地管轄州に移管されたことに伴う変更である。地方制度改正とともに地方税制度も

表 3　男子向け官立・公立中等学校一覧（1919-24 年度）

管轄州	創立年	1919 年度（第一次台湾教育令発布）		1920 年度		1921 年度（中学校の州移管）		1922 年度（第二次台湾教育令発布）		1923 年度		1924 年度	
		校　名	対象	校名	対象	校　名	対象	校　名	対象	校　名	対象	校　名	対象
台北	1907	総督府台北中学校	日	→	→	州立台北中学校	日	州立台北第一中学校	日・台	→	→	→	→
	1922							州立台北第二中学校	日・台	→	→	→	→
	1922							総督府台北高等学校尋常科	日・台	→	→	→	→
	1912	公立台北工業学校	台	→	→	州立台北第二工業学校	台	州立台北第二工業学校	日・台	州立台北工業学校	日・台	→	→
	1918	総督府工業学校	日	→	→	州立台北第一工業学校	日	州立台北第一工業学校	日・台				
	1917	総督府商業学校	日	→	→	州立台北商業学校	日	州立台北商業学校	日・台	→	→	→	→
新竹	1922							州立新竹中学校	日・台	→	→	→	→
台中	1915	公立台中高等普通学校	台	→	→	州立台中高等普通学校	台	州立台中第一中学校	日・台	→	→	→	→
	1922							州立台中第二中学校	日・台	→	→	→	→
	1919	公立台中商業学校	台	→	→	州立台中商業学校	台	州立台中商業学校	日・台	→	→	→	→
台南	1914	総督府台南中学校	日	→	→	州立台南中学校	日	州立台南第一中学校	日・台	→	→	→	→
	1922							州立台南第二中学校	日・台	→	→	→	→
	1919	公立嘉義農林学校	台	→	→	州立嘉義農林学校	台	州立嘉義農林学校	日・台	→	→	→	→
	1924											州立嘉義中学校	日・台
高雄	1922							州立高雄中学校	日・台	→	→	→	→

（典拠）台湾教育会（編）『台湾教育沿革誌』（1939 年／台北・南天書局, 1995 年復刻）をもとに作成。

（注 1）「管轄州」として提示した 5 州は 1920 年の地方制度改正後の区画だが，19 年度以前にも便宜的に対応させた。なお，表に示した時期，台東・花蓮港両庁に中等学校は未設なので，欄を設けなかった。

（注 2）「対象」欄の「日」は日本人,「台」は台湾人の略。「→」は前年度と同様であることを示す。

変更され、州制が布かれた地域では、地方費区が撤廃された。これにより中等程度の学校にかかる経費は、国庫支弁とされた職員の俸給以外は、州財政から負担されることになった[57]。これは、単に民族別に異なる学校経費の出所を統一しただけではない。学校の存廃にかかわる裁量がある程度州当局に委ねられたということは、それだけ、地域住民の意向が反映されやすくなったことを意味する。この措置が、第二次台湾教育令施行後、各地域に中等学校が新設・増設される土台となった。

こうしたなかで、高雄州でも学校設立の動きが起こる。

一九二一年六月、高雄州当局は、上級学校への進学希望者が日・台人ともに多いことを理由に、双方に向けて学校をつくりたいと、総督府に出願した。この段階で二二年度から共学制が施行されることは州レベルに通達されていなかったようであり、州当局は、中学校と高等普通学校を一校ずつ新設しようと計画した[58]。このうち中学校については、総督府から設立認可が下りた。二一年一〇月九日付『台南新報』は、翌年四月に高雄州内に中学校が誕生する見込みであると伝えている。

新設される中学校の校舎としては、当初、旧阿緱庁庁舎が充当されることが「略ぼ内定」していると考えられていた[59]。旧阿緱庁庁舎は、一部の屏東（当時は阿緱）街民から、仮州庁舎として使用してほしいと要望されながら、叶えられなかった施設である。屏東街民としては、仮州庁舎設置に失敗しても、中学校ができれば、それが地元振興の拠点になるという意識があったのだろう。

ところが一九二一年一〇月一七日、旧阿緱庁庁舎で火災が発生した。同月一九日付『台南新報』によれば、原因は、「宿泊し居りたる蕃人《（ママ）》の一人が棚探しを為したる際錆び朽ちたる石油缶に酒精を入れたるもの二缶を発見し台湾酒なりと早合点して蕃刀を引き抜き口を開き試飲せんと燐寸を摺りたる一刹那酒精缶に燃え移」ったためであった。その結果、旧阿緱庁庁舎は、「殆んど全部烏有に帰」したという。

右の記事には謎が多い。「試飲せんと燐寸を摺」る状況が解せないし、「蕃人」すなわち先住民が、何の目的で旧庁舎に宿泊したのかも報じられていない。新聞報道にも不可解な点がある。『台湾日日新報』も『台南新報』とほぼ同内容であり、しかも両紙とも関連記事は一九日だけである。莫大な費用をかけて建築した庁舎の火災にかかわる報道としては、不自然に少ない。旧阿緱庁庁舎が中学校に充当されることを望まない者の意図が関与していた可能性もあるが、もとより推測に止まる。とにかく、この火事により、旧阿緱庁庁舎を中学校の校舎として利用する計画は白紙に戻った。

屏東街では、こうした事態に直面して、改めて中学校誘致対策が講じられるようになった。同じ時期、鳳山も誘致に名乗りを上げ、「本島人中等学校」設立歎願書を州当局に提出している。旧阿緱庁庁舎火災の直後から、これらの地域で誘致合戦が繰り広げられることになる。(60)

第六節　格落ち感の払拭をめざして――鳳山地方で起こった運動

(1) 運動の経過

まずは、鳳山の運動から見てみよう。

一九二一年一〇月二六日付『台南新報』によると、鳳山庁の廃庁後、「旧き歴史を有する同街〔引用者注：鳳山街〕が其後目覚しき発達をなさず、一面に於ては沈滞の傾向あるを遺憾とし、之が発展策として、本島人中等学校の設置方を、鳳山街長及び鳳山郡各庄長等発企となり、州当局に歎願書を提出した」。「歎願書」には、①「旧清朝時代の建築物」である鳳儀書院（図10）を校舎として「本島人中等学校」を設置してほしいこと、②新築が望ましいのであれば、鳳山街郊外の土地を買収して州当局に寄付する意向があることが示された。

ここでいわれる「本島人中等学校」とは、第一次台湾教育令の定める高等普通学校を指すと考えられる。鳳山で「本島人中等学校」の誘致が検討されていた時期、隣州の台南州協議会では、高等普通学校新設計画が諮問されて

図 9　1920 年代の鳳山市街

日本統治下の台湾でさまざまな都市が被写体となったが，鳳山市街を撮影したものは多くない。上は数少ない貴重な一枚。ここからも植民地下で鳳山がいかに等閑されていたかがわかる。

いた。(61) 一九二一年一〇月に入っても、第二次台湾教育令の内容は、地方行政の末端にいる人びとには知らされていなかったようである。同年六月、高雄州当局が総督府に中学校と高等普通学校の新設を申請した時点で許可されたのは、中学校だけだった。だが鳳山郡下の街庄長たちは、旧阿緱庁庁舎焼失により中学校設置場所が未定となったことで、高等普通学校の新設も改めて検討される可能性もあると、希望をもったのだろう。

とはいえ、全般的に見て鳳山には、中等程度の学校を必要とする環境が整っていなかった。表4は、鳳山郡下に居住する男子児童就学者数と就学率を、高雄・屏東両郡の状況とともに示している。

表4から三郡を比較すると、日本人の就学率は、どの郡も一〇〇パーセントか、それに近い数値を示している。しかし台湾人は、郡ごとに差がある。就学率がもっとも低いのは、いずれの年度も鳳山郡である。鳳山郡では、初等教育の段階で台湾人不就学者が少なくなかった。それにもかかわらず、「本島人中等学校」誘致が望まれた。それはどのような理由によるものか。

一九二一年当時、鳳山街の街長は、青木恵範（度量衡販売）という日本人だった。他方、鳳山郡下の庄長は、小港庄―黄宇宙（養殖業）、林園庄―劉萬在（実業家）、大寮庄―張簡忠（開墾業）、大樹庄―鄭坤五（阿片売捌）、鳥松庄―趙従貞（呉服商）というように、

図10　鳳儀書院

鳳山郡の街庄長たちは，鳳儀書院を「本島人中等学校」に充当することで，地域の復興をめざした。だが高雄振興を優先する総督府や州当局の政策の前に，願いは叶わなかった。

全員台湾人で構成された。このうち劉萬在、張簡忠、趙従貞の三人は、紳章を佩用していることから、総督府に従順な姿勢を示していた台湾人と思われる。(62)

台湾人庄長たちが「本島人中等学校」誘致を望んだのは、反総督政治的な志向によるものではないだろう。先に挙げた『台南新報』が指摘しているように、地元「発展策」と密接な関連があると考えられる。

かつて鳳山は、「台南以南の中心市場」(63)というだけでなく、鳳儀書院なども設けられた文化都市であった。しかし、一九〇九年の一二庁制施行により鳳山庁は廃庁となり、その地方庁所在地であった鳳山街は、台南庁に組み込まれた。『台湾日日新報』は、その直後の鳳山街について、全般的に意気消沈の雰囲気が色濃く、「阿緱に望みを嘱して同地を去るもの多き模様」と報じている。(64)その後、二〇年に再び地方制度が改正され、鳳山街は今度は、台南庁から高雄州に編入されることになった。この決定に対して、鳳山街やその周辺地域から不満が表明された事実は見当たらない。とはいえ、鳳山郡下の台湾人庄長たちは、かつて鳳山庁が管轄していた高雄街を州都とする新州に編入されるという事態に、いっそうの格落ち感を強めたと思われる。

総督府や州当局の後ろ盾が頼りない旧都からは、人も遠ざかってゆく。表1に示したように、鳳山庁廃庁後である一九一〇年代以降、鳳山街の人口は、減少の一途をたどっていた。そこで台湾人庄長たちは、

表4　高雄・屏東・鳳山各郡の男子児童就学者および就学率

	高雄郡				屏東郡				鳳山郡			
	日本人		台湾人		日本人		台湾人		日本人		台湾人	
	人	%	人	%	人	%	人	%	人	%	人	%
1920年度	596	99.7	1,976	34.5	224	100.0	2,049	37.9	79	100.0	1,720	28.6
1921年度	626	99.4	2,421	41.4	207	100.0	2,548	37.2	94	100.0	1,805	33.1
1922年度	734	99.7	2,878	52.7	220	99.4	3,270	48.8	93	100.0	2,278	37.1

（典拠）『高雄州統計摘要』大正9年（第1）〜大正11年（第3）（高雄・高雄州，1922–24年）をもとに作成。
（注1）典拠史料は，1920年代初頭における高雄州下の教育状況を示す唯一の現存史料だが，摘要という性質のためか，他州の統計書と比べて記載がやや粗雑であり，街庄別の状況が示されていない。よって，本表には郡別の状況のみを記載した。

州内で中学校の設置場所が問題となったことをきっかけに、鳳山街に「本島人中等学校」を誘致することで、鳳山の存在感を示そうとしたのではないか。それが実現すれば、鳳山地方の斜陽化傾向に歯止めをかけることも期待できる。その際、鳳儀書院を校舎に充当しようとしたのは、それが文化都市・鳳山を象徴する建物だったからであろう。

一方、青木恵範鳳山街長にしてみれば、「本島人中等学校」ができたところで、地元に日本人が大量に転居してくる見込みは少ない。かといって、表4に見たように、鳳山郡下の日本人男子児童は一〇〇人に満たないほど少ないので、中学校誘致は難しい。こうしたなかで、青木が「本島人中等学校」誘致を支持した理由は二つ考えられる。一つは、地元の多数派である台湾人の意向に共鳴することで、自身の商売（度量衡販売）や街長の仕事を円滑に進めようとしたこと。もう一つは、台湾人庄長たちと同じように、自身の根拠地である鳳山街を盛り上げたいという思いからであろう。

台湾人の子どもが通う学校を誘致しようという運動に日本人がかかわることは、公立台中中学校誕生のきっかけとなった中学校設立運動が展開された一九一〇年代前半には、想像もつかなかった事態である。これは二〇年の地方制度改正の影響が大きい。この改正によって、ある程度地方「自治」が認められたことで、特に地方行政にたずさわる人びとのなかに、学校を地域活性化に役立てようという意識が生まれた。そうしたなかで日本人といえども、「本島人中等学校」の有無に無関心ではいられなくなった。

このことは、台湾人側から見れば、日本人有力者の協力を得て、台湾人のための中等学校が誕生する可能性が生じたことを意味する。かくして鳳山郡下の日・台人は、ともに「本島人中等学校」誘致に取りくむことになった。

一九二一年一一月一日、鳳山郡下の街庄長が中心となって、具体的な運動方針が協議された。これにより、青木鳳山街長と同街協議会員が運動委員に選出された[65]。鳳山街協議会員は、日本人七人・台湾人五人で構成された[66]。当時台湾で発行された興信録からは、すべての顔ぶれの経歴を探し出すことはできない。確認できる限りでは、日本人は藤井正氣（医師）、渡邊富藏（医師）、橋本安博（台湾鳳梨缶詰株式会社支配人）、大苗大雅（元公学校校長）、平井寛（小学校校長）など、台湾人は王山東（和洋雑貨販売・紳章佩用）、宋清泉（社会事業家）、王兆麟（本願寺布教使）などで構成された[67]。

運動の担い手は出揃った。しかし一部の協議会員の経歴しかわからないということが、鳳山街の州内における立場を如実に反映していた。郡下の日・台人有志を巻き込んだ「本島人中等学校」誘致運動は、州当局に対して効力を発揮できなかった。

一一月二日、鳳山街の運動委員は、高雄州庁に東忠蔵内務部長を訪問し、「本島人中等学校」を設立してほしいと訴えた。これを報じた『台南新報』は、運動委員は州当局者から説明を受け、それを「諒として引取」ったという[68]。運動委員が州当局者からどのような説明を受けたのかは明らかではないが、その後「本島人中等学校」誘致運動が続けられた形跡はない。理由は、同じ時期に中学校誘致運動を展開していた屏東街の有志が、一一月四日付で州当局に提出した請願書に示されている。そこには、「近々内台人共学の中学校令をも御発布の御計画あるやに仄聞」という記述がある[69]。鳳山街の運動委員は、州当局者を訪問した際、「近々内台人共学の中学校令」が布かれることを知らされ、「本島人中等学校」設立の基盤がなくなったことを自覚したのだろう。「本島人中等学校」が誕生する可能性は、こうして失われた。

「本島人中等学校」獲得をめざす運動は、中学校誘致運動に移行しなかった。この運動に代わる地元振興策が、その後講じられたようすもない。興信録に記載がない協議会員が目立つという、地域有力者の存在感の薄さが、周縁化された鳳山地方を、再び盛り上げようとする強力な力になり得なかったことが大きな原因であろう。

（2）異なる世界、交わらない要求――鳳山地方の農民運動

中学校設立地の選定にあたって、鳳山地方の日本人の少なさは致命的であった。また同地は、「南台の古都として文運夙に開け(70)」た土地柄にもかかわらず、公学校不就学者が高雄・屏東両郡以上に多かった。なぜ不就学者が多かったのか。それを探るために、職業別人口構成に着目したい。第四章補論表3で改めて説明するが、一九二〇年代の台湾において、台湾人にもっとも一般的な職業は農業だった。鳳山・高雄・屏東の三郡も例に漏れず、農業従事者が圧倒的多数を占めた。二一年度の統計から各郡に占める台湾人農業人口を見ると、鳳山郡は四万二二九七（郡下の台湾人人口六万九八六）、高雄郡三万九四三六（六万七五一二）、屏東郡五万一八〇七（六万六五六七）となっている(71)。農業人口がもっとも多いのは屏東郡である。だが表4で確認したように、同郡の公学校就学率は、鳳山郡よりも高かった。農業人口の多さが必ずしも就学率の低さに直結するわけではない。

鳳山郡における公学校不就学者の多さは、そこで暮らす人びととの生活状態の不安定さのあらわれと思われる。注目すべきは、台湾人農業従事者中の土地をもたない層、すなわち小作農が、台湾人資本家や日本人官吏を相手取った対立関係である。なかでもよく知られているのは、台湾屈指の資本家・陳中和が経営する企業と、鳳山郡下の台湾人小作農とのあいだに発生した土地争議である。「本島人中等学校」誘致運動よりも後年の出来事であるが、こうした要求の支持基盤となる人びとが限定されたことを確認するために、土地争議の経過を見ておこう。

一九二五年、陳中和物産株式会社（一九二三年設立）は、鳳山郡下に所有する土地を、姉妹会社である新興製糖株式会社（一九〇三年設立）の自営蔗園とするために、土地の返還を小作農に通告した。小作農側はそれを不当とし、台湾文化協会の活動に影響を受けた鳳山郡烏松庄在住の黄石順（農業従事者）を中心に、反対運動を展開した(72)。

図11　簡吉

台湾には、こうした階層対立が生じた際の調停機関が存在しなかった。農業関連の機関としては各地に農会が設置されていたが、農会は、あくまでも米種改良を優先課題とする地方庁の別働体だった[73]。そのため、一部には、農会の改革を望む声が上がっていた。一九二二年、黄呈聡（『台湾民報』発行人）は、農会は米種改良だけでなく、地域の実態に即して小作農と地主間の紛争を仲裁しつつ、「農業者の利益の代表機関」になるべきだと主張している[74]。しかし、統治者側はこうした意見を等閑した。これが二〇年代半ば以降、階層対立をいっそう深刻化させる遠因となった[75]。

一九二五年、鳳山郡では、土地争議を通じて闘争の意義を体得した黄石順と、彼に共鳴した鳳山街在住の簡吉（図11）を中心に、鳳山農民組合が結成された。翌二六年、鳳山郡大寮庄で退職官吏への土地払い下げをめぐり、「無断開墾者」とみなされた台湾人小作農と州当局のあいだで、土地争議が発生する。小作農側の主張を代弁したのは鳳山農民組合だった。黄石順や簡吉らによって組織された同組合は、他地域の農民組合と統合して、二六年のうちに台湾農民組合として組織の拡大を見た[76]。

だが一九二九年、台湾農民組合の動向に台湾共産党の影響を懸念した総督府が、全島大会宣言書を印刷し、出版法に違反したとして、組合の主要幹部を一斉に検挙する事態が起こった（二・一二事件[77]）。

検挙者の一人である簡吉は、台南師範学校出身の元公学校教員だった[78]。台南師範学校卒業生のなかには、実業家となり、協議会員にも任命されるような人物も存在した（本章表5参照）。だが簡吉は、「高学歴」の台湾人がたどる「出世」コースを歩まず、農民運動に身を投じた。彼は、二・一二事件の第二審公判で、農民組合に加入した動機を尋問された。それに対して、大半の児童が農作業の疲れで学習効果が期待できないことから教員を辞職したのち、窮乏にあえぐ故郷・鳳山の多くの甘蔗農の惨状を見るにつけ、彼らのために奮闘しようと決心し、組合に加入したと答えている。(79)

簡吉の供述は、「本島人中等学校」誘致運動の背後に、公学校の課程さえ満足に修められない台湾人小作農の子どもが無数に存在した事実を垣間見せてくれる。多くの台湾人小作農にとって、子どもの教育の前に、自らの生活基盤を守ることが先決問題だったのであろう。反対に、「本島人中等学校」誘致運動の担い手の立場からすれば、これらの台湾人小作農は、学校誘致の意義が理解できない人びとだったと思われる。同じ地域に居住しながら、台湾人小作農と協議会員や街庄長に任命されるような人びととのあいだには、社会的立場や生活形態の相違からほとんど接点がなく、互いの境遇に共感を抱くのが困難だったと推測できる。一九二〇年代半ば以降の鳳山では、日・台人が地元振興を目標に協力関係を構築しようとした事実は見当たらない。代わりに、台湾人小作農対州当局、あるいは台湾人小作農対台湾人資本家という、民族や階層の格差に由来する対立構造が突出した状態となる。

第七節　メンツ保持と経済利益への期待——屏東街で起こった運動

(1) 寄せ集め住民の運動

時間を一九二一年に戻そう。

鳳山で「本島人中等学校」誘致運動が展開されていた時期、屏東街でも中学校獲得をめざす運動が盛り上がっていた。先に見たように、鳳山地方で「本島人中等学校」誘致が望まれたのは、第一次台湾教育令を前提としたからである。ということは、屏東街の人びとも運動当初、一九二二年から共学制が施行されることを知らなかった可能性が強い。屏東街の運動は、鳳山とは逆に、日本人を教育対象とする中学校の獲得をめざす運動に、台湾人が協力するかたちで始まった。

表5は、屏東街の中学校誘致運動にかかわったおもな有志の一覧である。

表5から、日本人有志の「来台」時期に注目したい。

表の最初に示した石丸長城街長の来台時期は一九二一年となっているが、これには補足が必要である。二〇年の五州二庁制導入の際、初代屏東街長に任命されたのは、今村伊那吉（農場経営）だった。しかし今村は就任から一年足らずで辞任し[80]、二一年に今村の後任に抜擢されたのが石丸だった。石丸は、屏東街がまだ阿緱街と呼ばれていた一八九九年から同地に居住し、阿緱信用組合長や阿緱商工会長などの要職にあった。だが二〇年の地方制度改正当時は、日本内地に引き揚げていた。石丸は街長職を引き継ぐために、屏東街に呼び戻されたのである。この件について『台南新報』は、「一旦内地に引揚げたものまで態々呼び戻さねばならぬとはよく〳〵人物払底を天下に暴露するもので屏東の不名誉此の上もない」と、批判的だった[81]。

街長が「出戻り」なら、日本人有志には「新入り」が目立つ。表5を見ると、一九〇〇年代後半以降の来台者が四人（上田・喜多島・黒木・阿久澤）いる。特に表5の二番目に記した上田は、来台時期が五州二庁制導入のわずか四年前だが、街助役という要職についている。先に表2に見たように、地方制度改正後、屏東街は日本人が減少傾向にあった。そうしたなかであえて同街に留まった者は、来台時期が遅くても、地域の有力者として地方行政に参画できたことが窺える。

表5「おもな現職」を見ると、日本人有志は来台後転職して商売に従事している人が多く、他方、台湾人有志には金融業が目立つ。中学校誘致をめざす運動にもかかわらず、有志のなかに現役の教育関係者は一人もいない。

表5「備考」に目を転じると、日・台人に関係なく、多くが協議会員の肩書きを有している。なかには藍高川（台湾商工銀行監査役）のように、総督府評議会員として、全島レベルで影響力を行使し得る有力者も含まれた。また一部の有志間に、屏東商工会[82]（石丸・宮添・小野田・河田・阿久澤・戴鳳松）、屏東信用組合[83]（石丸・小野田・蘇雲英・

表5　中学校誘致運動にかかわったおもな屏東街有志一覧

名前	生年	出身	学歴	来台	紳章	おもな現職（来台時職業）	備考	典拠
石丸長城	1868	佐賀	不詳	1921	—	屏東信用組合幹部	街長，屏東商工会幹部	①⑥
上田雄太郎	1883	福岡	札幌大学	1916	—	阿緱勧業取締役（阿緱庁技手）	街助役	①②
赤岩鹿三郎	1870	埼玉	尋常師範学校	1898	—	代書業（鳳山国語伝習所教員）	街協議会員	②⑥
宮添 環	1874	佐賀	不詳	1895	—	大正無尽監査役（憲兵）	街協議会員，屏東商工会幹部	①②
小野田連巳	1868	岡山	関西法律学校	1898	—	屏東信用組合幹部（東港弁務署）	街協議会員，屏東商工会幹部	①②
喜多島二虎	1878	岡山	蔵前高工	1907	—	台湾製糖阿緱工場長（台湾製糖技師）	従七位勲六等	①⑥
河田利之助	1859	山口	不詳	1897	—	煙草売捌（鳳山庁属）	街協議会員，屏東商工会幹部	①②
黒木彌之進	1886	鹿児島	商業学校	1907	—	日東商船屏東支店長（日東商船組勤務）	街協議会員	①②
阿久澤 胖	1887	群馬	東京主計学校	1908	—	石油販売業（台湾採脳拓殖会計係）	屏東商工会幹部	③⑤
藍 高川	1872	里港	漢学	—	佩用	台湾商工銀行監査役	州協議会員，総督府評議会員	④
蘇 雲英	1870	屏東	漢学	—	佩用	屏東信用組合専務理事，台湾商工銀行監査役	科挙秀才，州協議会員	④⑥
蘇 嘉邦	1894	屏東	総督府国語学校	—	不詳	台湾商工銀行阿緱支店勤務	街協議会員	①③
戴 鳳松	1883	屏東	漢学	—	佩用	屏東信用組合理事	屏東商工会理事	④
郭 蔡淵	1880	屏東	国語伝習所	—	佩用	実業家	街助役，街協議会員	①⑥
鄭 清榮	1884	屏東	台南師範学校	—	不詳	実業家	街協議会員	①⑥

（典拠）有志の名前は，「屏東住民の／中学校設置運動／愈よ具体化し決議文を可決す」『台南新報』1921年11月1日付，および「屏東中学校設置運動／陳情委員知事に陳情す」『台南新報』21年11月3日付。各自の経歴は，①『最近の南部台湾』（台南・台湾大観社，1923年），②内藤素生（編纂）『南国之人士』（台北・台湾人物社，1922年），③『台湾人士鑑』（台北・台湾新民報社，1934年），④林進發（編）『台湾官紳年鑑』（1934年／台北・成文出版社，1999年復刻），⑤大園市蔵（編）『台湾人事態勢と事業界』（台北・新時代社台湾支社，1942年），⑥『台湾総督府公文類纂』冊号1811・文号2（鄭清榮），冊号1489・文号6（蘇雲英），冊号2189・文号4（喜多島），冊号4466・文号68（赤岩），冊号9546・文号44（石丸），冊号9533・文号40（郭蔡淵）をもとに作成。

戴鳳松）、台湾商工銀行（藍高川・蘇雲英・蘇嘉邦）関係者という共通点もある。

日本人有志は、商業を生業とする「新参」の街民を中心に構成された。表４に示したように、屏東郡下で小学校に在学している日本人児童は、毎年二〇〇人強であった。これを第六学年の児童だけに絞ると、数はさらに限られる。しかも、その全員が中学校進学を希望するわけでもない。こう考えれば、中学校誘致に成功しても、それほど進学需要が高いとは思えない。有志中の教育関係者の不在は、この推測を補強している。

では、屏東街の日本人有志が中学校誘致に取りくんだのはなぜなのか。一九二一年一〇月二九日付『台南新報』は、「旧庁舎の焼失に依つて中学校位置が変更せらるゝ如きことあつては屏東市民は晏如として居ることの出来ない重大問題」と捉えていると報じている。つまり、旧阿緱庁舎が校舎に充当されなくなったからといって、中学校が他所に設置されれば、メンツが保てないというわけである。

また州当局者が屏東街を中学校設立候補地と公言したことも、有志の背中を押したと思われる。一九二一年一〇月三〇日付『台湾日日新報』によれば、大橋毅高雄州教育課長は、「普通ならば高雄に置くが当然であるが、経済上の見地から云へば、屏東の方が諸般の点に於て利便である」と述べている。同日付『台湾日日新報』はこれを受けて、中学校の敷地は、「到底二千や三千の坪数では事足らず、少なくとも万台て《（マヽ）》なければならぬので、仮に高雄に設置するとせば市街には其余地無」いと補足している。これを読む限り、大橋のいう「経済上の見地」とは、屏東街のほうが高雄街よりも広大な敷地をより安価に確保できるという意味に取れる。日本人有志はこうした消息に接し、地元に中学校が置かれる可能性に希望を抱いたことは想像にかたくない。

屏東街は仮州庁舎の誘致に失敗した。だが中学校誘致に成功すれば、人口増加に弾みがつき、町が阿緱庁所在地だった頃の賑わいを取り戻すかもしれない。そうすれば、廃庁のなかで地元に踏み止まった自分たちの利益に資するだろう。中学校誘致運動にかかわった日本人の多くは、州教育課長の発言とは異なる意味での「経済上の見地」から、中学校の必要性を認識していたと考えられる。

他方、台湾人有志はどのような動機から運動にかかわったのか。学校獲得による地元のメンツ保持や経済利益への期待という側面は、当然、彼らのなかにもあっただろう。だが学校は日本人向けであり、台湾人とは無関係である。台湾人有志の多くは、最初のうちは、仕事や商工会を通じて関係のある日本人との付き合いの延長として、運動に加わったのかもしれない。だがその後、共学制の消息がもたらされた。ここに、学校獲得に対する新たな意欲が生じたと思われる。特に表5の下から五番目に示した蘇雲英（図12）は、科挙タイトル保持者であり、加えて一九二二年に台南市で商業専門学校の廃校が告示されると、その高商昇格運動にも関与している（第二章）。蘇のような台湾人有志は、共学制のもとで台湾人が日本人と同等の教育を受ける機会を拡大したい、そのためには地元に中学校を誘致する必要がある、と考えたのかもしれない。

以下に、具体的な取りくみを見ていこう。

一九二一年一〇月三〇日、中学校誘致をめぐる協議会が開かれた。会場には、三〇〇人以上の官民有志が集まった。赤岩鹿三郎（代書業）はその席で、「廃庁の当時陳情委員が前総務長官〔引用者注：下村宏〕を訪問したる際、長官は近き将来に於て屏東に農林学校若くは其の他の中等学校を設立すべしと云へる言質より見るも、当局に於ては勿論屏東の地に設置せらるゝ事となるべきも、吾人は此際最善の方法を尽して極力此言質を期せざるべからず」と主張し、多くの賛同を得た。仮校舎建設の費用については、郡下住民が負担してもかまわないことを満場一致で可決した。そして、表5に挙げた人びとに請願を一任することが決定された[84]。

一一月一日、先の協議会で実行委員に選出された宮添環（大正無尽監査役）、小野田連巳（屏東信用組合幹部）、阿久澤胖（石油販売業）、上田雄太郎（街助役）、蘇雲英（台湾商工銀行監査役）、蘇嘉邦（台湾商工銀行勤務）、郭蔡淵（実業家）が、

図12　蘇雲英（1910年代）

州庁に冨島元治高雄州知事や大橋毅教育課長、御厨規三内務部長を訪問した。実行委員は、旧庁舎焼失のため既定の計画を変更することを遺憾とし、仮校舎建設費を住民負担としても良いので、中学校を屏東街に置いてほしいと訴えた。だが、こうした訴えは空振りに終わった。一一月三日付『台南新報』は、屏東街の有志は「何等の具体的の言明を聞くことが出来ずして引退つた」と報じている。

屏東街の運動を、高雄街の人びとはどのように受けとめたのか。一部では、「中学校を余所に取られては高雄としての面目が立たぬ」ので、何らかの対策を講じるべきだという意見が聞かれた。[85] だが仮州庁舎のときと異なり、表立って屏東街の運動をけん制するような策が採られたようすはない。理由として、一〇月二七日に高雄州教育関係者が「高雄街附近に校舎新築予定敷地の実検を為した」ことが考えられる。[86] 屏東街有志が高雄州庁を訪問する五日前のことである。州当局のこうした動向から、高雄街の人びとは、地元に中学校が設置される確信を強め、屏東街の動向を静観したと思われる。

一方、屏東街の有志は、州当局者への訪問で望ましい結果が得られなかったのちも運動を続けた。一一月四日、実行委員は、再び中学校問題を討議し、総督府に中学校設立請願書を直接提出することを決議した。請願書起草委員には、石丸長城街長や小野田連巳などが選出された。請願書の内容は、州当局に口頭で陳情したものとほぼ同様だった。さらに屏東近隣の東港や潮州、旗山各郡の住民の理解を求めるため、石丸、阿久澤、鄭清榮は旗山で、喜多島、宮添、戴鳳松らは東港や潮州で、郡守や当該地域の有力者を訪問することにした。[87]

総督府は、中学校配置について、どのような見解を持っていたのか。一九二一年一一月一一日付『台南新報』によれば、賀来佐賀太郎総務長官は、「学校問題などは単に経済的関係を以て論すべきものでなく主として学生本位でなければならぬので運動などに拠りて左右すべきものでない」と語っている。この発言を受けて同紙は、屏東街から中学校への通学圏内に居住する生徒数と高雄街のそれとを比較し、「先づ屏東に設置せらるゝことが順序であらねばならぬ」と述べている。『台湾日日新報』は、賀来総務長官のいう「学生本位」を、中学校入学有資格者の数を基準にするという意味に捉え、屏東街が中学校設立地としてより適当と結論している。そうした見解に後押しされるかたちで、上記の談話が掲載された一一月一一日、石丸長城屏東街長は冨島州知事を訪問し、中学校設立について意見を求めた。だが、州知事からは具体的な回答が得られなかった[88]。

州知事のこうした対応は、屏東街に中学校が置かれる可能性が低いことを予告していた。一一月一二日付『台南新報』は、前日の記事を訂正するかのように、中学校設立地が高雄街に決定したと報じている。その後一二月に、中学校は高雄街の三塊厝に設置されることが正式に決定したと、新聞に続報が伝えられた[89]。結局、誘致運動を積極的に展開していた屏東街ではなく、特に対策を講じていなかった高雄街に軍配が上がった。

（2）なぜ誘致に失敗したのか

中学校配置をめぐっては、かつて大橋毅高雄州教育課長が、屏東に置くのが「諸般の点に於て利便」と述べていた[90]。だが最終的には、高雄街が設立地に選ばれた。理由として考えられるのは、高雄州の州都が、屏東街ではなく高雄街だという単純な事実である。台湾では共学制施行に伴い各州に一校ずつ中学校が新設・増設されたが、その所在地はすべて州都であった。したがって、屏東街に中学校を置くほうが「諸般の点に於て利便」でも、他州との兼ね合いから、高雄街への配置が決定したことが推測できる。

加えて総督府は、そこに誰が多く居住しているのかという、日・台人比率を踏まえたと思われる。前出表4から共学制施行の前年度にあたる一九二一年度を見ると、屏東郡の台湾人就学児童数は高雄郡を上回っているが、日本人児童数は高雄郡のほうが多い。高雄郡下では、高雄街に日本人児童がもっとも集中していたであろう。ここから、単に州都であるか否かだけではなく、日本人の多寡も中学校設立地を選定する重要なポイントだったと考えられる。先に挙げた賀来総務長官のいう「学生本位[91]」とは、結局のところ、日本人児童・生徒の多さを基準とするという意味だったのだろう。

中学校設立地の決定に伴い、屏東街の運動も収束した。一九二一年一一月中旬以降、運動が継続されたようすが見当たらない。屏東街では、阿緱庁廃庁からこのかた、仮州庁舎に続いて、中学校誘致にも失敗してしまった。屏東街の運動が不徹底にしか取りくまれなかったのはなぜか。原因として考えられるのは二つ。まず、学校誘致をめざしたにもかかわらず、教育要求の側面が相対的に弱かったこと。次に、運動を担う基盤の脆弱性である。後者について補足すると、屏東街では初代街長が辞任したのち、日本内地に引き揚げていた石丸が街長に就任した(92)。協議会員のなかにも、来台後日が浅い者が多かった。日本人側ににわか仕込みの住民が目立ったために、台湾人側との足並みが揃わず、地元発展のために学校を勝ち取ろうとする意志が貫徹できなかったのではないか。

屏東街の運動が収束した翌年、台湾に共学制が布かれた。このあと進学希望者の増加を受けて、台湾では、中学校入学が年々難しい状況になってゆく。こうしたなかで屏東街には、商工会などの運動により、一九二八年に中等学校が設置される。ただし、それは中学校ではなく、農業学校であった(93)。屏東街における中学校の開校は、農業学校誕生からさらに一〇年待たなければならない。

第八節　マラリア騒動——いい加減な学校配置

屏東街の中学校誘致運動が失敗に終わったのは、強いリーダーシップや影響力を発揮する有志に恵まれなかったためである。とはいえ、「人物払底(94)」は、高雄街も同様だった。本章第二節に記したように、高雄街でも頻繁に街長が入れ替わる事態が起きていた。だが州庁舎のみならず中学校までも、高雄街に設置された。州都である高雄街は、総督府や州当局にとって、つねに優先的に開発する対象だった。ゆえに、企業経営者や協議会員などの肩書きをもつ地域リーダー層が、地元振興に対して、ことさらリーダーシップを発揮する必要もなかったのである。

高雄街は総督府や州当局主導で速成された都市だが、速成ゆえに不備も生じやすい。その後間もなく、総督府や

図13　開校当初の高雄中学校

手前に池のようなものが見えるが，こうした環境がマラリアの元凶と思われる。

州当局が中学校配置について事前に周到な準備をしていたかを疑わせるような出来事が発生した。

一九二二年に高雄街に設置された中学校は、高雄中学校と称された。所在地は、三塊厝である。三三年に素水生（高雄市役所）が発表した「高雄中学校の懐古」によれば、三塊厝は、高雄街中央部を貫流する高雄川（現愛河）東岸にあり、池や汚水貯留地が点在する、「想像もつかぬ程の衛生状態の不良」な地区だった。[95]そこに、二二年二月からマラリア防遏を施しつつ、急ピッチで埋め立て作業を進めた上で、中学校を建てた。

一九二二年五月、高雄中学校（図13）が開校し、受験者三八三人（日本人一三一人・台湾人二五二人）中、一〇三人（日本人七〇人・台湾人三三人）が合格した。翌二三年には、三七一人（一四二人・二二九人）が受験して、九一人（五八人・三三人）が入学した。[96]同年五月、学寮が半分完成し、生徒五六人がそこに移り住んだ。翌六月、学寮生のなかから一八人のマラリア罹患者が出ている。

前出の素水生はこの件について、「学寮内で駆蚊香を使用することを諮り、又種々夏期休暇等帰郷の際にマラリアにかゝり治療を完了せずして帰寮する生徒等のあることも確め得たので、種々の方法を講して防遏技術員等と之が徹底治療の普及に努めたが不幸今は之に努力せし、功労者も今は故人となつて又語るよしもなし」と、弁

解ぎみに回顧している。(97)

栗原純の研究によれば、総督府のマラリア対策は、山林資源の開発地や温泉地、日本人居住者の密集地といった、日本人の多い場所を優先的に特定し、警察機構や保甲、衛生組合などの植民地権力を支える機構によって推進された。(98)こうしたなか、「想像もつかぬ程の衛生状態の不良」の地区にあえて中学校をつくるなら、事前にもっと「種々の方法を講」じてしかるべきであった。だがそれが不十分であり、結果としてマラリア罹患者を出してしまった。これは州都整備不備の誹りを免れない出来事だったが、そのツケを払ったのは、他ならぬ生徒たちであった。

(1) 天津条約については、関誠「日清天津条約前後の日本における情報と政策――壬午事変後の海軍・外務省の情報体制強化――」(『情報史研究』第四号、二〇一二年五月)など。
(2) 本田喜八等(編)『高雄州地誌』(一九三〇年/台北・成文出版社、一九八五年復刻)二八三―二八四頁。本田は、高雄高等女学校校長を務める人物であった(「[高等女学校教諭兼校長]本田喜八免本官専任公立高女校長」『台湾総督府公文類纂』冊号四〇四七・文号四三)。
(3) 同上、二八五―二八六、三一九頁。
(4) 同上、三二二頁。清朝期台湾の教育状況については、陳文媛「清朝統治下における台湾の道徳教育――『聖諭』の考察を手がかりとして――」(『慶応義塾大学大学院社会学研究科紀要』第三八号、一九九三年)など。
(5) 同上、三三八頁。
(6) 『台湾事情』(台北・台湾総督府、一九一八年)一七頁。
(7) 基隆築港の概要については、伏喜米次郎『グレート基隆』(一九三二年/台北・成文出版社、一九八五年復刻)二五―三〇頁。
(8) 芝忠一『新興の高雄』(一九三〇年/台北・成文出版社、一九八五年復刻)二一六頁。
(9) 厦門事件とその事後については、菅野正「義和団運動後の福建と日本」(『奈良史学』第八号、一九九〇年)など。
(10) 前掲芝『新興の高雄』二一八頁。
(11) 『大正八年十二月三十一日台湾現住人口統計』(台北・台湾総督官房調査課、一九二一年)四一四頁。
(12) 高成鳳『植民地鉄道と民衆生活――朝鮮・台湾・中国東北――』(法政大学出版局、一九九九年)六八―六九頁。

(13) 木原義行『最新台湾地誌』（台北・台湾郷土地理研究会、一九三四年）一五五頁。
(14) 前掲芝『新興の高雄』二一八頁。
(15) 「第二十七回帝国議会衆議院予算委員第七分科（朝鮮総督府、台湾総督府、関東都督府及樺太庁所管）会議録（速記）第六回」（一九一一年二月三日）『帝国議会衆議院委員会議録』第六三巻（東京大学出版会、一九八九年復刻）三一六頁。
(16) 「第二十八回帝国議会衆議院予算委員第七分科（朝鮮総督府、台湾総督府、関東都督府及樺太庁所管）会議録（速記）第三回」（一九一二年二月一日）『帝国議会衆議院委員会議録』第六九巻（東京大学出版会、一九八九年復刻）二九頁。
(17) 「継続費の改正」『台湾日日新報』一九一二年二月一日付。
(18) 片山邦雄『近代日本海運とアジア』（御茶ノ水書房、一九九六年）二九〇―二九一頁。
(19) 『大正七年　台湾総督府第二十二統計書』（台北・台湾総督官房調査課、一九一九年）五六八―五六九、五九一頁。
(20) 「活躍せる打狗の現勢」『台湾日日新報』一九一九年一月一日付。
(21) 「打狗より啓上」『台湾日日新報』一九二〇年八月一日付。
(22) 「大斧鉞を加へられた／制度改正の要点／川崎内務局長の談」『台湾日日新報』一九二〇年七月二七日付。
(23) 前掲本田『高雄州地誌』二八五頁。
(24) 『最近の南部台湾』（台南・台湾大観社、一九二三年）附録四四頁。
(25) 冨島元治「徐々として確実に幾多難問の解決に努めん」『台湾時報』一九二〇年一〇月号、五八頁。
(26) 台湾総督府鉄道部『台湾鉄道旅行案内』（一九二四年／栗原純・鐘淑敏（監修・解説）『近代台湾都市案内集成』第三巻、ゆまに書房、二〇一三年復刻）一六九―一七〇頁。
(27) 『大正九年度　高雄州第一統計摘要』（高雄・高雄州・一九二二年）一四〇―一四一、一四四―一四九頁。
(28) 前掲冨島「徐々として確実に幾多難問の解決に努めん」五八頁。
(29) 内藤素生（編纂）『南国之人士』（台北市・台湾人物社、一九二二年）三一四―三一五頁。
(30) 「〔高雄州高雄郡高雄街長〕鐸木直之助（街長退職）」『台湾総督府公文類纂』冊号三一九九・文号一。
(31) 「経済的に沈衰した高雄街民の奮起を促す」『実業之台湾』第一四巻第六号（一九二二年六月）三七頁。
(32) 「高雄街では／有給街長／十一年度から」『台湾日日新報』一九二一年一二月四日付。
(33) 「高雄街長奏任」『台湾日日新報』一九二二年二月二二日付。
(34) 林進發（編）『台湾官紳年鑑』（一九三四年／台北・成文出版社、一九九九年復刻）高雄州下三頁。

(35)『高雄州報』(高雄・高雄州)号外(一九二〇年一〇月一日)、第二五五号(一九二二年一〇月六日)より算出。
(36)高雄街(市)における地域リーダー層については、王御風『高雄社會領導階層的變遷(一九二〇〜一九六〇)』(台北・玉山社、二〇一三年)など。
(37)一九二〇年に各地で起こった廃庁反対運動に関する研究として、蔡蕙頻「地方台、日人的政治結盟——以一九二〇年廃廳反對運動為例——」(『臺灣風物』第六五巻一期、二〇一五年三月)などがある。同論は、廃庁に直面した旧地方庁所在地である阿緱や嘉義、宜蘭の各街を例に、「民族の垣根を超えて台湾人と日本人の政治的共闘を可能にしたのはいかなる理由によるのか、これに対して総督府はどのように対処したのか」(四一—四二頁)を描こうとしている。だが地域の出来事を扱いながら、廃庁をめぐる地域の事情や住民構成といった地域性や、地域格差への関心は薄い。
(38)「廃庁地概況」『台湾日日新報』一九〇九年一〇月三一日付。
(39)吉川精馬(編)『台湾経済年鑑』(一九二五年/台北・成文出版社、一九九九年復刻)八三—八五頁。台湾商工銀行はその後、一九二三年に嘉義銀行と新高銀行を吸収合併している。
(40)「台湾自治制」『台湾日日新報』一九二〇年六月二八日付。
(41)「地方制度改正の/噂で周章狼狽の/阿緱内地人商売」『台湾日日新報』一九二〇年七月一日付。
(42)「地方制度改正概要」『台湾日日新報』一九二〇年七月一五日付。
(43)「楽観せる嘉義市民の耳へ/霹靂の如く響いた」『台湾日日新報』一九二〇年七月一七日付。
(44)「郊外の半日/大嵙崁まで」『台湾日日新報』一九二〇年八月三日付。
(45)「宜蘭青年団躍起」『台湾日日新報』一九二〇年七月二八日付。
(46)台湾総督府(編)『台湾事情 昭和二年版』(一九二七年/台北・成文出版社、一九八五年復刻)二一四、二五八頁。
(47)「阿緱」『台湾日日新報』一九二〇年七月一六日付。
(48)「打狗有志の奮発/三万円を寄附/高雄州庁舎改築費」『台湾日日新報』一九二〇年八月八日付。
(49)「高雄州庁舎として/打狗公館を使用/評議員会にて決定」『台湾日日新報』一九二〇年八月二日付。
(50)前掲芝『新興の高雄』七—一三頁。
(51)同上、七—九頁。荒木の経歴は前掲内藤『南国之人士』三二一—三二二頁。古賀の経歴は『大正九年 台湾官民職員録』(台北・台北文筆社、一九二〇年)七九頁、平山は前掲『最近の南部台湾』五二頁、鐸木は本章第二節参照のこと。
(52)「打狗其折々」『台湾日日新報』一九二〇年七月六日付。

(53)「打狗有志の奮発／三万円を寄附／高雄州庁舎改築費」『台湾日日新報』一九二〇年八月八日付。
(54)「高雄州庁／開庁式」『台湾日日新報』一九二〇年九月二日付。
(55)「地方制度改正の／噂で周章狼狽の／阿緱内地人商売」『台湾日日新報』一九二〇年七月一日付。
(56)一九二二年に共学制が施行されるまで、台湾人向けの学校は、日本人向けよりも低度に抑えられていた。ゆえに、双方の学校を同列には扱えない。そこで本書は、共学制施行以前の台湾人向け中等教育機関、もしくは日・台人双方の中等教育機関を一括して示す際、「中等程度の学校」と表記する。
(57)台湾教育会（編）『台湾教育沿革誌』（一九三九年／台北・南天書局、一九九五年復刻）一〇五―一〇六頁。
(58)「高雄中等学校出願」『台湾日日新報』一九二一年六月二二日付。
(59)「損害四万円中学予定の／屏東元郡役所焼く／六百坪の建物烏有に帰し／蓄人一名危篤、傷者四名／蓄公が台湾酒を酌んだのが原因」『台湾日日新報』一九二一年一〇月一九日付。
(60)関連の論考として、呉榮發「高雄中學校創校經緯」（『臺灣文獻別冊』一八、二〇〇六年九月、一五頁）などがある。だが同論では、学校をめぐる地域や階層の利害といった問題は議論されていない。
(61)「中学校問題に関し／嘉義街民の奮起／市民大会を開催し／当局へ請願を決議す」『台湾日日新報』一九二二年三月一五日付。
(62)「州、市、街庄の協議会員一覧」『台湾時報』一九二〇年一〇月号、一九七―一九八頁。それぞれの経歴について、青木は前掲内藤『南国之人士』三一五―三一六頁。黄宇宙は『府報』第三一八九号（一九二四年三月二一日）。劉萬在は『府報』第二六八一号（一九二二年六月一四日）。張簡忠は「張簡忠官有地貸付許可」『台湾総督府公文類纂』冊号一万九六四・文号二七、『府報』前掲第二六八一号。鄭坤五は『台湾実業名鑑』（台中・台湾新聞社、一九三四年）二九六頁。趙従貞は前掲林『台湾官紳年鑑』高雄州下四九―五〇頁、『府報』第三八九七号（一九二六年九月一四日）。
(63)前掲本田『高雄州地誌』三一九頁。
(64)「廃庁地概況」『台湾日日新報』一九〇九年一〇月三一日付。
(65)「鳳山中学校問題」『台南新報』一九二一年一一月三日付。
(66)「州、市、街庄の協議会員一覧」『台湾時報』一九二〇年一〇月号、一九七頁。
(67)橋本と藤井の経歴は前掲内藤『南国之人士』三一七、三二五―三二六頁。王山東の経歴は『台湾列紳伝』（台北・台湾総督府、一九一六年）三一〇頁。王兆麟と宋の経歴は、台湾新民報社調査部（編）『台湾人士鑑』（台北・台湾新民報社、一九三四年）一五、一〇一頁。大苗の経歴は「教員免許状授与（大苗大雅）」『台湾総督府公文類纂』冊号六八九五・文号一一。平井の経歴は「小学校教諭市村松栄（兼任小学校長）」『台湾総督府公文類纂』冊号二〇六五・文号四一。
(68)「鳳山中学校問題」『台南新報』一九二一年一一月三日付。
(69)「中学校設置運動／屏東の請願書提出」『台南新報』一九二一年一一月六日付。
(70) 前掲本田『高雄州地誌』三一九頁。
(71)『大正十年度 高雄州第二統計摘要』（高雄・高雄州、一九二三年）一四、五二頁。
(72) 台湾総督府警務局（編）『台湾総督府警察沿革誌（三）』（一九三九年／台北・南天書局、一九九五年復刻）一〇三〇—一〇三一頁。なお、黄石順については、韓嘉玲（編著）『播種集——日據時期臺灣農民運動人物誌——』（台北・簡吉陳何基金會、一九九七年）など。
(73) やまだあつし「一九一〇年代台湾の地方農政——米種改良事業を中心として——」名古屋市立大学『人文社会学部研究紀要』第一三号（二〇〇二年一一月）二〇頁。
(74) 黄呈聡「台湾農会規則の根本的改正を望む」『台湾』第三年第三号（一九二二年六月）三五—三六頁。黄呈聡については、若林正丈「黄呈聡における『待機』の意味——日本統治下台湾知識人の抗日民族思想——」（若林正丈『台湾抗日運動史研究 増補版』研文出版、二〇〇一年）など。
(75) 一九二〇年代後半の農民争議については、許世楷『日本統治下の台湾——抵抗と弾圧——』（東京大学出版会、一九七二年、第二部第三節）、浅田喬二『日本帝国主義下の民族革命運動——台湾、朝鮮、「満州」における抗日農民運動の展開過程——』（未来社、一九七三年、第二章）、陳慈玉（主編）『地方菁英與臺灣農民運動』（台北・中央研究院臺灣史研究所、二〇〇八年）など。
(76) 前掲『台湾総督府警察沿革誌（三）』一〇三九、一〇四五頁。
(77) 同上、一一〇二—一一〇三頁。
(78) 簡吉については、簡吉『簡吉獄中日記』（台北・中央研究院臺灣史研究所、二〇〇五年）、駒込武「台湾史をめぐる旅（6）布施辰治と簡吉」（『季刊前夜』七号、二〇〇六年春）など。
(79)「農組宣言案第二審」（漢文）『台湾民報』第二九一号、一九二九年一二月一五日付。
(80)「〔高雄州屏東郡屏東街長〕今村伊那吉依願免本職」『台湾総督府公文類纂』冊号三一九三・文号四六。
(81)「石丸氏愈々就任／屏東街長として」『台南新報』一九二一年六月一五日付。
(82) 屏東商工会は旧名を阿緱商工会という。一九一六年に小野田連巳（阿緱信用組合幹部）を会長、谷村宗太郎（建築金物商）を副会長として結成された。新聞を見る限り、会員は当初全員日本人だった（「阿緱商工会組織」『台湾日日新報』一九一六年一〇月一三日付)。だが、戴鳳松が幹部の肩書きを有していることから、ある時期より台湾人の加入も認めたようである。台湾の経済団体は民族別に組織されたものが大半を占め、日・台人合同の団体は珍しかった(趙祐志『日據時期臺灣商工會的發展(一八九五―一九三七)』台北・稻郷出版社、一九九八年、一二一―一二三頁)。

(83) 屏東信用組合は旧名を阿緱信用組合という。一九一三年に設立され、地元の農・商・工業者に対する貸付をおもな業務とした。『大正十年度 第九次台湾産業組合要覧』(台北・台湾総督府、一九二三年)によれば、石丸長城や小野田連巳らが歴代組合長を務め、二三年時点で、組合員は七二二人を数えた(六九、一〇三頁)。

(84) 「屏東住民の／中学校設立運動／愈よ具体化し決議文を可決す」『台南新報』一九二一年一一月一日付。

(85) 「中学校は／高雄か鳳山か／設置運動の火の手挙る」『台湾日日新報』一九二一年一〇月二七日付。

(86) 「高雄中学新設」『台南新報』一九二一年一〇月二九日付。

(87) 「中学校設置運動／屏東の請願書提出」『台南新報』一九二一年一一月六日付。

(88) 「高雄の中学／問題近く決定」『台湾日日新報』一九二一年一一月一二日付。

(89) 「高雄中学位置」『台南新報』一九二一年一二月二四日付。

(90) 「中学の新設は／高雄か屏東か／両街の競争火の手を挙ぐ」『台湾日日新報』一九二一年一〇月三〇日付。

(91) 「高雄州中学校問題／屏東に置くが便利」『台南新報』一九二一年一一月一一日付。

(92) 石丸も任期を全うせず、一九二三年六月に街長を辞任した(「[高雄州屏東郡屏東街長]石丸長城(本職ヲ免ス)」『台湾総督府公文類纂』冊号三七四四・文号六九)。同年八月、石丸の後任として、渡邊発蔵(元新竹街長)が屏東街長に任命された「[高雄州屏東郡屏東街長]渡邊発蔵(奏任官ヲ以テ待遇セラル)」『台湾総督府公文類纂』冊号三七四五・文号二六)。

(93) 「屏東で決議の／中等学校設置運動／志願者数は如何なる」『台南新報』一九二七年四月二九日付。

(94) 「石丸氏愈々就任／屏東街長として」『台南新報』一九二一年六月一五日付。

(95) 素水生「高雄中学校の懐古」『高雄州時報』第三〇号(一九三三年)四九頁。

(96) 『大正十一年度 台湾総督府学事第二十一年報』(台北・台湾総督府内務局文教課、一九二五年)一〇七頁、『大正十二年度 台湾総督府学事第二十二年報』(一九二六年)一五九頁。

(97) 前掲素水生「高雄中学校の懐古」五〇頁。

(98) 栗原純「日本による台湾植民地統治とマラリア――『台湾総督府公文類纂』を中心として――」中京大学社会科学研究所『社会科学研究』第二七巻第二号(二〇〇七年三月)一四五―一四六頁。

【コラム1】高雄中学校入学の思い出

高雄中学校に合格した生徒たちは、入学した日をどのような気持ちで迎えたのだろうか。それぞれの心情に接近してみたい。以下に登場する二人の校友は、序章に登場した陳文雄や邱輝煌と同じく、第二二期生（一九四三年度入学）である。

まずは、日本人校友を紹介する。

早川昭男は、高雄市の大和国民学校（元大和尋常小学校、現前金國民小學）卒業後、高雄中学校に進学した。早川は、入学当時の思い出を次のように記している。

高中グランド奥にあった先生方の官舎に入学後一時期住んでいたことがある。縁あって入学当時陳欽川君がわが家に泊まっていた。

高中は厳しい入試で見事難関を突破したのだが、実は父の関係でオッキンしてもらったのではないかと子供心ながら秘かに悩んでいたところ、どうやらドン尻のビリ線合格だったと知り威風堂々胸を張っての登校と相成った。(1)

中学校入学当初一家で教員用官舎に「一時期住んでいた」ということは、彼の保護者が学校関係者もしくは官

図１　高雄中学校（時期不詳）

吏だったことを示している。入学試験の結果に自信がなかったのだろう、早川は、「父の関係でオッキンしてもらったのではないか」と気に病んでいた。「オッキン」の語源は不明だが、便宜をはかってもらうという意味であろう。結局、「オッキン」は思い過ごしだったわけだが、この記述は、成績に関係なく親の縁故で学校に「裏口」入学できた日本人が存在し、それが決して例外的なものではなかったことを示唆している。

　このことに関連して、台北第一師範学校附属小学校校友であり、長じて医師となった林彦卿のエピソードを紹介したい。林によると、戦後に訪台した恩師である国府種武（元台北第一師範学校附属小学校主事）は、林にこんな話をしたという。いわく、師範附属の主事時代、「ある高級軍官（聯隊長格）が、娘を附属に入れたいと部下の将校を寄こしてきた。ものすごい見幕で必ず入れて呉れと頼むよりは命令口調なのでびっくりしたが一先ず編入試験をしてからと話した。ところが成績が悪い、結局入学させなかった[2]」。この場合は未遂に終わったわけだが、師範附属のような官立学校においても、縁故入学が存在した可能性がわかる。

　だがこれが台湾人となると、日本人とはまるでトーンが違ってくる。「オッキン」のようなことがあり得なかったのはもちろん、はるかに厳しく、困難な競争を勝ち抜いたという口吻が、どの回想にも漂う。
次に紹介する林進助は、高雄市の平和国民学校（元平和公学校、現旗津國民小學）から高雄中学校に入学した。そのときの心境を、林は次のように表現している。

昭和十八年四月一日は、私にとって終生忘れることの出来ない記念の日だ。なぜなら私は公学校出身で南台湾唯一の名門・高雄州立高雄中学校に受験合格し、この日、栄えある入学をした。(3)

林は、自身が「公学校出身」であることを強調する。序章でも述べたように、公学校出身者にとって、公立中学校進学は至難のわざであった。文章には記されていないが、彼も序章で引用した陳文雄と同様に、進学のために、受験勉強に力を尽くすのはいうまでもなく、家族も巻き込んで合格に有利な方法を模索したことであろう。こうした努力の末に願いが叶ったからこそ、高雄中学校入学の日が、「終生忘れることの出来ない記念の日」となったと思われる。
「ドン尻のビリ線合格」を知り安堵した日と、忘れがたい「栄えある」日。同じく高雄中学校入学にまつわる思い出でも、日本人と台湾人では、その重みがまったく異なっていた。ただし、台湾人の回想の行間にあふれる「頑張った」、「よく勉強した」という思いが、日本人同級生のなかにはそうではない人もいたという意識の裏返しであったとしても、「裏口」入学のような制度的な差別を問題にする傾向は弱い。入学試験は原理的に個人を単位とした競争であるから、台湾人であっても合格の栄冠を手にした者がいる以上、あくまでも個人の努力が大切なのだと感じたとしても不思議ではなかったのである。

（1）早川昭男「身老心不老」『東大武の山高く――台湾・高雄中学第二十二期生の記録――』（高雄中学第二十二期会、一九九九年）七八頁。
（2）林彦卿『非情山地』（台北・鴻儒堂出版社、二〇〇五年）八四頁。
（3）林進助「高中生活の回想」前掲『東大武の山高く』三七頁。

第四章　嘉義街の地域振興・中学校誘致運動

——燃え上がる地元愛——

第一節　冷遇をものともしなかった旧都

北回帰線のとおる町・嘉義は、台湾西南部に広がる嘉南平原の中心に位置する。登山愛好家にとっては、阿里山登山の玄関口というほうが、より馴染み深いかもしれない。古くは先住民の居住地であり、その呼び名にちなんで諸羅と呼ばれた。一八世紀初頭に城門が築かれ、県城が置かれた。一七八六年、林爽文[1]が軍勢を率いて反清活動を起こし、諸羅県城を包囲した際、地元の人びとが協力して町を死守したことで、ときの乾隆帝から嘉義（「忠義」を「嘉」す）の名があたえられた。以後、嘉義の名前が地名として定着する。

日本の台湾領有後、一九〇一年に嘉義庁が設けられ、嘉義街は、その地方庁所在地となった。市街は、〇四年と〇六年の相次ぐ震災により甚大な被害をこうむったが（図2）、「阿里山及び市附近を背景とする遊覧都市兼林業都市」[2]として復興・発展を遂げる。

町のようすを見てみよう。少し時代は下がるが、記載が詳しい町名改正（一九三二年）後の市街略図を図4に挙げる。

嘉義駅（ろ三）から東方の山子頂（と三）に至る、停車場通りと呼ばれた通りが嘉義街の目抜き通り（図1）で

図１　1920 年代の嘉義市街
整然とした目抜き通り。

図２　1906 年の地震による嘉義市街の惨状

図３　嘉義農林学校

あり、整然とした町並みが形成されていた(3)。

日本人は目抜き通りの北側にある、駅近くの栄町に居住が集中していた(4)。栄町には、台湾日日新報社や台南新報社の支局、台湾銀行支店などのほかに、台湾製脳株式会社出張所（一九一九年設立・資本金一〇〇〇万円）、合資会社台湾共同木材販売所（一九二三年・六六万六〇〇〇円）といった、木材関連の会社や個人商店が軒を連ねていた(5)。

他方、台湾人は、目抜き通りを囲むように、栄町・西門町・北門町・元町に居住が目立った(6)。

嘉義周辺の地域は、甘蔗栽培がさかんで、大日本製糖の工場（北港郡北港街）や明治製糖の工場（東石郡六腳庄）などがあった。その関係で、市街にこれら製糖会社の社線（図４い四）もとおっていた(7)。

また中等程度の学校（第三章注釈56）として、一九一九年に嘉義農林学校（図３、図４へ三）が設置された。

嘉義街には、木材加工を中心とした基幹産業が確立していた。交通網の要所でもあった。都市的整備がある程度進んでいた証拠として、中等学校整備が本格化する以前から、中等程度の学校が設けられていた。こうした嘉義街には、相対的に多くの人が居住していた。五州二庁制導入の前年である一九年時点で、台北、台南、台中に次ぐ島内第四位の人口を有し、日本人住民も五〇〇〇人を数えた(8)。

それにもかかわらず、統治者側は嘉義街を等閑した。一九二〇年の地方

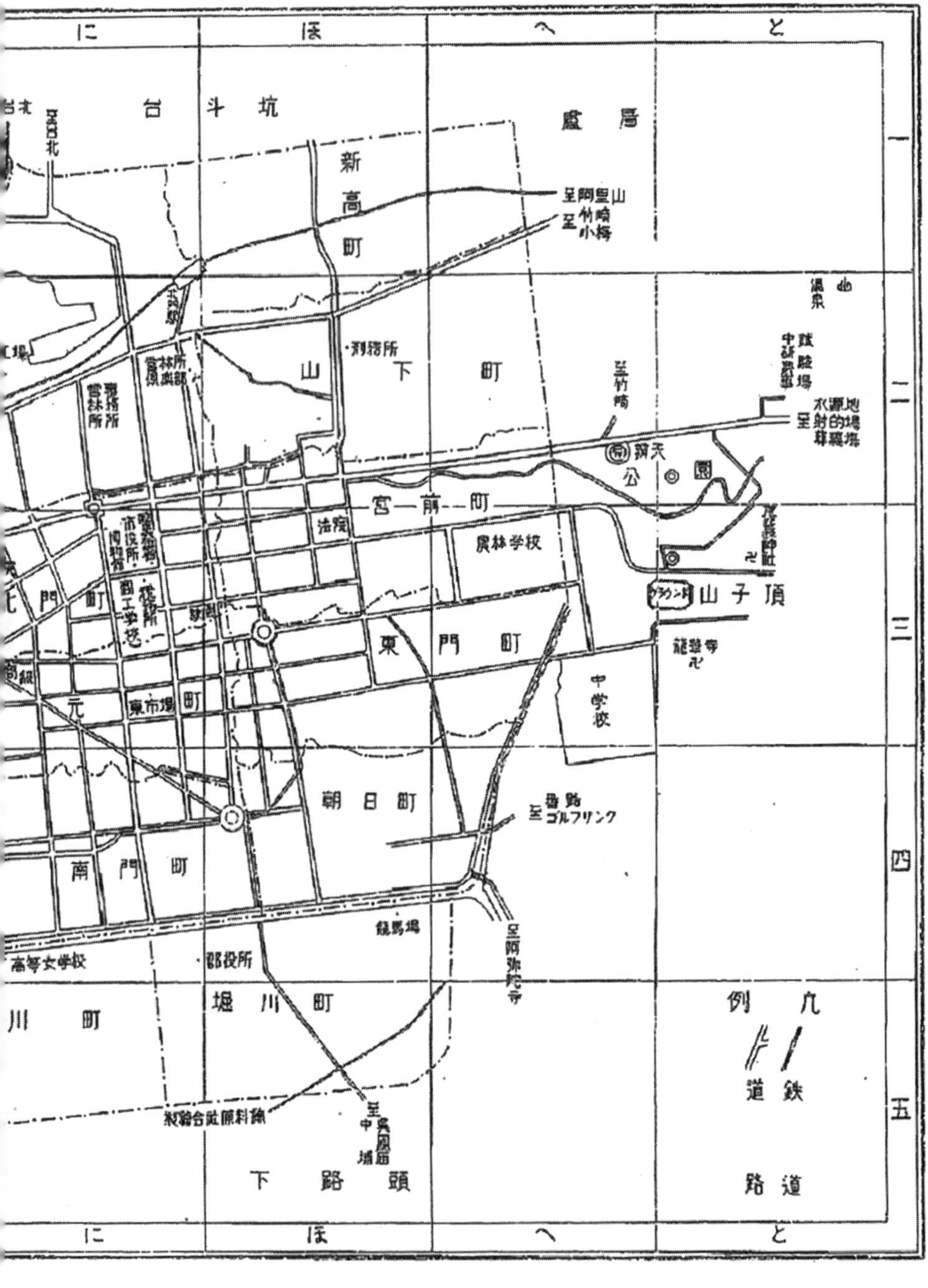

に
ほ
へ
と
一
二
三
四
五
台 斗 坑
新高町
山下町
宮前町
法院
農林学校
東門町
元
東市場町
南門町
朝日町
中学校
山子頂
競馬場
高等女学校
郡役所
堀川町
川町
下 路 頭
営林所
刑務所
公園
至竹崎
至阿弥陀寺
至番路 ゴルフリンク
至阿里山
凡例
鉄道
道路

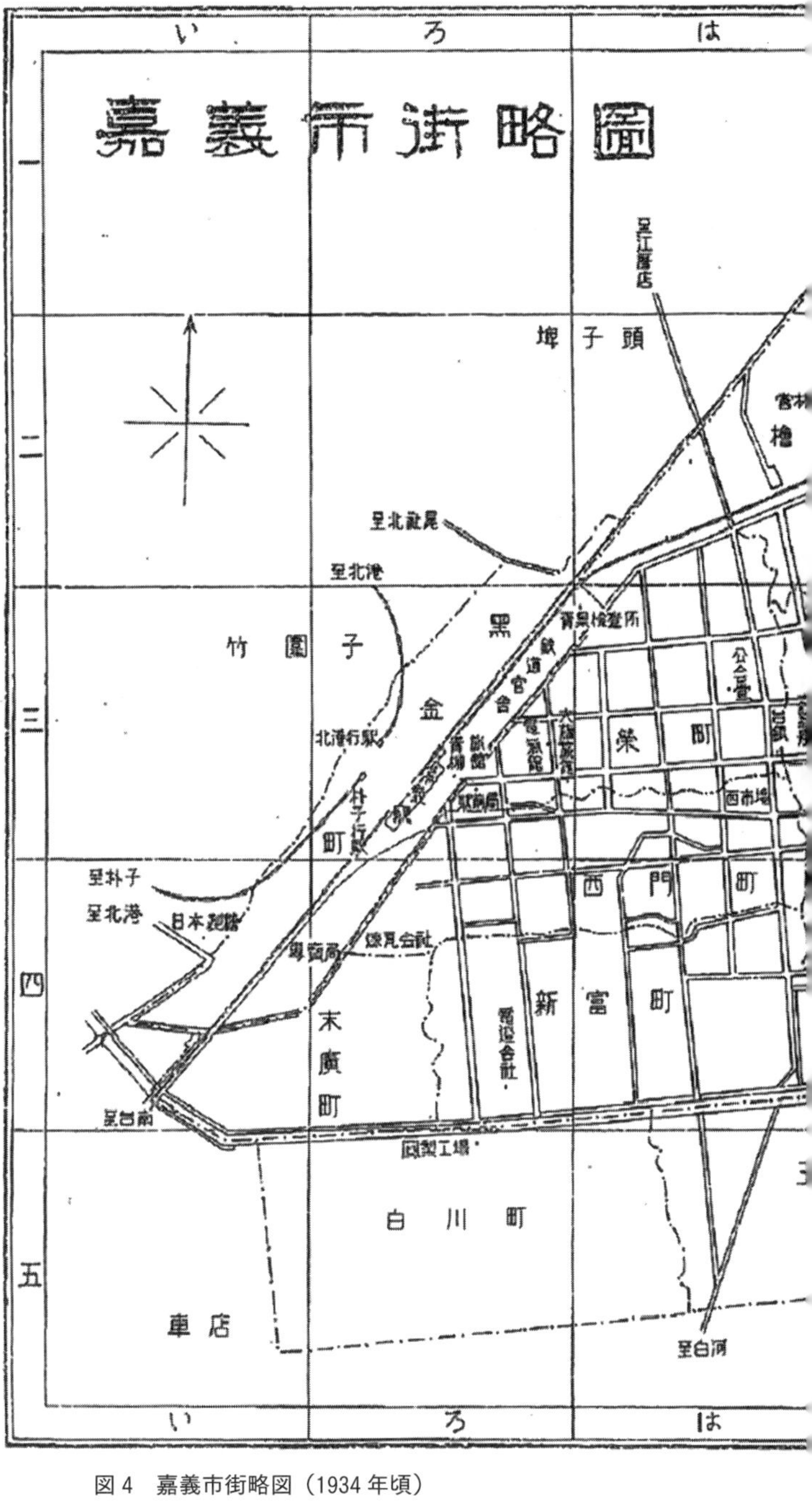

図 4　嘉義市街略図（1934 年頃）

制度改正により嘉義庁を廃庁し、その地方庁所在地・嘉義街を、台南市を州都とする台南州に編入するという決定をくだした。嘉義街よりも人口の少ない高雄街や新竹街は州都に選定されたのに、である。

前章で見たように、五州二庁制の導入は旧地方庁所在地に対応を迫るものであったが、多くの旧地方庁所在地の住民は、総督府の決定に従った。だが、嘉義街の住民はそうしなかった。同街の日・台人有志は、廃庁が伝えられた直後から、州都を地元に移転させるための運動（＝置州運動）を開始した。同時に、いくつかの地元「繁栄策」も要求した。さらに、一九二二年の共学制施行に合わせて、台南州下に増設予定の中学校の設置場所が州都・台南市に決定すると、その移転を求めて運動に取りくんだ。有志の燃え上がる地元愛を感じさせるこれらの運動は、どのように展開され、どのような結末をたどったのか。本章はその内実を明らかにしてゆく。[9]

第二節　衰退を回避せよ！——置州運動の顚末

（1）廃庁の衝撃と置州運動の開始

第一章で述べたように、一九二〇年の地方制度改正にあたって、総督府は当初、東部の台東・花蓮港を除く地域を、台北・新竹・台中・嘉義・台南・高雄の六県に区画する計画を立てていた。だがその後、日本内地の関係当局との討議を経て、県制はより自治度の低い州制に変更された。その過程で、州の数も六つから五つに減らされた。削除されたのは嘉義州だった。しかし嘉義街民は、直前までそうした変更を知らされず、嘉義州誕生を心待ちにしていた。

一九二〇年七月一五日、『台湾日日新報』に新しい地方制度の概要が発表された。そこに嘉義州の文字はなかった。驚いた一部の嘉義街民は、報道の真偽を質すために嘉義庁を訪問し、そこで嘉義庁廃庁が真実であることを知った。ここに至って、それまで「南投や阿緱の騒を高見の見物して居た」嘉義街民の「楽観は忽ち悲観と急変り」した。一部の街民は、翌一六日午後、「市民有志大会」を開き、「台南州庁の位置を嘉義街に設置され度き事」をめざして「州庁設置期成同盟会」を組織し、置州運動を開始した。(10)

嘉義街の有志が置州運動を始めた動機は何だろうか。地元の台湾人名士・陳福財（煙草売捌）は、『嘉義市制五周年記念誌』（一九三五年）のなかで、一九二〇年の地方制度改正の際、「市民は一時非常に悲観し一部分の内地人の如きは、台南へ転居しなければ生活の安定が出来ないと云ふ人もありました」と回想している。(11)

廃庁により、「一部分の内地人」が「生活の安定」を求めて嘉義街から転居してしまう。それは前章の鳳山街の事例からも、充分に考えられることであった。嘉義街は島内屈指の人口密集地であり、インフラ整備もそれなりに進んでいた。だからこそ、廃庁が日本人減少の引き金となり、それにより地域開発が遅延しかねない状況に陥ることが、ほかのどの旧地方庁所在地にも増して深刻に受けとめられた。一部の嘉義街民は、地元の衰退を未然に防ぐために、何としてでも廃庁を回避せねば、と思ったのだろう。

一九二〇年七月二〇日付『台湾日日新報』によると、同月一八日、嘉義街で「庁下住民大会」が開かれた。そこで西川利藤太（弁護士）は、相川茂郷嘉義庁長に運動への協力を要請し、さらに田健治郎総督と下村宏総務長官にも州庁設置の請願を打電する予定だと報告した。この大会では、実行委員として、山口清（嘉義銀行取締役）、福地載五郎（土木請負・元嘉義銀行顧問）、帖佐顕（弁護士）、白井一（開局薬剤師）、伊東義路（煙草売捌）、荘啓鏞（欧米雑貨商）、荘伯容（漢方医）、頼尚文（嘉義銀行理事）、徐杰夫（嘉義銀行頭取）、それに前出の西川も含めた一〇人が選出された。(12)運動の手順としては、まず伊藤と帖佐が台北に行き、高田元治郎総督府総務長官代理に面会して、要望を訴える。続いて、二人は日本内地に赴き、日本内地に出張中の嘉義庁長に面会して、置州の希望を伝える。結果次第では、ほかの実行委員も日本内地に行って、陳情の列に加わる、というものであった。活動資金として、「土木請負組合より金二千円、本町組合より金一千五百円寄贈ありたる事」が報告された。

右の記事から注目できることが二つある。

図5　嘉義銀行

銀行の外には，会社・商店の使いが乗ってきたと思われる自転車が数台止まり，客待ちの人力車夫が休んでいる。当時の銀行は，限られた社会階層を対象としていたことが読み取れる。

第一に、実行委員一〇人のうち四人（山口清・福地載五郎・頼尚文・徐杰夫）が嘉義銀行（図5）関係者、ないし元関係者だったことである。波形昭一の研究によれば、嘉義銀行は、大租権（大租戸と呼ばれる土地開拓事業主が有する権利）整理で公債を配布された複数の台湾人地主が、公債を売却して一九〇四年に設立した。同行は、「砂糖共同販売のためのいわば機関銀行」と特徴づけられている。[13] 嘉義街の置州運動は、地場産業の屋台骨を支える日・台人を中心に組織されたといえる。

第二に、「土木請負組合」（正式名称は土木建築請負業者組合事務所）が活動資金を提供したことである。当時の組合長は、有志の一人である福地載五郎だった。[14] 福地は、群馬県の師範学校を卒業しながら、教員ではなく日本銀行社員として来台した。嘉義街定住後は、嘉義銀行経営にたずさわったのちに土木請負業に転業した。学歴資格と卒業後の職業に何ら関連性がない。それでも経済的に成功し、一九二〇年に地域の「名士」として台南州協議会員に任命されている（本章表1）。これは植民地ならではの状況といえよう。福地は、置州運動のゆくえが今後の嘉義街の公共事業の発展、すなわち自身の事業の行く末を左右すると判断し、活動資金の提供を決意したと思われる。

七月二〇日、州庁設置期成同盟会は、再び「有志大会」を開いた。そこで、下村宏総務長官が河東田義一郎嘉義庁警視に宛てた電報と、相川茂郷嘉義庁長が福地載五郎に宛てた電報が公開された。二通とも嘉義置州は不可能と断言していた。総務長官の出した電報の宛先が「警視」であるのは、場合によっては、警察組織による取締りを示唆したものと見える。だが嘉義街の有志は、これで運動を断念するのではなく、むしろ実行委員を日本内地に派遣して直接置州を訴えることを決議した。(15)

七月二一日、州庁設置期成同盟会主催による「演説大会」が催された。有志の一人である河野綱吉（船来食料品商）は、嘉義電燈の経営にたずさわる台北市在住の実業家・赤司初太郎など、全島的な有力者に置州運動への協力を依頼して承諾されたことなどを報告した。翌二二日、「松火行列」が行なわれ、置州実現が祈願された。(16)

（2）「繁栄策」の追加

水面下で総督府による切り崩し工作が行なわれたのか、この「松火行列」のあと一週間も経たないうちに、置州一点張りだった有志の言動に変化があらわれた。一九二〇年七月二九日付『台湾日日新報』によれば、嘉義街の有志のあいだで、置州は「当分は不可能」とする意見が増え、置州に代わる方策として、七月二七日までに一一項目の「繁栄策」が提案されている。これは、同じ時期に地元振興策を打ち出した、宜蘭街の動向に影響を受けたものとも考えられる。

図６　福地載五郎

一二庁制下の宜蘭庁では、宜蘭—基隆間の宜基鉄道敷設工事が進行していた。だが廃庁により工費が別件にまわされると噂され、その上「廃庁ともならば火の消えたるが如き観」を呈すると、地方庁所在地である宜蘭街では、地元の衰退が憂慮された。(17)そこで七月末、宜蘭街の日・台人有志は、廃庁という「頭上の死活問題」を乗り切る善後策として、①宜基鉄道開通までの宜蘭庁存置、②（①が困難な場合）軽便鉄道の敷設、③坪林尾の自動車道路速成、④蘇澳築港速成の四つを総督府に請願した。[18]この請願により②と④にかかわる工事の続行、着工が決定した。[19]

嘉義街で提案された「繁栄策」については後述するとして、その後の置州運動の経過を確認しておく。

七月末に「台湾総督府地方官官制」（勅令第二一八号）、八月初旬に「州、庁ノ位置、管轄区域及郡、市ノ名称、位置、管轄区域」（府令第四七号）が公布され、嘉義街が台南州嘉義郡の一街に編入されることが確定した。だが置州運動の有志は、要求を完全に放棄したわけではなかった。前出の七月二九日付『台湾日日新報』によると、彼らは「繁栄策」を講じる一方で、「新竹州、阿緱州の存続して居る限りは継続的に運動する決心」を表明した。なかでも徐杰夫や頼尚文、荘伯容らは、「漢文の請願書」を作成し、周辺街庄の台湾人有力者に支援を要請した。

前段の記事には「阿緱州」とあるが、正しくは高雄州である。単なる誤記か、あるいは「阿緱州」も、高雄州も、州都としては力量不足だという、嘉義街の有志の気持ちのあらわれなのか不明である。ここで引き合いに出されている高雄街は、急速な発展の途上にあったとはいえ、かつては打狗支庁所在地に過ぎなかった。また新竹州の州都となった新竹街は、一九一九年当時人口は二万に満たなかった。[20]嘉義街の有志が運動継続を表明するに際して「新竹州、阿緱州」を挙げたのは、地方庁所在地として、伝統面でも人口面でも、地元より資格の足りない地域が州都となった不満を表明するためだったと考えられる。

だが嘉義街の有志が抱いたであろうこうした思いは、総督府には響かなかった。八月五日、下村宏総務長官は運動の再燃をけん制するためか、新しい地方制度は種々の観点から決定したものなので、「如何に運動しても変更は出来ない」と断言している。[21]嘉義街有志の運動はこれ以降、置州に一縷の望みを抱きつつ、台南州という枠のなかでいかに地元新興を図るかという方向に徐々に収れんされてゆくことになる。

第三節　地元振興の担い手――街長・協議会員のプロフィール

一九二〇年一〇月、街長および州・街協議会員が発表された。これらの人びとはのちに展開される中学校誘致運動の担い手となるので、顔ぶれをざっと見ておこう。表1は、第一期台南州協議会員（一九二〇―二二年）中の嘉義街在住者。表2は、二〇年に任命された嘉義街長と街協議会員（図7）の一覧である。

表1と表2（以下、二表）の「備考」を見ると、嘉義街在住の州協議会員全員と、七人の街協議会員が置州運動の有志だったことが確認できる。新聞では情報が限られるため、実際にはさらに多くの街協議会員が運動にかかわっていた可能性もある。運動の有志が協議会員に任命されたということは、総督府や州当局が地域社会における彼らの影響力に頼らざるを得なかった状況を物語っている。こうした協議会員の構成は、諮問機関であるはずの協議会が、総督府や州当局の思惑を超えて、地域利害をめぐる運動の拠点として活用される可能性をつくり出すものとなった。

二表から、その後中学校誘致運動に活躍した人びとについて補足したい。

まずは、日本人から見てみよう。

表2の最初に挙げたのは、真木勝太街長である。彼は一八六六年に生まれ、長じて明治法律学校を卒業した。日本の領台から二年目に総督府属として来台し、その後転職して嘉義街に定住した。総督府の肝いりで嘉義銀行の経営に参画した経験もある。一九二〇年に嘉義街長に任命された当時五〇代半ばであり、以後三〇年に嘉義に市制が施行されるまでの一〇年間、嘉義街長を務めることになる。嘉義街は、街長が日本人である点は第三章に見た高雄・鳳山・屏東の三街と同様だった。だが、街長が頻繁に交代する高雄街や屏東街とは異なる状況にあった。

表2の五人目に記した早川直義は、真木と一才違いである。彼も真木と同じく、日本の領台初期に来台した「先

表1　1920年選出の台南州協議会員中の嘉義街在住者（全33人中6人）

名前	生年	出身	学歴	来台	紳章	おもな現職（来台時職業）	備考	典拠
伊東義路	1853	群馬	藩校	1896	—	嘉義電燈取締役（総督府民政局属）	置州運動参加	①②
帖佐　顕	1861	鹿児島	明治大学	1896	—	弁護士（台南県警部）	置州運動参加	①②
西川利藤太	1871	宮崎	和仏法律学校	1901	—	弁護士，嘉義電燈取締役（弁護士）	置州運動参加	①②
山口　清	1869	鹿児島	鹿児島中学	1897	—	嘉義銀行取締役（日銀台北出張所）	置州運動参加	①②
福地載五郎	1864	群馬	群馬県立師範学校	1896	—	土木請負（日銀台湾出張所）	置州運動参加	①②
徐　杰夫	1873	嘉義	公学校速成科	—	佩用	地主，嘉義銀行理事	置州運動参加	③

発組」である。嘉義定住後に官職を辞し、しばらく恩給生活の身にあった。表2「おもな現職」が元嘉義庁属となっているのはそのためである。表には記載していないが、その後一九二二年に、嘉義駅前郵便局局長に任命された[22]。李姵蓉の研究によれば、郵便局の管理職は日本人に独占され、局長は治安維持の目的で日本内地の情報機関と密接にかかわっていた[23]。李の研究は、港湾都市・基隆を対象としている。嘉義と基隆は地理的条件が異なるとはいえ、郵便局が住民監視・治安維持の機能を果たしていたことは、嘉義も同様だっただろう。早川は郵便局局長として、率先して治安維持に努めなければならない立場にあった。だが彼にとって、地元振興は治安維持以上に熱心に取りくむべき課題だった。嘉義街より提出された請願書の多くは、早川の手によるものだからである。

真木と早川は、一人は街長、もう一人は請願書の起草者として、一九二二年から展開される中学校誘致運動を支えることになる。

二表からほかの日本人協議会員を見ると、真木や早川との共通点が多いことがわかる。「生年」を見ると、多くが一八六〇、七〇年代生まれで、右の二人と同世代である。「来台」の時期も九〇年代が多数を占める。「学歴」に着目すると、真木や早川のような私立学校が目立つ。こうしたなかで、表2の六人目に示した佐野熊翁（開業医）の学歴は、東京帝大卒と異色である。

表 2　1920 年選出の嘉義街長（1 人）および嘉義街協議会員（20 人）

名前	生年	出身	学歴	来台	紳章	おもな現職 （来台時職業）	備考	典拠
真木勝太	1866	愛媛	明治法律学校	1897	—	呉服商，嘉義電燈取締役 （総督府弁務署）	街長	①③
河野綱吉	1876	愛知	郷校	1895	—	舶来食料品商（憲兵）	置州運動参加	①②
小河内六一	不詳	鹿児島	不詳	1895	—	台中毎日新聞記者 （台湾民報記者）		②
白井 一	1875	東京	東京薬学校	1895	—	薬局開業 （総督府医院薬剤師）		①②
早川直義	1867	福島	久敬義塾	1896	—	元嘉義庁属（嘉義県属）	置州運動参加	④⑥
佐野熊翁	1881	愛媛	東京帝大	1909	—	開業医（台北医院嘱託）		②⑥
有馬松太郎	1872	兵庫	郷校	1898	—	欧米雑貨商（ラムネ製造）		①②
元永盛美	1864	熊本	郷校	1898	—	金融業（台南県属）	置州運動参加	①②
小野田鎮三郎	1867	新潟	県立師範学校	1899	—	嘉義小学校校長 （宜蘭小学校校長）		①⑥
小泉 順	1872	茨城	県立師範学校	1901	—	嘉義公学校校長 （僕仔脚公学校勤務）		①
林 玉崑	1852	嘉義	不詳	—	佩用	煙草売捌		①
頼 尚文	1880	嘉義	国語伝習所	—	佩用	地主，嘉義銀行理事	街助役，置州運動参加	①
陳 際唐	1872	嘉義	不詳	—	佩用	煙草売捌	置州運動参加	①
蘇 育奇	1874	嘉義	不詳	—	不詳	阿片・煙草・酒売捌， 雑貨等販売		②
荘 啓鏞	1885	嘉義	国語伝習所	—	不詳	欧米雑貨商	置州運動参加	①
頼 雨若	1878	嘉義	中央大学	—	佩用	弁護士		③
方 展玉	不詳	嘉義	国語伝習所	—	佩用	書房経営		②
鄭 作型	1874	嘉義	明治大学	—	佩用	嘉義銀行理事	21年紳章佩用	①
羅 俊明	不詳	嘉義	公学校速成科	—	不詳	嘉義郵便局		②
蕭 全	不詳	嘉義	不詳	—	不詳	元保正，獣医		⑤⑥
劉 發	1868	嘉義	不詳	—	不詳	材木問屋業		①

（典拠）州・街協議会員の名簿は『台湾時報』1920 年 10 月号。各自の経歴は表 1・表 2 とも，①内藤素生（編）『南国之人士』（台北・台湾人物社，1922 年），②『最近の南部台湾』（台南・台湾大観社，1923 年），③林進發（編）『台湾官紳年鑑』（1934 年／台北・成文出版社，1999 年復刻），④『台湾人名辞典』（『改訂台湾人士鑑』1937 年／日本図書センター，1989 年改題復刻），⑤『南部台湾紳士録』（台南・台南新報社，1907 年），⑥『台湾総督府公文類纂』冊号 1125・文号 78（小野田），冊号 2744・文号 24（佐野），冊号 3458・文号 54（早川），冊号 7155・文号 21（蕭全）をもとに作成。

図7　嘉義街役場前に集合した真木勝太街長と一部の第一期街協議会員
前列右から５人目が真木勝太街長，その左隣が早川直義。後列右から２人目が頼尚文助役。

二表の「おもな現職（来台時職業）」を見ると、真木や早川と同様に、総督府関係者として来台し、のちに官職を辞した者が多い。嘉義街定住後は、生活用品を扱う商店の経営者（四人）、弁護士・医師・新聞記者・教員といったホワイトカラー（六人）となる。そのなかで、真木・伊藤・西川の三人は嘉義電燈（図４ろ四）関係者である。嘉義電燈は、台湾における私営の電力供給会社としてはもっとも古く、一九一三年に資本金一五万円で営業を開始した[24]。一〇年代初頭、日本人が嘉義街で電力供給会社を興したことは、この段階ですでにおもな消費者と想定される日本人が一定規模で同街に居住し、電力需要が見込まれていたことを物語っている。

次に、台湾人協議会員について補足したい。

表２の一二人目に記した頼尚文は、一八八〇年に地主の家庭に生まれた。国語伝習所卒業後に臨時台湾糖務局に勤務し、のちに独立して製糖業に従事した。一九〇七年に紳章を佩用し、翌〇八年から嘉義銀行の経営にたずさわっている。

頼が卒業した国語伝習所は、台湾人対象の日本語能力速成施設であり、一八九六年から台湾各地に設置された。嘉義に伝習所ができたのはその年の九月だが、公学校設置を受けて九八年に廃止された[25]。頼に限らず、台湾人街協議会員のなかには、国語伝習所出身者が一一人中三人存在する。さらに公学校や日本内地の学校卒業者も含めると、その数は六人となる。彼らは、嘉義街でもっとも早くから日本の事物に接し、日本語を学ぼうとした人びとだった。また二表の「紳章」に目を移すと、頼以外にも紳章佩用者は多い。続いて、二表の「おもな現職」を見ると、頼のほかに徐杰夫や鄭作型も嘉義銀行関係者だったことがわかる。

なお、表2の一三人目と一四人目に示した陳際唐と蘇育奇は、ともに専売品売捌人である。ちなみに、陳際唐の長男は第二節に登場した福財であるが、彼も煙草売捌人である。専売品売捌は総督府による指定制であり、世襲制ではもとよりなかった。だが植民地支配に協力的な台湾人のなかには、親子二代にわたり専売品売捌人に指定される例も見られた(26)。

以上から、嘉義街の協議会員の特徴を整理しておこう。

日本人の街長および協議会員は、日本の領台初期に二〇―三〇代で渡台して、台湾で生活の足がかりを築いた「古参」が多かった。嘉義庁廃庁の報に接して、彼らには、屏東街の「内地人商売(27)」のように、日本人の安定的な増加が見込める地域に移り住むという選択もあったはずである。だが新しい土地で相応の社会的地位を得るには、年齢的にも学歴資格的にも、厳しいものがあったのだろう。だからこそ、嘉義を墳墓の地と考えて、その発展に尽力しようとしたのではないか。

他方、台湾人協議会員は、早くから植民地支配を受容したことで、紳章や専売品売捌といった「名誉」や「特権」を付与され、かつ日本人とともに企業を経営したりと、日本人との政治的・経済的な関係が密接な人びとのなかから選ばれた。

嘉義街は、地元振興を推進しようとする住民の基盤が堅固であったゆえに、前章で論じた鳳山地方や屏東街とは異なり、長期的な運動が展開されることになる。

第四節　廃庁下の「繁栄」を求めて

嘉義街振興の担い手が州・街協議会員という、いわば総督府公認の地方有力者と重なったところで、その後の取りくみを見てみよう。

まず、置州運動のその後である。

（1）「繁栄策」の内容

新しい地方行政体制が整ったのちも、嘉義街の有志は運動を続けた。しかし、運動に対する周囲の視線は冷ややかだった。『実業之台湾』などは、「嘉義の市民は此時機に於て、泣くを止めよ、わめくを止めよ、自暴自棄は愚者の為す業である。幾多の先覚者や憂慮する者は死地に活路を求めたと教へて居るのである、如何に嘉義に人物が尠いとは云ひながら、之れぐらゐの事理に暗き人はあるまいではないか」と、うんざり気味である。[28]だが、「自暴自棄」や「人物が尠い」という批判は当たらない。むしろ、人材が豊富だったからこそ、廃庁で「自暴自棄」になったりせずに、粘り強い地元振興策が取りくまれたと考えるべきだろう。有志の一人である早川直義によれば、一九二一年一月に日本内地の貴族院・衆議院の両院長に嘉義州設置を請願した。[29]ただし、両院の会議録に関連記録は見当たらないため、議題として取り上げられなかったと思われる。

置州運動と並行して、地元「繁栄策」も請願された。

「繁栄策」は、A地方制度改正が発表された直後の一九二〇年七月二七日当時と、B二二年二月一九日の州庁設置期成同盟会評議員会で達成状況が検討されたものとでは、内容が若干異なる。表3に、両方の内容とBの達成状況を挙げた。

表3の「A」と「B」の内容を比較すると、商工学校設置（A②・B②）、嘉南埤圳事務所設置（A④・B④）、海

表3　嘉義「繁栄策」の内容と請願の結果

A 1920年時の「繁栄策」	B 1922年時の「繁栄策」	Bの達成状況
①農林専門学校の新設	①農林学校の拡張速成	○
②商工学校の設置	②商工学校の設置	○
③女子師範，技芸学校の新設	③糖業試験場の嘉義街移転	×
④嘉南埤圳事務所を嘉義街に設置	④嘉義《ママ》大圳事務所を嘉義街に設置	○
⑤林業，農業，園芸試験場の拡張	⑤林栄《ママ》園芸農事各試験場の存続	○
⑥海口厝の築港	⑥海口泊地に築港工事	×
⑦聯隊本部の設置	⑦師団増設の暁に聯隊本部を設置	×
⑧地方法院の独立	⑧台南法院嘉義支部に於て合議制裁判を実施	○
⑨庁舎の増築継続速成	⑨庁舎の継続事業速成	○
⑩嘉義駅改築速成	⑩嘉義駅を改築	×
⑪下水溝の完成	⑪下水溝完成	○
	⑫公納金を嘉義銀行に於て取り扱ふ	○

（典拠）「嘉義置州同盟会／善後策協議中」『台南新報』1920年7月29日付，「嘉義置州期成／同盟会の解散まで」『台南新報』1922年2月25日付をもとに作成。

（注1）請願について，記載された順番はAとBを照会する関係上入れ替えてあるが，表記については新聞記事のままとした。

口厝の築港（A⑥・B⑥）、聯隊本部設置（A⑦・B⑦）、庁舎改築（A⑨・B⑨）、嘉義駅改築（A⑩・B⑩）、下水溝完成（A⑪・B⑪）の七項目に変更はない。ほかの項目については、内容の若干の変更、もしくは要求自体の変更が見られる。

内容の若干の変更についていうと、林業・農事・園芸の各試験場に関する要求は「拡張」（A⑤）から「存続」（B⑤）へ、法院に関する要求は「独立」（A⑧）から「合議制裁判実施」（B⑧）へと変化している。

要求自体の変更に関していうと、Aにあった①農林専門学校の新設、③女子師範、技芸学校の新設の二項目は、Bに見当たらない。逆に、BにはAにはない、①農林学校の拡張速成、③糖業試験場の嘉義街移転、⑫公納金の嘉義銀行での取り扱いの三項目が追加された。変更の経緯は不明である。ただ、A③女子師範については、一九二二年に嘉義高等女学校（図4に四）が新設されたことで、女子対象の学校設立要求が沈静化したと思われる。

以下に、Bの達成状況を確認したい。

「繁栄策」は、（1）各種インフラ整備、（2）既存の法院や銀行の事務範囲拡大の二つに大別できる。このうち（1）はさらに、a文化水準の向上に資する社会資本（＝学校）の整備要求、b産業基盤となる社会資本の整備要求の二つに細分化できる。

（1）aに該当するのは、①農林学校の拡張速成、②商工学校の設置の二項目である。①の「農林学校」とは、一九一九年に台湾人向けに設立された三年制の嘉義農林学校を指すと考えられる。新聞記事からは「拡張」の意味が曖昧だが、三年制ということは、農林学校が乙種程度の実業学校であったことを意味する。これが五年制に引き上げられ、定員も増やされ、その上教育対象に日本人も含まれれば、より中等学校としての体裁が整う。こうした意味での「拡張」が望まれたと思われる。①と②に関する要求には、医師・弁護士・新聞記者・教員などの「公務、自由業」が、子どもたちの教育機会として求めていた側面もあっただろう。

（1）bに該当するのは、③糖業試験場の嘉義街移転、④「嘉《（ママ）》義大圳事務所」設置、⑤林《（ママ）》栄園芸農事各試験場の存続、⑥海口泊地に築港、⑦聯隊本部の設置、⑨庁舎の継続事業速成、⑩嘉義駅改築、⑪下水溝完成の八項目である。

このうち④は、嘉義と台南にかかる嘉南平原に一九二〇年から大規模な灌漑用水路（嘉南大圳）建設を着工するのに際し、[30]関連の事務所を設置してほしいという要求だった。

⑥について補足すると、海口庄（一九二〇年の地方制度改正以前は「海口厝」[31]）は、嘉義郡に隣接する虎尾郡の管轄下にあり、漁港を臨む地域だった。これは、同地に船舶の停泊や荷役作業のための泊地を設けてほしいという要望だった。

⑦について、嘉義には、かつて歩兵第五二聯隊第一大隊が駐屯していた。だが島内の治安が安定したとみなされた一九〇七年、日本軍兵力が縮小され、それに伴い嘉義にあった聯隊本部も撤退した。[32]それを踏まえて、聯隊の駐屯を復活させてほしいという要求と見られる。

水利組合の事務所設置や築港、軍隊駐屯が決定すれば、嘉義街に比較的多くの日本人が転居してくる可能性が高い。こうした要求は、日本人増加策であると同時に、日本人をおもな顧客とする個人商店主の生活基盤を維持しようとする意味合いをもった。また庁舎や駅の改築、築港といった、規模の大きいインフラ整備の必要が生じた場合、請負業者を地元の業者のなかから選定することも考えられた。置州運動の活動資金が土木建築請負業者組合事務所から提供されたことから連想するに、大型インフラ整備要求には、地元の土木請負業者の期待が反映されていたのだろう。

他方、(2)に該当するのは、⑧台南法院嘉義支部における合議制裁判の実施、⑫公納金の嘉義銀行での取り扱い許可の二項目である。

⑧について、一九一九年制定の「台湾総督府法院条例」(律令第四号)によると、地方法院では通常判官が単独で裁判を行なった。ただし、死刑や無期懲役などの特別な裁判に関しては、「三人ノ判官合議シテ裁判ヲ為ス」とされた(第七条)。有志のなかには西川利藤太ら弁護士も含まれていたことから、合議制裁判実施により、彼らの需要が高まることが期待されたのだろう。

⑫に関して、嘉義銀行は、おもな融資先である砂糖の共同販売の業績不振のあおりを受けて、開業以来何度か経営危機に陥っていた[33]。一九二〇年八月七日付『台湾日日新報』によれば、一二庁制下で嘉義銀行は地方税の取り扱いが「殆んど其の生命」だった。有志のなかに山口清や徐杰夫といった嘉義銀行関係者が含まれたが、⑦の請願は、彼らの意向を受けて嘉義銀行の存続を願ってなされたと推測できる。

「繁栄策」は、結果から見れば、地域の利益を満足させる内容となっている。だが内実では、個々の有志の利益の維持・拡張への期待が、請願の重要な動因を形成していた。

(2)「繁栄策」の達成状況

「繁栄策」はどの程度達成できたのか。引き続き、表3右端の「Bの達成状況」を参照してほしい。一二項目の

「繁栄策」のうち達成したのは、①、②、④、⑤、⑧、⑨、⑪、⑫の八項目である。

①農林学校の拡張速成については、一九二一年度に従来の二学級から六学級へと増設された[34]。翌二二年度からは、第二次台湾教育令により日・台人共学の教育機関となった。修業年限の延長については二六年まで待たねばならないが[35]、二二年の時点では、学級数と教育対象が「拡張された」という成果が見られた[36]。

②商工学校設置については、一九二一年に嘉義簡易商工学校が設置された。同校は、公学校卒業者を対象とする、修業年限二年以内の学校として成立した。商業・工業の両科に対応する学校として、実業学校レベルでは台北市に私立台湾商工学校があったが、簡易実業学校レベルでは嘉義簡易商工学校が最初であった。

④嘉義大圳《（ママ）》事務所設置は採択され、一九二〇年一〇月、元嘉義庁の構内に嘉南大圳組合事務所が設置された[37]。

⑨庁舎の継続事業速成に関しては、旧庁舎は税務支署に充当されることになり、規模は縮小されたものの、増築継続が決定した。旧嘉義庁庁舎は有効活用されることになった。仮州庁舎としての使用も中学校への充当も叶わず、その後火災で焼失した屏東街の旧阿緱庁庁舎とは対照的であった。

⑪の下水溝は、一九二一年から翌年にかけて工事が続行された。

⑫公納金の嘉義銀行での取り扱いも許可された。結果からいえば、嘉義銀行は、その後も経営基盤が安定せず、一九二三年に台湾商工銀行に吸収合併されることになる[38]。公納金の取り扱いが許可されたところで焼け石に水だったわけだが、二二年の時点では、嘉義銀行幹部らに、つかの間の独立存続の希望をあたえたと予想できる[39]。

「繁栄策」の部分的な達成は、人口流出を抑制する効果があったようである。第三章表2に示したように、嘉義街は、嘉義庁廃庁後も例外的に日本人が増加していた。

一九二二年二月一九日、嘉義街で、州庁設置期成同盟会評議員会が開かれた。出席した有志は、「繁栄策」の達成状況を確認し、「略其目的を完成した」と判断した。この時点で、なお一部の「繁栄策」が未達成ではあったが[40]、州庁設置期成同盟会の解散が決議された[41]。

嘉義街は、地方制度改正により、地方庁所在地から台南州下の一街へと格下げされた。これに対して協議会員を中心とする有志は、一部の批判をものともせず、置州運動や地元「繁栄策」の請願を続けた。総督府や州当局は、嘉義に置州しない代償であるかのように、いくつかの「繁栄策」を具体化させた。結果、日本人が流出する事態は回避できた。だが嘉義街の有志は、これで満足したわけではなかった。州庁設置期成同盟会解散直後、台南市に二校目の中学校増設の消息がもたらされた。彼らはこの事態に即応して再び集結し、中学校誘致運動に取りくむことになる。

第五節　不満をエネルギーに変えて——中学校誘致運動の顛末

(1) 運動の開始

共学制施行以前、台南州には、男子向け中等程度の学校として、台南中学校（のち台南第一中学校）が台南市に、嘉義農林学校が嘉義街に設置されていた。前者は日本人向けであり、後者は台湾人向けであった。こうしたなかで台湾人側から、中学校に相当する教育機関設置の要望が出されたと思われる。一九二一年、台南州協議会において台南市に高等普通学校を設置する計画が諮問され、これを経て関連経費が計上された。ところがその後、翌年度からの共学制実施が伝えられ、高等普通学校新設計画は、台南市に二校目の中学校を増設する計画へと変更された[42]。嘉義街在住の協議会員にとって、こうした事態は承服しがたいものだった。

一九二二年三月一三日、嘉義街で街協議会が開かれた。そこで小野田鎮三郎（嘉義小学校校長）は、「台南に同一種の学校を二つも設置するとは甚だ不都合」であり、中学校を地元に移転させるのが妥当である、と主張した[43]。前出表3に挙げた「繁栄策」のなかには、中学校に関する請願はなかった。だが街協議会における小野田の提言をきっかけに、嘉義街長や州・街協議会員が中心となり、中学校を嘉義街に移転させるための運動が展開されることになる。こうして、州庁設置期成同盟会解散から一ヵ月も経たないうちに、新たな運動が幕をあけた。

三月一三日、つまり街協議会が開かれた当日、「市民有志大会」が開かれた。大会では、「新設中学校位置変更の義につき請願」が起草され、それを賀来佐賀太郎総督府総務長官と吉岡荒造台南州知事に電報で送付することが決議された。早川が起草した請願書には、次のように記されている。

台南市は州の南隅に遍在すと雖も已に州庁の所在地たり。諸般設備の完成を遂げ然る後地方に及ぼすは事の順序として当然の措置なる事を信ぜしが故に、教育上深甚の遺憾を感知せざるに非ざりしも、高等普通教育の設立に関しては姑く隠忍して意志の表白を見合せたる次第に候へども、改正教育令発布の結果、更に同質の中等学校を同一市内に設置するは、経済上は勿論、何れの方面より観察するも適当の施設と認められず候に就ては州下中等教育上の大局より打算せられ、此次計画の中学校は州下中央に位し、四通八達の要衝を占め、通学に最も便利を有する嘉義市内に設立相成候様此の段及請願候也(44)

右に明示されているのは、州都への対抗意識と地元振興への期待である。これは、嘉義街の日・台人有志に共通の思いだったであろう。

請願書からは見えにくいが、長らく中学校への入学機会から疎外されてきた台湾人の場合は、かつて公立台中中学校設立運動に託した思いを、地元に設置されるかもしれない中学校に託すという側面もあったかもしれない。たとえば、有志の一人である徐杰夫は、一九一五年の公立台中中学校設立の際、創立委員を務めていた。また林玉崑や荘啓鏞、陳際唐、蘇育奇、頼尚文、それに置州運動の有志だった荘伯容も、寄付金提供者として、公立台中中学校記念碑に名前が刻まれている(45)。共学制により台湾人に対して中学校入学の途が開かれても、学校自体が地元になければ、子どもの進学機会は限られてしまう。そうならないように中学校を誘致しなければ、という思いが、一部の台湾人有志のうちにあったと思われる。

　第三章で論じた鳳山地方や屏東街の運動には、地域振興の側面ばかりが押し出され、教育要求が見えなかった。だが嘉義街の運動は、地元振興とともに教育要求も含まれていた。この事実が、運動にたずさわる人びとの基盤を強固にしたと考えられる。

　請願書が起草された翌一四日、真木勝太嘉義街長や数名の日・台人協議会員は、台南州庁を訪問し、吉岡荒造州知事らと会見した。そこで、鄭作型や蘇育奇は、「嘉義には商工学校あるも新教育令に拠りては認められず。然るに、台南の高等普通学校は新教育令に拠りて第二中学校と改められ共学となる。故に一校を嘉義に移転されたし」と訴えた。だが、州知事の回答は有志を失望させた。州知事は、台南市では「本島人志望者は極めて多」いので計画は変更できず、三校目の中学校増設計画があるときに嘉義街への設置を考慮すると返答したのである[46]。

　州知事は、嘉義街に中学校を置かない理由として、台南市のほうが「本島人志望者」が多いことを挙げている。台南市に増設予定の学校、すなわちのちの台南第二中学校は、台湾人生徒が多数派の学校となった。高等普通学校新設計画が共学の中学校増設計画に変更されても、おもな教育対象には、台湾人が想定されていたようである。では、嘉義街と台南市では、台湾人入学有資格者の数にどのくらい差があったのか。一九二二年三月に公学校を卒業した男子児童数を見ると、嘉義街一四四人・台南市五三五人である[47]。台南市の公学校卒業者は、嘉義街の四倍近い。ゆえに、台湾人の中学校入学希望者も、台南市のほうが嘉義街より多数だったとしても不思議ではない。

　加えて、州知事との会見のなかで、鄭作型や蘇育奇が「嘉義には商工学校あるも新教育令に拠りては認められず」と発言したことにも言及したい。まず、州知事に意見を述べたのが台湾人という点は興味深い。ここには、総督府の政策に真っ向から対立しない範囲であれば、台湾人も統治者との交渉が可能だった事実が示唆されている。なお、鄭らのいう「商工学校」とは、「繁栄策」の成果として、一九二一年度に開校した簡易商工学校を指す（図4に三、図8）。同校は、第二次台湾教育令施行に際して、実業学校に昇格・認定されず、校内で廃校が噂されていた[48]。

図8　嘉義商工補習学校
嘉義簡易商工学校の後身。

『台南新報』によれば、嘉義街協議会は、簡易商工学校を存置する方向で、同校の修業年限延長や学科編制などを協議した。その過程で、街費で商業・工業の両科を併置することが困難ならば、商業科のみを存続させて、経費節約をはかろうという意見も出ていた。[49] 簡易実業学校の運営費は、教員の俸給以外、学校が所在する市街庄の負担とされた。[50] 簡易実業学校の経営さえ困難という事実が、州当局の計画に変更を促すことができなかった一因かもしれない。[51]

州知事との会見は不首尾に終わった。その結果は、嘉義街の有志が納得できるものではなかった。三月一四日夜、再び有志大会が開かれ、州知事との会見の状況が報告され、対応策が検討された。そして運動を続行し、田健治郎総督や末松偕一郎内務局長に、中学校移転請願書を打電することや、引き続き有志大会を開催することが決議された。[52]

こうした動向に、新聞報道は好意的ではなかった。『台湾日日新報』は、嘉義街民は中学校移転に固執せず、三校目の計画があるときに地元への設立を期待すべきだとし、運動は「官民の同情を失ひつゝある自殺的行動」と評した。[53]『台南新報』も、台南市に中学校入学有資格者が多いのは事実なので、同市に二校置くのは当然と論じている。[54] しかも、このとき台南市では、新しい中学

図9　台南第二中学校

台南第二中学校は，校舎の外観は立派だが，設備面で日本人主体の台南第一中学校と差をつけられていた。台南第一中学校校友・王育徳（言語学者・政治運動家）は，次のようにいう。「台南二中の方は，戦後，私が接収の手伝いに行ったときに，初めて内容を知って，その貧弱さに驚いた。校舎は同じく二棟あるが，ずっと安普請である。雨天体操場が講堂を兼ねていて，さらに音楽教室にも代用される。運動場も比較にならぬほど狭く，学寮らしいものもあるにはあるが，そこらあたりの安アパートで，しかもひどく遠いところにあった」（王育徳『「昭和」を生きた台湾青年』草思社，2011年，121-122頁）。

校の仮校舎が決定し、校長も内定するなど、開校準備が整いつつあった[55]。

中学校開校を目前に控えて、運動は急速に失速した。早川直義によれば、総督府関係者に打電する予定だった中学校移転請願書も、結局送らなかった[56]。一部の有志は、この時点で運動達成が困難なことを認識していた。三月一八日付『台南新報』にはこうある。一七日、西川利藤太が州知事を訪問した。西川は、二校目の中学校を台南市に置くのはやむを得ないが、三校目の計画があるときは嘉義街に配慮してほしいと訴え、この件を総督府に直接請願しないと約束した。同紙は、「嘉義街は度量を示し」、問題は一段落したと結んでいる。

一九二二年四月、台南第二中学校が予定どおり開校した。だが嘉義街の一部の有志にとって、「州の南隅に遍在[57]」する台南市に中学校が二校ある事実は、到底納得できる結末ではなかった。ゆえに中学校問題は、台南第二中学校開校後も、彼らのなかで依然未解決の問題としてくすぶっていた。

（2）嘉義中学校新設へ

一九二二年六月、真木勝太嘉義街長は総督府に赴き、いくつかの地元振興策を陳情した。その際生駒高常学務課長を訪問し、中学校新設を具申している。『台南新報』はそれを報じて、中学校は「明年度に於て新設せらるべし」と報じている[58]。とはいえ、このあとしばらく、中学校新設に関する続報は見当たらない。この時期、さまざまな憶測や言動が錯綜していたことがわかる。

嘉義街の中学校問題が再び紙面を賑わすのは、一九二三年一〇月、協議会員の任期満了に伴い、第二期協議会員が任命されたあとである。嘉義街の第二期街協議会員は、表2に示した人びとのうち、元永盛美、小泉順、小野田鎮三郎、頼尚文、蕭全、劉發の六人が選から洩れ、代わって宮崎重吉（嘉義神社神職）、中島巳之助（医師）、森春喜（台湾商工銀行嘉義支店長）、郭丙（製糖会社原料係委員）の四人が任命された[59]。

嘉義街協議会員の特徴は再任率が高いことである。第三期（一九二四―二六年）までは、日・台人ともに第一期（二〇―二二年）協議会員の半数以上が再任された[60]。第三章で見てきた高雄街とは対照的である。嘉義街では、街協議会員のみならず、州協議会員の再任率も高かった。嘉義街に居住する州協議会員は、第二期も第一期と同じメンバーが再任された[61]。こうした状況は、既得権益者が固定化されやすいという問題をはらんでいた。だが中学校誘致運動の過程において、その点は問題とはならなかった。

一〇月一八日、真木街長は、台南第二中学校の嘉義街移転を改めて州当局に交渉したと、有志に伝えた[62]。街長の中学校誘致に対する積極性が運動再開のきっかけとなった。

翌一九日、嘉義街在住の州協議会員や街協議会員らが集まり、中学校問題が協議された。その席で、前回中学校移転請願書を起草した早川直義は、「高等普通学校を第二中学校に引直したと云ふ台南のもの」を嘉義街に移転させるのではなく、新設を望むべきだと主張した。早川の意見は多くの支持を得た。ここに、有志間で、移転ではなく新設という、新たな誘致方法が広く共有されるようになった。運動の方法としては、早川のほかに福地載五郎や伊東義路、鄭作型、荘啓鏞などが陳情委員となり、吉岡荒造州知事に面会し、中学校新設を陳情することにした[63]。計画を円滑に進めるために、有志間の合意により、建物と敷地を街が寄付することになった[64]。もとより民間有志間の合意であるにもかかわらず、嘉義街としての支出を決めることができたのは、有志のなかに街長や多くの協議会員が含まれていたからである。

一〇月二四日、嘉義街の陳情委員は、吉岡荒造州知事を訪問して、中学校新設を訴えた。州知事は、総督府に申請したところ、一九二三年度は財政難で学校新設を見合わせる方針だといわれたが、二四年度は実現に向けて努力する、と答えた[65]。

同月二六日、州知事訪問の報告会が開かれ、運動方針が協議された。多くの有志は、一九二四年度も財政難は改善されそうにないので、新設が不可能ならば、台南第二中学校の嘉義街移転を再検討すべきだと考えたようである[66]。そうした趣旨の陳情書を、総督府当局や台南州協議会員のみならず、州下各市街庄の代表にも送付し、目的を貫徹させる意志を固めた[67]。

陳情書を受け取った嘉義街周辺各郡の台湾人街長たちも、運動に協力的だった。当時、嘉義郡も含め周辺の新営・東石・斗六・北港・虎尾の各郡は、北部地方と総称された。このうち、新営郡から鄭朝楹（漁業・塩水港街長・紳章佩用）、東石郡から黄媽典（医師・朴子街長・紳章佩用）、斗六郡から鄭沙棠（会社経営・斗六街長・紳章佩用）、北港郡から蘇顕藜（医師・北港街長・紳章佩用）、虎尾郡から廖重光（公学校教諭・西螺街長・紳章佩用）が、各郡総代として運動に加わった[68]。このなかで黄媽典と鄭沙棠は後年、総督府評議会員に任命されている。紳章を佩用し、街長として地方行政にかかわり、さらには総督府評議会員にも選ばれるような影響力の大きい台湾人有力者の助力を得て、嘉義街有志は州協議会に臨む。

州協議会員が招集され、州の予算編成案が諮問されるのは、例年一一月下旬だった。嘉義街の有志はその直前である一一月中旬から、前述の台湾人総代とともに、台南州協議会員や州下の市尹・街庄長に対して、台南第二中学校の嘉義街移転への賛同を呼びかけた[69]。また総督には、「台南第二中学校移転の件に付陳情」を送付した。そこには、次のような記述が見られる。

全島都市中其第一位に属するは勿論、第三位に属する新竹、高雄の如きすら、既に中学校の設立あり、然るに人口地勢等第二位に属する嘉義の久しく閑却せられつヽあるは、嘉義地方在住者、深甚の遺憾を禁する能はざる所。

中学新設に就ては、勿論多大の費用を要し、地方財力凋渇の今日、之が企画容易の業にあらざる可しと雖も、第二中学の移転は、何れの方面より観察するも、利ありて而して害あらず[70]

「台南第二中学校移転の件に付陳情」には、「人口地勢」の面で「新竹、高雄の如き」地域よりも上位の嘉義街が「久しく閑却」されていることへの不満が強調されている。嘉義街の中学校をめぐる要求は、一貫して州都となった他地域との待遇上の格差に対する不公平感に裏打ちされていた。

一一月二一日、台南州で第三回通常協議会が始まった。

翌二二日の第二読会で教育費が諮問された際、嘉義街在住の州協議会員である伊東義路が、台南第二中学校の嘉義街移転を主張した。協議会議長を務める吉岡荒造台南州知事が、「動議として提出するを得ず」と一蹴すると、嘉義街のほかの州協議会員が一斉に反駁した。事態は、台南市在住の協議会員・西崎順太郎（『台南新報』主筆）が、中学校移転は「性急」だが、「嘉義に中学を要するは認むる処」であると取りなして収拾している[71]。

一一月二六日付『台南新報』は、「一協議会員」の談話として、「所謂北部議員は、結束して当局に逼り、論戦が二日に亘り多少無理な要求、際どい意見も出たが、次年度に於て嘉義中学の提案を見る事を確実にした」と、協議のもようを紹介している。

図10　嘉義中学校と生徒たち

立派な校舎，こざっぱりとした制服，自転車…。台南州立嘉義中学校生徒たちはエリート教育機関で，青春を謳歌しているように見える。だがそこから一歩踏み出せば，日々の生活にも事欠くような人びとが無数に存在した。

この記事から、注目できることが二点ある。一つ目は、「北部議員」の要求のなかに「多少無理な要求、際どい意見」があった、と評されている点である。「一協議会員」が西崎本人とすれば、こうした表現には、台南市民として、台南第二中学校の嘉義街移転は承服できないという心情が吐露されている。二つ目は、「次年度に於て嘉義中学の提案を見る事を確実にした」とされている点である。協議会はあくまで諮問機関であった。とはいえ、そこで出された動議は、州知事といえども、完全に無視し得るものではなかったことが窺える。『台南新報』の報道のとおり、嘉義街からの要求はその後、中学校移転ではなく新設という、より理想的なかたちで実を結ぶ。

一九二三年七月、吉岡荒造州知事は、総督府から了解を得て、嘉義街の中学校新設は来年度に「見込ある」と発表した[72]。翌八月、関連経費が総督府予算会議に計上された[73]。九月、総督が田健治郎から内田嘉吉に交代した。内田と田の所属政党はともに政友会であり、しかも内田は田の推薦を受けて総督に就任した[74]。したがって、総督府の方針として嘉義街に中学校を新設する計画に変更はなかったようである。

だが一九二四年二月、日本内地の帝国議会が解散したことで国庫支弁による教員俸給の支出が困難となり、同年新設予定の学校の開校が「絶望的」と報じられた。(75) これを受けて、嘉義中学校設立の雲行きも危うくなった。

二月五日、真木勝太街長と西川利藤太は、郡守代理とともに新任の松井栄堯台南州知事や伊藤兼吉内務部長、八丁春太郎教育課長を訪問し、善後策を検討した。そして一九二四年に新設できなかった場合、①台南に既設の中学校の分校または分離教室を設置する、②嘉義小学校高等科に二学級分の生徒を募集し、中学校新設後にこれらの生徒を編入させる、③私立中学校を認可し、中学校新設後に在校生を編入させるといった、三つの代替案を提出した。(76) 嘉義街有志からの要求に、関係当局も応えようとした。『台湾日日新報』は、総督府が日本内地の大蔵省に予備金の責任支出を要請し、新設予定校を開校させるべく奔走していると伝えている。(77)

三月二五日、関連の実行予算を含む総督府予算が、日本内地の閣議を経てようやく決定し、中学校開校が可能となった。(78) 翌二六日、嘉義街有志は、地元を訪れた松井州知事に謝意を述べ、改めて州庁に謝礼訪問する意を伝えた。(79)

第六節　「ファーマー」から遠ざかるために——中学校進学のモチベーション

一九二四年四月二五日、嘉義中学校が開校し、新入生一一三人（日本人六六人・台湾人四七人）が新設校の門をくぐった。(80) 二六年、山子頂（図4へ三）という「新高山から昇る朝日を真っ先に受ける町外れの丘の上」に新校舎が完成し、(81) 嘉義中学校はその地に移った。(82)

図4を見ると、嘉義中学校から近い位置に農林学校も所在したことが確認できる。近接する二校の教育対象が同性で同年代という事実は、問題につながりやすい。一九二七年六月二三日付『台湾日日新報』は、両校生徒間に起きたトラブルを伝えている。同紙によれば、「中学校一年生が農林学校の生徒に向つてファーマーと云つたのが起りでさなぎだに実業学校の多くの生徒が有するひがみから生意気だぶん殴れと云つた動機から本月〔引用者注：六

月」十四五日頃から小競合をなし十七日農林学校生徒の待ち伏せ十八日噴水側の擲り合ひとなつた」。なお新聞は、事件にかかわった生徒たちの民族的出自を伝えていない。

この記事から注目したいのは、①中学校生徒だけでなく、農林学校生徒[83]さえも、「ファーマー」という言葉からネガティヴなイメージを想起していること、②「実業学校の多くの生徒」は中学校生徒をひがんでいると記者が記していること、である。

①についてはのちほど検討するとして、先に②について補足したい。②から記事を書いた記者の実業学校に対する偏見が窺えるが、それはこの記者に限ったことではない。たとえば真木勝太は、一九三四年の嘉義中学校創立一〇周年記念式で、次のように述べている。

> 本校開設の当時は制度改正に依る廃庁の後を受け教育方面の施設見るべきものなく僅かに小公学校四校を有せしに過ぎず、州下北部六郡の子弟にして、進んで中等学校に入らんと欲するものは悉く笈を負うて他都市に遊学するが如き多大の不便と多額の出費を要し、地方教育の進展を阻害すること甚しきを痛感し、街民並に郡部の有志者、蹶起して本校設立の運動に着手したるが、吾人の翹望は遂に容れられ、大正十三年四月之が設立を見るに至れり[84]

真木は、かつて街長として、中学校誘致運動に奔走し、中学校開校後は新校舎建設地の選定に尽力した[85]。こうした経緯から、街長職を辞したあとも嘉義中学校に対して特別な思いを抱いていたことは理解できる。とはいえ、嘉義農林学校の拡張も、本章第四節で示したように、「繁栄策」として陳情した結果、達成された成果である。それにもかかわらず、真木は記念式で、中学校が開校した二四年当時、地元には「教育方面の施設見るべきものなく僅かに小公学校四校を有せしに過ぎず」といっている。農林学校のことは、その視点から完全に欠落している。真木にとって中学校は、「地方教育の進展」、延いては地域利益に資する存在として、獲得に向けて運動する価値があった。それに対して農林学校は、「小公学校四校」と大差がなかった。おそらく中学校と農林学校の生徒間トラブルを報じた『台湾日日新報』記者も、真木と同じような学校観をもっており、それが「実業学校の多くの生徒が有するひがみ」という表現に反映されたと思われる。

記念式における真木の発言をもう少し見てゆこう。彼は、運動当時を振り返り、地元に中学校がないと、子どもの進学に「多大の不便と多額の出費を要し、地方教育の進展を阻害すること甚しきを痛感」し、「郡部の有志者」とともに「運動に着手した」と述べている。それに応えるように、嘉義中学校第一回卒業生の張嘉英は、『校友会雑誌』創立一〇周年記念号に、「嘉義に生れ、嘉義で育つて、嘉義の中学に入ることの出来た私は幸福でした」と記している。(86) この言葉は、運動をけん引した真木たちにとって、何よりも嬉しい贈り物となったであろう。嘉義中学校は他地域への対抗意識を解消するツール、というだけではない。地元の子どもを地元で育てる、「地方教育の進展」に貢献するという側面も確かにあった。

とはいえ、嘉義中学校が開校した一九二〇年代前半は、「郡部の有志者」を巻き込んで運動するほど、中学校がないと「多大の不便」をこうむるような状況ではなかった。運動が開始された二二年当時、北部地方六郡下街庄の公学校就学率は、平均四〇パーセント程度だった。そのなかで七〇パーセントを超える高い就学率を示していたのは、嘉義街や新営庄といった、限られた地域だけだった。(87)

こうした状況において、中学校がないと、誰が「多大の不便」をこうむることになったのか。詳しくは第四章補論で論じるが、日本人側も、台湾人側も、運動有志と中学校の支持基盤となった人びとは職業的な分布において重なるところが大きかった。中学校がないと子どもの進学に「多大の不便」をこうむることになったのは、取りも直さず、中学校誘致運動に取りくんだ日・台人有志であった。

これらの人びとの動向は当然、在台日本人全体、台湾人全体の意向を代弁していたわけではない。たとえ彼らと職業や立場を同じくしても、中学校誘致をめぐる動向は、必ずしも同じではなかったことに注意する必要がある。そうした傾向は台湾人側に顕著であった。

北部地方には、甘蔗栽培や米作を中心とする広大な農地が広がっていた。そうした土地柄を反映するように、当該地域でもっとも多かったのは、農業従事者、すなわち「ファーマー」だった。嘉義中学校新設の前年にあたる一九二三年を見ると、北部地方の各街庄総人口に占める農業従事者の割合は、嘉義街で二五パーセントと例外的に低いほか、平均七〇パーセントという高い数値を示していた。[88] こうしたなかで小作争議が発生する。

嘉義中学校新設の翌年である一九二五年、北港郡水林庄では、林四川（水林庄長）の指導のもとに甘蔗農が団結し、日本人経営の東洋製糖を相手取った闘争方針が協議された。林はこの件で州知事から厳重警告を受けたが応じず、庄長職を懲戒免職となった。[89] 北部地方の多くの街庄では、第三章で見た鳳山と同様に、子どもの就学よりも労働条件の改善こそ緊急課題という人びとが多数を占めた。階層や地域、民族にまつわるさまざまな利害をめぐり、台湾人有力者のあいだにも当然のごとく、植民地支配に対する要求の相違が生じていた。

ここで考えたいのは、中学校と農林学校の生徒間トラブルの原因となった「ファーマー」[90]の含意である。おそらく両校生徒の多くは、日本人であろうと、台湾人であろうと、この言葉から、前段に挙げた林四川のもとに集結した甘蔗農のような、統治者や資本家に翻弄・搾取される一方の存在を連想したのではないか。その意味で「ファーマー」を、単純に字義そのものというよりは、否定すべき一つの境遇と捉えていたと思われる。このうち中学校生徒は、真木元街長や『台湾日日新報』記者といった大人たちの学校観を受け継いで、自分たちが農林学校生徒よりも「ファーマー」から遠い位置にいるという優越感をもっていた。そうした含みを感じ取ったからこそ、農林学校生徒は憤ったのだろう。

「ファーマー」への途を回避する、これが中等教育機関、特に中学校への進学をめざす、一つのモチベーションになったと思われる。そうした子どもが年々増えていたためであろう、嘉義中学校が開校した一九二四年度あたりから、特に台湾人側の入学難が全島的に目立つようになってゆく（第四章補論表1）。入学が難しい上に、地元に中学校がないとなれば、進学希望者は「多大の不便」[91]を感じることになっただろう。その意味で、まだ中学校支持基盤の広がりが限られた時期から中学校誘致に取りくんだ嘉義街有志は、「先見性」があったといえる。

（1）林爽文については、潘榮飲『秘密的社會如何可能？ 論清代秘密結社的社會連帯――以清朝白蓮教五省之亂曁台灣林爽文事件為例――』（台中・東海大學社會學研究所博士論文、二〇一七年）第四章など。
（2）木原義行『最新台湾地誌』（台北・台湾郷土地理研究会、一九三四年）一三一頁。
（3）台湾総督府交通局鉄道部『台湾鉄道旅行案内』（一九三〇年／栗原純・鐘淑敏（監修・解説）『近代台湾都市案内集成』第四巻、ゆまに書房、二〇一三年復刻）一五一頁。
（4）『昭和十年 国勢調査結果表』（台北・台湾総督官房臨時国勢調査部、一九三七年）八四―八七頁。
（5）兼嶋兼福（編）『新興の嘉義市』（嘉義・台湾出版協会、一九三二年）二二―二三頁。
（6）前掲『昭和十年 国勢調査結果表』八四―八七頁。
（7）前掲『台湾鉄道旅行案内』一五一頁。
（8）一九一九年時点の人口は、台北（一〇万七七〇六人）、台南（六万四七六八人）、台中（二万三五九二人）、嘉義（二万三〇八五人）、基隆（二万一一〇一人）の順だった（『大正八年 台湾総督府第二十三統計書』台北・台湾総督官房調査課、一九二一年、四七頁）。
（9）関連研究として、林秀姿『一個都市發展策略的形成――一九二〇年到一九四〇間的嘉義市街――』（國立臺灣大學歴史學研究所碩士論文、一九九三年）がある。同論は題名が示すとおり、一九二〇年代から四〇年代にかけて、嘉義街（三〇年からは嘉義市）で展開された地元振興策を概括的に検討したものである。林は、嘉義街における一連の運動を、総督府の「南進」政策によって周縁化された地元の都市的発展を維持することを目的としたもの、と特徴づけている（四三―四九頁）。そうした指摘は間違いではないが、地域の発展に関心を寄せたのはどのような人びとだったのか、運動の担い手の特徴が見えにくいという点が課題として残る。そのほかの関連研究として、林秀姿「一個都市發展策略的形成――一九二〇至一九四〇年間嘉義市街政治面的觀察――（上）」（『臺灣風物』第四六巻二期、一九九六年六月）、松金ゆうこ「植民地台湾における観光地形成の一要因――嘉義市振興策としての阿里山観光――」（『現代台湾研究』第二二号、二〇〇一年一〇月）など。

(10)「楽観せる嘉義市民の耳へ／霹靂の如く響いた」『台湾日日新報』一九二〇年七月一七日付。州庁設置期成同盟会は、一部の報道で「置州期成同盟会」や「嘉義置州同盟会」などと称されているが、どれが正式な名称かは不明である。本章では、州庁設置期成同盟会という呼称で統一する。
(11) 陳福財「嘉義市の発展を祈る」『嘉義市制五周年記念誌』(嘉義・嘉義市役所、一九三五年) 二二頁。陳の経歴は、林進發(編)『台湾官紳年鑑』(一九三四年／台北・成文出版社、一九九九年復刻) 台南州下一〇二頁。
(12) 伊東・西川・山口・福地・帖佐・徐杰夫の経歴は本章表1、白井・荘啓鏞・頼尚文は本章表2、荘伯容は『嘉義市志 巻七人物志』(嘉義・嘉義市政府、二〇〇四年) 六〇頁。
(13) 波形昭一「植民地台湾における地場普通銀行の経営分析――一九〇五〜一九一三年の嘉義銀行と彰化銀行を事例に――」『獨協経済』第八六号 (二〇〇九年四月) 三、八頁。
(14) 鈴木辰三(編)『大正九年 台湾官民職員録』(台北・台北文筆社、一九二〇年) 三二七頁。
(15)「州置期成同盟会の／陳情委員四名は／愈々上京と決定」『台湾日日新報』一九二〇年七月二二日付。
(16)「白熱化せる／嘉義置州同盟会」『台湾日日新報』一九二〇年七月二四日付。河野の経歴は本章表2。
(17)「宜蘭と廃庁問題」『台湾日日新報』一九二〇年七月二四日付。
(18)「宜蘭の善後策」『台湾日日新報』一九二〇年八月一日付。
(19) 台湾総督府(編)『台湾事情 昭和二年版』(一九二七年／台北・成文出版社、一九八五年復刻) 二一四、二五八頁。
(20) 前掲『大正八年 台湾総督府第二十三統計書』四七頁。
(21)「改正の大綱は確立され／二三日中に発表さる／躍起運動の如きは／此際断然やめて欲しいと」『台湾日日新報』一九二〇年八月六日付。
(22)「早川直義任三等郵便局長」『台湾総督府公文類纂』冊号三四五八・文号五四。
(23) 李姵蓉「台湾新式郵便制度の設立をめぐる一考察――基隆の事例を中心に――」『Core Ethics』vol. 3 (二〇〇七年) 四〇〇頁。植民地台湾における三等郵便局の特徴については、李昌玟『戦前期東アジアの情報化と経済発展――台湾と朝鮮における歴史的経験――』(東京大学出版会、二〇一五年、九二―九九頁) など。
(24) 鈴木茂徳「嘉義市と台湾電燈」前掲『嘉義市制五周年記念誌』三九頁。ちなみに嘉義電燈は、一九三二年に新竹電燈株式会社を合併し、資本金を一五〇万円に増資した際、社名を「台湾電燈株式会社」に変更した(台湾経済年報刊行会(編)『台湾経済年報 昭和十六年版』一九四一年／台北・南天書局、一九九六年復刻、二五六頁)。

（25）台湾教育会（編）『台湾教育沿革誌』（一九三九年／台北・南天書局、一九九五年復刻）一六六―一六七、二〇二、二一二頁。
（26）台中州在住の辜顯榮が一九一五年に煙草売捌人の指定を受け（『府報』第七二一号、一九一五年四月一日）、その長男である皆的も一八年に塩売捌人の指定を受けた例も見られる（『府報』第一五二七号、一九一八年四月一日）。
（27）「地方制度改正の／噂で周章狼狽の／阿緱内地人商売」『台湾日日新報』一九二〇年七月一日付。
（28）新高山人「嘉義市民に警告す」『実業之台湾』第一二巻第九号（一九二〇年九月）四四頁。
（29）早川翁寿像建設委員会（編）『早川直義翁寿像建設記』（私家版、一九三九年）二七頁。
（30）前掲『台湾経済年報 昭和十六年版』四四三頁。
（31）「新らしく／名命《（ママ）》された地名」『台湾日日新報』一九二〇年八月一三日付。
（32）劉鳳翰『日軍在臺灣――一八九五年至一九四五年的軍事措施與主要活動――（上）』（台北・國史館、一九九七年）五四頁。
（33）やまだあつし「明治期台湾における糖業殖産興業政策――嘉義地方の小製糖業の実践と挫折を中心に――」『現代中国』第六八号（一九九四年七月）一〇三―一〇六頁。
（34）『大正八年度 台湾総督府学事第十八年報統計書』（台北・台湾総督府内務局学務課、一九二一年）八八頁、『大正十年度 台湾総督府学事第二十年報統計書』（一九二三年）八〇頁。
（35）告示第六七号『府報』第三八〇二号（一九二六年五月一四日）。
（36）告示第五三号により、嘉義農林学校の修業年限は、従来どおり三年に据え置かれた（『府報』第二六二二号、一九二二年四月六日）。
（37）『嘉南大圳』（作者・出版年不詳）五一頁。嘉南大圳組合は、官営による出費を抑えるために、半官半民の形式で運営された。しかしながら、前出の『嘉南大圳』に記された組合役員（一九二〇年九月就任）を見ると、管理者を山形要助（総督府土木局長）、副管理者を枝徳二（台南州知事）が務めていた（五一頁）。総督府関係者が要職を独占していたのである。なお、嘉南大圳に関連の研究として、清水美里『帝国日本の「開発」と植民地台湾――台湾の嘉南大圳と日月潭発電所――』（有志舎、二〇一五年）など。
（38）関連の状況については、波形昭一「解題」波形昭一・木村健二・須永徳武（監修）『社史で見る日本経済史 植民地編 第一巻 台湾商工銀行誌／台湾商工銀行十年誌／台湾商工銀行 現況おしらせ』（ゆまに書房、二〇〇一年）四―六頁。
（39）嘉義銀行が台湾商工銀行に吸収合併されたのち、徐杰夫は台湾商工銀行取締役に就任した（台湾商工社（編）『大正十二年 台湾民間職員録』（台北・台湾商工社、一九二三年、五頁）。

(40)　一九二二年二月時点では、③糖業試験場の嘉義街移転、⑥築港、⑦聯隊本部の設置、⑩嘉義駅改築の四項目が未達成だった。このうちの一部の請願は、州庁設置期成同盟会解散後も継続された。たとえば⑦に関連して、二五年に台湾軍司令官や陸軍大臣、参謀総長に対し、飛行隊設置が請願された。二八、二九年には、台湾総督と交通総長に⑩が請願された。三一年には総督と台南州知事に②が要望された（前掲『早川直義翁寿像建設記』二七—二八頁）。このうち、⑩の嘉義駅改築については二九年に着工され、三三年に竣工した（前掲『嘉義市制五周年記念誌』三七頁）。三七年には嘉義飛行第一四聯隊開隊式が行なわれ、⑦に関連の請願が実現した（河原功（監修）『復刻版台湾総督府編台湾日誌大正八年～昭和一九年』緑陰書房、一九九二年復刻、二〇五頁）。未達成だった「繁栄策」四項目のうち、二項目は後年実現した。

(41)　「嘉義置州会解散」『台南新報』一九二二年二月二〇日付。

(42)　「中学校問題に関し／嘉義街民の奮起／市民大会を開催し／当局へ請願を決議す」『台湾日日新報』一九二二年三月一五日付。

(43)　「地方近事」『台湾日日新報』一九二三年一二月一日付。

(44)　「中学校問題に関し／嘉義街民の奮起／市民大会を開催し／当局へ請願を決議す」『台湾日日新報』一九二二年三月一五日付。

(45)　葉榮鐘『日據下臺灣政治社會運動史（上）』（一九七一年／台中・晨星出版、二〇〇〇年復刻）六五—七〇頁。

(46)　「嘉義に起つた／中学校新設運動／請願委員七名は台南州へ／吉岡知事は斯ふ言つて居る」『台南新報』一九二二年三月一五日付。

(47)　『大正十一年五月末日現在　台南州管内学事一覧』（台南・台南州内務部教育課、一九二三年）五、九頁。

(48)　「地方近事」『台湾日日新報』一九二二年三月一六日付。

(49)　「嘉義簡易商工学校／今後何ふすれば良いか」『台南新報』一九二二年三月二六日付。

(50)　前掲『台湾教育沿革誌』一一二頁。

(51)　嘉義簡易商工学校は、「嘉義商工補習学校」と改称され、一学級減らして存置された（前掲『大正十一年五月末日現在　台南州管内学事一覧』三頁）。嘉義商工補習学校については、許佩賢『殖民地臺灣近代教育的鏡像——一九三〇年代臺灣的教育與社會——』新北・衛城出版、二〇一五年）一一九—一二一頁。

(52)　「嘉義街の有志大会／中学移転問題に対する／街民の気勢大に揚る」『台湾日日新報』一九二二年三月一六日付。

(53)　「中学校問題に／対する考察」『台湾日日新報』一九二二年三月一八日付。

(54)　「台南嘉義両地の／中学志望者に／斯んな差があるのに／嘉義に置けとは無理だ」『台南新報』一九二二年三月二六日付。

(55)　「中学設置を請願より／嘉義の運動／未だ継続する」『台南新報』一九二二年三月一七日付。

(56)　「嘉義市街に／中学新設の協議」『台南新報』一九二二年一〇月二一日付。

(57)「中学校問題に関し／嘉義街民の奮起／市民大会を開催し／当局へ請願を決議す」『台湾日日新報』一九二二年三月一五日付。
(58)「嘉義の諸問題」『台南新報』一九二二年六月二〇日付。
(59)職業について、宮崎は内藤素生（編纂）『南国之人士』（台北・台湾人物社、一九二二年）二九〇頁、中島は『台湾人士鑑』（台北・台湾新民報社、一九三四年）一四九頁、森と郭丙は『最近の南部台湾』（台南・台湾大観社、一九二三年）附録二九、三一頁。
(60)『台南州報』（台南・台南州）第五号（一九二〇年一〇月一日）、第三五八号（一九二四年一〇月一二日）、第五三五号（一九二六年一〇月三日）より算出。
(61)『府報』第二二一二号（一九二〇年一〇月一日）、第二七六四号（一九二二年一〇月一日）。
(62)「嘉義街の陳情／高女敷地と第二中／学移転説」『台南新報』一九二二年一〇月一九日付。
(63)「嘉義市街に／中学新設の協議」『台南新報』一九二二年一〇月二一日付。
(64)「嘉義両校問題／街より経費／を寄附する」『台湾日日新報』一九二二年一〇月二一日付。
(65)「嘉義中学設置陳述／昨日参庁せる委員より」『台南新報』一九二二年一〇月二五日付。
(66)「台南第二中学移転運動／嘉義を中心に宣伝書発送」『台南新報』一九二二年一一月一七日付。
(67)「中学請願報告会／更に陳情書を督府へ提出し／極力目的の貫徹に努めん」『台南新報』一九二二年一〇月二七日付。
(68)「台南第二中学移転運動／嘉義を中心に宣伝書発送」『台南新報』一九二二年一一月一七日付。鄭朝楹の経歴は『府報』第一五〇七号（一九一八年三月六日）、第二三三九号（一九二一年三月二六日）。黄媽典・鄭沙棠・蘇顕藜・廖重光については、前掲林『台湾官紳年鑑』台南州下三〇、八九、六四、六八頁。
(69)「台南第二中学移転運動／嘉義を中心に宣伝書発送」『台南新報』一九二二年一一月一七日付。
(70)「中学移転陳情」『台南新報』一九二二年一一月一八日付。なお、同文は早川直義『如矢文集』（私家版、一九三〇年）にも収録されており、引用は同書からによった（四二頁）。
(71)「台南州協議会（第二日）」『台南新報』一九二二年一一月二三日付。なお、西崎の職業は、前掲『最近の南部台湾』附録一二頁。
(72)「嘉義中学新設／帰庁の吉岡知事語る」『台南新報』一九二三年七月一七日付。
(73)「嘉義中学設立／予算に計上さる」『台南新報』一九二三年八月二〇日付。
(74)田健治郎伝記編纂会（編）『田健治郎伝』（田健治郎伝記編纂会、一九三二年）五二八頁。
(75)「本島新設学校絶望／議会解散の為め予算は実行予算」『台南新報』一九二四年二月二日付。
(76)「中等学校問題／結局当分私立か」『台湾日日新報』一九二四年二月七日付。

(77)「新設の中等学校／予備金の責任支出で／新学期から開校すべく奔走中」『台湾日日新報』一九二四年三月四日付。
(78)「新設の四中等学校／愈々設立と決定／二十五日の閣議を経て」『台湾日日新報』一九二四年三月二七日付。
(79)「嘉義地方悦ぶ／中学校の開設で」『台南新報』一九二四年三月二八日付。
(80)『大正十三年度　台湾総督府学事第二十三年報』（台北・台湾総督府内務局文教課、一九二六年）一八七頁。
(81)張有忠『私の愛する台湾と中国と日本――ある外地人弁護士の歩みと願い――』（勁草書房、一九八九年）一〇頁。
(82)嘉義中学校校友会（編）『校友会雑誌　創立一〇周年記念号』第六号（一九三四年／阿部洋（代表）『日本植民地教育政策史料集成（台湾篇）』第六一巻、龍渓書舍、二〇一二年復刻）四八頁。なお、『校友会雑誌』は、一九三七年には『旭陵』という誌名に変更されている。三六年の校友会雑誌が現段階では現存が確認できないので、誌名が変更されたのはいつか、わからない。
(83)農林学校を出たからといって、必ずしも農林関係の仕事につくわけではない。一九二二年度から三七年度までの嘉義農林学校卒業生一〇〇五人中、進路としてもっとも多いのは、「街庄吏員」（三二二人）で、次点以下は「自営農業」（一一五人）、「官衙技術員」（一〇八人）という結果が出ている（謝濟全『山子頂上の草根小紳士――日治時期嘉義農林學校之發展――』台北・稻郷出版社、二〇〇九年、一六二頁）。
(84)真木勝太「祝辞」前掲『校友会雑誌　創立一〇周年記念号』一〇頁。
(85)早川直義「嘉義中学校創立運動顚末」前掲『校友会雑誌　創立一〇周年記念号』一五頁。
(86)張嘉英「思ひ出」前掲『校友会雑誌　創立一〇周年記念号』二四二―二四三頁。張はこの文章を書いた当時、日本内地の長崎医科大学在学中だった（四二六頁）。その後同大学で博士学位取得。戦後、台灣省立嘉義醫院（現衛生福利部嘉義醫院）副院長などを務めた（『嘉中七十年』嘉義・台灣省立嘉義高級中學、一九九四年、七五頁）。
(87)前掲『大正十一年五月末日現在　台南州管内学事一覧』四三―四五頁。
(88)『大正十二年度　台南州第五統計書』（台南・台南州、一九二五年）一八二―一八三頁。
(89)台湾総督府警務局（編）『台湾総督府警察沿革誌（三）』（一九三九年／台北・南天書局、一九九五年復刻）一〇二七頁。林四川はその後、一九三〇年に竣工した嘉南大圳（嘉義と台南を跨る大規模水利組織）の組合会議員に選出された（公共埤圳嘉南大圳組合『嘉南大圳新設事業概要』台北・台湾日日新報社、一九三〇年、二七八頁）。庄長を罷免されたのちも、地域社会で影響力を発揮し続けた。
(90)「嘉義中学校と農林学校生の喧嘩」『台湾日日新報』一九二七年六月二三日付。
(91)前掲真木「祝辞」一〇頁。

【コラム2】KANO（嘉農）とKACHU（嘉中）

二〇一五年、日本で、『KANO一九三一 海の向こうの甲子園』（馬志翔監督、二〇一四年）という台湾映画が封切られた。この作品は、「KANO」こと嘉義農林学校野球部（以下、嘉農）[1]が、近藤兵太郎監督という名伯楽を得たことで、強豪チームへと成長してゆく過程を描いている。物語のハイライトは一九三一年。台湾島内の大会（第九回全島中等学校野球大会）を制した嘉農が、日本内地で開かれた第一七回全国中等学校優勝野球大会（甲子園大会）に出場し、そこで死闘を繰り広げるシーンである。嘉農は結局、決勝戦で中京商業学校に敗れ、準優勝となる。

映画のなかで、嘉義の人びとは、日本人も台湾人も一様に、嘉農の活躍に狂喜している。だが現実には、その雄姿を手放しで喜べない人びともいた。嘉義にあるもう一つの男子向け中等学校、嘉義中学校の関係者である。

野球部結成は、嘉義中学校が一九二六年、嘉義農林学校が二八年と、前者のほうが早かった[2]。それに、嘉義中学校生徒のなかには、自分たちのほうが嘉義農林学校生徒よりも前途有望であると、自負する者もいた（第四章第六節）。だが、嘉農に先に甲子園出場を決められてしまった。この事実は、生徒ばかりか、中学校当局のプライドをも傷つけた。中学校当局は、「近時嘉農チームの抬頭以来その名声に圧せられて来たゝめ特にその憾を深くし」、野球人材の育成に、いっそう力を注ぐようになった。そして三四年、「全島否恐らくは全国中

図１　甲子園で準優勝した嘉義農林学校野球部

等学校にその比を見ないであらうと思はれる迄に完備した野球場」を完成させた[3]。それから三年後の三七年、嘉義中学校野球部（以下、嘉中）は、ついに甲子園初出場を成し遂げる[4]。

嘉中甲子園出場の朗報を受けて、当時嘉義中学校の三年生であった歐慶松は、校友会誌『旭陵』に、次のような作文を書いている。

> 我が野球チームが本年台湾の覇者として甲子園に出場し万丈の気を吐かんとしてゐる。「嘉中チームは荒削りである」と云ふ者がある。吾等は此の批評が適中してゐるかどうか知らない。荒削りたる所に深い趣を感じ、味はいがある。其の荒削りの雄大なる意気と何物をも恐れない闘志と覇気とは幾万の観衆をびくともせず、平然として健闘せしめ得たのである。
> 此の意気此の精神こそが我が嘉中の精神であるに違ひない[5]。

歐は、部員たちの健闘を讃え、自身も彼らと同じ「荒削りの雄大なる意気と何物をも恐れない闘志と覇気」をもつ、嘉義中学校生徒であることに誇りを感じているようにみえる。ただし、彼は野球部に所属していなかった。

異なる民族による混成チームだった嘉農とは対照的に、嘉中には台湾人部員がいなかった。嘉中だけではない。たとえば嘉中が甲子

図 2　嘉義中学校野球部（時期不詳）

園初出場を果たした一九三七年、台湾での二大会――第五回全島中等学校選抜野球大会（一月）と第一五回全島中等学校野球大会（七月）――に出場した各中学校野球部のなかで、台湾人部員は、台南第一中学校に一人在籍しただけである。中学校以外の出場校を見ても、台湾人部員は、嘉農以外に台北第二師範学校にわずか一人である[6]。嘉農のように、部員のなかに日本人と台湾人、年度によっては先住民も在籍するという、台湾ならではのチーム構成は、逆に非常に珍しかったといえる。

　なぜか。中等教育機関に通う大部分の台湾人生徒は野球に関心がなかった、というわけではないだろう。前出の歐慶松の作文テーマを見れば、彼が多少なりとも野球に興味を抱いていたことがわかる。問題はおそらく、進学志向の場合には、膨大な練習量をこなすことが難しかった点にある。

　一般的に、卒業後、嘉義中学校生徒は進学し、嘉義農林学校生徒は就職すると目されていた。実際、両校の一九三三年度卒業生の三四年度末の状況を例に見ると、嘉義中学校卒業生六一人（日本人三〇人／台湾人三一人）の進路は、進学一五人（一一人／四人）、就職七人（五人／二人）、無職業・職業不詳三九人（一四人／二五人）である。他方、嘉義農林学校の場合、卒業生八五人（日本人一六人／台湾人六九人、うち先住民一人）中、進学三人（一人／二人、うち〇人）、就職七〇人（一五人／五五人、うち一人）、無職業・職業不詳一一人（〇人／一一人、うち〇人）、死亡一人（台）である。(7) 上級学校進学者は両校とも多くない。しかし無職業・職業不詳も進学準備中と考えれば、差は歴然である。別けても嘉義中学校卒業後すぐに就職した台湾人は、ごくわずかであった。

台湾における専門学校・高等学校は、校数も定員も限られた。日本内地に留学するならば、日本人以上に良い成績を上げなければならない。そもそも中学校に入学することも、台湾人にとっての困難は、日本人よりもはるかに大きかった。中学校に入学後、そこで好きだからという軽い気持ちで野球部のような厳しい部活に入ると、将来の高等教育機関への進学に支障を来たすおそれがある。そうした考えが、嘉義中学校に限らず、中等教育機関に通う台湾人生徒の大半を、野球部から遠ざけたのではないかと思われる。(8)

野球のようなスポーツは民族を超えて広がっていったし、嘉農や嘉中の甲子園出場を誇らしく思った台湾人もいたことだろう。映画『ＫＡＮＯ』に描かれたように、台湾代表チームの応援にあたっては、在台日本人と台湾人が、ともに一喜一憂したこともあっただろう。だが多民族的な部員構成が例外的なものであり、しかも農林学校だからこそあり得た事態である点も見過ごすべきではないだろう。

（1）嘉義農林学校野球部の台湾野球界への貢献については、松岡弘記・塚田麻美「台湾日本統治下時代の一九三一年第一七回全国中等学校優勝野球大会（甲子園大会）で準優勝した嘉義農林学校『ＫＡＮＯ』に関する調査報告」（『愛知大学体育学論叢』第二三号、二〇一六年）など。

（2）嘉義中学校校友会（編）『校友会雑誌 創立一〇周年記念号』第六号（一九三四年／阿部洋（代表）『日本植民地教育政策史料集成（台湾篇）』第六一巻、龍渓書舎、二〇一二年復刻）一四三頁、謝濟全『山子頂上的草根小紳士――日治時期嘉義農林學校之發展――』（台北・稲郷出版社、二〇〇九年）一四三頁。

（3）前掲『校友会雑誌 創立一〇周年記念号』一四三頁。

（4）西脇良朋『台湾中等学校野球史』（私家版、一九九六年）五四九頁。

（5）歐慶松「嘉中精神とは何ぞや!!」『旭陵』第九号（嘉義・嘉義中学校校友会、一九三八年）一六五頁。
（6）前掲西脇『台湾中等学校野球史』三一七—三四八頁。
（7）『昭和九年度 台湾総督府学事第三十三年報』（台北・台湾総督府文教局、一九三六年）一七四—一七五、二三一頁。
（8）前掲『校友会雑誌 創立一〇周年記念号』を見ると、台湾人は、雑誌部や音楽部といった、文化系の部活に所属している生徒が目立つ（九三—一八六頁）。

第四章補論　「狭き門」に群がる志願者たち

本補論は、ひとまず個々の地域の事例から離れて、一九二〇年代以降の台湾において、公立中学校進学に際し、どのような問題が見られたのかを検討してゆく。

一九二二年に共学制が施行されて以降、台湾では、中学校進学希望者の増加が著しく、入学難が社会問題として新聞紙上を賑わすようになる。[1] 入学難は、具体的にどの程度だったのか。入学難といわれるなかで、あえて中学校に挑むことに、いかなる意味があったのか。公立中学校を支えたのは、どのような社会階層だったのか。これらの問題を掘り下げることで、各地域の有志たちが学校誘致運動に取りくんだ社会背景が、いっそう明確になると思われる。

中学校を支える社会的基盤については、日本教育史研究の領域に一定の蓄積がある。戦前の日本内地では、特に大正期に都市部で形成された「『公務及自由業』等を中心部分とする新中間層」の勃興が、中等教育大衆化の要因となった。[2] 米田俊彦の研究によれば、国勢調査の職業分類にもとづく一〇業種のうち、「商業」・「公務及自由業」・「其他ノ職業」・「無職業（収入ニ依ル者）」の四業種が、相対的に中学校に行きやすかった。[3]

本補論では、日本内地との比較を可能にするために、国勢調査などの統計データを用いて、中学校進学希望者が置かれていた状況や学校を支えた基盤を分析する。これらの作業をとおして、共学制下の進学をめぐる問題について考察を深めたい。

第一節　入学率・定員充足率に見る入りにくさ

共学制下において、中学校進学はどのくらい困難であったのか。以下に、統計データから探りたい。

表1は、公立中学校入学志願者に対する入学者の割合を入学率として、共学制施行後である一九二二年度から三五年度までの状況を、年度別・民族別に示したものである。

表1「学校数」を見ると、中学校は、一九二四年度と二七年度に一校ずつ増えている。これは、二四年度に嘉義中学校（台南州）、二七年度に基隆中学校（台北州）が増設されたことによる。

表1から、まず、日本人の状況を見たい。日本人志願者は、一九二二年度から二三年度、二七年度から二八年度、三三年度から三四年度にかけて、いずれもやや減少している。それ以外の年度は、増加もしくは横ばいの傾向を示している。入学率は、三〇パーセント台に落ち込んだ三三年度を別として、例年およそ四〇パーセント台後半から五〇パーセント台前半で推移している。

他方、台湾人の場合、志願者数は一九二二年度から二七年度まで、ほぼ一貫して伸びている。二七年度をピークにいったん減少に転じるが、三三年度から再び上昇する。入学率は、二二年度と二三年度はかろうじて二〇パーセント台を維持していたものの、その後は一〇パーセント台に落ち込んでいる。共学制施行から最初の二年間の入学率の高さは、志願者の相対的な少なさに由来すると思われる。入学率が落ち込んだ二四年度以降、入学できたのは五人から七人に一人の確率であり、日本人と比べて入学が難しい状況が確認できる。なお、二八年度から三二年度まで、志願者が減少傾向にあった理由は断定しにくい。可能性としては、二七年の台湾銀行破綻に起因した金融恐慌や、二九年以降の世界的な不況の影響が考えられる。

表1「定員」を見ると、全体として徐々に拡大している。ただし、一九三三年度から三四年度にかけての定員増

表1　公立中学校の年度別学校数・入学状況（1922-35年度）

入学年度	学校数（校）	定員（人）	志願者（人）A		入学者（人）B		入学率（%）B / A	
			日本人	台湾人	日本人	台湾人	日本人	台湾人
1922	8	870	1,124	1,611	539	331	48.0	20.5
1923	8	870	979	1,788	459	375	46.9	21.0
1924	9	920	1,135	2,924	492	427	43.3	14.6
1925	9	933	1,084	2,742	489	406	45.1	14.8
1926	9	984	1,182	3,129	554	409	46.9	13.1
1927	10	1,090	1,359	3,189	654	414	48.1	13.0
1928	10	1,085	1,287	3,107	639	412	49.7	13.3
1929	10	1,085	1,355	2,805	608	442	44.9	15.8
1930	10	1,145	1,387	2,542	677	433	48.8	17.0
1931	10	1,130	1,353	2,378	691	433	51.1	18.2
1932	10	1,130	1,324	2,286	694	441	52.4	19.3
1933	10	1,120	1,895	2,564	666	471	35.1	18.4
1934	10	1,230	1,658	2,881	755	502	45.5	17.4
1935	10	1,430	1,799	3,330	850	617	47.2	18.5

（典拠）『台湾総督府学事年報』大正11年度（第21）～大正13年度（第23）（台北・台湾総督府内務局学務課, 1924-26年),『台湾総督府学事年報』大正14年度（第24）～昭和10年度（第34）（台北・台湾総督府文教局，1927-37年）をもとに作成。
（注1）先住民若干名を含む場合がある。入学者中に転入学者・再入学者・臨時入学者を含めない。

加は、三三年度に三五・一パーセントまでに低下した日本人の入学率を、次年度に四五・五パーセントまでに引き上げる効果をもった程度である。台湾人の入学率上昇には、まったく効力を発揮していない。入学率が一向に伸びない原因は、学校数や定員の推移からだけではわからない。そこで学校別の定員充足率に着目したい。

表2は、一九三一年度を例に、各校の入学状況と定員充足率を示している。

表2「定員充足率」一番下の欄に注目すると、一〇校の平均は九九パーセントであり、大幅な定員割れは生じていない。このことに表1で見た学校数・定員の増加が志願者の増加に追いつかない状況を併せて考えると、入学率の低さは、基本的に学校数や定員の少なさによってもたらされたといえる。

入学率の低さは、具体的にどのようなかたちであらわれたのか。

表2　公立中学校の学校別入学状況と定員充足率（1931年度）

州	校名	創立年	定員（人）A	日本人 志願者（人）B	日本人 入学者（人）C	日本人 入学率（%）C／B	台湾人 志願者（人）D	台湾人 入学者（人）E	台湾人 入学率（%）E／D	定員充足率（%）（C＋E）／A
台北	台北第一中学校	1907	180	367	196	53.4	29	8	27.6	113
	台北第二中学校	1922	100	96	28	29.2	349	72	20.6	100
	基隆中学校	1927	100	117	66	56.4	122	29	23.8	95
新竹	新竹中学校	1922	100	92	42	45.7	342	48	14.0	90
台中	台中第一中学校	1915	100	84	30	35.7	480	76	15.8	106
	台中第二中学校	1922	100	126	87	69.0	18	6	33.3	93
台南	台南第一中学校	1914	150	216	129	59.7	41	14	34.1	95
	台南第二中学校	1922	100	7	2	28.6	533	102	19.1	104
	嘉義中学校	1924	100	92	46	50.0	256	53	20.7	99
高雄	高雄中学校	1922	100	156	65	41.7	208	25	12.0	90
合計〔平均〕			1,130	1,353	691	〔51.1〕	2,378	433	〔18.2〕	〔99〕

（典拠）『昭和6年度 台湾総督府学事第30年報』（台北・台湾総督府文教局，1933年）をもとに作成。
（注1）表1注1と同様。

表2「合計」から民族別に中学校入学者を抜き出してみると、一九三一年度公立中学校入学者は、日本人六九一人・台湾人四三三人である。三一年度の『台湾総督府学事年報』によれば、三〇年度の尋常小学校・公学校卒業者のうち、三一年度に島内の中学校に入学したのは、前者六二七人・後者二六九人である。参考までに、同年度同書から中学校入学者の「従前ノ教育」を見ると、六年の初等教育修了後中学校に入学したのは、日本人四九〇人・台湾人二二九人（尋小卒も含む）である。これに対し、高等小学校または公学校高等科を修了・卒業した者は、日本人・台湾人とも二〇一人ずつである[4]。表2に示した数字との誤差は考慮せずに結果だけを見ると、日本人は小学校六年の課程を修了したのち

すぐに中学校に入学できた者が割合的に多かったのに対し、台湾人は六年間の初等教育だけで中学校に合格することが相対的に困難だったことがわかる。

次に、表2を学校別に見たい。

表2「入学者」を民族別に比較すると、一〇校のうち台北第一中学校・台中第二中学校・台南第一中学校の三校は、日本人入学者が圧倒的多数であり、台湾人は志願者・入学者とも著しく少ないことがわかる。反対に、台北第二中学校・台中第一中学校・台南第二中学校の三校は、志願者・入学者とも台湾人が多い。これは一九三一年度に限った現象ではない。台北・台中・台南の三市には中学校が二校ずつ置かれ、日本人生徒中心の学校と台湾人生徒中心の学校という棲み分けが行なわれていた。日本人中心の三校は、いずれも台湾人入学者の割合が一割以内に抑えられていることから、民族別に合否が判断され、台湾人の入学を制限する措置が採られていたと考えられる。台南商専教授として官立・公立学校への合否判定を知り得る立場にいた林茂生は、それを「不文律」(an unwritten law)という言葉で表現している(5)。

表2から台湾人の「入学率」に注目すると、入学率が二〇パーセント未満の学校は、新竹中学校(一四・〇パーセント)・台中第一中学校(一五・八)・台南第二中学校(一九・一)・高雄中学校(一二・〇)の四校である。このうち台中第一中学校と台南第二中学校は、ともに台湾人生徒が多数派の学校である。よって、台湾人入学志願者も相対的に多い。ここから、台湾人同士の熾烈な入学競争があったことが窺える。また新竹中学校と高雄中学校は、いずれも州下唯一の中学校であり、民族別の棲み分けが難しかった。ゆえに台湾人は、限られた定員を日本人と争わねばならないという事情があったと思われる。

表2「定員充足率」を学校別に見ると、基隆中学校・新竹中学校・台中第二中学校・嘉義中学校・台南第一中学校・高雄中学校の六校が定員割れであり、これが全体の定員充足率の平均を押し下げている。一般的に、定員割れは、志願者数が定員を下回ったとき、もしくは入学するのに十分な学力をもつ志願者が少ないと学校側に判断され

たときのいずれかに生じるものである。右の六校の志願者数はすべて定員を上回っているため、原因が前者とは考えにくい。考えられるのは後者の可能性である。定員割れの六校には、いずれも日本人と台湾人の入学率のあいだに三〇パーセント前後の落差がある（基隆三二・六パーセント・新竹三一・七パーセント・台中第二 三五・七パーセント・嘉義二九・三パーセント・台南第一 二五・六パーセント・高雄二九・七パーセント）。つまり、日本人にとっての入りやすさと台湾人にとっての入りにくさの懸隔が大きい学校で、定員割れが生じていたことになる。ここに民族別の定員振り分けという「不文律」を加味して考えると、日本人を水増しして入学させようとしたが、それができないほど学力不足の志願者が少なくなかった可能性が浮上する。

なお、台北第一中学校も右の六校と同じく、日・台人間の入学率の落差が二五・八パーセントあり、その数値は台南第一中学校よりもやや高い。しかし、同校は定員割れを起こしていない。台北市には、圧倒的多数の日本人が居住していた関係で、志願者の絶対数も多かった。したがって、日本人の水増し入学のような措置は不要だったのだろう。

ちなみに一九三〇年当時、台湾の職業別人口（四五九万二五三七人）に近いそれを有する日本内地の都市として、大阪府（三五四万一七人）が挙げられる。[6] 大阪府の職業別人口は、台湾より一〇五万人ほど少ない。だが三〇年の時点で、中学校が二〇校（官立・公立一五校・私立五校）あり、入学率は平均七〇パーセント以上に達していた。[7] これが志望校に入りやすいという実感を伴うものであったかどうかは、わからない。しかし数字の上では、米田俊彦が指摘しているとおり、進学需要をほぼ満たすだけの学校がすでに十分普及していた。[8]

反対に、台湾では中学校の普及が抑えられていた。これは生徒を選抜する側の事情に起因している。とはいえ、学校数や定員の少なさに比例して志願者も少なければ、入学難は生じない。この点にかかわって留意したいのは、学校数や定員を凌駕するかたちで志願者が存在し、中学校が一、二校増やされたところで、入学難の改善にほとんど効果がなかった事態である。こうした事態は台湾人側により重い負担がかかったが、進学希望者は減少しなかった。台湾人が進学をめざしたのはなぜなのか。次節では、私立学校との対比から、台湾人が公立中学校に入る意味を考えたい。

第二節　公立中学校に入る、ということ――私立学校との対比から

進学にはさまざまな理由が伴う。単に知識を身につけたいのであれば、台湾には一九一〇年代後半までに、公立のほかに、私立の中等学校も何校か設立されていた。このうち中学校程度の学校としては、台南長老教中学校（一八八五年創立・一九〇六年認可、四年制）や淡水中学校（一九一四年認可、五年制）があった[9]。前者はイングランド長老教会宣教師が設立した学校で、後者はカナダ長老教会宣教師が設立した学校だった。第一次台湾教育令下では、これらのキリスト教系学校から、医学専門学校や台南商専へ進学する者も見られた[10]。

共学制が施行された二ヵ月後である一九二二年六月、「私立学校規則」（府令第一三八号）が発布された。同規則は、私立学校を中学校に位置づける場合は、「台湾公立中学校規則」（府令第六六号）が定める規定を準用すること（第二条）。そうでない場合は、中学校に「類スル学校」または「各種学校」とみなす（第三条）と定めていた[11]。駒込武の研究によれば、これらの規定は、既設の私立学校をすべて各種学校とした上で、各種学校であるがゆえの不利益を補う救済措置（指定校制度）を適用しないという、大きな問題をはらんでいた[12]。かくして台南長老教中学校と淡水中学校は、私立各種学校に周縁化された。しかも、公立中学校と区別するために、もとの校名から「校」の字を取って、台南長老教中学、淡水中学に改称された。

こうした措置に対して、キリスト教系学校もただ手をこまねいていたわけではなかった。台南長老教中学関係者は、日本内地のキリスト教系学校と同一の待遇を得ること、すなわち専検の指定校となることをめざして、総督府が出す条件（有資格教員の比率が三分の二以上、一〇万円の基本財産を形成して財団法人を設立する）をクリアするための策を講じている。同校は日本人も受け入れてはいたが、ほぼ台湾人生徒で占められた[13]。財団法人化をめざす寄付

金集めの過程では、林茂生教頭を結節点として教会関係者と教会外の抗日運動関係者が結びついた。そうしたなかで、台南長老教中学を「台湾人の学校」にしようという思いが、同校にかかわった人びとのなかに芽生えてゆく。[14]

一九二七年五月、台南長老教中学は、ついに総督府から財団法人設置が許可された。だがこれで指定校として認められたわけではなく、キリスト教系学校であるにもかかわらず、今度は神社参拝という新たな難題が突きつけられた。[15]

やっと条件をクリアしたかと思えば、さらに高いハードルが用意される。こうしてキリスト教系学校は、長いこと私立各種学校の位置に留め置かれた。私立中学校の看板がかけられない学校からは、生徒も離れてゆく。公立中学校が入学難ということもあり、キリスト教系学校にも、入学時には生徒が集まる。だが新入生が卒業を迎える頃には、片手で数えられるくらいしか残っていない。多くは途中で上級学校に進める別の学校に移ってしまうためである。[16] いつしかこれらの学校には、「公立に合格できなかった者が行くところ」、「程度が低い」といった、不名誉な評価が定着していった。[17]

前出の駒込は、台南長老教中学を指定校としなかったのは、同校を通じて上級学校への進学ルートが開かれると、「公立学校における政治的規律化の実践の不条理さを際立たせてしまう」可能性があること。そうはならないように、「社会的上昇移動を目指す若者たちは公立学校に囲い込んで、ひとりひとりを孤立化させたうえで、そのなかで生きていくほかないのだと思い込ませる必要があった」と述べている。[18]

ここで、公立中学校に総督府や州当局が強制的に囲い込まなくても、台湾人自らが囲い込まれることを願う側面があったことに注意したい。駒込も指摘しているように、公立中学校は、社会的上昇移動と密接なかかわりがあったからである。

このことに関連して、陳五福（一九一八年生）は、「当時中学校卒業後政府機関に就職するのが一般的であり、その社会地位や給料も、ほかの職種と比べて高かった」といっている。[19] 台湾人が官・公庁に就職しても、日本人との待遇格差が顕著であった。それでも多くの台湾人は、「政府機関」での仕事を、「社会地位や給料」をある程度保証してくれるものと受けとめていたことが、右の回想からわかる。それは、「ファーマー」（第四章第六節）の対極にあった。ただし、「政府機関」である程度「良い」待遇を得るには、中等学校卒業という学歴が重要であった。[20]

中等学校卒業以上の学歴を獲得すれば、台湾人でも教育資格に見合った社会的地位に恵まれる可能性があった。前段の陳五福は、一九三六年に基隆中学校を卒業し、台北高等学校高等科を経て台北帝国大学に入学。卒業後は、台北帝国大学医学部附属医院に眼科医として勤務している。

公立中学校は、社会的上昇移動を果たすための最初の関門として、大きな意味をもった。公立中学校を最終学歴にするとしても、そこで優秀な成績を修めなければ、「良い」仕事にはつけない。ゆえに、公立中学校に入学した多くの台湾人は、大部分の時間を机に向かうことにあて、部活などの課外活動を存分に楽しむゆとりはなかったと想像できる。

また、ひとくちに公立中学校といっても、台湾人主体の学校よりも日本人主体の学校に入るほうが、より価値が高いと考えられているフシもあった。たとえば、一九三六年度に台南第一中学校に入学した王育徳（言語学者・政治活動家）は、「国語〔引用者注：日本語〕の力をつけるには、何といっても内地人のあいだに入っていくことが一番の早道である。本島人の多い台南二中に行っては、国語の力はいつまでたっても身につかない」と述べている。[21]この言葉を翻って考えると、台湾人が日本人主体の中学校に合格したということは、初等教育終了の段階で日本人に混じっても遜色がないと、学校側に「認められた」ということでもある。

「認められた」台湾人の喜びようは、大変なものであった。台北第一中学校校友である連華圻（一九四三年度入学）は、同窓会誌に次のように記している。

〔引用者注：台北第一中学校は〕一学年に本島人は二名と慣例上の制限があり、同期に試験を受ける杜祖健君は御尊父が台北帝大の有名な教授〔引用者注：杜聡明[22]〕であり、その長兄、杜祖智さんは已に一中に在学中で杜祖健君は先づ九九％合格の筈とは本島人受験生父兄の誤らざる判断であり、杜君と同じ樺山小学校から受験する私は他人から見れば同じ小学校から二人も本島人が入学する筈は無いとの事で「止めろ、止めろ」との忠告が殺到、子供心にも大なる不安におののく毎日でした。そういうわけで一中に入った当初の日々は本当に得意の絶頂で大稲埕（私の家は台北橋の近所でした）を抜けて登校する時は自分の稀少価値を誇るばかりに「皆見てくれ」と頭を上げて一中の帽子を殊更に誇示するのでした[23]

台北第一中学校は、一九〇七年に日本人を対象として開校した総督府中学校を前身とする。日本人統治者の設立した中学校としては、もっとも歴史の古い学校だった。共学制施行後も日本人をおもな教育対象とし、台湾人の入学を制限する措置を採っていた。だが連は、あえて台北第一中学校に挑戦するため、「樺山小学校」（卒業時は樺山国民学校、四五年廃校）に通い、周到に準備した。同級生のなかに、父親が「台北帝大の有名な教授」だという強力なライバルがいた。志望校に入れないのではないかと心配していたが、みごと関門を突破した。連はこの経験を経て、「大なる不安におののく」人間から「稀少価値を誇る」人間へと変貌を遂げている。

被植民者である台湾人が人としての誇りを取り戻すには、日本人と同等、あるいはそれ以上の実力を見せなければならない。それをわかりやすく証明するのが学歴だと考えれば、台湾人であっても日本人統治者が構築した教育システムのなかで生きてゆくほかないのである。

台南長老教中学を指定校にしよう、「台湾人の学校」にしようと尽力していた林茂生さえも、この呪縛からは逃れられなかった。一九三三年、林は公学校を終えた息子・宗義を、台南長老教中学ではなく、台南市内の公立中学校でもなく、台北第一中学校以上に日本人だらけの台北高等学校尋常科に進学させている[24]。

台南長老教中学は、「台湾人の学校」という理念が詰まった学校だった。しかし、理念だけでは植民地という現実と渡り合えない。息子が「台湾人の学校」に入ったとして、果たして「稀少価値を誇る」人間として植民地社会を生き抜いてゆけるかどうか、確証がもてない。そうであるならば、いっそのこと、日本人でさえ入るのが難しい台湾の最難関校㉕に入れてみてはどうだろう。息子の進学をめぐって、林茂生の胸中にはこんな思いが駆けめぐったのではないか。もしかしたら宗義のほうは、進学に際して別の希望があったかもしれない。だが「親ごころ」を汲んで、現実と向き合う道を選択したと考えられる。

公立中学校での生活それ自体は、日本人・台湾人に関係なく、多くの生徒にとって、総じて有意義なものだったと思われる。宗義の台北高等学校尋常科での生活も例外ではなかっただろう。ただ、そうした意義深いことを、キリスト教系学校ながら神社参拝を要求され、しかも指定校でさえない「台湾人の学校」で伝えるには難しさがあることに、林茂生は、一人の父親として、一人の教育者として、やりきれない思いを抱いていたに違いない。

第三節 中学校を支えたのは誰か

本節で問題としたいのは、公立中学校入学者はどのような社会的出自をもっていたのか、ということである。以下に、学校に選抜される側の状況に接近するために、子どもを中学校に入れた保護者の社会階層や、職業別人口構成の推移が中学校のあり方におよぼした影響を、概括的に検討してゆく。

(1) 台湾在住者の職業傾向

植民地台湾に在住した人びとは、どのような職業にたずさわっていたのか。中学校の支持基盤を考える前に、全般的な職業傾向を押さえておきたい。

表3は、一九二〇年と三〇年に実施された国勢調査にもとづき、台湾在住男性の職業別人口と各業種が人口比に

表3　台湾に居住する日・台人男性の職業別人口

			業　種										合計
			農業	水産	鉱業	工業	商業	交通業	公，自	家事	其ノ他	無業（収入ニ依ル者）	
1920年	日	人	2,815	1,456	1,187	17,384	9,567	7,466	23,751	37	227	28,686 (548)	92,576
		%	3.0	1.6	1.3	18.8	10.3	8.1	25.7	0.0	0.2	31.0 (0.6)	100.0
	台	人	757,917	27,007	15,629	84,568	83,600	35,428	23,811	1,330	72,337	680,009 (25,486)	1,781,636
		%	42.5	1.5	0.9	4.7	4.7	2.0	1.3	0.1	4.1	38.2 (1.4)	100.0
1930年	日	人	3,474	1,617	411	13,796	11,043	8,360	34,511	32	2,600	48,900 (878)	124,744
		%	2.8	1.3	0.3	11.1	8.9	6.7	27.7	0.0	2.1	39.2 (0.7)	100.1
	台	人	860,613	25,916	16,970	95,832	129,372	48,677	34,260	1,526	53,545	925,673 (11,352)	2,192,384
		%	39.3	1.2	0.8	4.4	5.9	2.2	1.6	0.1	2.4	42.2 (0.5)	100.1
増減指数	日	%	123	111	35	79	115	112	145	86	1145	170 (160)	135
	台	%	114	96	109	113	155	137	144	115	74	136 (45)	123

（典拠）『第1回台湾国勢調査（第3次臨時台湾戸口調査）集計原表（州庁ノ部）（大正9年10月1日）』（台北・台湾総督官房臨時国勢調査部，1922年），『国勢調査 昭和5年全島編』（台北・台湾総督府官房臨時国勢調査部，1934年）をもとに作成。

（注1）「業種」欄の「水産」は「水産業」，「公，自」は「公務，自由業」，「家事」は「家事使用人」，「其ノ他」は「其ノ他ノ有業者」の略。

（注2）1920年の職業分類は，本業者・本業従属者・無業者（家事使用人，無職業）で構成される。他方，1930年の場合，本業従属者が「無業」として統計されており，どの業種の従属者か不明である。そのため本表は1930年の形式に統一し，20年の「農業」・「水産業」・「鉱業」・「工業」・「商業」・「交通業」・「公務，自由業」・「其ノ他ノ有業者」の本業従属者を「無業」に分類した。

（注3）1920年の調査では「無業者」に分類されている「家事使用人」を，30年の形式にならって一業種として示した。

（注4）「日」は日本人，「台」は台湾人の略。「台」のなかに先住民を含む。

（注5）構成比は小数点以下第2位を四捨五入しているため，合計は必ずしも100%とはならない。

（注6）構成比において四捨五入して0.1に満たないものについては0.0と表記する。

占める割合を、民族別に示したものである。各業種の量的変化を探るために、二〇年の人口を一〇〇として見た三〇年の数値を、「増減指数」として併記した[26]。職業分類上の定義を補足すると、「其ノ他ノ有業者」は日雇いや雑役夫などで構成される。また「無業」は、「収入ニ依ル者」（地主、年金・恩給生活者）と「無職業」（学生・生徒、被収監者、入院患者など）に分類される。表3には、「無業」中の「収入ニ依ル者」の数値を「無業」欄のカッコ内に示した。

表3「一九二〇年」の枠から民族別に状況を見ると、職業分布の偏りが目につく。日本人の場合は、「無業」を除き「公務、自由業」の多さが目立ち、以下に「工業」、「商業」、「交通業」と続く。反対に、「農業」・「水産業」・「鉱業」はきわめて少ない。日本の一部の植民地に居住する日本人に特徴的な傾向を示している[27]。他方、台湾人は、やはり「無業」を別とすれば、「農業」がもっとも多く、全体の四二・五パーセントを占める。日本人社会では多数派の「公務、自由業」は、台湾人社会では少数派だった。台湾人「公務、自由業」は、絶対数では日本人の同業種を上回るものの、人口比全体に占める割合は一・三パーセントという少なさである。

次に、一九三〇年の状況を二〇年と比較したい。

表3「増減指数」から日本人側に注目すると、日本人男性の職業別人口は、全体として一三五と増加している。これを上回るのは「公務、自由業」・「其ノ他ノ有業者」・「無業」であり、一四五・一一四五・一七〇という数値を示している。一九二〇年当時、「公務、自由業」と並んで多数派を形成していた「工業」と「商業」の「増減指数」を見ると、「工業」（七九）は減少に転じ、「商業」（一一五）は増加の幅が狭い。「工業」の減少や「商業」の伸び悩み、「其ノ他ノ有業者」の急増といった現象からは、二〇年代後半以降の不況の影響が窺える。こうしたなかで依然として増加が目立つのは、「公務、自由業」である。

表3「増減指数」から台湾人側を見てみたい。職業別人口は、全体として一二三と増加している。これを上回るのは「商業」・「公務、自由業」・「交通業」・「無業」であり、一五五・一四四・一三七・一三六という数値を示して

いる。これらのうち「商業」・「公務、自由業」・「無業」の三業種に着目したい。絶対数の変化を見るために、表3「一九二〇年」と「一九三〇年」の枠から、当該業種の人数を抜き出してみる。二〇年から三〇年までに、台湾人「商業」は八万三六〇〇人から一二万九三七二人、「公務、自由業」は二万三八一一人から三万四二六〇人と、ともに万単位で増えている。台湾人「無業」の絶対数の変化はさらに大きく、六八万九人から九二万五六七三人と、二五万人近く増加している。これは「無業」の大多数を構成する「無職業」、すなわち生徒・学生の増加を示している。反対に、「無業」を構成するもう一方の「収入ニ依ル者」は、二万五四八六人から一万一三五二人へと減少し、結果として「増減指数」も四五と減少が著しい。これは伝統的な地主層の減少を意味すると思われる。

「無業（収入ニ依ル者）」の減少と併せて注目したいのは、台湾人男性の職業としてもっとも一般的な「農業」の変化である。表3「一九二〇年」と「一九三〇年」の枠から「農業」に注目すると、絶対数は七五万七一九七人から八六万六一三人に増加している。しかし増加の幅が狭いため、人口比に占める割合は一〇年間で四二・五パーセントから三九・三パーセントへと減少している。

これらから、一九二〇年代以降、台湾人のなかにも「農業」や「無業（収入ニ依ル者）」以外の職業を選択する可能性が広がりつつあり、その転身先は「商業」や「公務、自由業」だったことが想像できる。

（2）中学校を支える基盤

職業別人口を構成する一〇業種のなかで、中学校を支える基盤を形成したのはどの業種であったのか。

中学校生徒保護者については、『台湾総督府学校生徒及児童身体検査統計書』に記録が残っている。同書は、総督府が五年に一度、官立・公立学校の学生・生徒を対象に行なった健康調査報告書である。現在、國立臺灣大學法律學院が立ち上げた「臺灣日治時期統計資料庫」というサイトから、一九一七年・二二年・二七年・三二年・三七年の調査結果が閲覧できる。このうち、一七年と二二年の調査分に、学生・生徒の健康状態を学校別・保護者の職業別に統計したデータがあり、そこから保護者の職業が特定できる。これらの史料に依拠して中学校生徒保護者の職業を見たい。

表4は、一九一七年度官立・公立中学校生徒保護者の職業を示している。

表4から日本人側の「総計」の構成比を見ると、保護者の職業は、「公務、自由業」（四三・九パーセント）、「商業」（二二・〇）、「工業」（一七・二）、「交通業」（一一・六）の順に多い。これらの業種は、表3に示した一九二〇年当時日本人男性の職業として多数だった、上位四業種（「無業」を除く）と一致する。日本内地ではおもな基盤を形成していた「無職業（収入ニ依ル者）」と「其他ノ職業」は、台湾では割合的に少なく、おもな支持基盤になり得ていない。植民地台湾と日本内地における日本人の職業分布の差が窺える。

次に、台湾人側の状況を見たい。表4「公立台中中学校」の構成比を見ると、台湾人保護者の職業は、「農業」（四〇・三パーセント）、「商業」（二五・〇）、「無業（収入ニ依ル者）」（一五・三）、「公務、自由業」（一三・九）の順に多い。これらの業種を、表3に示した一九二〇年当時の台湾人男性の職業別人口構成比に照らし合わせると、「農業」（四二・五パーセント）、「商業」（四・七）、「無業（収入ニ依ル者）」（一・四）、「公務、自由業」（一・三）となる。台湾人保護者の場合、必ずしも職業別人口比に占める割合が高い業種で構成されているわけではない。

台湾人保護者の職業として多い四業種のうち「農業」は、台湾人男性の職業別人口構成比の多さと比例する唯一の業種である。表4では「農業」の実態が不明なので、『台湾公立台中中学校要覧』（一九一七年一〇月調査）所収の「庁別父兄資産別調」から補足したい。同史料によると、公立台中中学校生徒二九〇人中、一万円以上の資産を有する家庭の出身者は二一六人にのぼる。[28] ここから、表4でいわれる「農業」とは、地主的な立場に近い自作農上層だったことが推測できる。公立台中中学校生徒保護者中の「農業」に限って、「無業（収入ニ依ル者）」と同業種と考えても差し支えないだろう。他方、「商業」・「公務、自由業」は、いずれも台湾人側の職業別人口構成比では少数派である。これはつまり、「商業」と「公務、自由業」に、子どもを中学校に通わせようとする意欲が特に高かっ

表4　官立・公立中学校生徒保護者の職業（1917年4月調査）

対象	校名	単位	業種										合計
			農業	水産	鉱業	工業	商業	交通業	公，自	家事	其ノ他	無業（収入ニ依ル者）	
日本人	台北中学校	人	21	2	0	120	169	89	355	0	3	12 (3)	771
	台南中学校	人	9	2	0	69	73	39	128	0	2	6 (3)	328
	総計	人	30	4	0	189	242	128	483	0	5	18 (6)	1,099
		%	2.7	0.4	0.0	17.2	22.0	11.6	43.9	0.0	0.5	1.6 (0.5)	99.9
台湾人	公立台中中学校	人	116	2	0	11	72	0	40	0	3	44 (44)	288
		%	40.3	0.7	0.0	3.8	25.0	0.0	13.9	0.0	1.0	15.3 (15.3)	100.0

（典拠）『台湾総督府学校生徒及児童身体検査統計書』（台北・台湾総督府民政部学務部，1919年）をもとに作成。
（注1）表3注4・注5と同様。

たことを意味する。

こうした状況は共学制施行後、どのように変化したのだろうか。

表5は、一九二二年度公立中学校生徒保護者の職業を示している。

表5から日本人側「総計」の構成比を見ると、保護者の職業として多いのは、「公務、自由業」（六七・三パーセント）、「商業」（一四・八）、「工業」（八・二）である。三業種だけで全体の九〇パーセントに達する。特に「公務、自由業」の割合は、表4「総計」に示した数値（四三・九パーセント）よりもさらに高い。

次に、表5から台湾人側「総計」の構成比を見ると、保護者の職業として多いのは、一九一七年と同様、「農業」（二九・二パーセント）、「商業」（二八・七）、「無業（収入ニ依ル者）」（二三・八）、「公務、自由業」（一〇・二）である。四業種だけで全体の約九二パーセントを占めている。これらの業種が保護者のなかに占める割合は、どのように変化したのか。表4と表5に記した構成比を照合すると、「農業」は四〇・三から二九・二パーセントへ、「商業」は二五・〇から二八・七パーセントへ、「無業（収入ニ依

表5　公立中学校生徒保護者の職業（1922年4月調査）

州	校名	対象	単位	業種										合計
				農業	水産	鉱業	工業	商業	交通業	公，自	家事	其ノ他	無業（収入ニ依ル者）	
台北	台北第一中学校	日	人	13	2	7	50	121	9	505	2	2	48（7）	759
		台	人	不詳	→	→	→	→	→	→	→	→	→	→
	台北第二中学校	日	人	0	0	0	1	4	1	22	0	1	1（1）	30
		台	人	14	0	2	3	26	0	8	2	0	13（13）	68
新竹	新竹中学校	日	人	0	0	0	10	7	1	49	1	0	0（0）	68
		台	人	9	0	0	2	8	1	1	0	0	11（11）	32
台中	台中第一中学校	日	人	不詳	→	→	→	→	→	→	→	→	→	→
		台	人	117	2	0	10	83	5	35	0	1	89（85）	342
	台中第二中学校	日	人	0	0	0	6	3	1	34	1	0	3（2）	48
		台	人	不詳	→	→	→	→	→	→	→	→	→	→
台南	台南第一中学校	日	人	6	0	1	47	69	18	313	4	1	6（2）	465
		台	人	1	0	0	1	13	0	3	1	0	7（7）	26
	台南第二中学校	日	人	0	0	0	0	3	0	6	0	0	1（0）	10
		台	人	18	0	0	8	31	1	9	1	0	21（20）	89
高雄	高雄中学校	日	人	0	0	1	5	8	8	46	0	0	0（0）	68
		台	人	13	0	0	3	8	0	4	0	0	4（4）	32
総計		日	人	19	2	9	119	215	38	975	8	4	59（12）	1,448
			%	1.3	0.1	0.6	8.2	14.8	2.6	67.3	0.6	0.3	4.1（0.8）	99.9
		台	人	172	2	2	27	169	7	60	4	1	145（140）	589
			%	29.2	0.3	0.3	4.6	28.7	1.2	10.2	0.7	0.2	24.6（23.8）	100.0

（典拠）『大正11年 台湾総督府学校生徒及児童身体検査統計書』（台北・台湾総督府内務局学務課，1924年）をもとに作成。

（注1）典拠史料には，台北第一中学校・台中第二中学校の台湾人生徒，台中第一中学校の日本人生徒のデータが未記載のため，当該欄も空白になっている。

（注2）表3注4・注5と同様。

ル者)」は一五・三から二三・八パーセントへ、「公務、自由業」は一三・九から一〇・二パーセントへと変化している。「農業」の減少が顕著なのはなぜか。原因を探るため、表5から学校別の人数を見ると、台北第二中学校・台南第一中学校・台南第二中学校の三校で、台湾人保護者の職業としてもっとも多いのは、「農業」ではなく「商業」である。地域によっては、台湾人側の支持基盤の核となるのは、必ずしも「農業」ではなかったとの推測が成り立つ。

「農業」ほどではないが、「公務、自由業」も、構成比に占める割合が減少している。これは、新竹中学校で「公務、自由業」が少なかったことに起因する。とはいえ、台湾人「公務、自由業」の全体に占める構成比は、一〇パーセント強を保持している。

右の二業種とは反対に、構成比に占める割合が増加しているのは「商業」と「無業(収入ニ依ル者)」である。ただし、台湾人保護者中の「農業」を「無業(収入ニ依ル者)」と同業種とみなして合算すると、五五・六から五三・〇パーセントへと減少に転じる。

共学制施行後、子どもを中学校に通わせた保護者の職業として多いのは、日本人側は「公務、自由業」・「商業」・「工業」の三業種、台湾人側は「農業」・「商業」・「無業(収入ニ依ル者)」・「公務、自由業」の四業種だった。この限られた業種だけで、民族別に全体の九割を構成した。業種別に割合の変化を見ると、一九一七年から二二年までの五年間で、日本人「公務、自由業」は、生徒保護者のなかに占める割合を増した。他方、台湾人側の保護者は、自作農上層・地主の減少が目立つのとは対照的に、「商業」が増えていた。また、職業別人口では少数派である台湾人「公務、自由業」は、保護者の職業として一〇パーセント強を保持していた。

こうした状況は、台湾社会全般における職業別人口構成の変化とも整合的である。表3で見たように、一九二〇年代を通じて、日本人は「公務、自由業」が増え続け、台湾人は「農業」・「無業(収入ニ依ル者)」が伸び悩み・減少傾向にある一方で、「商業」や「公務、自由業」が増加していた。台湾人「商業」・「公務、自由業」は、割合として見れば数パーセントの増加に止まった。しかし絶対数で見れば、数万人規模で増加していたことに注意する必要がある。中学校入学志願者の輩出母体を形成し得るこれらの人びとの増加が、進学圧力を高めることになった。台湾人の進学難は、民族差別だけではなく、進学希望者の増加も一因としてあったといえる。

日本教育史研究の領域では、大正期における「新中間層」の増大が中等学校の大衆化を後押ししたことが定説となっている。本節で明らかにしたのは、日本内地と同様の変化がやや遅れて、相対的に小規模ながら、台湾人社会でも生じつつあった事態である。共学制施行後、学歴を重視し子どもを上級学校に行かせようとする人びとが、前段に示した業種を中心に増えつつあった。ここで、職業構成の変化と進学要求の高まりは、相互促進的な側面をもったことに注意する必要がある。すなわち、共学制下で自作農上層・地主の子どもが新式の教育を受け、学校教育修了後は親と同じ職業を選ばずに、「公務、自由業」に代表されるようなホワイトカラー的な職業につく、あるいはホワイトカラー予備軍になるという意味で、社会構造の変化が促された。社会構造の変化のなかで、中学校の需要がさらに高まるという意味での相互促進である。こうした循環が生じつつあるなかで、中学校が一、二校増やされ、既設校の定員がやや拡大したところで、進学要求は十分に満たせなかった。台湾人側のこうした状況が、日本人の進学にも影響を来たしたと考えられる。

第四節　準備教育廃止をめぐるドタバタ

共学制施行後、初等教育機関では、児童を一人でも多く進学させるために、準備教育が習慣化していた。一九二五年九月四日付『台湾日日新報』は、台北市内の尋常小学校と公学校の現状を報じ、「受験者のために課外教授をしてをらぬ学校は一校もない」と断言している。

そうしたなかで、総督府は「暴挙」に出た。一九二六年一二月二九日付『台湾日日新報』によれば、「単に知識

図1　講義録の広告

の注入に専心して児童心身の疲労を顧慮すること尠く甚しく児童教養の方途を誤る」との理由で、各州の州知事に対して準備教育厳禁を通達したのである。

これには批判が殺到した。『台湾民報』は、準備教育を廃止すれば入学難が緩和されると考えるのは短絡的であり、真に問題を解決したければ、中等学校の定員を拡大すべきだと意見した[29]。御用新聞として名高い『台湾日日新報』さえも、通達が出た当初は「総督府当局の英断」と報じていたが[30]、程なく批判に転じた。たとえば、同紙は、一九二七年二月二日と三日の二回にわたって、準備教育廃止の問題点を指摘している。そこで、「準備教育を廃止しても、それは単に指導者を変へて学校教師の代りに私設の教師や父兄が之に肩替りをしたと云ふだけで、問題の準備教育の実質は依然として行はれて居るのみか、其の肩替り者は職業的の教師でないだけに、改善どころか却つて改悪されたと見る方が至当」との現状認識を示し、準備教育廃止以前に、「中等学校への予備門」化して、競争をあおっている初等教育機関のあり方を見直す必要があること[31]。また中等学校側も、一人でも多くの進学希望者を収容するために、定員増加を検討すべきであることを主張している[32]。

総督府は、準備教育厳禁を、児童の心身の疲労を軽減することが目的と公言した。しかしその真の狙いは、台湾人の進学制限にあった。中等学校の入試問題が尋常小学校の教科書を中心に出題されたことは、『台湾民報』でしばしば批判されていた[33]。この状況下で準備教育が廃止されれば、尋常小学校とは異なる教科書を使っている公学校児童に、圧倒的に不利だからである。

だがこのあと入学難に苦しむ台湾人の前に、日本人民間人の側から進学を助長するような動きがあらわれる。たとえば、一九二八年五月二〇日付『台湾民報』は、講義録の広告を掲載している（図1）。発行元は台湾通信中学会といい、幹部には尾崎秀真（元『台湾日日新報』編集員）や小松吉久（元宜蘭庁長・日本拓殖株式会社取締役）などが名を連ねていた[34]。広告は、「現今の活社会に起つて活動せんとする青少年諸子は是非共中学卒業程度の学力と実力とが無くてはならぬ」と始まる。注意したいのは、広告が『台湾民報』読者（多くは台湾人であろう）に、今の世の中「中学卒業程度の学力と実力」が不可欠だと訴えていることである。二〇年代以降、『台湾民報』を購読するような識字能力が高くかつ経済的に安定した台湾人のあいだで、子どもには最低「中学卒業程度の学力と実力」が必要だという教育観が定着しつつあったことが窺える。

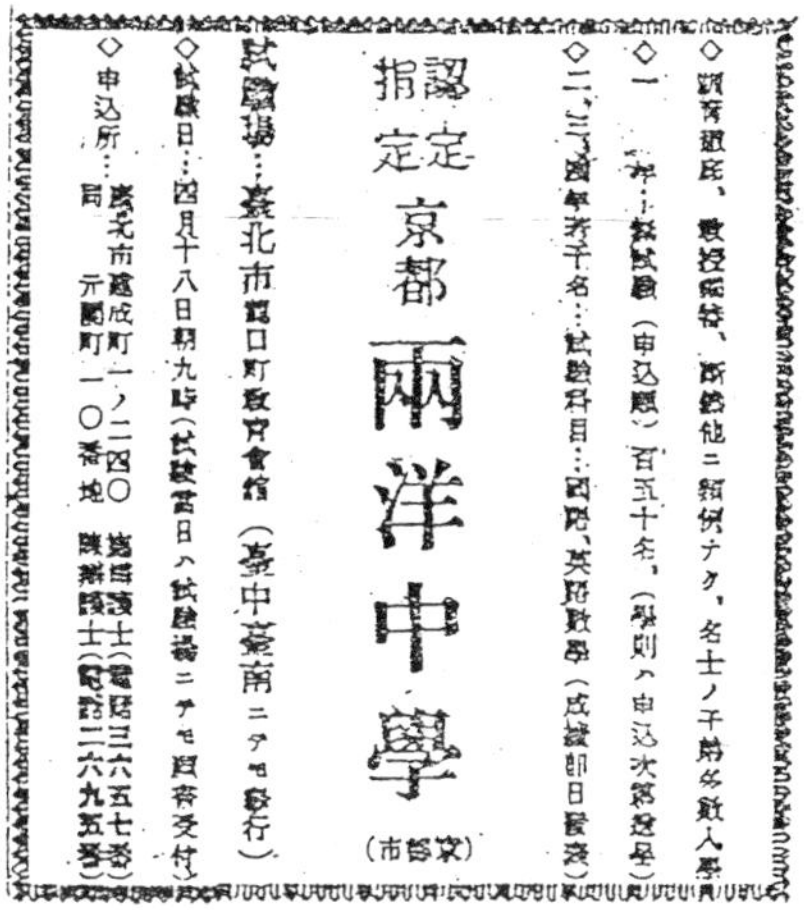

図2　両洋中学の生徒募集広告

また、一九三二年四月二日付『台湾新民報』（『台湾民報』の後身）には、日本内地の京都両洋中学（現京都両洋高等学校）の広告が掲載された（図2）。広告は、第一学年には申し込み順に一五〇人を無試験で入学させ、第二学年以上への編入学希望者には、台北・台中・台南に設けた試験会場で試験を実施すると謳っている。

右から、講義録で中学校の課程を予習しつつ、日本内地の私立中学校をめざす台湾人の姿がイメージできる。そうした推測を補強するように、日本内地に留学する台湾人は、準備教育厳禁が通達された翌年である一九二七年には一二四〇人、三二年には一六二七人、三七年には二八一二人と、増加の一途をたどった[35]。台湾人の入学難に着目した一部の日本人が教育事業に乗り出し、台湾人の進学や留学を後押ししている状況が如実に数字に反映されている。

こうした事態に直面し、総督府は一九三〇年代後半以降、ついに中学校の新設・増設を加速させ、台南長老教中学や淡水中学などを私立中学校として認可するなどの措置を採らざるを得なくなる。

第五節　再び地域に立ち返って

以上、一九二〇年代以降の公立中学校入学にまつわる諸問題を考察してきた。本補論における議論を踏まえつつ、各地域で起こった学校誘致運動について再び考えたい。

まず、中学校の支持基盤と運動有志の関連性である。台湾で子どもを中学校に行かせたのは、日本人はおもに「公務、自由業」・「商業」・「工業」の三業種、台湾人はおもに「農業」・「無業（収入ニ依ル者）」・「商業」・「公務、自由業」の四業種であった。これらの業種と運動有志とのあいだには、いかなる関連があったのか。

第二章から第四章までに登場した運動有志の職業を抜き出してみると、日本人は、医師、企業・金融機関の管理職、個人商店主、代書業、専売品売捌、専門学校校長、弁護士、新聞記者、土木請負、初等教育機関校長といった職業が目立った。他方、台湾人は、開墾業、専売品売捌、個人商店主、布教使、企業・金融機関の管理職、専門学校教授、地主、弁護士、役場の吏員などで構成された。これらの職業を、国勢調査の職業分類一覧『職業名字彙』（一九二〇年）に当てはめてみる。日本人の場合、「公務、自由業」（医師、代書業、専門学校校長、弁護士、新聞記者、初等教育機関校長）、「商業」（専売品売捌、企業・金融機関の管理職、個人商店主）、「工業」（企業管理職、土木請負）に該当する。他方、台湾人は、「農業」（開墾業）、「公務、自由業」（布教使、専門学校教授、弁護士、役場の吏員）、「無業（収入ニ依ル者）」（地主）、「商業」（専売品売捌、企業・金融機関の管理職、個人商店主）、「工業」（企業管理職）に分類できる[36]。

この結果から、運動有志と子どもを中学校に通わせた保護者の職業とが大まかな点で一致していたことがわかる。学校の設立・存廃は有志たちの利害に直結するため、民族や職業の相違を超えて、一定の協力関係が成立し得たのである。

次に、中等学校誘致運動が起こった時期と、有志たちの動向の相関性を考えたい。高雄州屏東・鳳山両街の運動は共学制施行以前、台南州嘉義街の運動は共学制施行後の出来事である。つまり、前者は中学校整備が本格化する以前であり、後者はそれ以後のことである。時期的な差を考慮すると、運動に対する積極性の相違は、共学制下の進学をめぐる状況把握の違いと考えることもできる。

また第二節に述べた私立学校との関連で考えると、総督府による台南商専廃校の決定からは、私立学校を認可しなかった措置と同じ意図が透けて見える。理系以外の知識を授ける台南商専を通じて台湾人の専門学校進学が当たり前のようになると、総督府側の「政治的規律化の実践[37]」に不都合が生じてしまう。上級学校に進学する台湾人の数や質を注意深くコントロールするためには、台南商専を廃校することが「必要」だった。だがそうした目論みは、総督府が地域住民による「自治」や共学制のもつ意味を十分に考慮していなかった点で、予想外の事態に発展する。台南商専関係者だけでなく台南市在住の日・台人も、台南商専の高商昇格を求めるようになるからである。ただ、台南商専廃校が告示された当時、台湾には中学校が二校しかなかった。中学校卒業生の数が限られるなかで、高商昇格要求は早すぎた。この問題は、一九二二年に新設・増設された中学校からの卒業生が出揃う二〇年代半ばに至って、ようやく現実味を帯びることになる。

南部台湾における中学校誘致運動は、一九二四年の嘉義中学校新設をもって一段落する。だが本補論で確認したのは、それ以降入学難がさらに厳しさを増してゆく状況である。特に三〇年代以降、日本内地への留学生が増加し、また南部以外の地域でも、中学校誘致運動が盛り上がるようになる。(38) 教育を受ける側からの圧力が、総督府に学校の新設・増設や私立中学校の認可という措置に踏み切らせる。こうした状況のもとで、中学校に進学する台湾人は決して多いとはいえないものの志願者は増加し、それに比例して入学者も増えていた。植民地台湾においても、中学校は着実に大衆化に向かっていたといえる。

（1）「入学難を緩和せよ！／あまりに惨しい児童の準備教育／台北市の学務委員や父兄会が起つ」『台湾日日新報』一九三三年六月五日付など。
（2）『日本近代教育百年史五　学校教育（三）』（国立教育研究所、一九七四年）二〇五頁。
（3）米田俊彦「両大戦間期における中等教育の実相――中等教育一元化の現実的基盤の検討――」『日本教育史研究』第一〇号（一九九一年九月）三二頁。
（4）『昭和六年度　台湾総督府学事第三十年報』（台北・台湾総督府文教局、一九三三年）一三二、二一一、二六六頁。
（5）Mosei Lin, *Public Education in Formosa Under the Japanese Administration; Historical and Analytical Study of the Development and the Cultual Problem*, Submitted in partial fulfillment of the requirements for the degree of Doctor of Philosophy in the Faculty of Philosophy Columbia University, 1929, p. 139.
（6）『国勢調査　昭和五年　全島編』（台北・台湾総督官房臨時調査部、一九三四年）一二〇頁、内閣統計局『大正九年及昭和五年国勢調査 産業別人口の比較』（東京統計協会、一九三六年）一〇、一二頁。
（7）『日本帝国文部省第五十八年報　自昭和五年四月至昭和六年三月』（文部省大臣官房文書課、一九三三年）一〇二、一〇七頁。
（8）前掲米田「両大戦間期における中等教育の実相」三四頁。
（9）『大正九年度　台湾総督府学事第十九年報統計書』（台北・台湾総督府内務局学務課、一九二二年）一九三―一九四頁。
（10）駒込武『世界史のなかの台湾植民地支配――台南長老教中学校からの視座――』（岩波書店、二〇一五年）三〇三―三〇四頁。
（11）台湾教育会（編）『台湾教育沿革誌』（一九三九年／台北・南天書局、一九九五年復刻）九九三頁。
（12）前掲駒込『世界史のなかの台湾植民地支配』二八六―二八七頁。
（13）参考までに一九二四年を例に見ると、台南長老教中学の全校生二〇二人中、日本人はわずか一人であった（『大正十三年四月

末日現在　台南州管内学事一覧』台南・台南州内務部教育課、一九二四年、二四頁）。
(14)　前掲駒込『世界史のなかの台湾植民地支配』三二〇、三九九頁。
(15)　同上、三九四頁。
(16)　同上、三〇二頁。
(17)　鄭翼宗『歴刧歸來話半生――一個臺灣人醫學教授的自傳――』（台北・前衛出版社、一九九二年）一〇三頁。
(18)　前掲駒込『世界史のなかの台湾植民地支配』三五二頁。
(19)　張文義（整理記録）『回首來時路――陳五福醫師回憶録――』（台北・財團法人呉三連臺灣史料基金會、一九九六年）四五頁。
(20)　公学校卒業後就職した台湾人男子はどこに職を得たのか。台南長老教中学が財団法人となった一九二七年を例に見ると、有職者二万一一九七人中、「農耕、畜産、蚕業」（九三五六人）が圧倒的多数であり、だいぶ数を減らして「家事使用人」（一七六〇人）、「物品販売業」（一七三八人）があとに続いた（『昭和二年度　台湾総督府学事第二十六年報』台北・台湾総督府文教局、一九二九年、三二四―三二七頁）。
(21)　王育徳（著）・近藤明理（編集協力）『「昭和」を生きた台湾青年』（草思社、二〇一一年）一二一頁。
(22)　杜聡明については、井上弘樹「台湾の科学者と「光復」――杜聡明による国立台湾大学医学院の運営を事例に――」（『東洋学報』第九三巻四号、二〇一二年三月）など。
(23)　連華圻「運命の悪戯」麗正会（編）『麗正――台北一中創立百周年記念特集号――』（一九九八年一〇月）一三四頁。
(24)　前掲駒込『世界史のなかの台湾植民地支配』六六一頁。ちなみに、一九三三年度台北第一中学校入学者は二〇八人（日本人一九七人・台湾人一一人）。他方、台北高等学校尋常科入学者は四一人（三七人・四人）だった（『昭和八年度　台湾総督府学事第三十二年報』台北・台湾総督府文教局、一九三五年、一六九、一八一頁）。
(25)　関連の状況については、徐聖凱『日治時期臺北高等學校與菁英養成』（台北・國立臺灣師範大學出版中心、二〇一二年）一二九―一五一頁。
(26)　国勢調査の分類については、劉怡伶・斉藤修・谷口忠義「戦前台湾における有業人口の新推計」（一橋大学経済研究所『経済研究』第四九巻第二号、一九九八年四月）など。
(27)　一九二〇年代の朝鮮でも、在朝日本人の職業中、「公務、自由業」が最多で、次点が「商業」だった（高崎宗司『植民地朝鮮の日本人』岩波新書、二〇〇二年、一三七頁）。だが現地住民が少なく、民族的対立が比較的希薄な樺太では、第一次産業に従事する日本人住民が多数だったと、三木理史が指摘している（『移住型植民地樺太の形成』塙書房、二〇一二年、第二章）。

(28)『台湾公立台中中学校要覧』(台中・台湾公立台中中学校、一九一七年一〇月調査)四一頁。同史料に記載された公立台中中学校の生徒数と表4の数字は異なるが、それは統計時期の違いによるものと思われる。

(29)「入學試驗制度與/準備教育廢止問題」(漢文)『台湾民報』一九二七年二月二七日付。

(30)「児童の心身の過労を顧慮/準備教育厳禁/総督府当局の英断」『台湾日日新報』一九二六年一二月二九日付。

(31)「準備教育廃止/と入学難緩和/(上)初等教育の/目的に見よ」『台湾日日新報』一九二七年二月二日付。

(32)「準備教育廃止/と入学難緩和/(下)学級の定員増/加を断行せよ」『台湾日日新報』一九二七年二月三日付。

(33)「南部二州中學的/内臺人入學比較/臺灣人的比率差得多」(漢文)『台湾民報』一九二九年四月七日付。

(34)尾崎と小松の職業は、興南新聞社(編)『台湾人士鑑』(一九四三年/台北・成文出版社、二〇一〇年復刻)五六、一三二一一三三頁。

(35)佐藤由美・渡部宗助「戦前の台湾・朝鮮留学生に関する統計資料について」『植民地教育史研究年報』第七号(二〇〇五年三月)八五頁。

(36)『大正九年十月一日 第一回台湾国勢調査(第三次臨時台湾戸口調査)職業名字彙』(台北・台湾総督府官房臨時国勢調査部、一九二二年)一—二二一頁。

(37)前掲駒込『世界史のなかの台湾植民地支配』三五二頁。

(38)たとえば、「花蓮港商工会で/中学校設置運動/実行委員を挙げて」『台湾日日新報』一九三五年二月六日付など。

第五章　嘉義街から嘉義市へ
――「当て外れ」に終わった地元繁栄策――

本書の第二章から第四章までは、一九二〇年代前半の南部台湾における学校をめぐる動向を中心に検討してきた。第五章からは二〇年代後半に移る。まず本章では、台南州嘉義街で展開された市制運動の顚末に即して、地域社会の変容と総督府の政策との相互作用を考察する。

なお本章では、学校をめぐる問題は取り上げていない。第四章補論の最後で述べたように、嘉義街における学校誘致の要求は、一九二四年に嘉義中学校が新設されたことで一段落する。同街では二〇年代末に工業学校誘致の要求が起こるが、積極的な運動には発展せずに収束する（第七章）。入学難が厳しさを増してゆくなかで、学校誘致よりも市制施行を求める運動のほうが優先される。それはなぜなのか。一つの原因として、二〇年代後半の嘉義街では、街から市への「昇格」をめざすことが学校誘致よりも地元振興に効果的であると、多くの有志からみなされていたことが考えられる。

地域振興を講じるにあたっては、学校誘致が重要な位置を占める場合もあれば、さほど重視されない場合もあった。では、どのようなときに学校誘致がクローズアップされたのか。こうした側面は学校をめぐる運動だけに注目しても見えてこない。そこで、市制運動という、学校とは関係のない地域振興策も射程に入れることで、地域における学校誘致の意義を別の角度から考える材料としたい。

本章のあらましを述べておくと、市制運動の過程では、かつてともに中学校誘致運動にたずさわった有志間の同床異夢的な関係があらわになる。市制施行を推進しようとした有志のなかには、地元にもたらされる「文化の恩恵」[1]への期待があった。しかしいざ市制が施行されてみると、地域の「繁栄」（延いては市制施行を求めた有志の「繁栄」）という「幻想」は、「当て外れ」であったことがわかる。本章は、以下にその過程を描いてゆく。

第一節　外地における市制施行とは何か

一九二八年、総督府は、第五六回帝国議会に上程するための答弁資料「新竹、嘉義両街ニ市制施行ノ件」を作成した。そこには次のような記述が見られる。

> 嘉義街ハ人口台中市ニ比シ五六一三《ママ》人多ク、内地都市順位（大正十四年十一月一日現在ニ依ル）第五十八位及第五十九位宇部、水戸両市ノ中間ニ位シ、旧嘉義庁所在地ニシテ中学校、高等女学校、農林学校、営林所製材所、嘉義医院、台南地方法院嘉義支部、刑務所支部、通俗図書館、公設質舗、住宅建設組合、方面委員等市トシテノ諸設備整ヒ、尚同地方ハ産物豊饒ニシテ殊ニ嘉南大圳工事進捗ニツレ、農産業愈〃発達シ、附近ニハ多数ノ製糖工場アリ、又同地方ハ阿里山ヲ控ヘ居ル関係上同山ヨリ搬出サルル木材ノ集散地ニシテ市況繁栄シ、政治的経済的枢要ノ地ニシテ、他市ニ比シ敢テ遜色ナキノミナラス、街民亦挙ツテ市制施行ヲ熱望シ居ル[2]

右の文書には、嘉義に市制を施行する理由が三つ挙げられている。

第一に、「人口台中市ニ比シ五六一三《ママ》人多」いことである。文中の数字がどの時期かは特定できないが、市制施行直前である一九二九年末、台中市の人口五万一五七二人に対し、嘉義街は五万五四〇五人と統計されていた[3]。嘉義街の人口は、すでに市制が布かれた地域よりも多かった。

図1　嘉義市役所成立直前，街役場関係者が集まって撮った記念写真
1930年の嘉義市誕生をもって，20年から約10年続いた真木勝太街長時代は終わりを告げる。前列右から8人目が真木，その右隣が頼尚文。

第二に、「市況繁栄」が指摘されている。嘉義街は「旧嘉義庁所在地ニシテ」阿里山からの「木材ノ集散地」であり、「農産業愈〃発達」しつつあった。加えて、市制施行に際しては、当該地域の中等学校や官・公署、会社・工場、図書館などの文化的施設、病院などの保健衛生施設の整備状況が考慮されたと思われる。総督府は、嘉義街にはこれらの施設がある程度整備されており、市制施行の基準に達したと評価したようである。

第三に、「街民亦挙ツテ市制施行ヲ熱望シ居ル」とされている。嘉義街では一九二七年から市制運動が本格化し、運動状況が新聞に報じられる頻度は、同じ時期に始まった新竹街の運動よりも高かった。それは、嘉義街の運動が新竹街よりも積極的だったことを示すものと思われる。

嘉義への市制施行は、総督府から人口規模や「市況繁栄」の程度が既存の市と「遜色ナキ」と判断された結果であると同時に、一部の街民による運動の成果でもあった。とはいえ、当時の台湾には官選の諮問機関しかなく、地方議会は存在しない。そうしたなかで、市制を布くことにはどのような意味があったのか。

市と街の大きな相違は、公的機関の規模や職員構成の違

図2　台南州庁

1916年に台南庁庁舎として誕生した。20年の地方制度改正後台南州庁となり，30年まで台南市役所も州庁内にあった。設計者である森山松之助は，森山茂（貴族院議員）の長男で，五代友厚の甥にあたる。ほかに台中州庁や台北州庁の設計も手がけた。

いにあった。

普通地方行政事務は、街庄では街庄役場、市では市役所で執られ、警察行政事務の場合、街庄では郡役所警察課、市では警察署で処理された。それぞれの組織や人的構成には、どのような違いがあったのか。嘉義街で運動が本格化した一九二七年を例に、嘉義街と同街を管轄する台南州の州都・台南市を比較したい。

『台南官民職員録』によると、一九二七年当時の嘉義街役場は、街長一人（日本人）、助役二人（日本人一人・台湾人一人）、会計役一人（台湾人）、技手二人（日本人二人）、書記一二人（日本人四人・台湾人八人）の計一八人（日本人八人・台湾人一〇人）で構成された[4]。このうち街長、助役、会計役に注目したい。

嘉義街長を務めていたのは真木勝太だった。街長は原則として判任官待遇の名誉職とされたが、真木の場合、奏任官待遇で俸給を得ていた[5]。彼は、街行政を任せるに足るとして、総督府の信頼も厚い人物だったことが窺える。

助役として真木を補佐したのは、庄野橘太郎と頼尚文だった。庄野は一九〇〇年に総督府法院書記として来台し、のちに台北庁や嘉義庁などで警部職を担った[6]。警察関

図3　嘉義郡役所
嘉義郡警察課はこの建物のなかにあった。

係者を助役に任命したのは、郡役所の警察行政事務を補佐させる意味があったと考えられる。他方、頼尚文は、第四章表2に示したように、協議会員に任命された経歴をもつ実業家だった。

会計役には羅漢章があたった。羅は国語伝習所卒業後、長らく弁務署に勤めていたが、一九二〇年に嘉義街役場に転勤し、会計役を担うようになった[7]。

嘉義街役場上層部は、総督府からの信頼が厚い日本人民間人、警察関係者、それに早くから日本の植民地支配に協力的だった台湾人で構成された。街長・助役・会計役の任期はいずれも四年だが、一九二〇年以来人事に変動はなかった。嘉義街役場は、総勢二〇人足らずの小規模な組織であったとはいえ、助役や会計役などの要職に台湾人が配属されただけでなく、台湾人職員が日本人よりも多数を占めた点が特徴的だった。

一方、台南市役所は、市尹一人（日本人）、助役一人（日本人）、庶務課二七人（日本人二三人・台湾人四人）、水道課一〇人（日本人八人・台湾人二人）、財務課二六人（日本人一三人・台湾人一三人）の計六五人（日本人四六人・台湾人一九人）の構成だった。市尹・助役を除く日本人四四人中七人、台湾人一九人中九人が雇（吏員の事務補助）だった。台湾人吏員は相対的に少なく、しかも多くが補助的な立場に位置づけられていた[8]。

民族別の不均衡は、警察組織でさらに顕著となる。嘉義街の警察行政事務を管轄したのは嘉義郡役所警察課で、同課一四人は全員日本人だった。他方、台南警察署も一四人の組織であった。このなかに台湾人職員が一人在職したが、衛生関連の職務にたずさわる嘱託職員だった(9)。

嘉義街役場と台南市役所の人的構成上の差異から、次のことがいえる。

市制が施行されれば、街役場は、市役所へと組織拡大される。それにより、地方行政の重要なポストから台湾人が一掃され、代わって日本人官・公吏が配属される。加えて街が市になれば、警察行政事務が郡の管轄から独立する関係で、新たに警察署が設置される。警察行政の場では、人数の多寡・職位の優劣において、普通行政の場以上に日本人の優位性が際立った。公的機関における日本人職員の増加は、日本人民間人に対して、当該地域での「暮らしやすさ」を示唆したと思われる。市制施行を機に地域に日本人が増えれば、自然に日本人を対象とした商取引も活発化する。それは、政治・経済の両面から地域の「日本化」を後押しすることになる。市制施行は、地域レベルで植民地支配の浸透を促すのに効果的であった。

第二節　運動の背景・担い手・経過

(1) 運動の背景

嘉義街で市制運動の動きが最初にあらわれたのは一九二二年である。同年一二月一六日付『台南新報』に、「運動好きな嘉義街民／今度は市制を目標に／寄々運動の準備中」という見出しの記事が見られる。本文には、嘉義街では「自治制施行後二ヶ年を経過し居る今日此際市制を施行するを当然とすとの議論目下有力者間に唱へられ」ていると書かれている。

この時期、嘉義街で市制施行の必要が「有力者間に唱へられ」た理由として、一つの外在的要因が想像できる。

それは高雄に市制が布かれるという消息である。総督府は、一九二〇年の台北・台中・台南に続き、二四年には、基隆（台北州）と高雄（高雄州）を新たに市と定めている。ちなみに、二〇年代の日本内地では、人口二万五〇〇〇を市制施行の目安とした。[10]嘉義街は、二二年時点でこれを上回る人口を有し、しかも高雄街より人口が多かったので（第三章表2）、高雄街より先に市制が布かれても不自然ではなかった。だが現実には、高雄街のほうが優先された。嘉義街の置州運動や中学校誘致運動は高雄街への対抗意識が一つの動機を形成していたが、それを考え合わせれば、市制をめぐる議論も、高雄が市になることに刺激されて起こったと連想できる。嘉義街では、地域の体裁や面目といった側面から、市制施行の意義が捉えられていた。

市制施行を希望した嘉義街の「有力者」とは誰なのか、前出の記事は明らかにしていない。ただ、この提案がされた一九二二年末は、中学校誘致運動が取りくまれていた時期と重なる。ゆえに、それに参加していた一部の有志から、市制施行の希望が出された可能性が強い。

その後、中学校誘致運動が盛り上がるのとは反対に、市制運動に関する続報は見られなくなる。再び新聞に取り上げられるのは一九二七年に入ってからである。基隆に本社を置く週間新聞『新高新報』は、嘉義街の市制運動を、「新竹街民の熱心な躍起運動に引きずられてその余沢を蒙つた」と評している。[11]新竹街は二四年に高雄に市制が布かれて以来、五州の州都のなかで唯一街のまま留め置かれていた。同街では二七年一月から、地元の経済団体に所属する日・台人商工業者を中心に市制運動が開始される。[12]

同じ時期より嘉義街の運動も本格化する。第四章で示したように、嘉義街は、新竹街が州都に選定された状況に不満を抱いていた。このことに鑑みれば、嘉義街における市制運動の本格化は、『新高新報』のいうように、新竹街の動向に触発されたと見て良いだろう。また中学校との関連で推測すると、一九二四年に嘉義中学校が新設される以前、台湾における中学校は州都にしか存在しなかった。嘉義街の人びとは、中学校誘致に成功したということは地元が州都と同格であると総督府に承認された、とみなした。そして、新竹街が市制運動を始めてその要求が受け入れられるなら、地元もそうなるべきだと考えたのかもしれない。

（2）運動の担い手

嘉義街で市制運動の担い手となったのはどのような人びとだったのか。

一九二七年一月一五日付『台南新報』は、市制実施を望む声が「漸く喧しく」なったことを受け、一四日午後、「同志会では曩に電燈料値下運動の際歩調を共にした関係上本島人側と連絡を取ることに決し」、ともに具体策を協議したと報じている。

右の記事によれば、市制運動は、①「同志会」、②同志会とともに電灯料値下運動を行なった「本島人」によって推進された。

①について、同志会は、嘉義街を拠点とする日本人経済団体「嘉義商工会」（以下、商工会）の内部に成立した一派である。商工会は一九〇五年に創立され、旧名を「嘉義商工組合」（以下、商工組合）といった。その後一七年に、組合があっても「何等利便の途を開きたること無し」という理由で、商工組合から一部の組合員が脱会した。脱会者は、新たに「嘉義商業団」（以下、商業団）を立ち上げた。だが経済団体の分裂が「嘉義商工界の不況を誘致したること尠なからざる」という理由で、翌一八年、商工組合と商業団は再び合同した。そのときに名称が商工会と改まった[13]。再び一つの経済団体として結束したものの、のちに会員間に深刻な利害対立が生じ、同志会という内部派閥が生み出される。引き金となったのは、二五年に表面化した電灯料問題であった。

一九二〇年代の台南州では、電力会社五社が特定地域に向けて独占的に電力を供給していた。嘉義街に電力を供給していたのは、嘉義電燈株式会社[14]だった。同社の経営には、商工会の会員で嘉義街長でもある真木勝太などが関与していた[15]。二五年当時、嘉義電燈は、嘉義街全戸数一万三〇五戸のうち四一〇三戸に電力を供給していた。供給率は街全体の四割に満たなかったが、そうしたなかで問題が生じた。二五年六月頃から電力を利用する一部の商工

図4　嘉義電燈関係者
同社開業は1913年なので，写真が撮られたのは26年頃と思われる。

会員のあいだで、「燭力微弱」にもかかわらず電灯料が高すぎると、不満が出るようになった(16)。

　嘉義電燈関係者も、電灯料値下げを求める人びとも、商工会の会員だった。そうした事情からか、電灯料値下げを望む会員たちは、団体としての商工会の対応を、消極的で「一向に埒あか」ないとみなした(17)。そこで、商工会の会員で嘉義電燈株主でもある佐野熊翁（開業医）を中心に、商工会の事務所内に「期成同盟会」を結成し、「電灯料値下運動」を開始した。期成同盟会には、有馬松太郎（欧米雑貨商）や、富山豊（清涼飲料水製造販売）、常久徳太郎（和洋雑貨商）らが加わった(18)。これに対して嘉義電燈からは、真木勝太などが対応にあたった。この問題は、九月に入って荒木藤吉嘉義郡守が介入し、嘉義電燈が一割の値下げに同意するかたちで決着している(19)。

　なお、電灯料問題がいちおう解決したのちも、期成同盟会は「同志会」と改称して、商工会内部に存続する。同志会メンバーは、佐野や有馬などの一部を除いて、わずかに商工人名録に名前を留めている程度であり、詳しい経歴はわからない。他方、嘉義電燈の真木は、街長という要職にあった。電灯料問題からは、より小規模な商店の経営者と街内有力者という、嘉義街在住の日本人商工業者間の対立構造が垣間見える。こうしたなかで期成同盟会が同志会と名を変えて存続したことは、両者の対立が再燃する火種を残したことを意味した。実際、

図 5　王鐘麟と抗日運動の同志たち

台湾民衆党は，1927 年に蔣渭水らを中心に結成され，おもに台湾議会設置請願運動の継続や，台湾総督府評議会への反対運動を行なった。写真は嘉義支部成立記念として撮影されたもの。2 列目右から 5 人目が王鐘麟。彼は台南商専教授・林茂生の義兄である。

それは市制実施をめぐる場面で再燃する。

②について、同志会と「電燈料値下運動の際歩調を共にした〔中略〕本島人」とは、「嘉義青年会」（以下、青年会）所属の台湾人と推測できる。青年会は、一九二〇年に当時の河東田義一郎嘉義郡守を名誉会長、頼尚文（嘉義街助役）を会長、陳登元（煙草売捌）を副会長として発会した[20]。嘉義街要覧『大嘉義』は、青年会を「国語講習会」主催などの「社会教化」を行なう団体と紹介している[21]。だが青年会の活動は、「社会教化」事業に止まらなかった。二五年に佐野らが期成同盟会を組織して電灯料値下運動を起こした際、当時青年会の会長だった白師彭（運送業）を筆頭に、王鐘麟（弁護士）、陳福財（煙草売捌）らが運動に加わった[22]。ここで異彩を放つのが王鐘麟（図5）の存在である。王は、公学校卒業後日本内地に留学し、二〇年に京都帝国大学法学部を卒業した。帰台後は弁護士業を営みつつ、二一年に台湾人知識人により結成された台湾文化協会に加わった。のちに蔣渭水を中心とする政治結社・台湾民衆党が

成立（一九二七年）した際は、これに加わっている。[23]

青年会メンバーには、専売品売捌の特権を付与された者もいれば、植民地支配に批判的な知識人も含まれた。彼らに共通したのは、いまだ普及率の低い電灯の料金に関心をもっていた点である。相対的に富裕者が多かったゆえと思われる。

嘉義街の市制運動は、日本人経済団体の内部に成立した一派とその主張に呼応した富裕な台湾人により主導された。ここで、第四章で論じた一連の運動との比較において注目したいのは、運動の担い手の変化である。一九二〇年代前半の運動では、街長や協議会員がリーダーシップを発揮した観が強い。だが市制運動では、経済団体に代表される民間団体の肩書きのほうが存在感があった。のちに第六章で論じる台南市の高等商業学校誘致運動の場面でも、経済団体所属の商工業者の姿が目立つことになる。このことから二〇年代後半以降、総督府や州当局から協議会員に任命された有力者だけでなく、一般の商工業者も発言力を強めていた可能性が指摘できる。

市制施行は、地域の「日本化」を促進する側面をもつ。ゆえに、地方行政にたずさわる日本人街長や協議会員が、施行に意欲を示しても良いはずである。だが新聞記事からは、それが読み取れない。対照的に、青年会の会員のように、市制施行を望む台湾人が存在する。こうした状況は、地域をめぐる問題に対する人びとの対応はさまざまであり、それがたとえ日本人に有利な措置であっても、必ずしも民族的な対立が引き起こされるわけではないことを物語っている。

（3）運動の経過——市制実施期成同盟会の結成と解散

一九二七年一月一四日、市制実施に賛同する日・台人有志が集い、同志会の佐野熊翁を座長として、具体策が協議された。そこで、「時代の要求、街民の熱望に依り我が嘉義街を市に昂格方の運動を為す」ために、「市制実施期成同盟会」（以下、期成同盟会）発会が決議された。会長には帖佐顕（弁護士）、副会長には佐野熊翁と徐杰夫（羅山信用組合理事）が指名された[24]。

これに対し、州当局の対応は迅速だった。一九二七年一月二四日付『台南新報』によれば、同月二二日、喜多孝治台南州知事は、市制実施に対する街民の意見を聴取すべく、堀内林平地方課長と林彌輔文書課長の立会いのもと、郡役所に嘉義街在住の州協議会員を招集した。ちなみに、日本内地では、町村から市制施行が要望された場合、府県知事が町村会の意見を徴したのち、府県参事会の議決を経て内務大臣に上申し、市として適当と認定されれば、市制施行に至るという仕組みだった[25]。台南州知事はこうした手順を参考に、町村会の代わりとして、州協議会で意見を徴したと考えられる。

州知事に招集されたのは、第四期（一九二六年一〇月—二八年九月）台南州協議会員三三人のうち、佐野熊翁、真木勝太、帖佐顕（弁護士）、西川利藤太（弁護士）、早川直義（郵便局長）、徐杰夫、頼雨若（弁護士）の七人と考えられる。そこには期成同盟会の佐野と徐、それにかつて電灯料をめぐり佐野らと対立関係にあった嘉義電燈の真木が含まれた。期成同盟会関係者以外が市制施行をどのように考えていたのか、この時点では不明だが、州当局者との話し合いは、期成同盟会側に希望をあたえた。会見終了後、期成同盟会幹部が集まって運動のあり方について意見を交換した際、佐野熊翁は、市制施行について「州当局としては考慮中なれば之れに信頼する様諒解され度しとの意見あつた」と報告している[26]。これを受けて一月二三日、期成同盟会は「市制実施有利なりとせば市制実施に大いに努力するとの知るの〔引用者注：州知事との〕懇談により此際吾が期成会《ママ》は同情ある力強き知事の声明に信頼し総べての促進運動を中止せり」と声明した[27]。

期成同盟会は、州当局が市制実施を「考慮中」や「大いに努力する」とした点に、要求の遠からぬ実現を予測した。ゆえに、運動を中止して州当局への信頼を示した。だが、新聞記事から街長や街協議会員の意見が見当たらないことから連想できるように、市制施行の要求は、一部の街民に限られたものだった。それは程なく、街内を二分する対立として表面化する。

第三節　現状維持か「昇格」か――市制実施をめぐる有志間の対立

（1）対立の表面化

一九二七年四月二四日、すなわち期成同盟会解散から三ヵ月後、堀内林平台南州地方課長が嘉義街を再訪した。目的は、街協議会員に市制実施に関する意見を聴取するためだった。話し合いに出席したことが確認できる街協議会員は、蘇孝徳（米商）、荘啓鏞（欧米雑貨商・台湾容器取締役）、鄭作型（帝国製氷会社社長）、永原喜太郎（日東商船組嘉義支店長）、徐緝夫（元嘉義庁雇）、庄野橘太郎（街助役）、宮崎重吉（嘉義信用組合理事）、勝田素章（開業医）、杉山寛作（開業医）、加土峰吉（綿布商）、林柳青（米商）、河野綱吉（嘉義信用組合監事）、荘伯容（漢方医・台湾容器顧問）、林文章（公債株式売買）、白師彭（運送業）の一五人である。このうち蘇孝徳、荘啓鏞、林文章、白師彭の四人は市制実施の「早きを希望」したが、残りは時期「尚早」を唱えた[28]。

第四期（一九二六―二八年）嘉義街協議会員は二〇人だが[29]、前段の出席者リストからは、小河内六一（『台中毎日新聞』記者）、白井一、中島巳之助（開業医）、陳際唐（煙草売捌）、頼尚文（地主・街助役）の五人の出欠が確認できない。白井は同志会系のため（後述）、市制実施に賛成だったと判断できるが、残り四人の意見は不明である。だが仮に、四人とも市制施行に賛成だったとしても、「尚早」意見のほうが多数だった。

これに反発したのが商工会だった。堀内地方課長が街協議会員と会見する二ヵ月前の一九二七年二月、商工会で役員選挙が行なわれた。それに際して「同志会の策戦計画図に当り」、白井一が会長、富山豊が副会長に当選した[30]。翌三月、白井らは同志会系以外の商工会幹部の反対を押し切り、自分たちを補佐する幹部を重川晴雄や常久徳太郎などの同志会系で固めた。これにより商工会の上層部は、「全く同志会系に係つて占められ」るようになった[31]。商工会幹部、つまり同志会系は、堀内地方課長と街協議会員との話し合いに同席することを希望した。だが要求は容れられず、しかも街協議会員の多くが、市制実施に消極的であった。商工会幹部は、それらのことに不満を抱いた。二七年四月二七日付『台南新報』は、商工会が臨時評議員会を開き、「州庁は此の如き重大事件を公開せずして協議会員のみに謀るは商工会を眼中に置かざる」証拠であり、「運動を再挙し初志の達成に努めなくてはならぬ殊に街長は我等の意思に反する行動を執るに於ては弾劾排斥をなさなくてはならぬ」と決議した、と伝えている。

ここに至って、真木街長が市制施行を「尚早」と考えていた事実が判明する。注目したいのは、商工会幹部の批判の矛先が、州当局にではなく、むしろ真木に対してより強く向けられている点である。真木は、かつて嘉義電燈幹部として電灯料をめぐり同志会と対立関係にあった。加えて、一九二〇年以来、街長として奏任官待遇で俸給を得るという、破格の待遇を受けていた。真木にとって、市制実施は個人的な利益を奪われる事態だった。だが同志会系の商工会幹部にとっては、退職官吏として長年街行政にまつわる権限を手中に収めている真木こそ、市制実施を機に「弾劾排斥」すべき対象だったのだろう。

商工会幹部の批判に対して、真木は、「嘉義街多数の福祉のためには小数《（ママ）》の射幸心の満足は忍んで貰はなくてはならぬ」と苦言を呈している[32]。真木のいう「多数の福祉」や「小数《（ママ）》の射幸心」が何を意味するのかは後述するとして、先に市制施行をめぐる人びとの立場を整理しておこう。

表1は市制実施に消極的な人びとと、表2は市制実施をめざす有志、それぞれの一覧である。表1に挙げた人びとを新聞記事の表現を借りて「尚早派」とし、表2に示した人びとを市制運動が市制促進運動とも称されたことから「促進派」と呼ぶ。以下、これらの呼称を用いる。

表1と表2（以下、二表）を全般的に見て、尚早派と促進派には、①男性により構成されていること、②企業経営者や資産家といった経済的に富裕で、かつ紳章も佩用している台湾人有力者が含まれるという共通点があることがわかる。

二表「職業（所属経済団体）」から、両派それぞれに同じ会社に所属する者同士や同業者の存在が目立つ点も注目できる。たとえば、宮崎重吉・河野綱吉（尚早派）と白井一（促進派）は、嘉義信用組合関係者である。莊伯容と莊啓鏞は、ともに台湾容器（青果物容器の加工・製造会社）関係者だが、前者は尚早派に、後者は促進派に属している。勝田素章・杉山寛作（尚早派）と佐野熊翁（促進派）は、いずれも医者である。このように、同じ会社の関係者あるいは同業者でありながら立場を異にするほど、利害関係が入り乱れている。

他方、尚早派と促進派の相違点としては、①生年、②職業、③協議会員への任命状況、④同志会または青年会への所属状況の四つが挙げられる。

①に関して、表1「生年」を見ると、尚早派は五〇―六〇代が比較的多い。次いで表2「生年」を見ると、促進派には右の年代の人に加えて三〇代（重川・林文章）や四〇代（佐野・莊啓鏞）が含まれるというように、尚早派を構成する年齢層よりも若い。

②に関して、表1「職業（所属経済団体）」を見ると、尚早派には、医師（勝田・杉山・莊）や綿布商（加士）、米商（林）といった、昔から地域にある商売に従事する人びとの存在が目を引く。他方、表2「職業（所属経済団体）」を見ると、促進派には、清涼飲料水販売（富山）や文具販売（重川）、和洋雑貨商（常久・莊）、公債株式売買（林）など、取り扱い品目としてはより新しく、日本人を顧客として想定しやすい商売にたずさわる人が目立つ。

③に関して、表1「州・街協議会員」を見ると、尚早派は日本人・台湾人の別なく、街役場関係者、もしくは現職（四期）の州・街協議会員である。他方、表2「州・街協議会員」を見ると、促進派は、台湾人の場合は、尚早派と同じく全員州もしくは街の協議会員である。だが日本人有志のなかには、協議会員に任命されたことがない者（富山・重川・常久）も存在する。加えて、表2「備考」から、促進派の日本人のなかには、一九二〇年代前半に展開された置州運動や中学校誘致運動の有志が、尚早派の日本人以上に目立つ点にも注意したい。

④に関して、表1「同志会」と「青年会」の列を見ると、尚早派からは同志会あるいは青年会への参加が確認できない。それに対して、表2「同志会」・「青年会」の列から、促進派の日本人有志全員が同志会、台湾人有志の多

表1 「尚早派」一覧（1927年4月当時）

名前	生年	職業（所属経済団体）	紳章	州・街協議会員 1期	2期	3期	4期	5期	備考	同志会	青年会	典拠
真木勝太	1862	街長，嘉義電燈取締（商工会）	—			●	●	●	中学校誘致運動参加	不詳	—	①
庄野橘太郎	1868	元州警視，街助役	—				△			不詳	—	⑥b
永原喜太郎	1876	日東商船組支店長（商工会）	—				○			不詳	—	⑥b
宮崎重吉	1870	嘉義信用組合理事	—		○	○	○	○		不詳	—	④
勝田素章	1877	開業医	—			○	○	○		不詳	—	⑩
杉山寛作	不詳	開業医	—				○	○		不詳	—	⑦
加土峰吉	1868	綿布商（商工会）	—			○	○	○		不詳	—	⑥a
河野綱吉	1876	酒売捌，嘉義信用組合監事（商工会）	—	○	○	○	○		置州，中学校誘致運動参加	不詳	—	②⑦
鄭 作型	1874	方面委員，帝国製氷会社社長	佩用	○	○	○	○	○	中学校誘致運動参加	—	不詳	①
徐 緝夫	不詳	嘉義庁庶務課雇（1918年当時）	不詳				○			—	不詳	⑪
莊 伯容	1864	元参事，漢方医，台湾容器顧問	佩用			○	○		置州運動参加	—	不詳	③⑦
林 柳青	不詳	保正，米商	佩用				○	○		—	不詳	⑧

くが青年会に所属していることがわかる。

尚早派も促進派も、日・台の男性商工業者で組織された。だが、それぞれの社会的立場や職業傾向には相違があった。尚早派は、街役場関係者や協議会員として、地方行政にたずさわる特権的な立場の人びとで構成された。職業としては医者が目立った。他方、促進派には尚早派よりも若い世代が集まった。促進派の日本人有志のなかは、一九二〇年代前半に地元振興にかかわった、元協議会員が存在した。そこから、協議会員経験者が地方行政にたずさわった経験のない日本人商工業者を巻き込んで、市制運動を起こしたという図式が成り立つ。運動の拠点となったのは、二五年の電灯料問題をきっかけに誕生した同志会だった。それを支持したのは青年会所属の台湾人だった。彼らも尚早派の台湾人と同じく、現職の協議会員だった。だが職業傾向は尚早派と異なり、洋雑貨や公債取引売買といった、日本人を顧客として想定しやすい商

表2　「促進派」一覧（1927年4月当時）

名前	生年	職業（所属経済団体）	紳章	州・街協議会員					備考	同志会	青年会	典拠
				1期	2期	3期	4期	5期				
佐野熊翁	1881	開業医（商工会）	—	○	○	●	●	●	中学校誘致運動参加	●	—	⑤
帖佐 顕	1861	弁護士（商工会）	—	●	●	●	●	●	置州運動参加	●	—	②
富山 豊	不詳	清涼飲料水製造販売（商工会）	—							●	—	⑦
重川晴雄	1888	文具販売（商工会）	—							●	—	⑦
常久徳太郎	1870	和洋雑貨販商（商工会）	—							●	—	②
白井 一	1875	薬剤師，嘉義信用組合（商工会）	—	○	○	○	○	○	置州運動参加	●	—	②⑦
莊 啓鏞	1885	欧米雑貨商，台湾容器取締役	不詳	○	○	○	○	○	置州，中学校誘致運動参加	—	不詳	①⑦
蘇 孝徳	1879	米商	佩用				○	○		—	●	③⑧
林 文章	1894	資産家，公債株式売買	不詳				○	○		—	●	③
白 師彭	不詳	運送業	不詳				○	○		—	●	⑨
徐 杰夫	1873	資産家，羅山信用組合理事	佩用	●	●	●	●		置州運動参加	—	●	①⑦

（典拠）表1と表2（以下，2表）とも，有志の経歴については，①林進發（編）『台湾官紳年鑑』（1934年／台北・成文出版社，1999年復刻），②内藤素生（編纂）『南国之人士』（台北・台湾人物社，1922年），③『嘉義市志 巻7 人物志』（嘉義・嘉義市政府，2004年），④大園市蔵『台湾産業と人物の巻』（台北・日本植民地批判社，1930年），⑤『最近の南部台湾』（台南・台湾大観社，1923年），⑥a『台湾人士鑑』（1934年／湖南堂書店，1986年復刻），⑥b『改訂台湾人士鑑』（1937年／湖南堂書店，1986年復刻），⑦鈴木辰三『台湾官民職員録』（台北・台湾官民職員録発行所，1927年），⑧屋部仲榮（編著）『台南官民職員録』（嘉義・台南人物名鑑発行所，1927年），⑨『漢文台湾日日新報 朝刊』1929年2月8日，⑩『大衆人事録──外地，海外編──』（帝国秘密探偵社，1940年），⑪『大正7年5月 台湾総督府文官職員録』（台北・台湾日日新報社，1918年）。州・街協議会員の任命状況について，1期は『台湾時報』1920年10月号，2期は『台湾時報』22年11月号，3期は『台湾時報』24年10月号，4期は『台南州報』第535号（26年10月3日）・第536号（26年10月5日）および前掲屋部『台南官民職員録』，5期は『台湾日日新報』28年10月1日付。備考欄については第4章参照。なお，かつて電灯料値下運動にかかわっていたが，市制運動への参加が確認できない同志会・青年会の会員については記載していない。職業については，わかる限り1927年当時のものを記載した。

（注1）2表の「州・街協議会員」欄に示した「1期」の任期は1920–22年，「2期」は1922–24年，「3期」は1924–26年，「4期」は1926–28年，「5期」は1928–30年である。市制運動が展開されたのは「4期」にあたるが，市制施行後の時期にかかる「5期」も追記した。

（注2）2表の「●」は当該期の州協議会員，「○」は街協議会員，「△」は当該期の途中で街協議会員に任命されたことを示す。

売にたずさわる人びととの存在が際立っていた。

（2）双方のいい分

促進派と尚早派は、それぞれどのような持論を展開していたのか。

一九二七年当時州協議会員であった早川直義は、『嘉義市制五周年記念誌』（一九三五年）に、次のように回想している。早川によると、二七年六月、喜多孝治台南州知事は、嘉義街を訪問して早川らに市制実施に対する意見を徴した。早川は、当時の状況を「吾人は生産力極めて貧弱なる現勢に於ける市制の実施は果して住民の福祉を招徠《ママ》し得るや否やを危惧したりと雖も、対外的体面上と新興他都市との均衡上、其昇格は多数人士の希望する所なりしを以て、早きに及んで実行せられんことの希望を開陳した」と述べている[33]。

早川の記述を検討するために、表3に市制施行を希望する嘉義・新竹両街、および台中以南の三市の人口規模と歳入状況を補足した。本来ならば、早川が言及した時期に合わせて、一九二七年のデータを提示すべきである。だが各州発行の統計書には、街庄レベルの歳入内訳が記載されていない。そのため、表3「歳入内訳」の枠に示したデータは、二八年に総督府が作成した「新竹、嘉義両街ニ市制施行ノ件」に依拠し、それに合わせて「人口」の列に示したデータも同年の記録に統一した。「歳入内訳」の枠にある嘉義街の「市・街債」、台中市の「繰入金」はともに未記載だが、これは典拠史料に記載がないことによる。

表3を参照しつつ、改めて早川の言質を検討したい。早川は、促進派について、「対外的体面上と新興他都市との均衡上」から、市制施行が「多数人士の希望する所」だった、と述べている。表3「人口」を見ると、嘉義街の人口は台中市と新竹街を上回り、高雄市とほぼ同等だった。台南市を除く四地域のなかで嘉義と新竹は、ともに清朝統治下の一八世紀にはすでに漢族系住民による開墾が進んでいた[34]。他方、台中や高雄の開発は、これらの地域よりも遅く、台中は一九世紀後半以降[35]、高雄に至っては、第三章第一節で述べたように、一九〇〇年代以降、港湾事

表3　嘉義・新竹両街，台中以南3市の人口と歳入状況（1928年）

市・街名	管轄州	人口（人）	歳入内訳（円）						
			税収入	税外収入	補助金	市・街債	繰越金	繰入金	合計
嘉義街	台南州	52,657	146,707	256,016	13,000	—	4,001	3,367	423,091
新竹街	新竹州	42,548	103,999	151,217	131,489	33,000	35,866	11,094	466,665
台中市	台中州	48,727	132,147	276,631	57,330	100,000	65,000	—	631,108
台南市	台南州	92,249	258,237	391,952	50,390	40,000	8,320	67,000	815,899
高雄市	高雄州	52,946	195,045	302,639	15,806	30,000	18,600	1,152	563,242

（典拠）『昭和3年　台湾総督府第32統計書』（台北・台湾総督官房調査課，1930年）および「新竹，嘉義両街ニ市制施行ノ件」（台湾総督府『昭和3年　第56回帝国議会答弁資料　下』1928年）より作成。

（注1）本表における歳入は，当初予算による一般会計及び特別会計の合算額を示す。上記史料では新竹街の「歳入内訳」の合計額と「合計」の額が一致しないが，本表では歳入内訳の合計額を表示した。

業の進展に伴い都市化が促進された。とはいえ、日本統治下では「新興都市」である台中と高雄に先に市制が布かれ、反対に、嘉義と新竹は街に留め置かれた。「対外的体面上と新興他都市との均衡上」という表現には、等閑されている現状への不満が吐露されている。促進派は、「新興都市」に対する不公平感をもち、地元にも市制が布かれなければ「体面」にかかわると考えていたのだろう。

これに対して尚早派は、上述の早川によれば、「生産力極めて貧弱なる」状況で市制を布いたところで、「住民の福祉」は招来されないと主張していた。早川は奇しくも、真木と同じく「福祉」という表現を使っている。一九一九年発行の『大日本国語辞典』によると、福祉とは「さいはい。幸福」という意味である[36]。真木を始めとする尚早派は、住民の幸福、すなわち「住民の福祉」をどのように捉えていたのか。「生産力」によって生み出される地域の財産（＝歳入）との関連から考えたい。

表3「歳入内訳」を見ると、三市二街のうち、新竹街への補助金がもっとも多額である。これは新竹州の州都・新竹に市制施行を準備するにあたって、インフラ整備が強化されたためと推測できる。反対に、補助金がもっとも少ないのは嘉義街である。原因としては、一九二八年度内に比較的大規模な公共事業がなされなかったことが考えられるが、嘉義街の都市としての条件も考慮する必要がある。表3に挙

げた地域のなかで、嘉義街以外はすべて州都である。高雄市の場合は、そこに対外貿易のための要港を擁するという、地理的条件が付加される。それに対して嘉義街は、州都に選定されなかった内陸部の旧都に過ぎない。二八年時点で新竹街同様市制施行が予定されていたにもかかわらず、嘉義街への補助金は、同じ州内ですでにある程度インフラ整備が進んでいたであろう、台南市にはるかにおよばない。このことは、政治的・経済的拠点と定めた地域の整備を優先する、総督府の政策を如実に反映している。また嘉義街を、同街ともっとも人口規模が接近した高雄市と比べると、高雄市は税外収入の豊富さで嘉義街との歳入格差が顕著である。嘉義街より人口の少ない台中市も、税外収入は嘉義街より多い。嘉義街の歳入は結果として、三市二街のなかでもっとも「貧弱」だった。

こうした状況から尚早派は、市制実施について次のような見解をもっていたと考えられる。すなわち、嘉義街は人口規模では市制施行の条件を満たしているとはいえ、他地域と比べて「生産力」がなお「貧弱」である。市制を布けば、市役所や警察署の新設などにかかる経費の一部を捻出するために増税に踏み切らざるを得ず、それを負担と感じる街民も少なくないかもしれない。ゆえに、街のままで止まり税額を据え置くことこそ、住民の幸福＝「住民の福祉」を維持する措置だと認識していた。

尚早派には、街役場関係者や街協議会員が多数を占めた。これらの人びとは、街財政に熟知していたからこそ、市制実施に慎重だったのだろう。だが穿った見方をすれば、市制施行により街役場関係者は一掃され、街協議会員は市協議会員に改選される。真木が市制施行による利権喪失を危惧していたのと同じく、ほかの街役場関係者や街協議会員も、既得権に対する執着から市制実施尚早を唱えたことが推測できる。

市制施行が増税を惹起する懸念について、促進派はどのように考えていたのか。台湾で発行されていた経済誌『台湾実業界』は、市制実施を望む人びとが「文化の恩恵を浴することは、増税又苦しからずとの意気」を示したと伝えている(37)。同記事によると、促進派も、市制実施による増税を予測していたようである。だが彼らにとっては、市制実施によってもたらされる「文化の恩恵」こそが、増税してでも得る価値があるものだった。この場合の

「文化の恩恵」が何を意味するのか、具体的には示されていない。だが単純に考えて、市制が施行されると、官庁以外にも公園や学校といった、さまざまな公的施設が設置される公算が増える。公的施設の存在は日本人増加の呼び水となる。地域に日本人が増えるほど、当該地域はインフラ整備の対象となりやすい。植民地にあって、植民者の増加と公的施設の充実は都市化の両輪である。市制施行を機に都市化が進めば、生活環境はより良くなるだろう。促進派は、市制施行によってこうした循環がつくり出されることを「文化の恩恵」と考えて、それを期待したと思われる。

　促進派は尚早派よりも若い世代で構成され、地元の生活環境向上に熱心だった。ただ、ここで思い出したいのは、かつて真木街長が促進派を「小数《ママ》の射幸心の満足は忍んで貫はなくてはならぬ」と批判したことである[38]。真木は、市制運動を「射幸心」に煽られた一部の商工業者による運動と受けとめていた。この場合の「射幸心」とは、促進派の職業と密接な関連があると思われる。促進派のなかには、清涼飲料水や文具、洋雑貨など、日本人を購買対象として想定しやすい商品を取り扱う商人が目立った。市制施行により日本人が増えれば、彼らの商売も活況を呈しやすい。このことから、真木を始めとする多くの尚早派は、促進派の運動を個々人の経済利益追求のための運動と捉えていた可能性がある。

　促進派は、新興諸都市との兼ね合いや体面上から、市制施行を主張した。その利点として、市制施行により地域に日本人が増加し、それに比例して公的施設の整備も進むことで都市化が進展し、結果として地元の生活環境が向上することを挙げている。彼らにとって、市制施行は「文化の恩恵」をもたらす措置だった。他方、尚早派は、街財政が「貧弱」ななかで市制が施行されれば増税は必至であり、それは生活環境を向上させるどころか、「住民の福祉」を損ないかねないと考えた。だがその実、両者の主張の背後には、個々の利害が想定されていた。すなわち、尚早派の多くは市制施行に伴う既得権の喪失を危惧したのに対し、促進派の多くは市制実施による商機拡大を期待したのである。

第四節　嘉義市の誕生

市制実施をめぐり街内は紛糾していたが、一九二七年九月に入り、議論に終止符が打たれた。同年九月二二日付『台湾日日新報』は、二八年度内に、嘉義街は市に移行する見込みであると伝えている。それを裏づけるように、二八年には第五六回帝国議会に上程するために、前出の「新竹、嘉義両街ニ市制施行ノ件」が作成された。だが「新竹、嘉義両街ニ市制施行ノ件」は、第五六回帝国議会に上程されなかったらしく、審議記録が見当たらない。結局、一九二八年度内の嘉義と新竹への市制施行は実現しなかった。原因を考えるにあたっては、内海忠司の回想録が参考になる。内海は、台南州内務部長や台北市尹、新竹州知事などの総督府地方官を歴任した人物である。彼は、戦時下の東京で記した回想録に、台南州内務部長時代を振り返って、「呑気」だったと評している。理由として、中央政府の「極端な緊縮政策」を受けて「台湾総督府も極端なる消極政策を取ったから、地方自治体も全く手も足も出ない有様であった」ことを挙げている(39)。

内海のいう「極端な緊縮政策」とは、一九二七年四月に日本内地で表面化した金融大恐慌に端を発すると思われる。同じ時期の台湾でも、総督府の財政面での「全く手も足も出ない有様」が顕著になった。それは民間人、特に労働者の生活を直撃し、労働争議が激増した。争議は嘉義街でも起こった。市制運動開始と同じ二七年、営林所嘉義出張所の製材工場における職工の点呼問題が引き金となり、工場勤務の全職工を巻き込むストライキが発生した(40)。それは、専売局酒工場や阿里山から伐採された木材を搬出するための森林鉄道で働く労働者にも飛び火し、「全島未曾有の大ストライキ」へと拡大した。会社側は、ストライキの首謀者と見られる一三人を解雇した。こうした措置を不服とする労働者たちは、二七年六月一日、示威運動を行なうために嘉義街に集結した。警察当局は彼らに即時解散を命じ、二四人を検束した(41)。『台湾総督府警察沿革誌』によれば、嘉義街の労働争議は台湾文化協会の指導によるものだった。[42]そうであるなら、電灯料値下運動の一翼を担った青年会の会員で台湾文化協会の活動にも関与していた王鐘麟も、何らかのかたちで労働争議に関与していた可能性が強い。とはいえ、あくまで想像の域を出ず、青年会や商工会に所属する商工業者が労働争議にかかわった記録は見出せない。同様に、市制運動にも労働者層の参加が確認できないことから、それぞれの階層利害には一線が引かれていたことが推測できる。

右の状況を見る限り、一九二〇年代後半以降、台湾では不況の影響が民間人の生活に深刻な影響をおよぼすようになっていた。こうしたなかで、「新竹、嘉義両街ニ市制施行ノ件」の上程が見送られたのである。

だが同じく嘉義街内で起こった民間人の要求でも、労働争議が徹底的に弾圧されたのとは対照的に、市制運動は前向きに検討された。市制施行は植民地支配を有利に進めるための政策の一つだっただけに、不況下でも優先的に考慮されたのである。一九二八年度内の実現は叶わなかったものの、三〇年一月一五日になって、日本内地の枢密院で、新竹と嘉義への市制実施に伴う職員配置の変更を謳った「台湾総督府地方官官制中改正ノ件」が審議された。[43]これを経て同月二〇日に府令第三号が公布され、嘉義は新竹とともに市となった。[44]

このことに対して、『台湾民報』は次のように述べている。

〔引用者注：市制施行により官庁が増え、それに伴い職員が増員されれば〕これらの消費階級に日用雑貨を供給する商人は、必然的に羽振りが良くなる。支配階級の勢力も自然と盛り上がる。これは否定できない事実である。街を市に改め、名称を一変し、それで市況が盛んになるというのは信じられない。ただ、規模がより大きい市制を布けば、当然のごとく、面目を維持するためのさまざまな新施設が必要となり、一面では活況を呈し得るが、他方で税負担に苦しむことになるので、〔引用者注：市制施行は〕一得一失ということになる[45]

『台湾民報』は、市制実施が地域振興に効果的というのは一面的な見解で、実際には「一得一失」だという。「一

図6　嘉義市役所

得」なのは、市制実施により勢力が盛り上がる「支配階級」と、これらの「消費階級に日用雑貨を供給する商人」である。『台湾民報』は、市制施行には植民地の「日本化」を深化させるという「支配階級」の目論みがあり、市制施行を支持する「商人」層はそれに伴う日本人増加による増益を期待していたことを看破していた。また同紙は、市制施行による「一失」として「税負担に苦しむ」ことを指摘している。「税負担」の状況については後述するが、たとえ増税されても、事業収益増加により「羽振りが良く」なったり、「さまざまな新施設」が享受できるのなら、市制実施による「活況」が実感できるだろう。だがそうした機会がもてなければ、「一失」感だけが残るという。「一失」をこうむりやすいのは誰か、『台湾民報』は明言していない。だが、市制運動と同じ時期に取りくまれた労働争議を組織した台湾人労働者を念頭に置いていたことは、想像にかたくない。

『台湾民報』は、『台湾日日新報』や『台南新報』と異なり、市制運動の過程を報じることなく沈黙を守ってきた。同紙は、市制施行によってもたらされる「一得一失」が公平に分配されるのではなく、「得」と「失」とに切り離され、それぞれ特定の「階級」に偏ってしまうことを懸念していたと思われる。これは地域振興の本質を問う問題提起だった。だがこうした意見は、市制実施を祝う「盆と正月が一度に来る騒ぎ」のなかで、かき消されてしまった。(46)

こうして嘉義市が誕生した。一九三〇年八月一日現在の『台湾総督府及所属官署職員録』を見ると、新設の嘉義警察署に配属された六人は、全員日本人だった。また、嘉義市役所（図6）は、市尹一人（日本人）、助役一人（日本人）、庶務課三八人（日本人二九人・台湾人九人）、財務課二二人（日本人一二人・台湾人一〇人）の計六二人（日本人四三人・台湾人一九人）の体制となった。日・台人職員の比率は日本人に大きく傾いた。台湾人職員は少数派に転じたばかりか、一九人中一二人が雇（吏員の事務補助）だった。人事も一新された。かつて街役場で要職を担っていた真木勝太（元街長）、頼尚文（元助役）、羅漢章（元会計役）は、職員録に名前が見当たらない。庄野橘太郎（元助役）のみ、庶務課嘱託として市役所に残留している。[47]

次に、前出の『台湾総督府及所属官署職員録』から協議会員の状況を見るが、表1と表2の州街協議会員の「五期」を併せて参照してほしい。五期の任期は一九二八年一〇月から三〇年九月までであり、市制が施行された当時は、第六期州協議会員の改選前である。よって、真木は街長辞任後も州協議会員として引き続き地方行政にかかわっていた。かつて市制施行をめぐり真木と対立関係にあった佐野熊翁も、同じく第五期州協議会員だった。だが佐野は一九二九年八月、「州外転住」のため州協議会員を解任された。[48]他方、三〇年一月二〇日、市制施行に伴い新たに一九人の市協議会員が任命された。[49]表1と表2に示した第五期の街協議会員と比べると、同年八月当時促進派の白井一、林文章、荘啓鏞、蘇孝徳の四人、および尚早派の加土峰吉、宮崎重吉、永原喜太郎の三人が市協議会員であることが確認できる。[50]

嘉義市誕生により、公的機関は日本人中心の体制となり、また市制運動を推進した有志が市協議会員に任命される傾向がやや多いという変化があった。では、市制施行は、地域社会にどのような変化をもたらしたのか。

市制施行から二年後の一九三二年、嘉義市は、懸賞論文「嘉義市を繁栄せしむべき具体的方策」を募集した。それに二等当選（一等該当者なし）した岸達躬（嘉義市東門公学校校長）は、嘉義における歴年の歳出予算を例に挙げて繁栄策を提言している。岸によると、嘉義では市制施行後、歳出予算における臨時費の増加が目立つようになった。それは、二七年度の時点で歳出総予算額の二五パーセント程度だったが、二九年度には約三八パーセント、三〇年度には約四四パーセント、三一年度には約四六パーセントと膨れ上がる一方だった。この間の臨時費は、おもに街路舗装費や縦貫道路改修費、庁舎新築費（三一年度）などに支出された。岸は、臨時予算の多くは「目前の必要に追はれて止むなく施設せるもの」に当てられ、「産業発展充実施設人口増加充実施設」はまったく新設されていない。だが市繁栄のためには、これらの施設の充実に配慮すべきだと述べている[51]。

岸のいう「産業発展充実施設人口増加充実施設」が、具体的にどのようなものかは不明である。仮にこうした施設がかつて促進派が掲げていた「文化の恩恵」を象徴するものと考えれば、市制が施行されても、多くの嘉義市住民に「文化の恩恵」の実感がなかったことが推測できる。

市制施行は「当て外れ」の感があったが、それに伴う増税は実感をもって受けとめられたと思われる。市制運動が本格化した一九二七年度の嘉義街における街庄戸税割負担額は、一戸当たり平均九・九三円だった。それが二八年度には一〇・二〇円、市制が布かれた二九年度には一〇・四七円と、目に見えて増加している[52]。

結局、市制施行により期待された「文化の恩恵」は、きわめて限定的な効果に止まり、増税という負担だけが目立つ結果となった[53]。

第五節　「自治」進展の可能性と限界――市制施行のその後

総督府は、嘉義街からの市制施行要求を善処した。植民地支配の浸透をはかる上で、都合の良い措置だったからである。だが地域からの要求は、常に統治者側の意図と一致するとは限らない。地域振興の担い手の社会的属性が多様化すれば、それだけ統治者側の意向とに乖離が生じやすくなる。総督府や州当局は、一九二〇年代以降、次第に広がりを見せつつあった民間人の政治的な要求を極力抑え込むことを、喫緊の課題と受けとめるようになった。それは、市制施行後間もなくの嘉義で、日・台人有志により結成された嘉義市民会（以下、市民会）の顛末から窺える。

市民会は一九三〇年二月に結成された。同年二月二八日付『台南新報』は、市民会を「広く内台人を網羅する政治的団体組織」と紹介している。評議会員に選出されたのは、真木勝太や庄野橘太郎、白井一、蘇孝徳などの一五人だった[54]。市民会の成立は、民間人が政治参加を果たす上で、諮問機関という制約のある協議会ではもはや飽き足らず、別の受け皿的機関が必要となっていた状況を端的に物語っている。それが長く存続すれば、特定地域で誕生した日・台人合同の「政治的団体組織」として、先駆的な存在になり得たかもしれない。だが、市民会は短命だった。成立間もない三〇年五月、会のあり方をめぐり、「政治団体」として運営するか、あくまで「市民の懇話機関」と位置づけるかで、早くも不協和音が鳴り始めた[55]。意見はその後もまとまらず、翌三一年三月に開催予定だった総会への出席者がきわめて少数という理由で流会したのち[56]、再び総会が開催された消息は見出せない。

市民会幹部のなかには、かつて市制実施をめぐり対立関係にあった、元街役場関係者（真木・庄野）と同志会の会員（白井）・青年会の会員（蘇）が混在していた。会の短命は、こうした呉越同舟的な要素により惹起されたことが想像できる。他方で、統治者側の政策との相互作用も考慮する必要もある。

市民会が誕生した一九三〇年、組織の分裂や会員の逮捕を引き金として、台湾文化協会が消滅した。翌三一年には、二七年に結成された台湾民衆党が総督府の命令で解散させられた。こうしたことを加味すれば、市民会の消滅は、表向きは会のあり方をめぐる意見の齟齬でも、民間人による政治的な要求を抑制する目的で、総督府や州当局から何らかの圧力をかけられた結果である可能性も考えられる。そうして、民間人による政治的団体をある程度「整理」した代償が、三五年に州や市の協議会を州会・市会に昇格させ、部分的に選挙制度を導入した措置に反映されたとみることもできよう。

（1）「躍進嘉義市制五周年の今昔（二）」『台湾実業界』第七年第二号（一九三五年二月）四五頁。

（2）「新竹、嘉義両街ニ市制施行ノ件」台湾総督府『昭和三年 第五十六回帝国議会答弁資料 下』（国立公文書館所蔵）。なお、文中にある嘉義街と台中市の人口差五六一三人という数値は、同文書の「附録一各市街面積及人口比較表」から割り出した、三六一五人という人数と矛盾するが、原文のままとした。

（3）『昭和四年 台湾総督府第三十三統計書』（台北・台湾総督官房調査課、一九三一年）三〇、三四頁。

（4）屋部仲榮（編著）『台南官民職員録』（嘉義・台南人物名鑑発行所、一九二七年）五九―六〇頁。

（5）「真木勝太奏任待遇」『台湾総督府公文類纂』冊号三八五五・文号四。

（6）「（法院書記）庄野橘太郎兼任州警視」『台湾総督府公文類纂』冊号三一九一・文号五四。

（7）林進發（編）『台湾官紳年鑑』（一九三四年／台北・成文出版社、一九九九年復刻）台南州一一八―一一九頁。

（8）前掲屋部『台南官民職員録』四一―四四頁。なお、「家畜市場詰」や「図書館詰」など、勤務地が市役所ではない市役所関係者は除外した。市役所における民族別の不均衡は、台南市役所に限らない。たとえば、嘉義街と人口規模がほぼ同じ高雄市の市役所は、市尹・助役各一人（日本人）、庶務課三四人（日本人三一人・台湾人三人）、財務課二〇人（一五人・五人）の計五六人（四八人・八人）で、台南市役所同様、日本人が圧倒的多数だった（『昭和二年七月一日現在 台湾総督府及所属官署職員録』台北・台湾時報発行所、一九二七年、四四二―四四三頁）。

（9）前掲『昭和二年七月一日現在 台湾総督府及所属官署職員録』三八八、三九四頁。

（10）梶康郎『市制町村制実務要覧』（一九二四年／信山社、二〇一一年復刻）一四頁。

（11）「嘉義特信」『新高新報』一九二九年七月五日付。『新高新報』については、五味渕典嗣「対抗的公共圏の言説編制――『新高新報』日文欄をめぐって――」（『大妻女子大学紀要 文系』四〇、二〇〇八年三月）など。

（12）「新竹の市制／運動抬頭す」『台南新報』一九二七年一月一六日付。新竹街の運動は一九二七年一月二九日付『台南新報』によれば、「商工会を中心として実業会貿易商会等と連絡を保ち」開始された。同年四月一三日付同紙によると、運動趣旨は、市制施行により「今日迄閑却せられて居る新竹街の価値を向上し世間一般より其存在を認められ内地及対岸との商取引が新竹に有利な結末を齎し自然商業も発達し内地よりも資本家が放資する等新規に殖産興業等勃興するものと信ずる」とされている。新竹街で運動を担った「商工会」とは、一九一八年結成の日本人経済団体（正式名称は「新竹商工会」）、「実業会」も同じく日本人団体（二四年結成・正式名称は「新竹実業会」）である。「貿易商会」は、二五年成立の台湾人経済団体（正式名称は「新竹貿易商会」）である（趙祐志『日據時期臺灣商工會的發展（一八九五―一九三七）』台北・稻鄉出版社、一九九八年、一五、一七頁）。

新竹街の運動も嘉義街同様、地元の経済団体に所属する日・台人商工業者が旗振り役となった。目的は、市制施行により「新竹街の価値を向上」させ、「殖産興業等勃興」という経済的利益を獲得することにあった。
(13)「嘉義商工会」『台湾日日新報』一九一八年四月五日付。
(14)嘉義電燈株式会社については、李知灝「點亮嘉義――嘉義電燈株式會社與嘉義市街生活――」『嘉義市文獻』第二五期（二〇一七年三月）。
(15)『大正十四年　台南州第七統計書』（台南・台南州知事官房文書課、一九二七年）三二、二八五頁。
(16)「嘉義電燈問題／ランプ時代に逆戻／するも辞さずと」『台南新報』一九二五年六月二七日付。
(17)同上。
(18)「嘉義電燈問題双方会見／同盟側の主張頗る強硬」『台南新報』一九二五年八月一八日付。有馬の経歴は第四章表2、富山と常久は本章表2。
(19)「嘉義電燈値下決定／条件付で一割値下に打切」『台南新報』一九二五年九月五日付。
(20)「地方近事」『台湾日日新報』一九二〇年九月二九日付。なお、嘉義青年会は、一九二七年に「嘉義協会」と改称された（「嘉義青年会／将更組織」『漢文台湾日日新報朝刊』一九二七年八月二四日付)。
(21)『大嘉義』（嘉義・嘉義街役場、一九二六年）三八頁。
(22)「嘉義電燈問題双方会見／同盟側の主張頗る強硬」『台南新報』一九二五年八月一八日付。白師彭の経歴は本章表2、陳福財は第四章注釈11。
(23)『嘉義市志　巻七　人物志』（嘉義・嘉義市政府、二〇〇四年）三七三―三七四頁。台湾民衆党は、一九二七年に政治路線をめぐり台湾文化協会が分裂した際、蔣渭水や林獻堂らによって結成された。同党については、呉三連・蔡培火等『臺灣民族運動史』（台北・自立晩報社文化出版部、一九七一年）など。
(24)「嘉義街の／市制実施促進運動／愈々具体案成る」『台南新報』一九二七年一月一六日付。個々の経歴は本章表2。
(25)前掲梶『市制町村制実務要覧』一五頁。
(26)「嘉義市制／運動中止／となる可し」『台南新報』一九二七年一月二三日付。
(27)「嘉義市制運動中止／期成会にて声明書発表」『台南新報』一九二七年一月二四日付。
(28)「嘉義市制問題／尚早論が多数で／商工会は運動再開」『台南新報』一九二七年四月二七日付。
(29)第四期嘉義街協議会員として、小河内六一、白井一、河野綱吉、宮崎重吉、有馬松太郎、勝田素章、加士峯吉、陳際唐、莊啓

鏞、鄭作型、莊伯容、永原喜太郎、白師彭、徐緝夫、林文章、林柳青、蘇孝徳、杉山寛作の一八人が任命された（『台南州報』第五三五号、一九二六年一〇月三日）。だが翌一九二七年四月までに有馬が辞任し、新たに中島巳之助、庄野橘太郎、頼尚文が任命されて二〇人に増加した（前掲屋部『台南官民職員録』七三頁）。
(30)「嘉義商工総会／正副会長改選」『台南新報』一九二七年二月一六日付。
(31)「嘉義商工新役員／全部同志会系となる／運賃割戻問題討議」『台南新報』一九二七年三月九日付。
(32)「嘉義市制問題／尚早論が多数で／商工会は運動再開」『台南新報』一九二七年四月二七日。
(33)早川直義「祝辞」『嘉義市制五周年記念誌』（嘉義・嘉義市役所、一九三五年）八頁。この文章では、早川自身が市制実施をどのように考えていたか不明である。ちなみに、彼は地元振興にまつわる請願書をいくつか起草しており、一九三〇年にそれまでに起草した請願文や新聞に寄稿した論説文などをまとめ、私家版『如矢文集』として出版している。同書には、早川が市制にかかわる請願書を起草した事実が見当たらない。ここから早川は市制施行に消極的な立場を取っていたことが推測できる。
(34)斯波義信『中国都市史』（東京大学出版会、二〇〇二年）一三七頁。
(35)氏平要等（編）『台中市志』（一九三四年／台北・成文出版社、一九八五年復刻）四一頁。
(36)上田万年・松井簡治（共著）『大日本国語辞典　に—ん』（富山房・金港堂書籍、一九一九年）六〇七頁。
(37)前掲「躍進嘉義市制五周年の今昔（二）」四五頁。
(38)「嘉義市制問題／尚早論が多数で／商工会は運動再開」『台南新報』一九二七年四月二七日付。
(39)近藤正己・北村嘉恵・駒込武（編著）『内海忠司日記一九二八—一九三九——帝国日本の官僚と植民地台湾——』（京都大学学術出版会、二〇一二年）九七七—九七八頁。
(40)台湾総督府警務局（編）『台湾総督府警察沿革誌（三）』（一九三九年／台北・南天書局、一九九五年復刻）一一二八、一一二三頁。
(41)「嘉義工人罷工續聞／阿里山工人欲下山／警官抜劍阻止之」（漢文）『台湾民報』一九二七年六月一九日付。
(42)前掲『台湾総督府警察沿革誌（三）』一一三三頁。
(43)「台湾総督府地方官官制中改正ノ件」『枢密院会議筆記』（一九三〇年一月一五日）。
(44)『府報』号外（一九三〇年一月二〇日）。
(45)「大多數民眾眼中的／新竹嘉義兩市制之實施／尋不出可祝的材料」（漢文）『台湾民報』一九三〇年一月二五日付。
(46)「新しい嘉義が／生れ出でむとする喜び／盆と正月が一度に来る騒ぎ／分列式、解散式、告別式、余興準備等」『台南新報』一九三〇年一月二〇日付。

(47)『昭和五年八月一日現在 台湾総督府及所属官署職員録』(台北・台湾時報発行所、一九三〇年）四五四、四五八—四五九頁。

(48)『府報』第七六八号（一九二九年九月一三日)。一九三〇年二月一一日付『台南新報』に「嘉義市制実施に就て／各縁故者は語る」という記事があり、そこで佐野が祝辞を寄せている。同記事は、佐野を京都在住の元嘉義医院長と紹介している。ここから「州外転住」とは、日本内地に戻ったという意味とわかる。

(49)『台南州報』第三二八号（一九二九年一月二三日)。

(50) 前掲『昭和五年八月一日現在 台湾総督府及所属官署職員録』四五九—四六〇頁。

(51) 岸達躬「嘉義市を繁栄せしむべき具体的方策」『当選懸賞論文集 嘉義市を繁栄せしむべき具体的方策』(嘉義・嘉義市役所、一九三三年）五八—六四頁。岸の経歴は『昭和七年八月一日現在 台湾総督府及所属官署職員録』(台北・台湾日日新報社、一九三二年）四八九頁。

(52)『昭和二年 台南州第九統計書』(台南・台南州知事官房文書課、一九二九年）五九頁、『昭和三年 台南州第一〇統計書』(一九三〇年）四九頁、『昭和四年 台南州第一一統計書』(一九三一年度）四六頁。

(53) 新竹街は市になることで、「殖産興業等勃興」することが期待されたが、その達成は困難だったようである。一九三二年、当時新竹州知事だった内海忠司は、同州の通常協議会において、州の商工業は「概して地方消費者に対する当座消費物資の供給を目的とせる小商人のみなるを以て自然商品の充実を欠き、又工業に於ても鉱業又は製糖を除きては概して規模狭小でありまして純然たる工場組織に依るもの少なく、従つて其の発展は遅々たるものがある」と述べている（菅野秀雄『新竹州沿革史（一)』一九三八年／台北・成文出版社、一九八五年復刻、一四四頁)。新竹が市になったことで「殖産興業等勃興」が著しければ、州の通常協議会でそのように報告されただろう。だが内海は、州全体の商工業が抱える問題しか提起していない。ここから、内海を始めとする州当局者は、新竹市も州内のほかの街庄同様、商工業方面の「発展は遅々たるものがある」と考えていたと察せられる。

(54)「嘉義市民會／評議員發表」(漢文)『台湾日日新報』一九三〇年四月一〇日付。

(55)「嘉義市民会／遂に分裂か／各自の意見纏らず／結局水掛論に終る」『台南新報』一九三〇年五月二〇日付。

(56)「嘉義市民会は／何処へ行く?」『台湾日日新報』一九三一年四月一〇日付。

第六章　台南高等商業学校誘致運動の顚末
――台南市の「繁栄と面目」をめぐる駆け引き――

本章では、第二章の議論を受けて、総督府商業専門学校（以下、台南商専）のその後を追う。一九二二年に廃校が告示された同校に再び焦点が当てられるのは、二〇年代半ばである。この頃より、二二年に新設・増設された中学校から卒業生が送り出され、その受け皿の確保が意識されるようになり、専門学校誘致が地域社会における重要な課題となってゆく。そうしたなかで、台南商専廃校問題はどのような顚末をたどるのか。以下に見てみたい。

第一節　機は熟した――高等商業学校誘致運動の開始

（1）台南商専生徒有志の趣旨書

第二章最後に記したように、台南市では、一九二五年頃より高等商業学校（以下、高商）誘致運動が本格化する。当時の台湾総督は伊沢多喜男であった。

伊沢が総督に就任したのは一九二四年九月である。彼は、一八九五年に帝国大学法科大学を卒業した翌年に文官高等試験に合格して、内務官僚の道を歩んだ。一時期、内務行政の過程で政友会の影響力拡大を阻止する立場を表明していたことから、無所属ながら憲政会（のちの民政党）寄りと目されていた。[1] 田健治郎、内田嘉吉と政友会系が続いたあとで憲政会系の伊沢が総督となったわけだが、台南商専関係者は、これを好機と捉えた。

図1　伊沢多喜男

台南商専関係者が注目したのは、伊沢の人となりや出自である。

加藤聖文の研究によれば、伊沢は、台湾統治にあたり「被支配層との関係を重視」し、日・台人「双方の合意による同化主義」を標榜していた(2)。この点にかかわって、一九二四年九月一一日付『台湾民報』は、「〔引用者注：総督は〕今夏、台湾議会《ママ》運動者数人にも引見して台湾の現状を聴取し、相当の理解を示してくれた、ゆえに今度の新任総督に対して、我々島民一同は、一大の英断により台湾の制度上の欠陥を改造してくれることを非常に期待している」と報じている。しかも伊沢多喜男の長兄・修二は、総督府初代学務部長（一八九五―九七年）であった(3)。台湾と浅からぬ縁をもち、台湾人の主張に「相当の理解」を示すと評されている伊沢総督なら、自分たちの要求も前向きに検討してくれるだろうと、台南商専関係者が考えたとしても不思議ではない。

こうして、運動は実行に移された。

まず、立ち上がったのは台南商専の生徒たちであった。一九二五年六月一八日付『台南新報』は、同校在校生と卒業生からなる有志（以下、生徒有志）たちが「過般来」、高商設置の必要を訴えた趣旨書を携えて、「台南市内知名の士」を歴訪し、支援を求めていると伝えている。

趣旨書の第一段落では、台南商専が生徒募集を中止した結果、教育環境が悪化したと述べられている。詳細は第二章第六節（2）に記したとおりである。

続く第二段落では、台南商専の教育目標が「南支南洋方面に向つて貿易の途を拡めん」とする総督府の政策と合致しているにもかかわらず、そうした学校を廃校するのは「設立当時の遠大な抱負」を忘れていると、総督府を批判する。

最後の第三段落では、「台南市内知名の士」に対して、高商誘致運動への参加を呼びかけている。生徒有志はいう。廃校が告示された直後、我々は、台南商専を「継承すべき専門学校の設立」を総督府に嘆願したが、「何等の具体的解決法を発表せられて居らないまゝ今日に至」った。それは、「教育令改正と共に中等学校の新設多き故当局は本校の問題に触れる余裕がなかつた為」であろう。しかし時を経て状況は変わりつつあると、次のように続ける。

各種の中等学校の創設も一段落を告げ、正に多くの卒業生を出さんとするときに当り、事情は当時と異なり本校を継承すべき専門学校の設立は必ずしも不可能ではない機運に向いて来ました。而かも本校一校の存続は、独り本島教育界の慶事するのみならず、本島の旧都たる台南市の繁栄と面目とを保持する上に於ても大なる関係を持つ観念が、漸次市民の意識に上つて来るに際し、茲に吾人は、微力を顧みて改めて本校問題を以て、台南市民有志皆様に訴へんとするものであります

若し皆様の熱誠な御奮起に依りて本校を継承すべき専門学校の設置を見るを得ば、本島の教育界の為め許りでなく、大台南市の隆昌の上にも、将又真の復活を見る吾等校友在校生の為にも誠に幸甚と存じます(4)

生徒有志が高商設置の根拠としたのは、中学校卒業生（＝専門学校入学有資格者）増加の見込みである。かつて一九二二年二月二三日付『台南新報』に、当時の末松偕一郎総督府内務局長は、中学校卒業生の少ない「今日に於て、更に一の高商を設立することは、茲数年間は必要と認むることは困難」と公言した。だがそれは、中学校卒業生が増加すれば、専門学校新設もあり得るということである。台湾では、二七年三月には二二年度に新設・増設された中学校五校からも最初の卒業生が送り出されるため、公立中学校卒業生はさらに増える予定であった(5)。生徒有志

は、高商設置の「機運に向いて」きたので、ともに運動に取りくもうと、「台南市内知名の士」に呼びかけた。「台南市内知名の士」とは誰なのか、新聞は明らかにしていない。しかし、趣旨書が日本語で書かれていることは手がかりとなる。生徒有志は台湾人である。彼らが台湾人の「知名の士」に協力を求めるのであれば、日本語の趣旨書を作成する必要はない。高商は共学制の前提のもとに成立するため、その設置要求には日本人の協力も得られる可能性があった。しかも一部の日本人は、一九二二年の台南商専廃校説明会に出席し、ことの成り行きに関心を寄せていた。そこで生徒有志は、台南商専を「継承すべき専門学校の設置」という民族利益と並行して、高商により「台南市の繁栄と面目とを保持する」という、日本人も共有できる地域の利益を趣旨書に盛り込んだ。そうすることで、日本人の「知名の士」の支援を獲得しようと意図したのだろう。

(2) 趣旨書への反響

生徒有志が「台南市内知名の士」に配布した趣旨書は、少なからぬ反響を呼んだ。趣旨書が新聞に公開された一九二五年六月中旬以降、市民有志が台南市に高商を誘致しようとする運動の状況が、『台南新報』を中心に頻繁に報じられるようになる。これ以降、高商をめぐる運動の主要な担い手は、生徒有志から市民有志へと移行する。

表1は、高商誘致運動に参加したおもな有志の一覧である。同表には、一九二二年の台南商専廃校説明会への参加者も含んでいる。

表1「備考」を見ると、日本人・台湾人の別なく、協議会員や経済団体幹部といった肩書きをもつ人が目立つ。これらの人びとは、①学校関係者、②それ以外の市民有志の二つに分類できる。この分類に即して、一部の有志を民族別に紹介したい。

①について、学校関係者として運動に関わったのは、加藤正生台南商専校長である。彼は運動開始後、高商設置期成同盟会の発起人の一人となって、積極的に運動に取りくんでいた[6]。

表1　高等商業学校設立運動にかかわったおもな有志

名前	生年	出身	学歴	来台	紳章	おもな現職（来台時職業）	備考	典拠
加藤正生	1865	茨城	東京高商	1919	—	台南商専校長（台南商専校長）	期成同盟会発起人	②⑤
高島鈴三郎	1868	愛知	不詳	1896	—	薬店経営，台湾製氷会社重役(商人)	市協議会員，実業協和会会頭，期成同盟会発起人	③
津田毅一	1868	千葉	早稲田大学	1899	—	弁護士（台南地方法院検察官）	総督府評議会員，期成同盟会発起人	②③
片山 昴	1867	鹿児島	早稲田大学	1897	—	弁護士（弁護士）	市協議会員，廃校説明会参加	①
田村武七	1868	山梨	東京帝大	1899	—	弁護士（台湾総督府法院判官）	州協議会員，廃校説明会参加	①
佐々木紀綱	1860	和歌山	不詳	1895	—	台南煉瓦株式会社社長（商人）	台南商工会長，高商設置経過報告会参加	②③
村上玉吉	1873	愛知	不詳	不詳	—	台湾弘仁株式会社社長（軍人）	台南商工会幹部，期成同盟会発起人	②⑥
川上八百蔵	1882	熊本	神戸高商	不詳	—	『台南新報』編集長（『台南新報』記者）	市協議会員，高商設置経過報告会参加	①
富地近思	1857	石川	藩黌	1896	—	台南新報社社長（総督府属）	高商設置経過報告会参加	①
林 茂生	1887	台南	東京帝大	—	不詳	台南長老教中学教頭，台南商専教授	高商設置経過報告会参加	②
黄 欣	1885	台南	明治大学法科専門部	—	佩用	製塩会社監査役	州協議会員，廃校説明会参加	①
陳 鴻鳴	1876	台南	国語練習所	—	佩用	阿片煙草売捌	州協議会員，期成同盟会発起人	①
謝 群我	1871	台南	漢学	—	佩用	阿片煙草売捌	科挙秀才，州防疫組合委員，期成同盟会発起人	②④
劉 揚名	1886	台南	曹洞宗国語学校	—	不詳	洋家具室内装飾品商	州教育委員，期成同盟会発起人	②

（典拠）「台南台南商専問題に就て／末松局長台南にて語る」『台南新報』1922年3月3日付，「台南高商設置運動／大学一部設置は絶望／高商設置期成同盟会」『台南新報』25年7月9日付。各自の経歴は，①内藤素生（編纂）『南国之人士』（台北・台湾人物社，1922年），②『最近の南部台南』（台南・台湾大観社，1923年），③林進發（編）『台湾官紳年鑑』（1934年／台北・成文出版社，1999年復刻），④大園市蔵『台湾人物誌』（谷沢書店，1916年），⑤「台湾総督府公文類纂」冊号2975・文号8（加藤），⑥太田肥洲『新台湾を支配する人物と産業史』（1940年／台北・成文出版社，1999年復刻）をもとに作成。

②に関して、佐々木紀綱、村上玉吉、高島鈴三郎、川上八百蔵、津田毅一の五人を取り上げたい。
まず、佐々木・村上・高島の三人について補足する。彼らはいずれも企業経営者である。佐々木の所属する台南煉瓦は一九二〇年に資本金一〇〇万円で成立した会社であり、村上の所属する台湾弘仁は一九年に資本金一五万円で開業した葬儀請負会社である。(7) また、高島の所属する台湾製氷（本社台北）は、二四年に資本金二五万円で設立された氷製造販売会社だった。(8) 三社とも設立年が比較的新しく、たとえば三井物産のような日本内地資本の企業と比べて小規模だった。中小企業は、事業範囲が事業所周辺に限定されがちになり、会社の成長と地域の発展とが密接にかかわりやすい。いわゆる地域密着型企業の企業経営者が、都市化の象徴である高等教育機関の設立に関心を寄せたのは、当然の成り行きだった。

佐々木・村上・高島の三人はまた、台南市で結成された経済団体の中心人物でもあった。佐々木と村上は台南商工会（以下、商工会）の幹部であり、高島は台南実業協和会（以下、実業協和会）の会頭を務めていた。

商工会（一九〇五年成立）は、台南市でもっとも早期に組織された日本人経済団体である。同会は、単に個々の利益を保護・追求するだけではなく、地元振興にも意欲を示していた。たとえば一九二三年に、内田嘉吉総督に対して高等工業学校（以下、高工）新設を要求している。(9) これは、その前年に台南商専廃校説明会が開かれた際、末松内務局長の「本島の実状よりせば将来は寧ろ高等工業学校の設立を必要とする」(10) との発言を受けての要求だろう。だが続報が見当たらないことから、請願は却下されたと推測できる。それから二年後、台南商専生徒有志が高商誘致の必要を訴えるようになった。佐々木や村上はこれに乗じて、要求を高商誘致に転じ、運動に加わった。彼らにとっては、どんな種類の学校をつくるかというよりも、地元に高等教育機関を置くことが重要であった。

一方、実業協和会は、一九二三年に高島鈴三郎を中心に結成された。結成の経緯は次のようである。当時台南市内では、不景気により日本人零細小売店の倒産が相次いだ。そうしたなかでも、州庁関係者をおもな購買層とする準官製組織・州購買組合だけが収益を伸ばしていた。高島はもともと商工会の会員であったが、同会が効果的な打開策を打ち出さないことを不満として、一部の日本人商工業者とともに商工会を脱会し、新たに実業協和会を立ち上げた。実業協和会は、州購買組合に対して取扱品制限などを要求したが、結局は物別れに終わったようである[11]。

実業協和会は、結成の経緯を見れば、州購買組合とはいうまでもなく、商工会との関係も友好的とはいいがたかった。実業協和会と商工会の「反目」は、州購買組合の件に止まらなかった。一九二四年には市況振興策として州当局から支給された補助金一万円の振り当てをめぐり、「争奪戦」を繰り広げている[12]。だが高商誘致に関しては、利害を一致させ、双方の代表が運動に関与している。

先に挙げた五人のうち、残りの津田と川上について補足する。

津田は運動当時弁護士であったが、もとは台南庁長や嘉義庁長などを歴任した高級官僚であり、そのキャリアを買われてか、総督府評議会員に任命された経験もあった。彼は台南商専廃校説明会に出席し、のちに新設された台南高等商業学校、すなわち台南高商が廃校に直面した際、存置運動にもかかわっている。ただ地元に高等教育機関があれば良いというのではなく、あくまで高商にこだわった有志であった。

図2　津田毅一（1914年頃）

他方、川上は、地元紙『台南新報』の編集長であり、台南同志会（以下、同志会）という民間団体のメンバーでもあった。同志会は、一九二〇年に日本人実業家を中心に結成され、当初は講演会開催などを中心に活動していた[13]。三一年、佐藤三之助（弁護士）を座長として会則原案が付議され、「台南市の振興に関する各種の調査研究並びに社交団体」として正式に発会した[14]。川上はそのメンバーとして、市協議会員の選出やのちに再燃する州購買組合撤廃問題などをめぐり、商工会の佐々木や実業協和会の高島らと対立することになる[15]。

次に、台湾人有志に目を向けてみよう。

図3　林茂生

①に該当するのは、林茂生台南商専教授である（図3）。林は、東京帝国大学出身であり、台南市内にある台南長老教中学という私立各種学校の教頭も兼務していた。彼は台湾文化協会の活動にもたずさわっており、『台湾民報』寄りの人物といえた。

②に該当するのは、紳章を佩用し、専売品売捌の特権を有する陳鴻鳴や企業経営にたずさわる黄欣などである。陳は、日本人主宰の『台南新報』取締役の経歴があった。他方、黄はかつて区長（一二庁制下における庁長の補助機関）などの要職にあった。ちなみに黄は、一九二〇年代末、台南長老教中学の私立中学校への昇格問題をめぐり、林茂生と相反する立場を取る[16]。

立場の違いという点で付言すれば、一九三〇年代に入ると、同志会の川上八百蔵は、台南長老教中学の神社参拝を主張し、林茂生を攻撃する[17]。

日本人教育者、利害をめぐり互いに反目する日本人企業経営者、元総督府高官、ジャーナリスト、統治者から紳章や専売品売捌などの利権を獲得した現実的な「御用紳士」、東京帝大出身の台湾人エリートなどが高商誘致をめざして結集したさまは、まさに呉越同舟であった。彼らのうちには、さまざまな思惑があったはずである。それが台南商専の伝統を新設校に継承させたいという思いにせよ、地域の利益に配慮した結果にせよ、子どもの教育機会を確保したいという願いにせよ、高商誘致を望む点は同じであった。有志の多くは、総督府評議会員や協議会員として、総督や州知事と直接接触する機会のある有力者だった。加えて、新聞の影響力を行使できる立場の人物も含まれた。高商誘致運動は、これらの有志に後押しされて、さらに強力に推進されてゆく。

第二節　二転三転する運動のゆくえ

（1）高等商業学校新設案

一九二五年六月一六日、日・台人有志約二〇人が集結し、請願書起草委員会を開いた。そこで請願書の草案が審議された[18]。内容は明らかにされていないが、台南商専の生徒有志から趣旨書が配布されたのと時期的に近いことから、それに呼応したものと考えられる。

七月一〇日、高商誘致関連の集会が再び開かれた。集会には、加藤正生台南商専校長や津田毅一、高島鈴三郎、陳鴻鳴らが集まった。そこで、高島が木下信総督府内務局長に対して、津田が伊沢多喜男総督に対して、それぞれ高商誘致を陳情したことが報告された。活動報告のほかに、高商設置期成同盟会の発足も提案された[19]。

だが結局、高商設置期成同盟会は発足しなかった。七月一二日の会合に喜多孝治台南州知事と荒巻鐵之助台南市尹が同席し、高商設置期成同盟会発足を見合わせ、問題解決を州知事に一任することが決議されたからである[20]。この経緯には内幕がある。『実業之台湾』一九二五年八月号には、次のような記事が見られる。

津田代表は内務局長総務長官其他を歴訪して商業専門学校設立の由来及前内務局長末松偕一郎が将来高商に昇格せしむる旨を誓約したと云ふ古証文を楯に猛烈に肉迫した

冷静なる木下局長も無闇に古証文を振り廻《（ママ）》はすのを尠からず不快に思つたものか、かゝる非公式の書翰を楯に吾々に挑戦的態度に出づるは不都合極る暴挙だとでも思つたものと見え忽ちに招電を発して荒巻市尹を招集し、台南市民の妄動的言動、無闇に古証文を振り廻す津田一派の策動に関し叱責的訓戒を与へられたので逼に温厚なる荒巻市尹も堪りかねて帰南早々呶号して策士一派を睨みつけたさうである[21]

右の記事では津田毅一だけ実名で報じられているが、「津田一派」とあるので、陳情のために総督府を訪れた台南市の有志は複数存在したのだろう。州当局は、運動の過熱化を懸念した総督府に注意を受け、これ以上「物々しい」運動者を出さないように、喜多州知事が要求を代行するということで、有志を納得させたのである。[22]

その後、しばらく高商に関する記事は新聞に見当たらないものの、要求は前向きに検討されていた。一九二五年一二月上旬、高商新設案は総督府内部で承認され、必要経費が二六年度予算に計上された。[23] こうした措置には、伊沢多喜男総督の意向が反映されていたことが推測できる。先に『台湾民報』の記事を引用して示したように、伊沢は総督就任当初、台湾人から統治手腕を期待されていた。だが就任から一年後には、同紙で「今に至っても新しい政策や識見を何も発表していない」と批判されるようになった。[24] 伊沢にしてみれば、支持を回復させるために、高商誘致の要求に理解を示す必要があったのだろう。

その後、高商をめぐる審議の舞台は日本内地に移る。一九二五年一二月六日付『台南新報』によれば、木下信総督府内務局長は、新設案が大蔵省の査定を通過したことを受けて、「議会を通過したら早速商業専門学校の校舎を使用して教授を開始する積りだ」と語っている。この時点では、二六年四月の高商開校が見込まれていた。台南市の有志は、この消息を喜び、伊沢総督に感謝状を送っている。[25]

（2）暗礁に乗り上げた計画

高商新設案は大蔵省の査定を通過した。ところが、このあと雲行きがあやしくなる。閣議通過を目前にして、法制局が高商新設に異議を唱え始めたからである。一九二六年六月二八日付『台湾日日新報』によると、法制局は、台北高商が日本内地で学生募集をしている点を問題とし、島内で定員を充足できないのであれば、高商新設の必要はないと主張した。

総督府は、法制局の主張に対して、台北高商の日本内地での募集をどのように正当化したのだろうか。『公文類聚』所収の「台湾総督府諸学校官制中改正ノ件」に、高商新設の是非をめぐる総督府と法制局のやり取りが残されている。それによると、一九二六年四月二五日、後藤文夫総督府総務長官名義で法制局長官に電報が発信された。その訳文が台湾総督府の名前入り便箋に起こされている。そこには次のように記されている。

台南高等商業学校設置ニ関連シ、貴局ニ於テ本島学校カ内地ヨリモ生徒を募集スル点ニツキ議論アル趣ナルトコロ、右ハ本島関係者ヲ汎ク内外ニ分布シテ、本島事情ノ紹介ト経済的連絡関係ノ近密トヲ計ラムトスル当府ノ方針ニ基クモノニコレアリ、台湾統治上必要トスルトコロヲモッテ、右事情御諒察ノ上速ニ進行方御取計乞フ(26)

総督府は、台北高商が日本内地で学生を募集するのは、「本島関係者ヲ汎ク内外ニ分布」させるためとしている。日本内地の中等学校出身者にも、「南進」の意義を理解させ、将来「本島関係者」として、日本内地―台湾―「南支南洋」間の経済関係強化に貢献させる。これが台北高商の社会的機能、と主張している。(27)ここで思い出したいのは、二二年二月二三日付『台南新報』で、末松内務局長が「台湾の現状にては、一の高等商業学校すら生徒を得るに困難を感じて居る」と述べていたことである。台北高商の日本内地での募集は、結局のところ、一定の入学者確保策だったかもしれない。だが総督府は、「台湾が本来備えている『南進性(28)』」を多くの学生に知らしめるために、それを「統治上必要」と強調した。ただし、そうした目論みのなかに、台湾人の存在は希薄だった。

総督府の主張は、直ちに法制局の理解を得たわけではなかった。電報訳文の欄外には、法制局側の意見を総括したと思われる意見書が貼付されている。

台湾《(マヽ)》高等商業学校カ内地ヨリモ生徒ヲ募集スル点ニ付テハ、敢テ反対スルモノニ非ス、然レトモ内地ヨリ多数ノ生徒ヲ入学セシムルカ為ニ、台湾ニ於ケル内地人及台湾人共ノモノカ圧迫セラレテ、其ノ入学難ヲ来タシ、殊ニ台湾人ニシテ之ニ入学スル者殆ント無ク台湾教育令制定ノ趣旨タル内台人共学ノ実ナキニ至ラシムルカ如キハ適当ノ施措ト称スルコトヲ得サルヘシ(29)

法制局は、台北高商に日本内地の学校出身者を収容することで「入学難」が生じ、「殊ニ台湾人ニシテ之ニ入学スル者殆ント無」いようでは「台湾教育令制定ノ趣旨タル内台人共学ノ実」がないという。共学制の理念と現実との隔たりが、はからずも法制局に指摘されている。だが法制局は、台北高商に台湾人学生を増やすべきだという論理を導き出していない。そもそも台湾人の台北高商入学者が極端に少ないのは、日本内地の学校出身者を収容したためだけではない。第二章第六節（2）で指摘したように、廃校告示後に教育環境が悪化したことで、台南商専から台北高商への連絡がほとんど機能していないという問題もあった。だが電報訳文の欄外を見る限りにおいて、法制局はそうした問題を追究していない。法制局にとって、台北高商における台湾人学生の少なさは、あくまで高商新設反対を理由づける一例として援用しているに過ぎないと見ることもできる。

総督府と法制局の折衝過程において、台北高商に台湾人学生を増やそうという議論を注意深く回避している点で、双方の見解は一致していた。だが台北高商の日本内地での募集と高商新設をめぐっては、意見を異にしていた。総督府は、台北高商に日本内地の学校出身者を多数入学させ、広く「南進」要員を育成することを表向きの方針とし、新しい高商も台湾の統治上必要だと主張した。他方、法制局は、台北高商が日本内地の学校出身者の受け皿となっていることを指摘し、こうした問題がある以上、二校目の高商は不要とした。意見の齟齬は、すぐに折り合いがつくものではなかった。結局、一九二六年四月の高商開校は見送られることになった。

（3）高商新設をめぐる各紙の見解

高商新設計画は頓挫した。これに対して、島内各紙の反応はさまざまだった。

一九二六年五月一九日付『台湾日日新報』は、次のように伝えている。

> 〔引用者注：高商新設計画は〕今盛んに議論されてゐる模様で、一方受験者は前途の方針があるので盛んに問ひ合わせてくる等、関係者は一日千秋の思ひでその進行を待ち遠しがつてゐる。議論の中心は本年度の入学志願者数其の他から観て、理屈家の多い同局〔引用者注：法制局〕のことゝて、極端なものは〔引用者注：高商の〕要不必要の論まで持し《（ママ）》出し、鼓事務官〔引用者注：鼓包美総督府事務官〕其他関係者が説明に努めてゐるが中々捗らないとの事

『台湾日日新報』の記事は、審議の進捗状況とその通過を待ち望む人びとに関する、一見中立的な内容である。だが法制局の人びとを「理屈家」と呼ぶあたりに、総督府の高商新設案を支持していたことが看取できる。

他方、『台南新報』は、地元にかかわる問題ゆえに、『台湾日日新報』よりも法制局に批判的だった。一九二六年七月二七日付同紙は、一面に次のような論を展開している。

> 〔引用者注：法制局が〕台南高商を不必要とする理由は、台湾に高商を設けながら、内地に於ける過剰学生を収容するは、無意味であるといふ点であつて、之れも亦吾人と同感する所であつて、台南高商のみならず、台北高商の如く、生徒募集の方法が、吾人の期待と反するものがある、学校設置の本来の目的は、台湾に於て中等学校を卒業したるものを収容し、台湾在住子弟の向学を満たさしむる事が第一である、従つて入学資格は本島在住者を第一とし、余席ある時に限り、内地より募集する事が原則であらねばならぬ、此の点は将来に於て改正すべきものであるが、純理よりして言はゞ、国庫より経費を支出する学校は、日本国民の何人をも収容すべく、斯る事が法制局に於て疑問を附せらるべき理由は無い

『台南新報』は、国庫支弁で「日本国民」を教育する学校をつくることに法制局から批判されるいわれはないという。ここで注意したいのは、「日本国民」とは誰のことか、である。同紙は、台北高商に「内地に於ける過剰学生」を受けいれている点は「将来に於て改正すべきもの」としながらも、それが台湾人の進学を困難にしていることにまで視点がおよんでいない。『台南新報』が「日本国民」のために新たな高商を、と主張するとき、想定していた「日本国民」とは、日本人の子ども、特に台南市在住の日本人の子どもであって、台湾人の状況を考慮したものではなかったことが窺える。

『台南新報』とは対照的に、台湾人が置かれた境遇に即して高商新設の意義を突き詰めようとしたのは、『台湾民報』である。同紙には、次のような記事が見られる。

法制局は、台湾住民の税金を使って設立した学校は台湾住民を教育することを原則とすべきであると主張している。これは搾取教育を排斥する公正の論である。しかし、現在台湾の中学卒業者は〔引用者注：高等教育機関に〕収容するには数が足らない。ゆえに高商を増設する必要はないというならば、事実に沿わない所がある

台湾には現在九つの中学校があり、今後毎年数百人の学生が卒業してゆく見込みだが、そのうち台湾人学生は半数近くを占める。このように毎年中学を出て行く多くの有為な青年は、少数は医専や高等農林に入学できるが、その他大多数の高等専門知識を研究したい者は、一握りが台北高商に入学できるほか、遠く日本に留学できないのであれば、泣く泣く学業を中途放棄せざるを得ない。台北高商に至っては、日本人を教育することを目的としており、在台日本人子弟を教育するということであれば、理に適っているといえる。だが毎年日本各地で学生募集をして入学試験を実施するのは不可解である。これぞまさに教育搾取政策の証明ではないか

台北高商が日本人本位である以上、我々は、台湾人本位の台南高商の設立を要求せざるを得ない。台南には元々台湾人本位の商業専門学校があったが、この学校はすでに廃校が決定している。現在計画中の台南高商は

別物であるが、設置場所や歴史的系統上、台南商専の精神を受け継ぐべきことに設立根拠がある(30)

『台湾民報』は、「台湾住民の税金を使って設立した学校は台湾住民を教育することを原則とすべき」という法制局の意見を「公正の論」だという。だがそれは、より多くの台湾人を高商に入学させるべきだという議論に発展せず、「中学卒業者は収容するには数が足らない。ゆえに高商を増設する必要はない」とされることに疑問を呈する。『台湾民報』は、法制局のいう高商に入学する「台湾住民」の枠から、台湾人が除外されていることに気づいていた。また同紙は、台北高商が日本人の独占状態でありながら、高商を新設しないのは、台湾人に対する「教育搾取政策の証明」だと、総督府を批判する。就任当初の伊沢総督に対する期待が高かったせいか、その口調は、法制局に対するものよりも一段と激しい。さらに同紙は、台南市に新設される高商は、「設置場所や歴史的系統上」から見ても、「有為な」台湾人青年の学び舎だった「台南商専の精神」を継承する、「台湾人本位」の学校であるべきだと主張する。

高商新設をめぐって台湾の新聞各紙が持論を展開していたこの時期、私立各種学校である台南長老教中学が、「台湾人の学校」という夢を抱いて、専検の指定校となるべく準備を進めていた。奇しくも同じ台南市という地域で、同じく台湾人をおもな教育対象に据えた学校をめぐる動向が、ほぼ同時期に起こった。台南長老教中学が指定校となり、「台南商専の精神」を受け継ぐ高商が新設されれば、私立の台南長老教中学を結節点として、「台湾人本位」の夢が、官立の高等教育機関に延長する。『台湾民報』の期待には、並々ならぬものがあったであろう。

右に挙げた三紙のなかで『台南新報』と『台湾民報』は、特に高商新設に意欲を示していた。だが高商新設によって、『台南新報』は地元振興や日本人の就学機会拡大といった「日本人本位」の利益を期待したのに対し、『台湾民報』は「台湾人本位」に接近した学校をつくりたいという、切実な教育要求の実現を望んでいた。したがって、同じく高商新設を支持していても、両紙の論調には大きな隔たりがあるのは当然であった。

第三節　蝉脱羽化——台南商専から台南高商へ

（1）総督更迭と高商新設の実現

法制局の反対により、一九二六年四月の開校が見送られたあと、高商新設問題はどのような経緯をたどったのか。一九二六年七月、問題が未解決のなかで、伊沢多喜男総督が更迭された。その一ヵ月前、伊沢は総督在任中にもかかわらず、憲政会代議士の推薦により東京市長に当選した。市長就任をめぐり、総督府内部では反対意見が濃厚だった[31]。だが結局、浜口雄幸内相などの勧めで総督を辞任し、東京市長に就任した。総督在任期間はわずか一年一〇ヵ月だった。後任には伊沢の推薦で憲政会系の上山満之進が迎えられた。伊沢時代の総務長官・後藤文夫は留任し、後任の上山を補佐した。ゆえに、住民の意向にある程度配慮するという伊沢の方針は、その辞任後も維持されたと考えられる。

高商新設問題は上山総督に引き継がれた。一九二六年七月一五日、後藤文夫総務長官と鼓包美事務官、それに日本内地の黒金泰義拓殖局長の三人が法制局を訪問し、高商新設をめぐり会議を開いた。そこで、総督府が台北高商の日本内地での募集に制限を加えるということで、法制局の「諒解」を得た[32]。

七月二二日、伊沢はすでに総督を辞していたが、後藤総務長官は、高商の件について書状で伊沢に次のように報告している。すなわち、「法制局長官〔引用者注：山川端夫〕書記官長〔引用者注：村瀬直養〕ニ談判速か《ママ》ニ閣議ニ附することを求め皆々十分諒解致し居り候間日々催促ニ努め居り候。此の以上ハ何等支障なく通過の事と予想致し居り候」。そして書状の最後に、「台南高商の件支障を生する様の事あらは台湾統治上ハ勿論小生等責任上よりも要易《ママ》ならざる仕儀と存じ居候」と記している[33]。後藤は、伊沢が高商新設を確約した以上、それが成し遂げられなければ、総督の権威失墜を招きかねないと憂慮していたと考えられる。だがようやく法制局の「諒解」を得て、高商新設案を閣議に付すことができた。書状からは、同件が一段落しそうな状況に後藤が安堵しているようすが窺える。

八月四日、高商新設案は再び閣議に上程された[34]。「台湾総督府諸学校官制中改正ノ件」には、新設に関する「説明書」が付帯されている。「説明書」には、「近年専門教育ヲ受ケムトスル者ノ増加ニ応シ適切ナル教育機関ヲ増設スルノ必要ヲ認メ台南市ニ高等商業学校ヲ設置セムトス」と記されている。新設校のカリキュラムと教育目標は、「比較的純理的方面ノ事項ヲ軽減シテ実務的ノ事項ヲ重ンシ特ニ南支那南洋ニ関スル事項ヲ重要視シ以テ本島ノ内外ニ於テ商業ニ従事スルニ適スル人物ノ養成ニ努メム」と設定された。また「説明書」の欄外には、同書類が配付された日本内地の関係部署が総督府側の意見を記録したと思われる、「当局ノ説明」が残っている。そこには、台南商専廃校に伴い、「総督府トシテハ之ニ代ハルヘキ何等カノ専門学校ヲ新設セサルヘカラサルノ立場ニ在リ而シテ台南ハ商業中心地ナルヲ以テ高商ヲ適当ト認メタリ高工ト云フ説モアリタルカ台南ノ実情ニ鑑ミ適切ニ推スト認メタリ」と書かれている[35]。

図４　上山満之進

「当局ノ説明」には、高商設立をめぐる総督府の立場が表明されている。専門学校新設の過程では高工新設案も浮上したが、最終的に高商に落ち着いた。「台南ハ商業中心地」という「実情ニ鑑ミ」、同地には、高工ではなく高商を設置するほうが「適当」と「認メ」た、といっている。とはいえ、地理的事情のみを考慮して高商新設に踏み切ったわけではない。一九二〇年代半ばの段階では、有志のあいだに、高工よりも高商を要望する声が強かった。植民地とはいえ、総督府は統治の過程において、住民の意向をまったく無視できるものではなかった。

八月四日の閣議を経て、高商新設はついに承認された[36]。一六日、「台湾総督府諸学校官制中改正」（勅令第二八三号）により、台南高商設立が発表され[37]、一九二六年九月二七日に開校式が行なわれた[38]。

（2）台南高等商業学校設立の意義

台南高商は台南商専を仮校舎とした。台南商専に残っていた教職員の大半は、台南高商の教職員を兼務することになった[39]。高商誘致に尽力した加藤正生台南商専校長は、台南高商校長に「栄転」した。

開校直前の八月下旬、加藤校長は、新設校を「兎に角特色のある学校にしたい」といい、そのためには学生の「卒業後南支南洋に連絡を作り活動舞台を内地にしないことです」と、新聞に抱負を語っている[40]。同じ時期、『台南新報』社説も、台南高商卒業生は「直ちに南洋に臨み、支那に入り、独特の進境を造り、新天地の開拓に努力すべしである」としている[41]。台南高商は、台北高商以上に「南支南洋」を意識することで、「独特の進境」を打ち出そうとしていた。

そうした意図にもとづき、台南高商のカリキュラムには、特定の外国語や地域事情の理解を重視するという特色が見られた。一九二六年度台北・台南両高商の第一学年のカリキュラムを比較すると、台南高商の英語の時間数は台北高商の倍である。第二外国語の場合、独語・仏語・「支那語」・「馬来語及和蘭語」から選択できる台北高商とは異なり、台南高商で履修できるのは「支那語又ハ和蘭語」のみだった。だが授業時間は、台北の二倍に設定された。また「商業地理」の時間数も、台南高商のほうが多かった[42]。

台南高商には、どのくらい学生が集まったのか。表2は、台南高商と台北高商の入学状況を示したものである。

表2から台南高商開校初年度である一九二六年度の「定員」に注目すると、七〇人となっている。新設計画では八〇人に設定されたが[43]、現実には一〇人減員された。同じく表2から台北高商の「定員」を見ても、全般的に減少傾向にある。その理由については本章第五節で検討する。

表2から台南高商の日本人側の入学志願者・入学者を見ると、日本内地で学生募集をしなかったせいか[44]、台北高商と比べて少ない。だがその分、一定数の台湾人志願者・入学者が存在するため、定員割れを起こしているわけではない。

表2　台南高商および台北高商の入学状況（1926-29年度）

年度	台南高商							台北高商						
	定員（人）	日本人			台湾人			定員（人）	日本人			台湾人		
		志願者（人）	入学者（人）	入学率（%）	志願者（人）	入学者（人）	入学率（%）		志願者（人）	入学者（人）	入学率（%）	志願者（人）	入学者（人）	入学率（%）
1926	70	100	35	35.0	48	35	72.9	80	417	72	17.3	18	4	22.2
1927	↓	87	52	59.8	25	15	60.0	↓	502	69	13.7	26	3	11.5
1928	71	133	60	45.1	31	11	35.5	72	412	69	16.7	24	3	12.5
1929	〔廃校〕	→	→	→	→	→	→	66	232	60	25.9	26	6	23.1

（典拠）『台湾総督府学事年報』昭和元年度（第25）～昭和4年度（第28）（台北・台湾総督府文教局，1928-31年）をもとに作成。
（注1）「↓」は同上，「→」は同左をあらわす。

表2から台南高商入学者の内訳を民族別に見ると、一九二六年度、日・台人学生比率は均等だった。開校初年度は九月入学という変則的な形態が採られた。これが日本人志願者の質を左右し、結果として台湾人を多く入学させることになったと推測できる。二七年度以降、「台湾人本位」の学校を望む台湾人の期待とは裏腹に、日本人入学者の数が台湾人を上回るようになっている。とはいえ、共学制施行直後の台北高商（第二章表4）と異なり、十数人単位で台湾人入学者を受け入れていた。ある程度台湾人に商業専門教育を受ける余地を残していた点に、台南商専関係者は、台南高商設立の意義を認めたと思われる。

（3）台南商専の廃校

台南高商開校から半年後の一九二七年三月、全在校生の卒業により台南商専が廃校された。台南商専の官有財産は、台南高商に引き継がれた(45)。林茂生は、台南商専最後の校友会誌に次のように書いている。

我校は廃校の為に死するにあらずして蝉脱羽化なり。よしや其の形骸を此の世に存せずとも、其の変形せられたる生命は横には百有余名の出身者に拡がり、縦には現存の台南高等商業学校に延長す。八ヶ年の間この台南商専と云ふ一有機的体系の中には種々の細胞相共に協力して其の生命を持続せんと努力せしならん。此等の貴き努

力は決して台南商専の形骸と共に消滅せず(46)

林は、台南高商設立を、台南商専の生徒有志が母校の「生命を持続せんと努力」した結果の産物とし、台南商専は「変形せられたる生命」(=台南高商)へと「蝉脱羽化」したという。彼は、生徒有志が高商誘致運動にたずさわり、要求が成就したことを「貴き努力」と評価した。そして、後続の有為な台湾人青年が台南高商で高等教育を受ける機会を享受してほしいという願いをこめて、この文章を綴ったと考えられる。

台南商専廃校が告示された一九二二年、当時の末松内務局長から高工新設の可能性は語られても、台南商専を高商に昇格させる見込みはないといわれた。だが生徒たちは、何らかの方法で台南商専を「復活」させたいと考えていた。その思いが地元の日・台人有志の協力を得て、高工ではなく高商の新設というかたちで実を結んだ。台南商専関係者の教育要求は、さしあたって「成功」を収めたといえる。

台南商専廃校から二ヵ月後の一九二七年五月、台南長老教中学が財団法人として認可された。同校教頭でもある林茂生は、この結果を「台湾人本位」の学校が、中等学校から高等教育機関へとつながる吉兆と受けとめたことだろう。台南高商新設から台南長老教中学の財団法人化成功までの時期は、林にとって希望に満ちたひとときであったに違いない。

第四節　台南高等商業学校をめぐる思惑の差異の顕在化

(1) 突然の廃校の消息

だが、そうした希望にはすぐに暗雲が立ち込める。

一九二七年五月、台南長老教中学の財団法人化を見届けたのち、林茂生は、台湾総督府在外研究員として米国留学に旅立つ。その翌月、総督府は台南長老教中学に対して、指定校となるための条件として、新たに神社参拝を提示する。[47] さらに二八年になると、新設されたばかりの台南高商にも危機が訪れる。

一九二八年六月、上山満之進総督と後藤文夫総務長官が相次いで辞任した。五月に発生した台中不敬事件（訪台中の久邇宮邦彦王が台中で在台朝鮮人・趙明河に襲われた暗殺未遂事件）の引責辞任というかたちである。だが岡本真希子の研究によれば、日本内地の政権交代も総督更迭の一因であり、二七年に与党となった政友会の一部の代議士による露骨な上山総督更迭運動があった。[48] 後任には、政友会系の川村竹治総督（図5）と、川村の腹心の一人である河原田稼吉総務長官が就任した。[49] その数ヵ月後、台湾における民政党（憲政会の後身）系総督の「業績」を否定するかのように、台南高商廃校が発表される。

一九二八年九月二五日付『台湾日日新報』（図6）は、総督府が「本島産業の工業化」をめざして、台南高商を廃校して高工を新設することに決定したとし、関連経費が二九年度予算に計上されると報じた。同紙は、台南高商は、「来年〔引用者注：二九年〕三月第一回卒業生の出るのをまつて生徒募集を中止し、昭和五年三月現在の二年生の卒業と同時に全然廃校し、残る一学年を台北高等商業学校に転学収容することゝなるらしい」と伝えている。

図5　川村竹治

かつて高商新設を積極的に支持していた『台南新報』と『台湾民報』は、この消息をどのように受けとめたのか。この時期の『台南新報』は現段階では現存が確認できず、よって同紙の見解は不明である。一方、『台湾民報』は、唐突な廃校の消息に対して率直に驚きを表明した。

一九二八年一〇月七日付『台湾民報』は、「工業台湾の建設に高工の建設は理路整然だが、その為に台南高商を廃止する事は、聊か腑に落ちぬ。或消息通の語る所に依ると、台南高商は昨年から将来廃止することに略内定して居たと云ふ。本島人の切なる要求で漸く成立した台南高商で、その間に幾多

臺南高商を廢止し『高等工業』を新設

工業の臺灣へ轉向の一施設

來年度に豫算を計上

現狀維持から積極へ本島產業の工業化のため臺南高等商業學校が廢止されその代りに高等工業學校が新設される爲めその豫算が來年度に計上される模樣である猶狹大の本島に同じ目的の高等商業學校を二校設立することについては設立當時にも相當反對論あり特に法制局にては眞向から反對した爲に大正十五年四月開校のものが延び延びになつて同年八月血の滲むやうな曲折の後漸く設立に決定したことは世人の記憶に尚鮮やかなことであるが年を閲すること僅に二年未だ

第一回の卒業生も出さない今日早くも廢校の運命に逢着するとはどこまでも受難の學校だ現在同校は各學年一學級づつ三學年まであり來年三月第一回卒業生の出るのをまつて生徒募集を中止し昭和五年三月現在の二年生の卒業と同時に全然廢校し殘る一學年を臺北高等商業學校に轉學收容することゝなるらしい又た新設される高等工業學校は來年度豫算に校舍建設費百八十餘萬圓を五箇年繼續として計上し昭和四年度を準備時代に當て

五年に 最初の入學生を募集收容する計畫なるもの如くである、顧れば臺南高商は大正四年商業專門學校として本島人子弟のため新設されたのであるが大正十一年第一回卒業生を出すと同時に生徒募集を中止して廢校の第一歩を踏み出し次いで大正十五年に復活したのも束の間又復第一回の卒業生を出した後廢校とは奇しき緣であるが本島の產業界の前途を眺め更に本島學制の瘤とさへ云はれてゐた高商二校を一校にすることは大局から觀て頗る

有意義なことであらう

右につき某當局者は語る

本島に高等工業が一校もないことは頗る寒心に堪へぬ、大體に於て本島の學制については内地の模倣に流れた傾向ありこの頃になつて實業教育の振興等事新らしく叫ばれてゐるが本島の如きはもつと以前からこの方針で進む可きではなかつたらうか臺北高商一校の卒業生にも相當就職難があるのに來年度から臺南からも出ろし益々就職難に陷る譯である工業臺灣の正に起らんとする本島の現狀から見て高等商業ばかりでは結局行きづまることは理の當然で高等工業の新設こそ誠に時宜に適したものと云はねばならぬ

港灣大會の先乘

港灣協會書記長笹木氏ら來臺

【基隆電話】港灣協會書記長笹木義邦氏が二十四日入港の朝日丸で港灣協會先乘りとして着臺したが船内訪問の記者に對し左の如く語つた

今回當地で全國港灣大會を開催する事となつて督府外民間の方々に御厄介をかけ諸事順調に運んでゐる事は感謝に堪へません協會としては之を機會に港灣を基調とする國力南進を高調したいと思つてゐます協會も創立後六年になりますが幸ひ港灣が海運貿易の發展と重大の關係がある事が世間に諒解されて來たので年を經るに從つて基礎も牢固となり會員も全國を通じ五千名に達し機關雜誌港灣を發行して港灣觀念の鼓吹に努力してゐますが水野會長はじめ協會幹部は非常な熱心で會務に精勵して政府に對する諮問機關を以て任じ昨年六月以來全國港灣の管理經營及び取締りに關する港灣法實施につき八十回も對議し漸く成案を得て政府の諮問に答へ又國策として北朝鮮の雄基港をして北滿洲の物資吞吐口たらしめ大

図６　台南高商廃校を報じた『台湾日日新報』の記事

の運動を経て漸く出来た高商でもあるし、法制局で争って漸く贏ち得た高商ではなかつたか」と問いかける。そして記事の中盤で、総督府の学事統計を引用して、専門学校入学者数の増加が日本人と台湾人では不均衡だという。こうした状況のなかでの台南高商廃校は、「又も本島人の教育を受ける権利を奪ふに外ならぬのだ。文教局の一部には、台南高商廃止説を打消してゐる。然るべきを祈るが、果して廃止の挙を敢てせば、此は明瞭に本島人に挑戦するものと見るべきである。年経費四十万内外の支出が不可能の事は断じてない筈である。一億数千万円の経費の九割を負担する本島人に対して斯くも顕著な教育拒否は、我等の断じて黙過すべき事ではない。果して真に廃止の意があるなら、吾人は当局の反省を求めざるを得ない」と結んでいる。

台南高商は、「本島人の切なる要求」を契機として「幾多の運動を経て漸く出来た」学校で、その設備や学生の構成には台南商専の伝統を受け継ぐという意味があった。したがって、台南高商の代わりに高工を新設するという代替案で済む話ではなかった。『台湾民報』が、この「腑に落ち」ない決定を「本島人の教育を受ける権利を奪ふ」ものの、「明瞭に本島人に挑戦するもの」とみなしたのも当然だった。

だがこの時点で、台南高商廃校の消息はなお不確定だった。前段の『台湾民報』は、台南高商が昨年から「将来廃止することに略内定して居た」とする一方で、「文教局の一部には、台南高商廃止説を打消してゐる」と報じている。対照的に、一〇月九日付『台湾日日新報』は、台南高商を廃校して高工を台南市に設置することはすでに確定していると伝えている。いずれが事実なのか測りかねる状況のなかで、台南高商関係者は、学校存置を求めて行動を開始する。

(2) 台南高商存置運動

一九二八年一〇月一〇日、台南高商の学生代表は地元有力者を歴訪し、存置運動への協力を求めた[50]。一〇月一三日、加藤正生台南高商校長や学生代表、保護者代表二〇余人により評議会が開かれた。そこには、かつて高商誘致運動に参加していた津田毅一と村上玉吉も出席した[51]。彼らは保護者の身分で参加したとされている。だが校友会誌に記載された学生名簿のなかに、津田姓も村上姓も見当たらない[52]。彼らの子どもが台南高商に在学したかどうか確証は得られないものの、学校存置に関心を示した点では、両者とも学校関係者に近い立場といえた。かつて高商誘致運動に取りくんでいた有志のなかで存置運動に加わったことが確認できるのは、この二人だけである。台南高商存置運動は、広く地元有力者の関心を得ることができず、学校関係者だけで推進された観が否めなかった。

一〇月中旬、台南商専同窓会（一九二四年成立）総代から、台南高商存置を求める陳情書が総督府に提出された[53]。一九二八年当時、台南商専はすでに廃校されていたが、その同窓会は存在し、台南高商の存廃に多大な関心を寄せていた。これを見ても、台南商専関係者が台南高商を母校を継承する学校と認識していたことがわかる[54]。

一〇月二一日、有志大会が開催された。大会には、およそ五〇人の学生保護者や加藤校長を含むおもな教員が出席した。同月二八日付『台湾民報』は、有志大会のもようを伝えている。『台湾民報』によれば、村上玉吉が座長に選ばれて会が進行した。そこで、「各有志父兄はみな総督府当局が青年教育を軽視していると攻撃し、台南高商の特色は本島人学生を収容することを本位とし、南支南洋で発展することを主旨とする点が、台北高商と性質を異にするところだ」とし、同校の存置を主張した。陳情委員には津田毅一や陳瑞山(煙草売捌)[55]らが選ばれた。そして、彼らが二一日の夜行列車で台北に行って総督を訪問し、父兄大会で通過した陳情書を提出することとした。万一要求が受けいれられない場合、中央政府に直接交渉することを決定した。[56]

『台湾民報』は、日本人保護者さえも、台南高商の特色を「本島人学生を収容することを本位」とする点にあると認め、熱心な存置運動に取りくんでいるような書き方をしている。これは意図的なものと思われる。『台湾日日新報』は、台南高商廃校・高工新設を事実として報じるだけで、台南高商存置を望む有志の動向には「無関心」だった。しかも台南高商唯一の台湾人教授・林茂生は、このとき米国に留学中だった。このことは、『台湾民報』にとって大きな痛手だったであろう。かつて台南長老教中学を指定校にする準備をしていた過程で、教会関係者と教会外の抗日運動関係者とを結びつけたのは林茂生であった。[57]ここから類推するに、林が台南高商存置運動に加わっていれば、彼が学校関係者と学校存置に理解を示す日本人知識人との結節点となる可能性があった。だが、林は台湾にいない。結節点は断ち切れてしまった。そこで『台湾民報』は、学校関係者だけで孤軍奮闘する状況を伝えるなか、運動に積極的に関与する日本人の存在をアピールすることで、総督府が存置を再考することを期待したと解釈できる。

『台湾民報』の応援は続く。同紙は、『台湾日日新報』では台南市に決定したと報じられている高工設立地について、疑問を投げかける。

台南商業専門が廃止される運命に逢つた際、市民の一部が高商に昇格すべく運動したところ、〔引用者注：一九二二年〕当時の末松局長が台湾には二つの高商は不必要、寧ろ高工を請願する方がいゝと言つた。それから伊沢総督時代と変つて、台南市民の代表者が高工を設立して呉れと、総督府当局に願つた所、此の時の責任当局者が言ふに、そんな案はない。然し台南は高工設置の適地であるか否かは、貴方もよく知つてゐるでせう。工業学校の基礎がなく、中央研究所は台北にあり、教授及経費の関係上、台南に設立することは出来ない、殊に調査に依れば水質も地質も、高工に不適当であると言つてとうとう高商を設置したさうです

以上の話が事実に相違はない、村上氏が去十月二十一日の父兄大会に於いても、報告をしたやうです。その詳細は民報漢文欄に詳しく出てゐる。そうなると現総督時代に於いて、当局者が急に過去の論拠を翻しさうにもない。故に既成の高商を見殺して、尚ほ未知数の高工を待つ事は馬鹿げた事でなければならぬ(58)

『台湾民報』は、設立されるかどうか定かではない高工に期待し、台南高商廃校を等閑するのは「馬鹿げた事」だと、存置への再検討を訴える。それとともに、総督が更迭されるたびに学校配置に対する見解も変わる、総督府の一貫性のない政策を批判している。

(3) 徒労に終わった運動

台南高商関係者以外は、存置運動をどのように見ていたのか。このことに関して、実業協和会の高島鈴三郎(図7)は、経済誌『台湾実業界』に次のように述べている。

台南市には高等商業学校に代ふるに、高等工業学校を以てする事に決定して一安心をしたが、さうでなくとも内地人疲弊の今日、台南市内に於ける各界の施設に対し、少しでも欠くる所あらば遺憾であるから、大台南建設の為に、我々は極力奮闘しなければならぬと覚悟して居るのである(59)

高島は高商誘致に熱心な有志の一人であった。そんな彼が、地元の施設で「少しでも欠くる所あらば遺憾」としながら台南高商廃校には触れず、高工新設が決定して「一安心」という。台南高商を「大台南建設」のために「極力奮闘」して存置する対象とみなしていない。かつての高商誘致運動有志のあいだで、総督府の決定に異を唱える者は少数だったようである。そうした推測は、一九二八年一二月一八日付『台湾日日新報』の、「台南市民が高等工業の交換条件に満足し台南高商廃校に対し頗る冷静」という記述からも補強できる。

図7　高島鈴三郎

かつての運動有志のなかで、存置運動に加わらなかった人びとの言動において不可解なのは、高工設立が正式に発表される以前から、台南高商廃校に「頗る冷静」だった点である。駒込武の研究によれば、一九三〇年代、川上八百蔵ら同志会メンバーと政友会系の今川淵台南州知事とのあいだには、密接な関係があった[60]。今川の台南州知事就任は、台南高商の件が「解決した」のちの出来事である。だが駒込の指摘から、それ以前も特定の民間人・民間団体と当局者とのあいだに何らかの交流があり、前出の高島などは、当局者から事前に高工新設計画を知らされていた可能性が推測できる。だが日本人同士であっても、時の当局者との関係が常に良好、というわけでもなかっただろう。思い起こすに、二五年七月一〇日に高商新設をめぐる集会が開かれた際、有志の一人である津田毅一は、民政党系の伊沢多喜男総督に直接高商誘致を訴えたと報告していた。津田の場合は、民政党系の官吏と関係が深かったため、民政党系総督がつくった台南高商の存置に関与したことが考えられる。こうした推測が成り立つとすれば、個々の有志の支持政党の相違といった要素も、台南高商存置・高工新設の主張に反映されていたと見ることもできる。

ここにおいて、台南高商存置を希望する加藤正生や津田毅一、村上玉吉に対して、高工新設を期待する高島鈴三郎という、専門学校をめぐる対立関係が浮き彫りになった。また台湾人のあいだでも、台南高商関係者に対して、存置運動に加わらなかった元運動有志という、協調関係の瓦解が認められた。

こうしたなかで一二月一〇日、台南高商の日・台人学生およそ二〇〇人が、学校存置を求める「血判状誓約書」を総督や文教局長、州知事などに送付した。そこには、廃校にも台北高商への併合にも反対であり、これらの措置が採られた場合、学生は学校と運命をともにして退学すると記されている[61]。だが、必死の願いも空しかった。

一二月二四日、石黒英彦文教局長が台南高商を訪問した。石黒は学生の前で、台南高商を廃校し、廃校後の同校は台北高商分教室として台北高商に併合されることに決定していると、改めて「宣告」した[62]。石黒は、一九二七年に朝鮮総督府事務官から台湾総督府文教局長に転じ、新設の台北第一師範学校女子部を私服で潜行視察するなど、「仕事熱心な」局長として知られた[63]。彼は、台南高商学生の「血判状誓約書」を読み、運動が「過激化」する可能性の芽を摘む目的で学生と対面したと考えられる。結局、台南高商から大量の中途退学者を出すこともなく、存置運動は総督府の意向に押し切られてしまった[64]。

石黒の訪問後、台南高商廃校計画が鮮明になってゆく。翌一九二九年一月には、台南高商を廃校する専門学校官制の改正勅令案が、日本内地の拓殖局に回付された。二月末、「台湾総督府諸学校官制中改正ノ件」が作成され、閣議に請われた[65]。台南高商新設時と異なり、法制局が改正勅令案に反対した事実は、新聞にも公文書にも見当たらない。もともと高商新設に難色を示していた関係上、廃校に異存はなかったと考えられる。翌三月、「台湾総督府諸学校官制中改正」（勅令第七号）が発布され、台南高商廃校が正式に告示された[66]。前出の二八年九月二五日付『台湾日日新報』では、廃校が三〇年と報じられたが、実際にはそれより一年早かった。

台南高商在校生は、台北高商の相当学年に編入され、台北高商台南分教場の学生として、旧台南高商校舎で卒業までを過ごすことが決定した[67]。旧台南高商校舎とは、すなわち旧台南商専校舎である。台南高商校舎の新築をめぐっては、台南高商開校直後に、台南市の有志が土地買収費や一部の工事費を支弁する意思を総督府に伝え[68]、建築資金として約四万円の寄付金が調達された[69]。だが一九二七年度予算に計上された新築費は日本内地の議会解散により不成立となり、それ以降新築計画は立ち上がっていない。その後台南高商廃校に伴い、有志から募られた寄付金は寄付者に還付されることになった[70]。校舎さえも新築されなかった状況が、高商から高工への短期間での移行という、朝令暮改的な政策をよりスムーズにした可能性もある。

また台南高商の職員については、前述の「台湾総督府諸学校官制中改正」附則に、台北高商台南分教場教職員は、「台湾総督府台北高等商業学校ノ教授、助教授又ハ書記ニ同官等俸給ヲ以テ任ゼラレタルモノトス」と明記された。だが加藤正生校長は分教場に残らず、台南高商廃校とともに退職した。

一九二九年三月三一日付『台湾民報』は、同月二四日に台南商専同窓会メンバーが主催した、同窓会総会と加藤校長送別会のもようを報じている。同紙によると、台南商専同窓会メンバーは、総会において同窓会を引き続き存続させることを決議した。同日夜、台南高商の教員も会して加藤校長の送別会が開かれた。校長はその席で、次のようにあいさつしたという。

> 商専とご縁を得て、もう八年(ママ)になります。今已む無く学校を離れることになり、この気持ちを何と表したら良いのか、まったくもって万感の思いです。学校は商専から高商となりましたが、それも廃校の運命をたどることになり、申し訳ない気持ちでいっぱいです。政策上のことで、どうしようもなかったのです。できる限りの手は尽くしました。あとは運を天に任せるよりほかなかったのです。卒業生は一〇〇人ほどしかいませんが、みなさんが奮闘努力すれば、きっと台湾経済界に大きな足跡が残せるでしょう。これからも、がんばってください[71]。

台南商専から台南高商へ、そして台南高商も廃校という、目まぐるしい政策の変化は、現場を指揮する加藤校長をも混乱させたことだろう。校長は台南高商設立当初、『台南新報』に、同校を「特色のある学校にしたい」と語っていた[72]。だが、その思いは実を結ばなかった。「台湾人本位」の夢ばかりか、加藤校長の夢も、また潰されたのである。学校を守れず「申し訳ない」という校長の言葉には、台南商専に続いて台南高商の廃校も食い止められなかったことへの無念さが溢れている。そしてそれは、送別会に集まった台南高商教員にも、今後二度と増えることのない台南商専同窓会メンバーにも、共有できる思いであったに相違ない。

加藤校長は、送別会から間もなく台湾を去る。その五年後、『台湾日日新報』の片隅に彼の訃報が伝えられた[73]。

第五節　台南高等商業学校はなぜ廃校されたのか

それにしても、台南高商廃校はいかなる理由で決定したのか。

一九二九年二月、「台湾総督府諸学校官制中改正ノ件」を閣議に提出する際に添付されたと思われる、「台湾総督府諸学校官制案中改正案」に収められた説明書に次の記述がある。

台南高等商業学校ハ、大正十五年八月設置以来入学志願者著シク少ク、生徒数毎年其ノ定員ニ満チタルコトナシ。又他面台北高等商業学校ニ於ケル最近三ヶ年間ノ卒業者合計百八十一人中、自ラ商業ニ従事シ又ハ銀行会社員トナリタル者僅ニ八十七名ニ過キサルノ実状ニ徴シ、高等商業学校ノ二校ノ存在ハ、台湾ノ実情ニ適セサルモノト云フヘシ[74]

説明書を見ると、「設置以来入学志願者著シク少ク、生徒数毎年其ノ定員ニ満」たないことが、台南高商廃校の主因のような印象を受ける。だが、それが直接の理由とは考えにくい。表2で確認すると、台南高商は、入学志願者・入学者とも台北高商ほど多くなかったが、「著シク少」なかったわけでもない。

同じく表2から台北高商の状況を見ると、同校は一九二六年度、二七年度と、連続して定員割れを起こしている。二八年度からは、入学者数に合わせて定員を調整している。二九年度からは、日本内地での学生募集や入学試験さえ中止している(75)。

台南高商廃校の原因を探るために、もう少し台北高商に注目したい。前出の説明書から台北高商卒業生の進路に関連する記述を見ると、同校の「最近三ヶ年間ノ卒業者」のうち、「商業ニ従事シ又ハ銀行会社員トナリタル者」が少ないとされている。「最近三ヶ年間ノ卒業者」とは、先に引用した「台湾総督府諸学校官制案中改正案」が提出された一九二九年より以前の三年間、つまり二六年（二五年度）から二八年（二七年度）までに卒業した学生を指すと考えられる。その期間の台北高商卒業生の進路を表3に示した。

表3「就職」は、「南支南洋」以外は台湾島内か日本内地での就職、もしくは自営を示す。就職先として「南支南洋」を選ぶ卒業生はきわめて少ない。

説明書には、台北高商卒業生のなかで「自ラ商業ニ従事シ又ハ銀行会社員トナリタル者僅ニ八十七名」と書かれているが、表3「就職」の枠内の「銀行・保険」・「会社」・「南支南洋」・「自営」の三年間の累計を合わせても八〇人に満たず、改正案中の数字は何を根拠としたか不明である。また高商卒業生の進路として想定されやすいのは、「銀行・保険」または「会社」への就職である。しかし表3「就職」からは、「官（公）庁・学校」就職者が目立つ。特に日本内地で金融恐慌が表面化した一九二七年度は、過去二年に増して多い。

このことに関連して注目したいのが、一九二五年二月一五日付『台南新報』に掲載された「高商卒業生の売口は／財界不況で捌けが悪ひ」という見出しの記事である。そこに次のような記述が見られる。

本年卒業生の就職口に就ては、台湾に於て相当奔走して見たのであるが、督《（ママ）》府関係筋は台湾で話もつくが、民間事業界は主として本社を内地へ有して居る関係から、内地で運動せねば埒が明かない所で内地へ行つて運動

表3　台北高等商業学校卒業生の進路（1925-27年度）　（単位：人）

卒業年度	進学	入営	就職					死亡・不詳	合計
			官(公)庁・学校	銀行・保険	会社	南支南洋	自営		
1925	3	1	16	11	9 (1)	1	1	6	48 (1)
1926	3	6	15	12	14 (1)	0	0	4	54 (1)
1927	1 (1)	7	25	7	14	3	3 (1)	15	75 (2)
合計	7 (1)	14	56	30	37 (2)	4	4 (1)	25	177 (4)

（典拠）『台湾総督府台北高等商業学校一覧 昭和3年度』（台北・台湾総督府台北高等商業学校，1928年）をもとに作成。
（注1）表中のカッコ内は台湾人卒業生の進路を示す。なお，1925年度に聴講生1人，26年度に聴講生2人・特別生1人が在籍したが，それらの人数は含めていない。

して見ると、何れの方面を顧みても財政上余裕がなく、寧ろヨリ以上減員せんかと言ふ様な状況で売口がなゐ。商科大学などへ顔を出すと、却て台湾で就職口を世話して呉れなゐかと、逆襲的に頼込まれると云つた悲惨な有様である

右に報じられているのは、商業系の高等教育機関を卒業した者の就職難である。こうした状況下で台北高商側は、「督《(ママ)》府関係筋」などと交渉して、官・公庁に卒業生の「売口」を斡旋してもらわざるを得ない状況だった。ちなみに、教育史研究者である伊藤彰浩は、一〇年代後半から三〇年代にかけての日本内地の状況を次のように論じている。すなわち、第一次大戦期には、好況による労働力不足を背景に大幅な高等教育の拡大がなされた。だが大正末年から昭和初年に一転して不況に陥ったことで、文科系学生の就職難が深刻となり、高等教育機関の規模の抑制・縮小が論じられるようになった(76)。

以上から推測するに、総督府は、不況が逐年厳しさを増しつつあるなかで、文系の高等教育機関、すなわち台北高商と台南高商のあり方を見直そうとした。台北高商については、卒業生の「官（公）庁・学校」への就職が増加した次年度である一九二八年度に定員を削減し、翌二九年度から日本内地での募集を中止した。かつて高商新設をめぐり日本内地の政府と交渉していた時期、総督府は、法制局に対して台北高商の日本内地での募集

を台湾統治上必要だと主張していたはずである。それを中止したということは、商業系の学校を卒業した者を「南支南洋」方面に経済発展させることに、もはや過度の期待を抱かなくなったことをあらわしている。他方、台南高商については、「高等商業学校ノ二校ノ存在ハ、台湾ノ実情ニ適セサルモノ」とし、廃校するとした。代替案として高工創設が提示された。

台南高商廃校・高工創設を決定した川村竹治総督は、高工開校を待たずに台湾を離れる。彼は総督辞任後、『台湾の一年』という回顧録を綴った。同書のなかで川村は、台南高商と高工について次のように述べている。

島内に高等商業学校が二校、其れでも人材の消化に困る有様であつたから、其の一つを高等工業に変更した。之は農本主義の台湾に、更に一歩を進めて工業の発展を図り度い、島内に於ける工業的自給のみならず、対岸を始め、南支南洋に対して、工業的活躍を試みたい、之は帝国の台湾に期待する重大使命である。現に重要な様に将来も亦重要である。更に開拓すべき幾多の前途を持つて居るが、軈て行止る時節が来るであらう。之に反して工業発展の新天地は、洋々として台湾を迎へて居る。農業と併せて、工業の発展を期する事は、台湾を最も活発に生かす道であるに拘らず、原料、動力、運輸、港湾、技術等、其の基調となるべきものが、未だ完全に準備されて居らぬ。高商を高工に変へる事位は極めて細事の様ではあるが、開校以来年月も経たぬ。固より未だ卒業生も出さぬ内に変更したのだから多少世間を驚かした。詰まり工業進出の予備計画であつたのだ。何等工業上の技術も根拠も持たず、徒らに商才を養成し、手ぶらで以て海外発展を策する事は、無理だと思つたからである。前任者には済まなかったが、固い根拠から出た見解の相違の為めに、遂に敬意を表しきれなかつた(77)

川村は、島内で「工業的自給」をしつつ、島外で「工業的活躍を試み」ることが「帝国の台湾に期待する重大使命である」と、台湾工業化の必要性を強調する。ただ、その過程で卒業生の「消化に困る」高商二校の存在が問題となった。そこで「其の一つを高等工業に変更」したという。この記述は、文科系学生の就職難が台南高商廃校の引き金となったという推測を補強するものとなろう。とはいえ、先に挙げた高商卒業生の就職難を報じた『台南新報』の記事が一九二五年のものであることからわかるように、高商卒業生の「消化に困る」のは、高商誘致運動が本格化する以前から自明のことであった。そうしたなかであえて台南高商を新設したのは、どのような理由なのか。それは、川村総督の表現を借りれば、歴代総督間の「見解の相違」によると思われる。

台南高商新設を具体化したのは民政党系の伊沢多喜男・上山満之進両総督であり、その廃校を決定したのは政友会系の川村竹治総督である。戦前における二大政党の成立から崩壊までを分析した井上寿一は、政友会を「国家の利益を最優先する公党」とし、民政党を「政友会との対抗をとおして、〈自由〉と〈平等〉をめざす〈進歩〉的な政党へと成長」したと、各党を特徴づけている。[78]この説に依拠して推論すれば、民政党系の伊沢と上山は、「財界不況」でも、より日・台人間の「平等」にこだわって台湾人の教育要求に理解を示し、台南高商設立を決定した。他方、伊沢・上山の在任時にも増して深刻な財界不況に直面することになった政友会系の川村は、「工業上の技術」を武器に「海外発展を策する」ことこそ、「国家の利益を最優先する」措置と考えた。その一環として、高工創設という政策を打ち出すかたわら、「前任者」に「敬意を表しきれ」ない措置、つまり台南高商廃校に踏み切った。

川村は『台湾の一年』のなかで、台南高商廃校を「多少世間を驚か」す出来事といっている。だが同校関係者や『台湾民報』への寄稿者にとっては、「多少世間を驚か」す以上の衝撃だった。学校存置のための熱心な運動も展開された。総督府はこうした状況を考慮して、規模を縮小して台北・台南の両高商を存置しつつ、高工を設置するという選択もあったはずである。だが「工業進出の予備計画」遂行に邁進しようとする政策の前に、そうした可能性は検討されなかった。川村にとっては、「台湾人本位」の学校を廃校することなど、「細事」に過ぎなかったからである。

図8　台南市役所
元台南高商は台南市役所に看板が掛けかえられた。

第六節　台南高商校舎のその後

台南高商は、一九二九年に台北高商の分教場となり、翌三〇年に廃校となった。あとに残ったのは校舎である。旧台南高商、すなわち旧台南商専校舎は台南市の目抜き通りにあった。そのまま放置しておかれるはずがない。程なく台南市役所（図8）に充当されることが決定した。[79]台南市役所はそれ以前、幸町の台南州庁舎内（第二章図2は四）にあったが、大宮町に移転して来たのである。

大宮町と交差する通りに末広町という通りがあった。ここは俗に台南銀座と呼ばれ、当時の台南市でもっとも賑やかなエリアだった。そこに今林商行という大型商店があった。その家の息子で、長じて作家となった今林作夫（一九二三年生）は、今林商行の裏手に位置していた市役所のようすを次のように回想している。

その〔引用者注：市役所の〕裏門は四六時中開きっ放しになっていた。誰でも自由に出入り出来る。裏門を入ると三角ベースが出来る程のちょっとした広場があった。東と北側には、その広場を取り囲むように倉庫のような小屋が三軒程建っていた。窓ガラスが割れたままになっていて、あまり使われている様子はなかった。隅の方には砂や砂利の置き場があったから、恐らく、辺りは建築資材置き場だったのだろう。私たちにとっては申し分のない条件の遊び場である。かくれんぼ、鬼ごっこ、ラムネの玉、メンコ、三角ベース何でも出来て、しかも大人の目の届かない場所なんて、探したってそうあるものではない(80)

台南商専は、予科・本科を合わせて、何百人もの生徒を収容する学び舎であった。それを職員が一〇〇人足らずの市役所とするには、広すぎたのかもしれない。人気のない市役所の大きな空間が付近の子どもたちの恰好の遊び場となっていた状況が右の回想からわかる。ちなみに、台南市役所は、日本の敗戦後の国民党政権下で、永福國民小學（南門尋常小学校の後身）へと変わった。台南商専・台南高商の跡地には、やはり官庁よりも学校のほうがふさわしかったのかもしれない。

（1）櫻井良樹「伊沢多喜男と東京市政」大西比呂志（編）『伊沢多喜男と近代日本』（芙蓉書房出版、二〇〇三年）九七頁。
（2）加藤聖文「植民地統治における官僚人事――伊沢多喜男と植民地――」前掲『伊沢多喜男と近代日本』一三一―一三二頁。
（3）植民地台湾における伊沢修二の教育事業については、陳培豊『「同化」の同床異夢――日本統治下台湾の国語教育史再考――』（三元社、二〇〇一年）第二章など。
（4）「台南高商設置運動／商専同窓会の熱情」『台南新報』一九二五年六月一八日付。
（5）台湾の公立中学校は、一九二五年三月に三校から二三六人（日本人一八一人・台湾人五五人）の卒業生を出しただけであった（『大正十三年度　台湾総督府学事第二十三年報』台北・台湾総督府内務局文教課、一九二六年、一八五頁）。だが一九二七年三月に卒業生を送り出した学校が八校に増加したことで、卒業生の総数も四九六人（日本人三〇二人・台湾人一九四人）に増加した（『昭和元年度　台湾総督府学事第二十五年報』台北・台湾総督府文教局、一九二八年、三四八頁）。
（6）「台南高商設置運動／大学一部設置は絶望／高商設置期成同盟会」『台南新報』一九二五年七月九日付。一九二五年当時、台南商専に在職した日本人教員は、川田長兵衛（教授）、延田芳太郎（教授）、松田郁太郎（教授）、高野貢（教授）、鈴木尚人（助教授）、岩瀬義冨（助教授）、森本政次郎（助教授）、田中静三（助教授）の八人だった（『大正十四年七月一日現在　台湾総督府及

所属官署職員録』台北・台湾時報発行所、一九二五年、一七七頁)。新聞から高商設立運動への関与が確認できるのは加藤校長のみだが、校長が熱心である以上、ほかの教員も何らかのかたちで運動にかかわっていた可能性はきわめて高い。

(7) 『第四回 台南市統計書 大正十三年』(台南・台南市役所、一九二五年)九〇—九一頁。

(8) 千草默仙(編纂)『昭和三年四月現在 会社銀行商工業者名鑑』(台北・高砂改進社、一九二八年)二五九頁。

(9) 「台南商工会から／高等工業校／新設を請願」『台湾日日新報』一九二三年一〇月一三日付。

(10) 「台南商専問題に就て／末松局長台南にて語る」『台湾日日新報』一九二二年三月三日付。

(11) 永岡涼風「商界波瀾を捲如しつゝある／台南州購買組合対小売商人／紛争事件の顛末と其批判」『実業之台湾』第一五巻第一四号(一九二三年一二月)二二—二八頁。

(12) 「台南商工会改造機運熾烈／(上)／附たり協和会との反目」『台湾日日新報』一九二四年一一月一八日付。

(13) 「臺南同志會」(漢文)『台湾日日新報』一九二〇年一一月三日付。

(14) 「会則原案成つた／台南同志会／近く発会式挙行」『台湾日日新報』一九三一年三月一一日付。佐藤の経歴については、林進發(編)『台湾官紳年鑑』(一九三四年／台北・成文出版社、一九九九年復刻)台南州三—四頁。

(15) 駒込武『世界史のなかの台湾植民地支配——台南長老教中学校からの視座——』(岩波書店、二〇一五年)五〇五—五〇六頁。

(16) 黄欣は、台南長老教中学が正規の中学校の認定を受けるのに必要な条件を満たすため奔走する林茂生ら学校関係者に対し、新たな中学校設立を提案する。駒込武は、「御用商人」である黄の提案は、植民地教育への抵抗の拠点であった同校の中学校昇格を妨害する狙いがあったと推論している(「台南長老教中学校神社参拝問題——踏み絵的な権力の様式——」『思想』第九一五号、二〇〇〇年九月、四一頁)。なお、黄欣についてはほかに、春山明哲「黄欣：台南の『固園主人』——植民地近代を生きたある台湾人の肖像——」(松田利彦・陳延湲(編著)『地域社会から見る帝国日本と植民地——朝鮮・台湾・満洲——』思文閣出版、二〇一三年)など。

(17) 前掲駒込『世界史のなかの台湾植民地支配』五〇八頁。

(18) 「台南高商設置問題／請願書起草委員会」『台南新報』一九二五年六月一七日付。

(19) 「台南高商設置運動／大学一部設置は絶望／高商設置期成同盟会」『台南新報』一九二五年七月九日付。七月一〇日の会合の状況が九日に報じられるのは、不自然である。会合がもたれたのは八日以前で、一〇日というのは誤植と思われるが、日付はそのままにした。

(20) 「高商問題協議／知事に一任す」『台南新報』一九二五年七月一三日付。

(21)「古証文が崇つた／台南の高商問題」『実業之台湾』第一七巻第八号（一九二五年八月）四〇頁。
(22)「台南高商運動成行／物々しい期成運動などはやめて／慎重に督府の諒解を得るが良策」『台南新報』一九二五年七月一四日付。
(23)「高商設置につき／台南市民より／謝状を送る」『台南新報』一九二五年一二月九日付。
(24)「希望伊澤總督發表治臺的政綱」（漢文）『台湾民報』一九二五年八月九日付。
(25)「高商設置につき／台南市民より／謝状を送る」『台南新報』一九二五年一二月九日付。
(26)「台湾総督府諸学校官制中改正ノ件」『公文類聚第五十編巻十一』（一九二六年・一九二七年）。
(27)台北高商の学生に「南進」の意義を体得させるための総決算が、毎年第二、三学年を対象に実施される修学旅行だった。横井香織の研究によれば、それは「南支南洋」の各地を数十日かけてめぐる大規模なものであり、学生にとって「南支南洋を皮膚感覚で捉えることのできる絶好の機会であった」（「日本統治期の台湾における高等商業教育」『現代台湾研究』第二三号、二〇〇二年七月、八三頁）。
(28)後藤乾一『近代日本と東南アジア――南進の「衝撃」と「遺産」――』（岩波書店、一九九五年）一〇〇頁。
(29)前掲「台湾総督府諸学校官制中改正ノ件」『公文類聚第五十編巻十一』。
(30)「打破教育搾取政策／宜設臺灣人本位的臺南高商」（漢文）『台湾民報』一九二六年八月一日付。
(31)「伊沢総督の市長／就任拒絶の理由／結局は受諾するか／内相市会が再応勧説」『台南新報』一九二六年七月一日付。
(32)「台南高商問題／昨日督府側と法制局側の／会議を開く／結局山川長官に一任」『台湾日日新報』一九二六年七月一六日付。
(33)伊沢多喜男文書研究会（編）『伊沢多喜男関係文書』（芙蓉書房出版、二〇〇〇年）二三七頁。
(34)「近く開校となる／台南高等商業学校／四日の閣議に上程決定／志願者中の死亡棄権を除き／百十六名夫れに追募もある／内地では全然募集をしないと」『台南新報』一九二六年八月一日付。
(35)前掲「台湾総督府諸学校官制中改正ノ件」『公文類聚第五十編巻十一』。
(36)「台南高商設置／閣議にて承認さる」『台南新報』一九二六年八月五日付。
(37)台南教育会（編）『台湾教育沿革誌』（一九三七年／台北・南天書局、一九九五年復刻）九四八頁。
(38)「台南高商開校式／後藤総務長官の訓示／喜多知事の祝辞」『台南新報』一九二六年九月二八日付。
(39)「台南高商校長教授／官制発布と共に発表／多く商専教授の兼任らしい」『台南新報』一九二六年八月一〇日付。
(40)「台南高商／特色ある学校と／南支南洋を目標に／真の内台人共学が出来て／興味ある結果が見えやう」『台南新報』一九二六年八月二〇日付。

(41)「台南高商／使命と特色」『台南新報』一九二六年八月一六日付。
(42) 前掲「台湾総督府諸学校官制中改正ノ件」『公文類聚第五十編巻十一』、『台湾総督府台北高等商業学校一覧 自大正十五年至大正十六年』（台北・台湾総督府台北高等商業学校、一九二六年）一〇―一三頁。
(43) 前掲「台湾総督府諸学校官制中改正ノ件」『公文類聚第五十編巻十一』。
(44) 前掲陳『「同化」の同床異夢』一八五頁。
(45) 前掲『台湾教育沿革誌』九四八頁。
(46) 林茂生「商業専門学校を送る」『会報』終刊号（台南・台湾総督府商業専門学校校友会、一九二七年）二―三頁。
(47) 前掲駒込『世界史のなかの台湾植民地支配』三九三頁。
(48) 岡本真希子『植民地官僚の政治史――朝鮮・台湾総督府と帝国日本――』（三元社、二〇〇八年）三五一頁。
(49) 黄昭堂『台湾総督府――日本の台湾統治五〇年を総括――』（一九八一年／台北・鴻儒堂出版社、二〇〇三年復刻）一一二―一一四頁。
(50)「廃校の噂に／蹶起する学生／反対具体運動に移らんとす」『台湾日日新報』一九二八年一〇月一三日付。
(51)「台南高商問題／学生は父兄と共／存続運動に／猛進するに決す」『台湾日日新報』一九二八年一〇月一四日付。
(52)「生徒名簿」『台南高商校報』第一回卒業記念号（台南・台南高等商業学校編纂部、一九二九年）一六八―一七二頁。同史料は、横井香織さんのご教示により入手できた。記して謝意を表したい。
(53)「臺南高商父兄大會／先派代表提出陳情書／或者再到中央運動存置」（漢文）『台湾民報』一九二八年一〇月二八日付。
(54) 商専校友会誌には、同窓会が一九二五年に第二回総会を開催したとある。そこから成立は二四年と推測できる。同窓会は、基本的に生徒が卒業時に納付する会費で運営され、二五年時点で台湾各地だけでなく、東京やバタビアにもネットワークをもっていた（「同窓会記事」前掲『会報』終刊号、五九―六〇頁）。
(55)『最近の南部台湾』（台南・台湾大観社、一九二三年）附録一七頁。
(56)「臺南高商父兄大會／先派代表提出陳情書／或者再到中央運動存置」（漢文）『台湾民報』一九二八年一〇月二八日付。
(57) 前掲駒込『世界史のなかの台湾植民地支配』三二〇頁。
(58) 一台南市民「高工は果して／台南に設置するか？／市民は騙されるな！」『台湾民報』一九二八年一一月四日付。
(59) 高島鈴三郎「死活問題の安平築港と／市区改正と道路開鑿と」『台湾実業界』第一年第一号（一九二九年四月）一七頁。
(60) 前掲駒込『世界史のなかの台湾植民地支配』五〇五―五〇八頁。

(61)「臺南高商的廢止確定／由石黒局長到校宣告／學生們的血判狀發出了」（漢文）『台湾民報』一九二九年一月一日付。
(62) 同上。
(63)「石黒局長の潜行視察」『台湾教育』第三一〇号（一九二八年六月）九六頁。石黒の経歴は、「石黒英彦任府文教局長」『台湾総督府公文類纂』冊号一万四六・文号八五。
(64) 台南高商廃校が決定した一九二八年度の同校中退者は一三人（日本人一二人・台湾人一人）だった（『昭和三年度 台湾総督府学事第二十七年報』台北・台湾総督府文教局、一九三〇年、三九九頁）。「血判状誓約書」には要求が叶わなかった場合、全在校生が退学するとあったが、それを考慮すれば、中退者は最小限に止まったといえる。
(65)「台湾総督府諸学校官制中改正ノ件」『公文類聚第五十三編巻十』（一九二八年）。
(66)『府報』第六二四号（一九二九年三月二四日）。
(67) 前掲『台湾教育沿革誌』九四九―九五〇頁。
(68)「文教課長が視察した／台南高商の敷地／南門方面の墓地か／第一中学校の附近か／商人連は暗中模索」『台湾日日新報』一九二六年八月二一日付。
(69)「問題視された／旧台南高商への／寄附金四万円の始末／結局寄附者へ還附と決す」『台湾日日新報』一九二九年一一月一三日付。
(70) 同上。
(71)「南商専同窓會／並為加藤校長送別」（漢文）『台湾民報』一九二九年三月三一日付。
(72)「台南高商／特色ある学校と／南支南洋を目標に／真の内台人共学が出来て／興味ある結果が見えやう」『台南新報』一九二六年八月二〇日付。
(73)「加藤氏逝く／元台南高商校長」『台南新報』一九三四年二月八日付。
(74)「台湾総督府諸学校官制案中改正案」前掲『公文類聚第五十三編巻十』。
(75) 横井香織「台北高等商業学校卒業生の動向に関する一考察」『東洋史訪』第八号（二〇〇二年三月）四二頁。
(76) 伊藤彰浩『戦間期日本の高等教育』（玉川大学出版部、一九九九年）一三八頁。
(77) 川村竹治『台湾の一年』（時事研究会、一九三〇年）四一―四二頁。
(78) 井上寿一『政友会と民政党――戦前の二大政党制に何を学ぶか――』（中公新書、二〇一二年）四、四五頁。
(79)「旧高商校舎に移る／台南市役所／今月中に開庁式挙行」『台湾日日新報』一九三〇年四月八日付。
(80) 今林作夫『鳳凰木の花散りぬ――なつかしき故郷、台湾・古都台南――』（海鳥社、二〇一一年）二〇四頁。

第七章　台南高等工業学校の誕生
――「台湾人本位」の夢破れて――

第七章では、台南高等商業学校（以下、台南高商）廃校後の高等教育機関を取り巻く社会状況を素描し、その上で、台南高等工業学校（以下、台南高工）新設の意義を考えたい。

第一節　これからは工業だ！――高等工業学校創設の社会背景

本節では、以下に、台南高工設立の契機となった社会背景を、産業政策と学校再編の側面から考察する。

（1）農業・商業から工業へ――産業政策の転換

植民地台湾の産業は、甘蔗や米、茶といった主要農作物の増産と品種改良を基軸とし、それらの移輸出によって対価を得るという構造のもとに成り立っていた、と考えられている。[1] 実際、一九二〇年代前半頃までは、ほぼこの定石にそって農業と商業の振興に重点が置かれ、工業は製糖業などの食品加工の分野に代表される軽工業が中心だった。[2]

だがその後、不況が人びとの生活に影を落とし始める。

たとえば、一九二三年に高島鈴三郎が実業協和会を結成した背景に日本人小売業者の倒産があったり、[3] 二五年に台北高等商業学校（以下、台北高商）卒業生の就職難が報じられるなど、前章で紹介したエピソードからも不況は窺えるが、状況はその後も悪化した。特に二七年に日本内地で金融恐慌が発生すると、台湾でも財政逼迫がさらに顕著になった。

不況は就業のあり方を変化させた。第四章補論表3を再び参照してほしい。同表から日本人側の「増減指数」に着目すると、「商業」・「工業」が減少傾向にあるのとは反対に、「其ノ他ノ有業者」の増加が際立っている。一九二〇年代半ば以降、景気の悪化につれて個人商店や零細企業が立ち行かなくなり、「商業」・「工業」から「其ノ他ノ有業者」へと転業したり、失職を余儀なくされたりする日本人の姿が台湾人以上に目立ったことが想像できる。日本人は、台湾という異郷にあって、地縁や血縁のつながりに頼りにくい。ゆえに、不況の影響がより表面化しやすかったのだろう。

総督府は、こうした光景を目の当たりにして、従来の産業政策では不況打開に効果がないと判断し、工業化を積極的に検討するようになった。波形昭一の研究によれば、総督府の財務・殖産両局は、一九二〇年代後半頃から、農作物増産・改良政策から工業化への転換を模索し始めた。その過程では、「南支南洋」を原料調達基地とする工業立島論も議論されている(5)。

一九二八年、政友会系の川村竹治が総督に就任すると、工業化の意向はさらに明確になった。この年、一九年から着工されたものの、二二年以降資金難などにより実質的に中断されていた日月潭発電所開発工事の再開が決定したことは、それを象徴的に示している。工事再開をめぐっては、水力発電所建設による経済効果を期待した日本人商工業者を中心とした運動があったことが、清水美里の研究により明らかになっている(6)。総督府が民間人有志の要求を受けいれたのは、北波道子の研究によれば、工業化こそ、農業や商業の方面で競争力のない日本人の優位性を確立する手段と判断したからであった(7)。

農業・商業から工業へという産業政策の転換は、不況打開をめざしただけではない。不況により揺らぎがちな統治者・植民者の威信を回復させるという目論みも内包されていたと考えられる。

（2）高等教育機関の再編

実業教育機関のあり方には、産業趨勢が投影される。一九二〇年代前半までの台湾では、農業と商業の分野に関しては、実業学校も専門学校も整備されていた。対照的に、工業系は実業学校止まりであり、しかも従来二校（台北第一工業学校・台北第二工業学校）あった工業学校は、二三年度に一校（台北工業学校）に統合された。こうした学校配置からも、工業が消極的にしか推進されてこなかったことが窺える。だが二〇年代半ば以降、状況は一変する。それを官立学校に支弁される経費の側面から見たい。

表1は、台北帝国大学（以下、台北帝大）と各専門学校に対する国庫支弁額、および各校への支弁額が総額に占める割合を示している。

表1から、まず、台北帝大を見たい。

台北帝大は一九二八年度に開校した。だがその数年前から関連経費が支出され、開校準備が進められている。そして開校後は、同校を中心に総督府直轄学校への経費が配分されていることがわかる。

台北帝大は文政と理農の二学部で構成された。文政学部に設置された史学科には、南洋史学講座が開設された。また理農学部は、「総ての学科目を台湾中心とし、熱帯・亜熱帯の対象に依り研究を進め」ることを特色とした(8)。台北帝大は、「南支南洋」方面への進出を、学術的な根拠から下支えすることが総督府から期待されていたといえる。

だが大学創設は、すべての人に賛同されたわけではなかった。創設計画が発表された一九二四年、台湾抗日運動リーダーの一人である蔣渭水は、「民衆の初等教育を顧みず、一部の少数の階級が利用できるだけの大学を設置することは、家を造る際、基礎工事を怠り装飾だけに凝るようなものである」と批判している(9)。

蔣の発言は、教員や校舎の不足を理由に公学校就学が叶わなかったり、たとえ就学できたとしても、劣悪な教育

表1　帝国大学・専門学校への国庫支弁額と割合（1925-32年度）

年度	商　専		台南高商		台北高商		台南高工		高等農林	
	支弁	%	支弁	%	支弁	%	支弁	%	支弁	%
1925	62	2	〔未〕	〔未〕	148	5	〔未〕	〔未〕	321	10
1926	47	1	36	1	151	4	↓	↓	215	6
1927	〔廃〕	〔廃〕	84	2	157	3	↓	↓	237	5
1928	↓	↓	101	2	175	3	↓	↓	〔廃〕	〔廃〕
1929	↓	↓	〔廃〕	〔廃〕	276	5	18	0	↓	↓
1930	↓	↓	↓	↓	218	3	183	3	↓	↓
1931	↓	↓	↓	↓	163	3	517	10	↓	↓
1932	↓	↓	↓	↓	140	3	567	12	↓	↓

年度	附属農林		医　専		台北帝大		その他		総額（千円）
	支弁	%	支弁	%	支弁	%	支弁	%	
1925	〔未〕	〔未〕	237	8	41	1	2,342	74	3,154
1926	↓	↓	242	6	316	8	2,886	74	3,898
1927	↓	↓	286	6	597	13	3,247	70	4,610
1928	155	3	310	6	1,572	28	3,273	59	5,589
1929	148	2	338	6	2,120	35	3,114	52	6,017
1930	145	2	382	6	2,333	37	2,973	48	6,236
1931	129	2	341	7	1,480	28	2,575	49	5,207
1932	119	3	281	6	1,159	25	2,445	52	4,713

（典拠）『台湾総督府学事年報』大正14年度（第24）～昭和7年度（第31）（台北・台湾総督府文教局，1927-34年）をもとに作成。

（注1）「総額」は国庫支弁総額，「支弁」は当該校への支弁額の略であり，いずれも千円単位で示している。「その他」には，台北高等学校や中等学校，図書館などが含まれる。〔未〕は未設，〔廃〕は廃校，「↓」は同上をあらわす。「割合」で0.5に満たないものは0と表記する。

（注2）「割合」は国庫負担総額に当該校への支出が占める割合をパーセンテージで示したものであるが，小数点以下を四捨五入しているため，総計が必ずしも100になるとは限らない。

環境に置かれた台湾人児童が多数にのぼった事実を踏まえている。「民衆の初等教育を顧み」ない状況は、一九二〇年代後半になっても改善されなかった。台北帝大が開校した二八年、『台湾日日新報』は、台北市内の複数の公学校で一学級定員を六八人に増加させた、と伝えている。[10] 児童がひしめき合う教室のなかでは、大きな学習効果が得られにくかったと思われる。

公学校のこうした状況をよそに、台北帝大では、在学生が教職員より少ない事態が生じていた。開校初年である一九二八年度を例に見ると、学生は二学部合計六三人（日本人五七人・台湾人六人）に対し、[11] 教職員は一一五人とされている。[12]「一部の少数の階級」に対して、潤沢な経費がふんだんに使われていたことがわかる。

次に、表1から各分野の専門学校に

ついて見たい。

商業系の学校は、他分野の教育機関と比べて経費が少ない。特に一九二六年度に開校した台南高商への支弁額の少なさが際立っている。同校は、廃校予定の総督府商業専門学校（以下、台南商専）を仮校舎として開校した。この点を考慮して、台南商専と台南高商のいずれも存続している二六年度に注目してみる。すると、両校への支弁額を合算しても、なお同年度の台北高商への支弁額におよばないことがわかる。台北高商への支弁額が台南高商より多かったのは、台北高商学生がほぼ日本人で占められたからであろう。台南高商は、二九年三月をもって廃校となるが、短い歴史のなかで終始消極的にしか運営されていなかった。

農業系の学校に目を向けると、高等農林学校（以下、高等農林）は、一九二七年度をもって消滅している。「設備併用の関係上」、二八年度から台北帝大附属農林専門部に改組されたことによる。[13] こうした措置をめぐっては、一部から反対の声が上がっていた。二八年一月七日付『台湾日日新報』は、高等農林学生有志と教員が学校存置運動を展開していると報じている。高等農林は農学科と林学科で構成された。同校が台北帝大附属となった場合、林学科は附属農林専門部のなかに残されるが、農学科は帝大に理農学部が開設されるため、在校生の卒業と同時に消滅する。「そんな事情が愛校心といったやうな気持と結びついて」、存置運動に発展したようである。[14] 第二章表4から確認できるように、同校学生の大半は日本人である。ゆえに、存置運動も日本人を中心に展開されたと考えられる。だがその甲斐もなく、台北帝大に吸収された。表1を見ると、改組後は支弁額が高等農林時に比べて減額傾向にあることがわかる。

図1　蔣渭水
医師にして台湾民衆党（1927-31年）の領袖。

商業系や農業系の学校とは対照的なのが、医学専門学校（以下、医専）と台南高工である。

一般的に考えて、医療系の学校を設立・維持するには、莫大な経費がかかる。そうした状況が考慮されたのか、表1を見ると、医専への支弁額は例年安定している。また台南高工について、開校は一九三一年度だが、その数年前から開校準備が進められている。本章第三節を先取りすると、台南高工は、総督府の打ち出した工業化の課題に即して、高度な工業技術をもって「南進」・「北進」を果たす人材育成を目的とした。ゆえに、校舎は新築されず一期の卒業生も出さないまま廃校された台南高商とは異なり、はるかに周到に準備され、開校後はある程度の経費が支弁されて運営されることになった。

第二節　工業を盛んにするために——台南高工設立までの道程

(1) 設立の青写真

台南高工はどのような経緯で設立に至ったのか。

一九二二年、台南市で台南商専廃校説明会が開かれた際、当時の末松偕一郎総督府内務局長が高工新設の可能性を提示したのは、第二章で述べたとおりである。これを受けて翌二三年、台南商工会は、内田嘉吉総督に高工新設を要望した。だが、それは却下された。これが、商工会所属の一部の日本人を高商誘致に向かわせた。二三年といえば、もともと二校あった工業学校が一校に統合された年でもある。総督府はこの段階では、工業化や工業教育の必要を、いまだ差し迫った課題と捉えていなかったようである。

高工新設は、一九二〇年代前半の時点では机上の計画だった。それが具体的に検討されたのは、二七年の総督府評議会においてである。若槻道隆（台南高工初代校長）によると、このときの評議会で、一部の評議会員から「速に工業に関する専門学校の設置」が提言された。二八年七月、前年の総督府評議会での答申にもとづき、「文教局

表2　1927年9月15日に任命された総督府評議会員一覧

州	名前	生年	出身	学歴	来台	紳章	おもな現職	備考	典拠
〔総督府官僚〕	相原祐彌	1864	宮城	東京帝国大学	1924	—	総督府高等法院長	1928年5月22日退職	③⑧
	豊田勝藏	1882	山口	東京帝大	1927	—	総督府内務局長	元台北高等商業学校長，最初の渡台は19年	⑩
台北	高木友枝	1858	福島	東京帝大	1896	—	台湾電力(株)社長	従三位勳二等，元台湾総督府医学校長	③
	島田 茂	1885	岡山	東京帝大	不詳	—	台湾銀行頭取	従四位勳六等	⑦
	赤石定藏	1869	青森	早稲田専門学校	1910	—	台湾日日新報社取締役		⑥
	三好徳三郎	1875	京都	尋常高等小学校	1899	—	台湾茶業(株)監査役	台北商工会長	①
	林 熊徴	1888	台北	漢学	—	佩用	林本源製糖会社社長，華南銀行総理	勳四等	④
	呉 昌才	1886	台北	漢学	—	佩用	台北製糖公司理事		③
	顔 國年	1886	台北	書房	—	不詳	基隆炭礦(株)取締役	緑綬褒章拝受	⑨
	黄 純青	1875	台北	漢学	—	佩用	樹林信用組合長	勲六等	①
新竹	小畑勇吉	1877	福井	東京理科大学	1909	—	帝国製糖(株)取締役	元新竹州協議会員	⑤
	簡 朗山	1872	桃園	漢学	—	佩用	桃園軌道(株)社長	勳六等，桃園街長	①
台中	坂本素魯哉	1868	高知	明治法律学校	1896	—	(株)彰化銀行取締役	台中実業協会長	①
	松岡富雄	1870	熊本	札幌農学校予科(中退)	1903	—	台湾新聞社社長，帝国製糖(株)取締役		①
	辜 顯榮	1866	台中	漢学	—	佩用	(株)彰化銀行取締役	勳三等	④
	李 崇禮	1874	台中	総督府国語学校	—	佩用	(株)彰化銀行監査役	彰化街長	①
台南	荒巻鐵之助	1865	福岡	不詳	1895	—	台湾製塩(株)社長	正五位勳四等，元台南市尹	①
	鈴木重臣	1871	静岡	慶応義塾	1916	—	大日本製糖(株)取締役		②
	黄 欣	1885	台南	明治大学法科専門部	—	佩用	製塩会社監査役		②
	鄭 沙棠	1886	斗六	総督府国語学校	—	不詳	斗六信用組合理事	斗六街長，従七位	①④
高雄	古賀三千人	1869	福岡	漢学	1896	—	(株)台湾商工銀行頭取	高雄商工会長	②
	平山寅次郎	1870	広島	東京高等商業学校	1910	—	台湾製糖(株)取締役		②
	藍 高川	1872	里港	書房	—	佩用	(株)台湾商工銀行取締役	勳六等	②
	陳 啓貞	1883	高雄	慶応義塾	—	佩用	新興製糖(株)取締役	陳中和長男	①

（典拠）名簿は『府報』第198号（1927年9月16日)。各自の経歴は，①林進發（編）『台湾官紳年鑑』(1934年／台北・成文出版社，1999年復刻)，②『最近の南部台湾』(台南・台湾大観社，1923年)，③「台湾総督府公文類纂」冊号10051・文号063（相原)，冊号3853・文号019（高木)，冊号1488・文号30(呉昌才)，④台湾新民報社調査部（編）『台湾人士鑑』(台北・台湾新民報社，1934年)，⑤内藤素生（編纂）『南国之人士』(台北・台湾人物社，1922年)，⑥上村健堂『台湾事業界と中心人物』(台北・台湾案内社，1919年)，⑦大園市蔵『現代台湾史』(1933年／台北・成文出版社，1985年復刻)，⑧「相原氏略歴」『台湾日日新報』1924年3月9日付，⑨長濱實（編）『顔國年君小傳』(私家版，1939年)，⑩近藤正己・北村嘉恵・駒込武（編）『内海忠司日記 1928-1939――帝国日本の官僚と植民地台湾――』(京都大学学術出版会，2012年）をもとに作成。

より高等工業学校設置案を提出し、時の川村総督の納るゝ所となり、第五十六議会も同校設立の予算を承認するに至つた」という[15]。

総督府評議会は、田健治郎総督在任中（一九一九―二三年）に三度、内田嘉吉総督在任中（二三―二四年）に一度開催された。だが、伊沢多喜男総督在任中（二四―二六年）は一度も開かれていない[16]。伊沢から上山満之進（二六―二八年）に交代したのち、一九二七年九月に評議会員が任命され、翌一〇月に、およそ四年ぶり五回目の総督府評議会開催となった。高工新設はこのときに具申された。

表2は、第五回評議会出席者と思われる二四人の一覧である。

表2「州」を見ると、評議会員は、二人の総督府官吏（相原・豊田）を除き、台北州から八人、新竹州から二人、台中・台南・高雄の各州から四人ずつ任命されている。三庁（台東・花蓮港・澎湖）からの任命者はいない。評議会員は五州、それも島都・台北市を擁する台北州在住者を中心に選出された。

表2から「州」ごとの枠に注目すると、各州で日・台人が半数ずつ任命されていることがわかる。

表2「生年」を見ると、日本人に五〇、六〇代が多く、台湾人はそれよりも若い世代が目立つ。

表2「おもな現職」を見ると、評議会員は日・台人の別なく、全島規模で影響力をもつ大企業経営者層を中心に構成されている。分野としては、台湾の基幹産業である製糖業を筆頭に、金融や出版関係の企業が目につく。

これらの評議会員に対して、一九二七年一〇月三日から五日までの三日間の予定で、第五回総督府評議会が開かれた。諮問事項は、（1）現在の祭祀公業に対し執るべき措置如何、（2）実業的教育の普及徹底に付執るべき方策如何、（3）本島住民の海外発展を図るに適切なる方法如何の三項目であった[17]。このうち（2）に焦点を当てたい。

一〇月四日、石黒英彦文教局長から、「実業的教育の普及徹底に付執るべき方策如何」が諮問される理由が説明された。実業教育ではなく「実業的教育」とされたのは、学校教育に止まらず、「各州庁に於ける講習会乃至講和会」のあり方など、広く実業に関する教育全般を問題にしたためであろう。このうち実業教育機関について、石黒は次のようにいう。台湾の実業学校は、「僅かに五つであつて本島産業の要求に応ずることは出来ない状況」であり、また「高等専門の実業学校に就いても相当に考慮する必要はある」。では、「台湾に於ける実生活に適応するものを造る」ために実業教育機関はどうあるべきかと、評議会員に諮問した(18)。

教育・学校関連の諮問にもかかわらず、評議会員のなかに現役の教育関係者は一人もいない。大企業の経営者を中心に構成された評議会員に対して、「実業的教育」に関する諮問事項が出されたということは、企業が必要とする就業者をつくり出すためのあるべき方向性が問われていたことを意味する。

これに対して、評議会員からはどのような答申がなされたのか。

『台湾日日新報』を見る限りでは、石黒文教局長の発言に同調してか、実業学校の新設・増設を求める答申が多く見受けられる。そうしたなかで高工新設を答申したのは、新聞社と同時に製糖会社の経営にもたずさわっていた松岡富雄である。松岡は、「実業学校は不充分と云つて居るが既に一通り普及せるやうに思ふ、唯だ高等工業学校一つ水産学校一つを必要に思ふ」と述べた(19)。別の箇所では、高工について、さらに踏み込んだ発言をしている。いわく、「工業を盛んにするには工業学校の設置は勿論必要であるが殊に高等工業の設置が必要である、即ち手足の働をする実業教育を受けたものよりは商業《（ママ）》の技芸を修めてそれ等の人々を指導する人々を造ることが刻下の急務である」。さらに、「実業教育を受けたものが実業に従事しないで官庁其の他の俸給生活に向ふ傾向があるが、此の思想を改めさせる方法を講じて貰ひたい。今度南支南洋方面に企業移民を送る際には資本も必要であるが、相当に素養ある人物を養成することが更に急務である」と述べている(20)。

図2　松岡富雄
台湾や「南洋」で八面六臂の活躍を見せた実業家。

松岡は、実業教育を受けながら官・公庁に就職する者が多い現状を改善するべきであること。また、工業方面の「技芸を修めて」、

「手足の働をする実業教育を受けたもの」を指導する、「相当に素養ある人物」の育成が急務だという。これは松岡自身の経歴に根ざした発言と思われる。彼は、台湾での営利活動に加えて、一九一七年に比律賓拓殖合資会社（於マニラ）や松岡興業株式会社（於ミンダナオ）を興し、かの地で事業を展開していた。(21) 松岡は、不況のなかで事業を維持してゆくには、農業・商業の振興だけでは限界があることを、「南洋」での活動を通じて実感していたのだろう。

松岡の答申は、一九二〇年代半ば以降、不況打開のために工業化の途を模索し始めていた総督府の時代感覚と合致した。とはいえ、高工新設は一時的に棚上げされた。当時の上山満之進総督は、総督府評議会の前年である二六年、伊沢多喜男在任時からの懸案であった高商設立問題を解決し、台南高商を新設したばかりだった。しかも、二七年に日本内地で金融恐慌が発生している。こうしたなかで総督府には、前年度に続き高等教育機関を新たに設置する計画を具体化させる余力はなかったと想像できる。

（2）高等工業学校をめぐる人びとの思惑

一九二八年、総督が上山から川村竹治に交代した。これにより、高工新設の青写真は、にわかに鮮明になってゆく。上山総督辞任から三ヵ月後である二八年九月、川村体制のもとで、台南高商を廃校して高工を創設することが発表された。同年一二月、高工を台南市に置くことが総督府内部で承認され、三一年度開校をめざし、新営費が次年度予算に計上された。(22) 翌二九年一月、総督府評議会において「本島産業の工業化」が諮問された際、「高等工業学校の設立、中等程度の工業技術学校の普及増設を計る」のが急務であることが確認された。(23)

ところが一九二九年七月、日本内地で与党が民政党に代わると、台湾総督も、政友会系の川村竹治から民政党系の石塚英蔵に交代した。(24) これを受けて、同年七月一八日付『台湾日日新報』は、「民政党内閣の緊縮政策一天張りに祟られ本島の新規事業予算丸潰れとなり、従つて台南と特殊な関係を有する台南高工新営費、台南署新築費削減或は廃棄されんとし」と報じた。同紙は翌一九日も、高工新設が「中止になる模様」と伝えている。『台湾日日新報』は、政友会系の川村が民政党系の伊沢・上山がつくった台南高商の廃校を断行したことを踏まえ、新設中止の措置は「政党政派に関係した政策案」ではないか、とにおわせている。

先に表1で見たように、高工創設準備費は一九二九年度から継続的に支弁されていた。『台湾日日新報』の報道は憶測に過ぎなかったが、こうした記事は台南市の一部の人びとを運動へと駆り立てた。

一九二九年七月三〇日付『台湾日日新報』は、同月二八日、台南市有志は、高島鈴三郎経営の愛生堂（薬店）[25]と市公会堂で、高工速成をめざす打合会を開き、日本内地の浜口雄幸首相や松田源治拓務大臣に陳情電報を打つことを決議したと報じている。この報道によると、同日に同目的の打合会が二ヵ所で開かれたことになるが、このあたりは情報が錯綜しているようである。

ただ、同じ消息でも、媒体が異なれば、報道の仕方は違ってくる。

『台湾民報』は、七月二八日の打合会について、次のようにいう。すなわち、「高工復活運動」を展開している「自称・市民代表の紳商のなかには、津田氏のような人格者もいるが、多くが台南高商が廃校されても高等工業学校が設置されるだろうと期待し、高商が倒れるのを座視した人びとである。それゆえ一般市民は、こうした運動に対してすこぶる冷淡なだけでなく、運動にたずさわる人びとの誠意を大いに訝しんでいる」と報じている。[26]

『台湾民報』のいう「高工復活運動」に「すこぶる冷淡」な「一般市民」とは、単に高等教育に縁遠い人びとというよりは、かつて台南高商存置運動にかかわった『台湾民報』関係者であったと考えられる。同紙は、同じく存置運動に関与していた津田毅一を「人格者」として一線を引いた上で、一部の「紳商」による「高工復活運動」を疑問視している。これに関連して思い出したいのは、『台湾実業界』における高島鈴三郎の発言である。高島は、「台南市には高等商業学校に代ふるに、高等工業学校を以てする事に決定して一安心をした」と述べていた。[27]『台湾民報』は、おそらくこうした言説を念頭に置きつつ、台南高商存置という自発的な教育要求を等閑し、高工新設に期待する「自称・市民代表」の言動に「誠意」があるのかと問うている。

学校はそこで学びたい者がいてこそ、存在する意義がある。お仕着せの教育機関にどのような意味があるのかという、『台湾民報』の学校や教育をめぐる本質的な問いかけは、「自称・市民代表」には届かなかった。台南市有志は、高工誘致運動を進めてゆく。

一九三〇年六月二四日、台南市有志は、松尾繁治市助役とともに内海忠司州内務部長を訪問し、遅々としている高工新設計画を前に進めてほしいと訴えた。『台湾日日新報』によれば、州当局者を訪問した台湾人有志は、許廷光（地主・総督府評議会員）、陳鴻鳴（阿片煙草売捌・総督府評議会員）、王開運（合資会社南部運輸組代表・台南商工業協会会長・市協議会員）だった。(28) これらの台湾人有志のうちには、地元振興への期待とともに、かつて台南商専や台南高商が担っていた「台湾人本位」の夢を再現したいという気持ちもあったかもしれない。だがのちに誕生した台南高工は、彼らの夢とは真逆の学校となった。

他方、日本人有志について、前出の新聞には苗字しか記載がないが、荒巻鐵之助（表2参照）、佐藤三之助（弁護士・台南同志会）、宮本一学（『台南新報』支配人）、村上玉吉（台湾弘仁社長・台南商工会）、川上八百蔵（『台南新報』編集長・台南同志会）、阿波種次郎（和洋雑貨商・台南実業協和会・市協議会員）と推定できる。(29)

名前が報じられたのはごく一部と思われるが、この顔ぶれを見る限り、高工の早期実現を希望したのは、おもに弁護士や記者などの「公務、自由業」や企業経営者だった。それは、かつて高商誘致運動を展開していた人びとの職業と一致する。実際、右の有志のうち、村上・川上・陳鴻鳴は、高商誘致運動の中心的な担い手だった。村上に至っては、高商誘致・台南高商存置・高工誘致と、すべての要求にかかわっている。反対に、村上とともに台南高商存置運動にたずさわっていた津田毅一の名前は見当たらない。高工誘致をめぐって、個々の有力者の積極性には濃淡があったと思われる。また高工を要望した有志には、商工会・実業協和会・同志会・台南商工業協会（一九二七年成立の台湾人経済団体）といった、民間団体に所属している人が多い点も注目できる。前章で見たように、商工会・実業協和会・同志会の関係は、互いに友好的とはいいがたかった。だが高工新設案が白紙に戻れば、地域の利益が大きく損なわれるばかりか、自分たちの経済的利益にも影響を来たすおそれがある。ゆえに、高工誘致の点では利害を一致させ、ともに州当局に対して働きかけている。ここでも高商誘致運動のときと同様、呉越同舟が体現されている。

台南州下には、高工新設計画に便乗して、工業学校を誘致しようという動きも見られた。『台湾民報』によれば、一九二九年四月二六日、嘉義街で嘉義協会（嘉義青年会の後身）主催で集会が開かれ、日・台人有志が地元に工業学校設立を要求することを協議した。五月四日、各民間団体が共同で連署した陳情書を三通作成し、総督府や州・郡当局に宛てて送付した[30]。それに関連して、永山止米郎台南州知事に送ったと思われる請願書が、早川直義（第四章第三節）『如矢文集』に収録されている。そこには、台南市に高工を新設するにあたり、嘉義街の商工補習学校を工業学校に昇格させるか、もしくは工業学校を新設してほしいと書かれている[31]。

当時嘉義街は市制運動のさなかだったが、こうした要求は、市制運動ほど盛り上がらず、いつの間にか立ち消えた[32]。原因は二つ考えられる。一つは、市制運動を契機として、もともとの地域リーダー層と一般の商工業者とのあいだに対立が表面化し、地域振興の担い手の基盤が揺らいでいたこと。もう一つは、台湾の工業化について、総督府と民間人のあいだで温度差があったことである。後者に関連して思い出したいのは、かつて嘉義街協議会で嘉義簡易商工学校（嘉義商工補習学校の前身）の財政難をめぐり、運営が困難なら、商業科のみを存置しようという議論があったことである。また嘉義市には一九三八年に実業学校が新設されるが、それは工業学校ではなく、商業学校であった[33]。こうしたことに鑑みると、民間レベルでは総督府が推進しようとしていた工業化の課題が現実味をもって受けとめられていなかった可能性がある。とはいえ、嘉義街の動向からは、高工新設の消息が周辺地域の人びとからも地域の利益を得る「好機」と捉えられていたことが窺える。

高工をめぐっては、一部の市民有志の利益確保の願い、高工新設計画に乗じて地元の利益をはかろうとする周辺地域の期待、そして高工獲得に躍起になる人びとに対する台湾人知識人の「冷淡」といった、さまざまな思いが内包されていた。

第三節　日本人による日本人のための学校――台南高工の社会的機能

一九三一年、台南高工が開校した（図4）。第二章図2には記載されていないが、所在地は歩兵第二聯隊に隣接している（へ二）。

沢井実の研究によれば、一九二〇年代以降、日本内地で新設された工業専門学校の多くは、繊維や採鉱・冶金関連の学科を中心に編制された一〇年代までとは異なり、機械・電気・応用化学の三学科を有し、産業構造の重化学工業化の進展に対応したものとなった[34]。台南高工も、そうした趨勢に呼応して、機械工学・電気工学・応用化学の三学科で構成された。

開校初年度、台南高工には、七二人（日本人・台湾人とも三六人）の学生が入学した（表3）。同年度の台南高工教員は一九人中一八人が日本人であり、そこにただ一人、台湾人教員として着任したのが林茂生であった[35]。林は台南高工に就職した唯一の台南高商関係者でもあった。林の息子・宗義の回想によれば、林は一九三〇年に米国留学を終えて帰台したのち、幣原坦台北帝大総長から文政学部教授に招聘された。だが「台北帝大は日本の南進侵略政策に服する機関であり、私はそうした政策に力を尽くしたくない」と招聘を辞退して、台南高工への就職を決めたという[36]。

林は再就職先として、台南高工を選んだ。だが実際のところ、台南高工の教育目標も「日本の南進侵略政策に服する」台北帝大と大差なかった。若槻道隆校長は、前出の『台湾時報』に、台南高工の目標を「工業に関する専門知識を与へ以て島内の需要に応じ、併せて各種の方面に勃興の機運を示しつゝある中華民国或は南洋方面に人材を

図3　台南高等工業学校初代校長・若槻道隆

図4　台南高等工業学校校門

供給する事」だ、と語っている[37]。それでも林が台南高工にこだわったのは、同校の成り立ちを考えた結果と思われる。台南高工は、「台湾人本位」を掲げて新設を勝ち取った台南高商に代わって設立された、いわば台南高商の後身だった。林は留学していた関係で、台南高商存置運動に加わることができなかった。そのことを挽回して、台南高工も台南高商と同様、相対的に多くの台湾人を受けいれる学校にしたいという一縷の望みを抱いて、台南高工に就職したと想像できる。

しかしそうした希望をもっていたとしても、達成感はなかったと思われる。台南高工は、初年度こそ日・台人学生の比率が半々だった。だが翌年度以降、ほぼ日本人に独占される状況となってゆく。

表3は、開校初年度である一九三一年度から三七年度まで、二年ごとの台南高工への入学状況を示したものである。

表3から、まず、各学科の台湾人志願者・入学者に注目したい。台湾人志願者・入学者を一九三一年度を起点として見ると、いずれの学科も減少傾向が目立つ。第四章補論表1に見たように、専門学校に至る前段階である中学校の場合、進学が難しいとはいえ、台湾人入学者は全般的に増加傾向にあった。それは専門学校入学有資格者の増加をも意味する。だが台南高工における台湾人の入学状況を見ると、その流れに逆行する結果となっている。これは所澤潤が指摘したように、「入学制限の結果として志願者が減少し、さらにそれが入学者を減らすという循環[38]」によって惹起されたものと思われる。では、どのような入学制限があったのか。所澤は具体的に議論していないが、本章では、当時の入学試験のシステ

表3　台南高等工業学校入学状況　　（単位：人）

入学年度	機械工学科							電気工学科							応用化学科						
	定員	志願者			入学者			定員	志願者			入学者			定員	志願者			入学者		
		日	台	計	日	台	計		日	台	計	日	台	計		日	台	計	日	台	計
1931	30	66	47	113	11	14	25	30	97	85	182	14	11	25	30	56	58	114	11	11	22
1933	30	61	17	78	22	5	27	30	45	20	65	20	7	27	30	33	19	52	14	7	21
1935	30	80	20	100	23	4	27	30	39	10	49	16	3	19	30	68	21	89	22	3	25
1937	30	97	23	120	20	4	24	30	82	9	91	22	3	25	30	53	13	66	19	3	22

（典拠）『台湾総督府学事年報』昭和6年度（第30）・8年度（第32）・10年度（第34）・12年度（第36）（台北・台湾総督府文教局，1933・35・37・39年）をもとに作成。
（注1）「日」は日本人，「台」は台湾人の略。

ムに即して、台湾人志願者が集まりにくい状況がつくられていたことを指摘したい。

台湾における専門学校の入学試験は、四科目ないし五科目の筆記試験・口頭試問・身体検査が、およそ四日間の日程で行なわれた。試験日は三月上旬から中旬に集中し、学校間で一部日程が重なることもあった[39]。加えて、共学制施行直前である一九二一年一一月、「中等程度以上ノ学校中二個以上ノ学科若ハ学校ニ入学出願者ノ入学スヘキ学科若ハ学校ノ件」（告示第一六九号）が出された。そこで、中等以上の学校を併願受験した場合、「其ノ最前ニ入学ヲ許可セラレタル学科若ハ学校ニ入学スヘキモノトス」とされた[40]。台湾では、併願受験がしにくいばかりか、併願受験して第一志望校の結果が出る前に別の学校に合格していることがわかれば、第一志望校に合格しても入れない仕組みになっていた。

第二章で述べたように、進学先として台湾人にもっとも人気の高い専門学校は医専だった。第一志望校に入学できないリスクを避けるために、多くの台湾人が目標を医専一本に絞った結果、台南高工に志願者が集まらない状況が引き起こされたと推測できる。一九三一年度だけ例外的に台南高工に台湾人志願者が集まったのは、同年度の入試が他校よりも遅れ、医専を第一志望とする者も併願受験しやすい状況にあったからだろう[41]。

次に、表3から志願者・入学者と定員の関係を見たい。一九三一年度以外は台湾人志願者が少なかったとはいえ、日本人志願者がある程度存在したため、三学科とも定員を上回る志願者が集まっている。しかし、学力が入学水準に達

表4　台南高工卒業生の進路（1933–39年度）　（単位：人）

	機械工学科			電気工学科			応用化学科			合計		
	日本人	台湾人	計	日本人	台湾人	計	日本人	台湾人	計	日本人	台湾人	計
官(公)庁・学校職員	16	6	22	17	4	21	20	10	30	53	20	73
会社・工場・研究所技術者	87	26	113	63	14	77	71	11	82	221	51	272
自営	0	2	2	0	1	1	0	2	2	0	5	5
満洲・関東州・南支南洋	14	4	18	22	19	41	4	3	7	40	26	66
進学	0	0	0	0	0	0	9	3	12	9	3	12
死亡・不詳	7	4	11	2	1	3	5	4	9	14	9	23
合計	124	42	166	104	39	143	109	33	142	337	114	451

（典拠）『台湾総督府台南高等工業学校一覧 昭和15年度』（台南・台湾総督府台南高等工業学校，1940年）をもとに作成。

（注1）進路内訳中の「会社・工場」には軍関係の工場を含む。「満洲・関東州・南支南洋」にはこの方面で進学・就職した卒業生を含む。

していないと判断された者が多数にのぼったためか、入学者は例年どの学科でも定員を下回っている。

これに関連して思い出したいのは、一九二九年二月に日本内地の閣議に提出された「台湾総督府諸学校官制中改正ノ件」のなかで、台南高商廃校の理由として、「志願者著シク少ク、生徒数毎年其ノ定員ニ満」たない点が挙げられたことである[42]。「生徒数毎年其ノ定員ニ満」たないことが廃校の主因ならば、台南高工も廃校の対象になり得たはずである。だが台南高工は、台南高商とは異なる運命をたどった。台南高工はその後、一九四〇年度に電気化学科、四四年度に土木・建築の二学科を増科して、充実化がはかられる。同年度には校名を「台南工業専門学校」と改め、敗戦まで存続した。

なぜ台南高工は廃校されなかったのか。卒業生の進路から考えたい。

表4は、一九三三年度から三九年度までの台南高工卒業生の進路を示している。

表4「会社・工場・研究所技術者」を見ると、この方面で就職した者は三学科合計二七二人で、全卒業者（四五一人）の六〇パーセント強に達する。官・公庁への就職が目立った台北高商（第六章表3）とは対照的に、卒業後「官（公）庁・学校職員」となった者（七三人）は、全体（四五一人）の一六パーセント程度に過ぎない。

また「満洲・関東州・南支南洋」の行を見ると、これらの方面に進路を求めた卒業生（六六人）が、およそ一五パーセント存在した点も注目できる。要因として考えられるのは、一九三八年に「学校卒業者使用制限令」（勅令第五九九号、以下、制限令）が適用されたことである。制限令は、三八年四月に日本内地で「国家総動員法」が公布されたことを受けて施行された。それは、総督が指定する大学・専門学校・実業学校から新卒者を採用する場合、事業主に採用者数を申請することを義務づけるものだった。狙いは、「生産に緊要不可欠の技術者熟練職工等の自由争奪」を防止し、総督府が考える企業の重要度に即して新卒者を分配することにあった。[43] 台南高工卒業生もこの適用を受け、就職先は台湾や日本内地に止まらず、「外地」に拡散していった。[44] 特に電気工学科でその傾向が顕著なのは、三七年以来の日中戦争による影響で、当該地域で電気工学関連の人材の需要が高まっていたためだろう。

こうした台南高工のあり方は、一九二七年の総督府評議会における松岡富雄の答申とも合致する。すなわち、卒業生は実業に従事し、台湾や日本内地以外の場所にも人的資源として発展してゆくことが可能だった。台南高工は、教員・学生とも「日本人本位」だった。総督府としては、日本人が同校をとおして新技術を獲得し、それをもって台湾人・台湾社会をけん引してゆくという展望が期待できたと思われる。

総督府が台南高工を「国策」遂行機関として機能していると判断している限り、毎年定員割れを起こしても大きな問題とはみなされず、規模の縮小や廃校が考慮されることはなかった。

台南高工は、総督府や大企業経営者層の思惑主導で創設に至ったとはいえ、学生の知識欲を満たす側面もあり、誕生自体は意味のあることだった。問題は、そうした環境が「台湾人本位」の夢、台南で商業教育を受けたいという人びとの希望を犠牲にした上に成立したことである。台南高商廃校から台南高工創設へと至る道のりは、「台湾人本位」に接近した官立学校が存続する可能性が潰え、「日本人本位」の体制が再構築される過程、いい換えれば、植民地における本来の高等教育機関のあり方に軌道が戻される過程だったといえる。

（1）遠山茂樹・今井清一・藤原彰『昭和史』（岩波新書、一九五九年）六九頁。
（2）伊藤潔『台湾――四百年の歴史と展望――』（中公新書、一九九三年）一二八頁。
（3）永岡涼風「商界波瀾を捲如しつゝある／台南州購買組合対小売商人／紛争事件の顚末と其批判」『実業之台湾』第一五巻第一四号（一九二三年一二月）二一―二八頁。
（4）「高商卒業生の売口は／財界不況で捌けが悪ひ」『台南新報』一九二五年二月一五日付。
（5）波形昭一「植民地台湾の官僚人事と経済官僚」波形昭一・堀越芳昭（編）『近代日本の経済官僚』（日本経済評論社、二〇〇〇年）三二八―三三〇頁。
（6）清水美里『帝国日本の「開発」と植民地台湾――台湾の嘉南大圳と日月潭発電所――』（有志舎、二〇一五年）第五章。同書によると、工事が再開されたのは、資金繰りの目処がついた一九三一年であった（一三〇頁）。
（7）北波道子『後発工業国の経済発展と電力事業――台湾電力の発展と工業化――』（晃洋書房、二〇〇三年）二五頁。
（8）台湾教育会（編）『台湾教育沿革誌』（一九三九年／台北・南天書局、一九九五年復刻）九五七頁。
（9）「反對建設臺灣大學」（漢文）『台湾民報』一九二四年九月二一日付。蔣渭水については、黄煌雄『蔣渭水傳――臺灣的孫中山――』（台北・時報出版、二〇一五年）など。
（10）「台北市公学校／新入生激増／予定数を一千名も超過／当局消化に転手古舞ひ」『台湾日日新報』一九二八年四月六日付。
（11）『昭和三年　台湾総督府第三十二統計書』（台北・台湾総督官房調査課、一九三〇年）八八頁。数字中に選科生を含んでいない。
（12）『台北帝国大学一覧　昭和三年』（台北・台北帝国大学、一九二八年）一二五―一三六頁。
（13）前掲『台湾教育沿革誌』九四二頁。
（14）「高等農林学校に／廃校反対運動／同校有志大会の結果を／近く当局に陳情の模様」『台湾日日新報』一九二八年一月七日付。
（15）若槻道隆「台南高等工業学校の開校に当りて」『台湾時報』第一三九号（一九三一年六月号）一頁。
（16）駒込武「台湾総督府評議会の人的構成――予備的作業報告――」中京大学社会科学研究所・檜山幸夫（編）『歴史のなかの日本と台湾――東アジアの国際政治と台湾史研究――』（中国書店、二〇一四年）八二―八三頁。
（17）「陣容全く成つた／督府評議会／けふ貴賓室で開催」『台湾日日新報』一九二七年一〇月三日付。実際の会期は一日延長された。諮問事項の記載は「第五、六回評議会に於ける議事事項及び告辞」（台湾総督府（編）『詔勅・令旨・論告・訓達類纂（二）』一九四一年／台北・成文出版社、一九九九年復刻、五五五頁）によった。
（18）「督府評議会／（第二日）」『台湾日日新報』一九二七年一〇月五日（四日夕刊）付。「実業的教育の普及徹底に付執るべき方策如何」は、のちに吉野秀公『台湾教育史』（一九二七年／台北・南天書局、一九九七年復刻、五七八―五七九頁）に転載。内容の引用は同書によった。
(19)「陣容全く成つた／督府評議会／けふ貴賓室で開催」『台湾日日新報』一九二七年一〇月三日付。
(20)「評議会第二日／入替り立替り／意見を述ぶ／実業的教育振興諮問案／今日に持越す」『台湾日日新報』一九二七年一〇月五日付。
(21)台湾新民報社調査部（編）『台湾人士鑑』（台北・台湾新民報社、一九三四年）一六八頁。
(22)「『工業化』への戦士を作る／台南高工具体化す／来年度に新営費を計上／台南高商は廃校とする」『台湾日日新報』一九二八年一二月一四日付。
(23)「本島工業振興策／総督府評議会の答申」『台湾日日新報』一九二九年一月一〇日付。当時の評議会員は、原則として二七年九月の任命者で構成されたが、多少異動がある。『台湾総督府及所属官署職員録 昭和三年』（台北・台湾時報発行所、一九二八年）によると、相原祐彌と呉昌才が抜け、新たに石黒英彦が任命を受けている（六七頁）。
(24)石塚英蔵総督の台湾統治の特徴については、野口真広「石塚英蔵総督の台湾統治改革構想――台湾経験から見る郡警分離問題――」（松田利彦・やまだあつし（編著）『日本の朝鮮・台湾支配と植民地官僚』思文閣出版、二〇〇九年）など。
(25)高島愛生堂については、陳秀琍「高島愛生堂到林百貨――談日治時期商業地標之變遷――」（『臺南文獻』第三輯、二〇一三年七月）。
(26)「臺南一部紳商的／高工復活運動／市民們多甚冷淡」（漢文）『台湾民報』一九二九年八月四日付。
(27)高島鈴三郎「死活問題の安平築港と／市区改正と道路開鑿と」『台湾実業界』第一年第一号（一九二九年四月）一七頁。
(28)「工業学校問題／場所に触れずに／台南側で設置運動」『台湾日日新報』一九三〇年六月二六日付。陳鴻鳴の経歴は第六章表1、王開運は林進發（編）『台湾官紳年鑑』（一九三四年／台北・成文出版社、一九九九年復刻）台南州四頁、許廷光は『最近の南部台湾』（台南・台湾大観社、一九二三年）附録一一頁。
(29)「工業学校問題／場所に触れずに／台南側で設置運動」『台湾日日新報』一九三〇年六月二六日付。村上と川上の経歴は第六章表1、宮本は前掲『最近の南部台湾』附録二三頁、佐藤は第六章注釈14、阿波は『台湾実業名鑑』（台中・台湾新聞社、一九三四年）二〇九頁。
(30)「嘉義各團體／請願設工業學校／連署的代表百餘人」（漢文）『台湾民報』一九二九年五月一二日付。
(31)「工業学校設立請願書」早川直義『如矢文集』（私家版、一九三〇年）六二頁。
(32)一部の住民から工業学校への昇格が望まれた嘉義商工補習学校は、一九三二年度から嘉義商工専修学校となる。このうち工業科は、工業系の人材育成の必要を受けて、四〇年度に嘉義専修工業学校として独立した。
(33)『昭和十六年度版 台湾の学校教育』(台北・台湾総督府文教局、一九四二年) 四八頁。
(34) 沢井実『近代日本の研究開発体制』(名古屋大学出版会、二〇一二年) 一四頁。
(35)『昭和六年 台湾総督府第三十五統計書』(台北・台湾総督官房調査課、一九三三年) 九六頁。王栄の研究によれば、台南高工の台湾人教員はその後、一九三五年度に五人、四二年度には九人に増えた (「日本統治時代の台南高等工業学校に関する一考察」『現代台湾研究』第二三号、二〇〇二年七月、六四頁)。
(36) 李筱峰『林茂生・陳炘和他們的時代』(台北・玉山社出版、一九九六年) 一〇八―一〇九頁。
(37) 前掲若槻「台南高等工業学校の開校に当りて」四頁。
(38) 所澤潤「戦時体制と台南高等工業学校――国立成功大学の基盤形成の一側面――」『成功的道路――第一屆成功大學史學術研討會論文集――』(台南・國立成功大學、二〇〇二年) 二六四―二六五頁。
(39) 一九三六年度の募集要項を例に見ると、台南高工の試験日の一部が医専と重なっていた (『府報』第二五三九号・一九三五年一一月一三日、第二五五六号・三五年一二月四日)。
(40)『府報』第二五二二号 (一九二一年一一月一三日)。
(41) 一九三一年度の募集要項を見ると、医専の試験検定は三一年三月四日から六日まで、合否は同月一四日頃通知するとされた (『府報』第一一〇八号・一九三〇年一一月一八日)。他方、台南高工は一九三一年三月一六日から一九日まで、合否は同月二五日までに通知するとされた (『府報』第一一五二号・一九三一年一月一七日)。
(42)「台湾総督府諸学校官制案中改正案」『公文類聚第五十三編巻十』(一九二八年)。
(43)「教習資料」『台湾警察時報』一九三八年一〇月号、七二頁。
(44) 就職先が満洲方面に決められたことは、台南高工を卒業した多くの台湾人卒業生にとって、不本意だったかもしれない。だが、「外地」での就職は思わぬ状況を生み出した。たとえば日本大学を卒業後満洲国で官吏となった謝報は、生活物資が配給される際、台湾人への待遇は日本人と同等だったと証言している (「謝報先生訪問紀録」『口述歴史 第五期 日據時期臺灣人赴大陸經驗』(台北・中央研究院近代史研究所、一九九四年、一九九頁)。このことに関連して山室信一は、「台湾人にとって満洲国への流入は、台湾におけるさまざまな民族差別の存在の反射的効果として、一面で待遇における民族差別から脱却し、社会的上昇の機会を与えるものであった」と指摘している (「植民地帝国・日本の構成と満洲国」ピーター・ドウス・小林英夫 (編)『帝国という幻想――「大東亜共栄圏」の思想と現実――』青木書店、一九九八年、一八三頁)。これが戦中期における台湾人の大陸経験に普遍的な現象だとすれば、台湾人に満洲での職を斡旋した制限令は「民族差別から脱却し、社会的上昇の機会を与える」契機ともなったと解釈できる。

【コラム3】台南高等工業学校の台湾人学生

一九三一年、開校初年の台南高等工業学校（以下、台南高工）に一人の台湾人学生が入学した。後年國立臺灣大學化學系教授となった、劉盛烈（一九一二―二〇一六年）である。

劉は理科、特に化学の好きな青年であった。一九三〇年、一九才のときに台北第二中学校を卒業した。自身の適性を考慮すれば、卒業後は日本内地の高等工業学校に進むのが理想的だろうと思っていた。だが父の事業（金鉱採掘）が思わしくなく、日本内地に行かせるだけの余裕がないといわれていた。思い悩んでいたところに、総督府が来年台南に工業系の専門学校を開校させるという消息を耳にした。そこで一年浪人して、家業を手伝いつつ受験準備をすることにした(1)。

翌一九三一年、劉は、「はやる気持ちで台南高工応用化学科を受験して合格し」、同校第一期生となった。彼は台南高工について、次のように回想する。

教授陣には博士が四人いた。そのうちの二人は応用化学科の所属で、佐久間巌先生は工学博士、竹上四郎先生は理学博士であった。機械工学科にも一人博士がいた。あとの一人は、ドイツ語担当の林茂生先生だった。当時博士がきわめて少ない社会において、これらの教授陣の存在は、学校の大きな強みであった。校内の設備も器具も素晴らしくて、科学技術を伝授するのにもってこいの環境であった。私はここで

図1　台南高工蹴球部の仲間たち
前列右から１人目が劉盛烈，後列右から４人目は蹴球部部長・林茂生。

勉強することに、とても満足した。②

優秀な教授陣、最新の設備に囲まれて学生生活を謳歌する劉であったが、このあと高等教育のあり方そのものを見つめ直す出来事に遭遇する。

最終学年の夏休み、応用化学科の学生は工場実習に行くことになった。劉の実習先は浅野セメント株式会社高雄支社だった。そこで二ヵ月間、まずは化学分析室で材料試験とその分析作業にかかわり、その後生産工程の各部門に配属されて作業に加わった。

浅野セメントの高雄工場は、かつて労働運動がさかんであった。特に有名なのは、一九二八年に全職工を巻き込んで起こった同盟罷業（ストライキ）である。発端は、会社側が、傷害嫌疑で拘引された台湾人職工の復職運動に関与した者を解雇しようとしたことであった。事態は会社側が講じた切り崩し策により沈静化がはかられたが、③職工たちの、働く者としての権利意識は高かった。劉は実習中、台湾人職工たちから、同盟罷業後さらに悪化した労働待遇についての不満を幾度となく聞かされた。彼はそれを「意外な収穫」と表現している。④

一九三四年、劉は台南高工を卒業し、翌年台北帝国大学に進学した。大学を卒業して数年が経った四一年、台南高工の校長が若槻道隆から同校で教授を務めていた佐久間巌に交代した。劉の印象に残る佐久間は、「卒業後就職したら絶対に仕事を休むな。親が亡くなっても、暇をもらって葬儀に奔走するなどということをするな。こうやって上をめざせば、一日でも早く頭角をあらわすことができる。そのほうが親も草葉の陰で喜ぶだろう」と公言するような、癖のある人物であった。(5) その佐久間が、校長として「秀才」教育を実行すると発表した。ちょうどその頃、台南高工に勤める友人から『龍舌蘭』(校友会誌)への寄稿を依頼された。劉は、人格教育は「秀才」教育よりも重要だとする内容の文章を寄せた。新校長の打ち出した教育理念に反論するかたちとなった劉の文章は伏字つきでの掲載となったが、この問題提起は林茂生に褒められたという。(6)

劉にとって母校は、誇らしい存在であった。そのことは疑い得ない。だが、そこで育てるべき人間像はどのようなものであるべきか。社会のリーダーとなるべき人間に必要なのは、「秀才」であるよりも、まずは人格の高さであると、劉は考えていた。植民地台湾で進学経験をもつ台湾人の多くは、学校の勉強面で良い成績を上げることに懸命であった。しかし成績が良いだけでは、リーダーにはなり得ない。こうした考えには、セメント工場での職工たちとの対話の経験も反映されている可能性がある。それはまた、日本人校長に対するささやかな抵抗でもあり、エリート予備軍としての資格を獲得した自身への戒めでもあったかもしれない。

(1) 林忠勝(編著)『劉盛烈回憶録――我與台大七十年――』(台北・前衛出版社、二〇〇五年)三一頁。
(2) 同上、三四頁。
(3) 台湾総督府警務局(編)『台湾総督府警察沿革誌(三)』(一九三九年/台北・南天書局、一九九五年復刻)一二五七―一二五九頁。
(4) 前掲『劉盛烈回憶録』三八頁。
(5) 同上、三五―三六頁。
(6) 同上、三九―四〇頁。

結章

結章では、章立てにこだわらず、トピックごとに内容を整理する。まず、地方制度と教育令の改正に即して、一九二〇年代以降、各地域で学校誘致運動が展開されるようになった社会背景を概括する。次に、運動の様相を地域ごとにまとめた上で、改めて植民地における中等・高等教育機関の意味を総括する。最後に、今後の課題を示して本書を締めくくりたい。

一　学校誘致運動をはぐくんだ土壌

(1) 地方制度改正：地域に向かう関心

一九二〇年、漸次的な内地延長主義のもとで地方制度が改正され、五州二庁制が導入された。五州という数は、総督府と日本内地の関係当局との議論の結果、「地方公共団体としては独自活動の素質を与ふる限度に於て、極端なる地方分権に陥らざる区画」として合意したものであった。[1] 当時の台湾総督・田健治郎は、州制施行に際して、「地方自治の真境に達すべき基礎を確定」したと訓示した。[2] だがその実、州には「極端なる地方分権に陥ら」ないように、議決権を備えた議会は設けられなかった。

本書は、州制がこのように限定的な地方「自治」制だったとしても、そのもとで地域利害を基盤とした日・台の民間人による政治的な要求が展開されるようになったことに着目した。具体的には、①州市街庄に協議会という官選の諮問機関が設置され、地方行政に対して協議会員に任命された民間人が一定の発言権をもつようになったこと。②総督専制の根拠である地方費区の制度が撤廃され、地方団体と徴税区域が一致したことで、徴税の多寡を左右する人口増減に地域住民が関心を払わなければならなくなったことを指摘した。これらが民間人の政治参加の背景となる。

（2）進学希望者の増加：学歴という拠り所

台湾では、五州二庁制施行と前後して、二度の教育令が公布された。

まず一九一九年、第一次台湾教育令が制定された。その背景にあったのは、日本内地に留学する台湾人の増加である。総督府は、留学によって植民地統治への不満や批判が高まることを警戒し、第一次台湾教育令をもって台湾人向け学校制度を体系化することで留学増加を抑制しようとした。同令により、初等教育機関から専門教育機関に連なる学校制度が構築され、台湾人側に学歴の重要性が改めて認識されるようになった。

第一次台湾教育令のもとでは、初等後の学校として、高等普通学校や各分野の専門学校が整備された。これらの学校は、稀少であるがゆえに一定の「権威」はあったが、いずれも日本内地の学校に比して低度であった。そうしたことへの不満から、留学生の数はかえって増加した。そこで一九二二年、総督府は、日・台人別学の原則を部分的に変更して、中等以上の学校を共学とする第二次台湾教育令を制定した。日本人並みの教育を求める台湾人側の要求にある程度配慮することで、台湾人を極力島内に留めることを意図したのである。しかし共学制は、台湾人の留学増加を抑制しなかったばかりか、その進学熱にさらに油を注ぐ結果となった。

第二次台湾教育令制定後に中等学校の新設・増設が進むが、それは一九二〇年の地方制度改正と密接な関連がある。それ以前、台湾人向けの学校は地方費区財政による「公立」、日本人向けは官立とされた。だが二〇年の地方制度改正により地方費区が撤廃され、すべての中等程度の学校は、二一年度から学校所在地管轄州に移管された。学校経費の出所が統一され、州が学校運営に一定の権限をもてるようになったことが、共学制施行の前提条件を構築するとともに、学校の量的拡大の契機となった。

共学制施行後である一九二二年度、男子向け中等教育機関のなかで増加が目立ったのは中学校であった。その数は、高等普通学校を改組したものも含めて二校から八校となった。だが八校では、在台日本人および台湾人の進学要求を満たすには程遠かった。学校の少なさは入学難を惹起し、それは特に台湾人側に深刻であった。それでも進学希望者は後を絶たなかった。

台湾人が進学を希望する理由として、知識を深めたい、自身の可能性を追求したいという思いは、無論あっただろう。加えて、搾取される一方の「ファーマー」[3]のままでいたくないという思い。学歴資格をもって「政府機関」[4]に奉職する、あるいは医師となることで、社会的上昇を遂げたいという思いも、また強い進学意志を形成したと思われる。厳しい入学試験を経て中等学校に入学したという事実は、植民地社会を胸を張って生きてゆくための支えとなり得る。そうしたなかで、自身の能力が日本人と遜色ないことを示すために、実業学校よりは中学校、同じく中学校でも日本人が多数派の学校に入ることがより理想的という考えが一部に見られた。だがハードルを上げれば、門戸は狭まる。難関を突破するために、初等教育の段階から日本人と小学校で共学し、中学校受験に備える台湾人も存在した。

台湾人ほど過酷ではなかったにせよ、中学校に入りにくいのは、在台日本人も同様であった。こうした現象は、一方において学校数・定員数の拡大が遅々として進まないことによるものであったが、他方において中学校を支える基盤が厚みを増しつつあった状況を反映していた。

国勢調査の職業分類にもとづけば、日本人側は「公務、自由業」・「商業」・「工業」の三業種、台湾人側は「農業」・「商業」・「無業（収入ニ依ル者）」・「公務、自由業」の四業種が中学校進学者を比較的多く出していた。一九二〇年代を通じて、日本人側は「公務、自由業」の増加が著しかった。また台湾人側は、学校を支える中心的な基盤が、「農業」・「無業（収入ニ依ル者）」から、子どもを学校に行かせる意欲が特に高い業種、すなわち「商業」や「公務、自由業」へと移行しつつあった。こうした変化は、職業別人口の全般的推移とも整合していた。高い学歴を人生の拠り所にしようとする人びとは、右に挙げた業種を中心に、日・台人とも増加の一途をたどっていた。

一九二〇年代以降の学歴社会化の進展のなかで、地域の有力者が有志となり、中学校や専門学校の誘致をめざす運動が展開された。そこには、単に自分たちの子ども・孫世代の進学に便宜をはかろうというだけに止まらない、それぞれに異なる目論みが内包されていた。

二　地域の様相：入り乱れる利害関係

一九二〇年の地方制度改正による行政区画の再編は、特に南部台湾の諸地域に大きな影響をあたえた。この改正により、嘉義街や阿緱街（のち屏東街）は、地方庁所在地の地位から転落した。反対に、かつては「南台の一寒村」[5]に過ぎなかった打狗（のち高雄街）は、州都に格上げされた。伝統的な都市の没落と新興都市の勃興というドラスティックな再編は、地域振興策として学校誘致運動を生じさせやすい土壌を形成した。

本書は、第二章・第六章・第七章で台南州台南市、第三章で高雄州高雄・鳳山・屏東の三街、第四章・第五章で台南州嘉義街の状況を考察した。表1は、これらの地域で起こった地方制度および中等・高等教育機関にまつわる運動を、時系列で一覧化したものである。

表1に付言すると、一九二〇年代前半には、高雄州下の三街および台南州嘉義街で、仮州庁舎設置や州庁移転（置州）、中等学校誘致をめぐる運動が展開された。屏東・鳳山両街の運動は、いずれも短命で不首尾に終わった。対照的に、嘉義街の運動は長期にわたり、置州に代わる代替案（嘉義「繁栄策」）を部分的なりとも実現するととも

表１　地方制度および中等・高等教育機関にまつわる運動の様相

管轄	市・街	期間（年）	目　的	おもな日本人有志	おもな台湾人有志	運動当時の行政官			結果	周辺状況
						総　督	州知事	市尹・街長		
高雄州	高雄街	1920	既設の建物を州庁舎に充当	古賀三千人	不詳	●田健治郎	冨島元治	鐸木直之助	実現	
	屏東街	1920	仮州庁舎設置	内地人商売		●田健治郎	冨島元治	今村伊那吉	却下	
	鳳山街	1921	「本島人中等学校」設立	青木恵範	鳳山郡下庄長	●田健治郎	冨島元治	青木恵範	却下	小作争議（25年–）
	屏東街	1921	中学校誘致	石丸長城	蘇　雲英	●田健治郎	冨島元治	石丸長城	却下	
台南州	嘉義街	1920–22	置州，嘉義「繁栄策」	福地載五郎	嘉義銀行関係者	●田健治郎	吉岡荒造	真木勝太	一部実現	
	嘉義街	1922–24	台南第二中学校の嘉義移転	真木勝太 早川直義	頼　尚文	●田健治郎 ●内田嘉吉	吉岡荒造 松井栄堯	真木勝太	嘉義中学校新設	小作争議（25年）
	台南市	1925–26	高等商業学校設立	加藤正生 津田毅一	林　茂生	○伊沢多喜男 ○上山満之進	喜多孝治	荒巻鐵之助	実現	
	嘉義街	1927–30	市制施行	同志会	青年会	○上山満之進 ●川村竹治	片山三郎 米山止米郎	真木勝太	実現	労働争議（27年）
	台南市	1928	台南高等商業学校存置	加藤正生 津田毅一	『台湾民報』	●川村竹治	片山三郎 永山止米郎	田丸直之	却下	
	台南市	1930	高等工業学校新設速成	川上八百蔵	王　開運	○石塚英蔵	永山止米郎	堀内林平	実現	

（典拠）筆者作成。
（注１）●は政友会系，○は民政党系（憲政会系）を示す。

に、中学校新設にもこぎ着けた。二〇年代半ば以降になると、学校誘致運動と並行するかたちで、台湾人小作農や工場労働者による争議が政治の表舞台に登場する。本書では、鳳山街や嘉義街の周辺地域で起こった小作争議や、嘉義街の労働争議に言及した。これらの運動は例外なく、総督府や州当局による厳しい取締りの対象となった。

また本書では、総督の政党的色彩というマクロな政治構造も、南部台湾各地域の運動の展開に影響をあたえたことを指摘した。一九二〇年代前半、政友会系の田健治郎総督のもとで、地方制度および教育令の改正がなされた。その後、やはり政友会系の内田嘉吉の短期間の在任を経て、二五年から三〇年までに、伊沢多喜男（民政党系）・上山満之進（民政党系）・川村竹治（政友会系）・石塚英蔵（民政党系）と、総督が四人交代した。総督の所属政党が異なれば、統治方針も変化する。とりわけ高等教育機関のあり方をめぐっては、朝令暮改ともいうべき変転が繰り広げられた。台南市の事例に見たように、伊沢と上山が計画・具体化した台南高等商業学校（以下、台南高商）が川村によって廃校され、川村が打ち出した高等工業学校（以下、高工）新設計画が石塚のもとで滞ったようにみえるという、込み入った様相を呈することになった。

上記のことに留意しつつ、以下に各地域の状況を振り返りたい。

（1）高雄州高雄街・鳳山街・屏東街

打狗は、一九〇〇年代以降、「南支南洋」方面への経済的ネットワーク構築に向けて築港事業が本格化し、併せて都市化が進んだ地域である。その後二〇年の地方制度改正によって高雄州の州都に選定され、地名も高雄街と改称された。同街には、内地資本をバックに台湾に進出した大手企業の日本人社員が相対的に多かった。それは、①浅野セメント関連の不動産会社に勤務する鐸木直之助が初代街長となったこと、②台湾製糖（三井系）幹部である平山寅次郎や、大日本肥料が株の大半を取得する台湾肥料の加福均三が州協議会員に任命されたことから窺える。

大手企業のサラリーマンは異動・転勤が多い。高雄街では、地方行政を中心的に担ったのがこれらの人びとであったため、街長も協議会員も、入れ替わりが頻繁であった。こうした状況は通常、地方行政の不安定さを誘発しやすい。だが総督府にとって、高雄街は南部の要港を擁する地域であり、それに見合う外観を整える必要があった。ゆえに、住民が地元振興にことさら熱心でなくても、統治者側の強力な梃子入れにより地域の利益が擁護された。

総督府や州当局主導の都市形成は速成が可能だが、その分、周辺地域とのあいだにひずみが生じやすい。総督府や州当局による高雄街開発優先策は、旧都・鳳山街や屏東街に住む住民から「継児扱ひ[6]」と受けとめられた。

鳳山街は、清朝統治期、台南以南でもっとも開発が進んでいた。だが日本統治下の一九〇九年、鳳山庁が廃庁されたことで、日本人の流出と相俟って都市的整備が遅延しがちとなった。二〇年、再び地方制度が改正され、鳳山街は、かつて鳳山の外港であった高雄街を州都とする高雄州に編入された。これをもって鳳山街と高雄街の地位は完全に逆転した。

鳳山郡下の台湾人庄長たちはこの事態を憂慮した。彼らは、一九二一年に州当局が中学校新設計画を発表すると、「本島人中等学校」、つまり高等普通学校を鳳山街に誘致しようとした。鳳山地方は公学校就学率が相対的に低く、学校誘致に成功しても、多くの需要は見込めそうになかった。だが台湾人庄長たちは、あえて「本島人中等学校」を要望した。地方制度改正のたびに格落ち感を強めてゆく地元を、少しでも盛り返したいという思いがあったからであろう。この運動には、青木恵範（度量衡販売・鳳山街長）など、地方行政にたずさわる日本人も加わった。鳳山地方の日・台人有志は、鳳山地方の斜陽化傾向に歯止めをかける必要の自覚において結びついていた。

だがこの要求は、一九二二年の共学制施行を理由に、州当局に却下された。鳳山地方は日本人自体が少なかったこともあって、「本島人中等学校」を中学校に変更して、その必要性を強くアピールできなかった。しかも、有志の多くがあまたの興信録に名前が見当たらないことからも窺えるように、総督府や州当局に影響力をおよぼし得る人材が不足していた。

鳳山地方では、「本島人中等学校」誘致運動の挫折後、有効的な地域振興の手立てが見出せなかった。代わって、一九二〇年代半ばより台湾人小作農による争議が頻発した。公学校就学さえままならない台湾人が地域の大勢を占めるなかで、協議会員や街庄長に任命されるような日本人が、地域利害に即して台湾人と協力関係を形成する傾向は乏しく、階層的な対立と民族的な対立の双方が前面に立ちあらわれる。

鳳山街からさらに内陸の阿緱庁所在地・阿緱街は、一九二〇年の阿緱庁廃庁により高雄州に編入された。その際、同街にある阿緱庁庁舎を仮州庁舎に充当する計画が一部の州当局者から示された。「内地人商売」は、日本人と台湾人とを問わず、それを歓迎した。「内地人商売」とは、〇九年の地方制度改正による日本人官吏の転居に呼応して阿緱街に移住してきた、日本人を得意客とする個人商店主や弱小企業経営者である。そのなかには、在台日本人も台湾人も含まれた。彼らは仮州庁舎設置を、つかの間だが、経済的な安定を保証するものと捉えた。だが総督府や州当局は、そうした希望を打ち砕く。同じ頃、高雄街在住の古賀三千人（台湾商工銀行頭取）らが組織した打狗公会が、公会所有の建物を州庁舎に充当する案を州当局に提出した。その提案を州当局は採用し、以後、阿緱街から仮州庁舎設置が改めて請願されても決定は覆らなかった。

阿緱街は、その後屏東街と改称される。仮州庁舎設置要求の挫折から数ヵ月後、高雄州当局は中学校新設計画を公表した。第二次台湾教育令が制定される以前のことだったので、この場合の中学校は日本人向けのものだった。屏東街の有志たちは、火災で焼失した元阿緱庁庁舎が中学校に充当される予定だったことを根拠に、中学校誘致運動を開始した。運動は、石丸長城（屏東街長・屏東信用組合幹部）や、蘇雲英（屏東信用組合専務理事）などに主導された。蘇雲英は、のちに総督府商業専門学校（以下、台南商専）の高等商業学校（以下、高商）昇格要求にもかかわることになり、台湾人の進学機会を拡大したいという思いが強かったと思われる。だが屏東街の運動においては、そうした教育要求が見えにくく、「中学校位置が変更せらるゝ如きことあつては屏東市民は晏如として居ることの出来ない」(8)といった焦りや、学校獲得による経済効果といった期待が前面に押し出されていた。

屏東街の運動は、開始後間もなく、中学校の設置場所が高雄街に決定したことを受けて、短期間で収束した。短命に終わった原因として考えられるのは、運動の一翼を担う日本人有志の基盤が脆弱だったことである。それを端的に示すのが街長人事だった。初代街長は就任から一年未満で辞任した。後任は、日本内地から呼び戻された石丸長城だった。当時の冨島元治高雄州知事は、地域の事情に精通し、地方行政に手腕が揮える人材として、日本内地に引き揚げていた石丸を適任と考えた。それは、屏東街に適当な日本人の人材が見当たらなかったことを示唆している。ほかに、時期的な問題も指摘できる。学校誘致運動が第二次台湾教育令制定以前になされたこともあって、進学へのニーズを十分につかめていないところもあったと思われる。

対照的に、次項で取り上げる嘉義街では、定住性の高い日本人と台湾人有力者の協力関係を背景に、粘り強い運動が展開されることになる。

（2）台南州嘉義街

嘉義街は、森林資源の加工を中心に基幹産業が形成され、かつ縦貫鉄道や製糖会社の社線もとおる、交通の要所であった。一二庁制下では嘉義庁所在地であり、人口も密集していた。だが一九二〇年の地方制度改正により高雄州が創設されたことで、州と州の距離的兼ね合いから、嘉義州は成立しなかった。これ以降同街では、日・台人有志により、積極的な地元振興策が講じられるようになる。

地元振興にかかわった日本人有志は、おもに①個人商店経営者、②土木請負業者、③地域密着型企業に所属する企業経営者の三タイプに大別できる。ただし、①と③を兼ねる者も存在するため、厳密な線引きはできない。このうち、③にかかわる典型的な企業として嘉義電燈が挙げられる。同社は、島内でもっとも早期に成立した電力供給会社の一つである。呉服商を営みながら嘉義電燈の経営に参画し、街長に任命された真木勝太は、その代表的な人物といえる。

他方、台湾人有志のなかには、①個人商店経営者、②専売品売捌、③地域密着型企業に勤める企業経営者が目立った。このうち、③に関連する企業として嘉義銀行がある。嘉義銀行は、一九〇〇年代初頭に台湾人地主により設立された。同社の経営にたずさわる台湾人は、伝統的な地主から近代的な企業経営者へと転身したことで、農業従事者とは異なる階層利害を意識し、日本人との利害の共通性を発見するに至ったと考えられる。

嘉義電燈も嘉義銀行も、地元周辺を中心に事業を展開していた企業であり、会社の発展は地域の発展と不可分の関係にあった。だからこそ、これらの企業の経営者たちは、地元振興に意欲を示したと考えられる。

嘉義街の運動はいずれも、数年にわたって継続されたことを特徴とする。

一九二〇年の嘉義庁廃庁を契機とする置州運動は、州都を台南市から嘉義街に移すべく、福地載五郎（土木請負業）や、頼尚文のような嘉義銀行関係者を中心に取りくまれた。彼らの活動の根底にあったのは、新竹街や高雄街といった、嘉義街より人口が少ないにもかかわらず州都となった地域への対抗意識だった。運動により、置州は実現しなかったが、下水溝の完成など、いくつかの地元「繁栄策」が実現した。

右の運動が一段落した直後、一九二二年の共学制施行を受け、中学校誘致が重要な課題として浮上した。台南州内で台南市だけに中学校が偏る状況は嘉義街民の不公平感を刺激し、州都に増設予定の中学校を地元に移転させようとする運動が起こされた。運動は、真木勝太（嘉義電燈取締役・嘉義街長）、早川直義（嘉義郵便局長）、頼尚文（嘉義銀行理事・街助役）などに主導された。

中学校誘致運動に参与した台湾人有志のなかには、かつて公立台中中学校設立に際して寄付金を提供した者も含まれた。他地域の学校に対しても助力を惜しまなかった彼らが、地元の子どもたちのために中学校を誘致したいと願うのは自然な成り行きであった。また運動が本格化した時期、共学制がすでに施行されており、中学校入学志願者の増加が予測できた点も運動のモチベーションを高めたといえよう。

地域振興と教育要求を両輪として、運動は強力に推進された。特に真木街長が中学校誘致に意欲的だったことが運動を長期化させた。要求は中等教育の漸次的な大衆化を背景に実現し、一九二四年に嘉義中学校が新設された。嘉義中学校は、州都以外の地域に設置された最初の中学校であった。その誕生は、州当局のイニシアティブによるものではなく、有志たちの要求が州当局を動かすことで実現したという意味をもった。

嘉義街における置州運動から中学校誘致運動までの過程で、州・街協議会が果たした役割は大きい。特に中学校誘致運動の過程において協議会は、諮問機関という総督府の意図した機能を逸脱し、特定の社会階層の利害が公に表現される場に変質した。それは議会不在の状況においても、地方「自治」が限定的なかたちで実現される可能性を示していた。

一九二〇年代前半の嘉義において、州・街協議会が一部住民の要求を実現させるための拠点となり得たのは、要求の担い手が在任期間の長い日本人街長や、再任率の高い州・街協議会員を中心に構成されたからであった。これは別の角度から見れば、一握りの日・台人有力者が地方行政に関する権限を独占していた、ということでもある。

このことは二〇年代前半の時点では大きな問題とはならなかった。だが二〇年代後半に至って、状況は変化する。中学校誘致の成功により総督府に地元が州都と同格と認められたという自信をもったのか、嘉義街の有志たちが次に目標と定めたのは、行政単位の格上げであった。一九二〇年代後半、州都のなかで唯一街のままであった新竹街と競うように、嘉義街でも市制運動が起こった。運動は、日本人側は同志会、台湾人側は青年会という民間団体に主導された。その過程で、真木勝太のような従来の地域リーダー層と、同志会所属の富山豊（清涼飲料水製造販売）のような、協議会員に任命された経験のない、より弱小規模の商工業者との利害対立が表面化した。二〇年代後半以降、街長や協議会員といった総督府公認の有力者に止まらず、広く一般の商工業者が発言力を強めつつあった。それを体現したのが三〇年の嘉義市民会の成立であった。だがこうした地域住民による自発的な政治参加要求は、統治者側によって早急に芽を摘まれてしまう。さらに市制の成立により、嘉義市の行政は日本人中心という性格を強め、二〇年代に見られたような、日・台人有志の協力関係は後景に退いてゆく。

（3）台南州台南市

台南市は、台南新報社本社や大阪商船のような大企業の支店が立ち並ぶ、南部の中心都市だった。とはいえ、高等教育機関の配置は、島都・台北に大きく差をつけられていた。一九二〇年代前半まで、台湾における実質的な最高学府であった専門学校の大半は、台北市に偏在していた。台南市に設置されたのは、台湾人向けの低度な台南商専のみであった。だが同校は、二二年の共学制施行に伴い新入生募集を中止し、全在校生が卒業する二七年に廃校されることになった。これに対して台南商専の台湾人保護者や台南市在住日本人の一部は反対を唱えたが、廃校の決定に変更はなかった。おおやけに示された理由は専門学校への入学資格をもつ台湾人が少ないということだったが、共学制のもとで新設された中学校から卒業生が輩出されれば解消されるはずの問題だったので、きわめて不自然な対応であった。

台南商専の廃校が迫った一九二五年、台湾人生徒有志は、台南商専に代わる高商誘致運動を開始した。彼らの要求は、高商設立による地域の利益を強調しながら、同時に「台湾人本位」[9]、つまり台湾人主体の台南商専の伝統を新設校に引き継がせたいという思いが、強力なモチベーションとなっていた。

生徒有志の主張は、日本人・台湾人を問わず、地元有力者たちに受け入れられた。地元有力者たちがより惹かれたのは、教育要求よりも地域振興の側面であった。台南市が島都・台北に格差をつけられ、新興都市・高雄に台湾第二の都市の座を奪われかねない不安のなかで、これらの人びとは、高商誘致を地元振興のためのカンフル剤と捉えていた。

運動の過程では、加藤正生や林茂生などの台南商専教員、津田毅一（元台南庁長・弁護士）に代表されるような知識人、ホワイトカラー層が大きな役割を果たした。『台湾日日新報』と並ぶ全島紙である『台南新報』も、運動を全面的に支持した。台南における高商誘致運動は、社会的影響力の強い「公務、自由業」を中心に展開されたといえる。

運動開始当時の総督は、民政党系の伊沢多喜男であった。伊沢総督は、民間人の意向にある程度配慮することで、統治の円滑化をはかろうとしていた。そのもとで運動は功を奏し、一九二六年、伊沢の後任である上山満之進総督のもとで台南高商が誕生した。

台南高商の誕生は、台湾人生徒の教育要求を発端として、「地域側の能動性」[10]が発動された例と位置付けることができる。だがそれだけではなく、台湾人に開かれた高等教育までの経路が台南市に成立する可能性を示唆してもいた。高商誘致運動から台南高商誕生までの時期、同じく台南市にある台南長老教中学という私立各種学校が、卒業生の専門学校入学資格を求めて指定校となるための準備を進めていた。同校は、ほぼ台湾人生徒で占められた。ゆえに、台南長老教中学が指定校として認可されれば、台南市に公学校—台南長老教中学—台南高商という教育経路が成立するわけである。林茂生という台湾を代表する知識人が、台南長老教中学教頭兼台南高商教授として、この経路の成立に深くかかわっていた。一九二七年、台南長老教中学は、指定校となるための条件である財団法人の設立を認可された。台湾人向けの教育経路成立まで、あと一歩であった。だが総督府が神社参拝などの条件を付け加えたために、その一歩は実現することなく終わった。

さらに一九二八年になると、台南高商の廃校が発表された。その決定は、上山に代わって総督に就任した政友会系の川村竹治によってもたらされた。川村総督は、従来の農業・商業から工業重視への路線変更という、民政党系の総督からの方針転換を打ち出した。その一環として、台南高商を廃校し、新たに高工を創設すると発表した。そこには、長引く不況で失職した日本人に対する雇用対策という、おもに日本人側の利益を擁護する意図があったと考えられる。

川村の決定に対して、かつて高商誘致運動にかかわった有志たちの行動は、さまざまであった。台南高商を特色ある高等教育機関にしたいという情熱をもっていた加藤正生校長は、学校を守るべく存置運動にたずさわった。津田毅一もその列に加わった。だがかつて加藤や津田とともに高商誘致運動を中心的に担っていた日本人企業経営者の多くは、存置に無関心であった。また台湾人有志のあいだでも、台南高商存置に対して足並みが揃わないといった事態が生じた。

こうしたなかで『台湾民報』は、台南高商を存置しつつ、高工新設の途を模索すべきだと主張した。しかし、台湾人に対する高等教育を軽視する川村の前で、そうした主張は考慮されなかった。

高工創設決定後川村は更迭され、後任として民政党系の石塚英蔵が総督に着任した。そのもとで高工新設計画は、財政難を理由に遅々として進まないようにみえた。これに対して早期実施を要求したのが、川上八百蔵（『台南新報』編集長）などの言論人や、王開運（合資会社南部運輸組代表）ら台湾人企業経営者だった。この運動における有志も日・台人双方で構成されたが、そこにはもはや「地域側の能動性」を見出すことは困難である。総督府の朝令暮改的な政策に翻弄された挙げ句に、ただ、その方針の早期実施を求めるという次元に後退していた。

三　希望のベクトルの向かう先

以上の整理を踏まえつつ、序章で立てた課題に立ち返り、植民地台湾における中等・高等教育機関の意味を総括したい。

学歴社会化が進行しつつあった一九二〇年代以降の台湾において、地域における中等・高等教育機関の必要性は増していた。しかしこれらの学校をめぐる希望のベクトルの向かう先は、それぞれの立場によって異なっていた。

現実の進学競争に直面していた人びと、特に台湾人の一部には、自身の文化から疎遠になるという代償を払ってでも、入学試験に挑もうとする姿が目立った。彼らは、上級学校に進んで学歴を取得することにより、被植民者の立場から「稀少価値を誇る[11]」人間へと社会的上昇移動を遂げることを目標とした。しかし上級学校は同時に、「情調豊かなモツアルトのソナタ形式の名歌[12]」に象徴される、文化的で格調高い世界に目を開かせてくれる場所でもあった。こうした環境に身を置けることは、多くの台湾人入学者にとって、「栄えある[13]」経験であった。

学校に入学した当事者の喜びや達成感とは裏腹に、中等・高等教育機関には、現実的な打算に向かうベクトルも作用していた。

中等・高等教育機関は、地域の「繁栄と面目とを保持[14]」してくれる、いわば「文化の恩恵[15]」である。こうした考えから人口増加やインフラ整備を呼び込むための地元振興ツールとして学校を活用しようとしたのは、街庄長や協議会員に任命された日・台の有力者であった。

本書に登場した台南、嘉義、鳳山、屏東といった地方都市は、かつては台湾の政治・文化の中枢、あるいはそれに近い地位にありながら、一九二〇年の地方制度改正により周縁化された。有志として学校誘致に関与した当該地域の有力者たちは、運動の過程において、中等・高等教育機関の設置が地元よりも優先的に考慮される他地域の存在を、目の当たりにすることになった。学校という「文化の恩恵」が得られないのは、自分たちの町の進学希望者が「多大の不便と多額の出費を要し、地方教育の進展を阻害すること甚しき」[16]状態に置かれても大した問題ではないと、総督府や州当局からみなされたということである。そのために、昔日はとにかく、今日においては、地元が「文化度」の低い町として「閑却せられつゝある」[17]という思いが有志たちのうちに生じる。

斜陽化してゆく地方都市に居住する人びとの心情を象徴しているのは、新聞記事に何度か登場する「継児扱ひ」[18]という表現である。こうしたネガティブな感情を払拭するには、学校誘致に成功して地元の「文化度」の格上げが認められたと感じることが必要であった。その意味において、中等・高等教育機関は、単に経済的な利害にかかわるばかりではない。地域の「文化度」や「格」にまつわる「継児」感を解消する手段としても意味をもった。

ただし、「継児」感の発動には地域差が見られた。有志のなかに定住性の高い地域密着型企業の経営者層や商店主が目立つ嘉義街では、強い「継児」感が運動継続の力となった。鳳山地方にも定住性の高い有志は存在したが、相対的に社会的影響力が弱く、総督府や州当局に「継児」感を存分に訴えるまでには至らなかった。定住性の高いホワイトカラー層が存在感を示した台南市では「継児」感が運動の大きな動機となったが、有志の動向は総督府の決定に左右されやすいという傾向が見られた。屏東街では移動の頻繁な「内地人商売」が多く、「継児」感の発動が不十分に終わった、というようにである。

学校誘致にかける思いは、地域間の対抗関係や格差に起因する不遇感ばかりではなく、民族差別に起因する不遇感が誘致運動にかかわる原動力となっている場合もあった。ここに、中等・高等教育機関を取り巻く第三のベクトルが浮上する。

植民地、しかも日・台人共学という条件下において、被植民者である台湾人は、相対的に不利な状況に置かれていた。こうしたなかで、台湾人のみを対象とするわけではないが、台湾人にも大きく門戸を開放した「台湾人本位」[19]の学校を追求するというベクトルも存在した。この側面から学校誘致に強いこだわりを見せたのは、林茂生や

『台湾民報』への寄稿者といった、台湾人知識人だった。運動の動機やそこにかかわった顔ぶれを見る限りでは、第三のベクトルには抗日運動的な要素もある。しかしそうした要素があるとしても、共学や地域の利害という問題が絡むと、日本人民間人との同床異夢的な共闘関係が成立し得る場合もあった。「台湾人本位」は、鳳山・屏東両街での失敗を経て、嘉義街で部分的に達成され、台南市における高商誘致運動の「成功」に至った。だが「成功」はつかの間であり、すぐに統治者側により「日本人本位」の政策に軌道修正される。

本書の眼目は、地域を基盤として、植民地台湾における中等・高等教育機関がもつ多義性を明らかにしたことである。中等・高等教育機関は、そこに入学した当事者にとっては、社会的上昇移動のための階段を一段上がった幸運を噛みしめつつ、知的で文化的な世界を享受する場所であった。しかし日・台の地域有志にとっては、地元振興への期待の反映であると同時に、「継児扱ひ」された屈辱感を払拭する手だてでもあった。また、地域有志とともに運動にかかわった台湾人知識人にとっては、「台湾人本位」の実現という願いの結晶であった。入学者、地域有志、台湾人知識人、それぞれの理想は、新しい事物の習得、社会的上昇移動の成就、地元の都市化進展による経済的利益の獲得、「継児」感の解消、「台湾人本位」の達成などを通じて、自己肯定感を高めることであったように思われる。人びとの学校に対する思いは一本につながっているようでありながら、各々がめざすところは微妙に異なっていた。本書が描き出したのは、中等・高等教育機関をめぐって、人びとのさまざまな希望のベクトルが行き交う舞台としての地域の姿である。

四　今後の課題：一九三〇年代以降の地域と中等・高等教育機関

最後に、一九三〇年代以降の展開について、仮説的な見通しを述べたい。

台南高等工業学校開校の翌年である一九三二年、日本内地では、政党政治の継続困難を決定づける五・一五事件が発生した。この時期より、政争や恐慌対策への不手際から政党政治が求心力を失うのとは反対に、二〇年代には世界的な軍縮の風潮を受けてけん制されていた軍部の台頭が目覚ましくなる。軍部の台頭は、日本内地のみならず植民地台湾でも、「社会秩序」をかく乱するとみなした存在を排撃する傾向にいっそう拍車をかけた。[20] 三六年、予備役の海軍大将小林躋造が総督に就任し、一九年の田健治郎の総督就任をもって始まった文官総督時代が終わりを告げた。これ以降、台湾も戦時体制に組み込まれてゆく。こうしたなかで、在台日本人と台湾人が学校をめぐって協力関係を構築したり、誘致を求めて「地域側の能動性」を発動したりする機会は大幅に縮小され、中等教育機関に対する質的側面での統制が一段と厳しさを増す。

それを端的に示しているのが、一九三八年に総督府文教局長通知として出された「私立中学校高等女学校設立認可標準」（以下、認可標準）である。認可標準とは、総督府の定めた基準をクリアすれば、各種学校を私立の中等学校として認可するというものであった。この通牒のもとで、三八年に淡水中学が「私立淡水中学校」として認可された。翌三九年には、台南長老教中学も神社参拝と引き換えに認可校となり、「私立長栄中学校」と改称された。総督府公認の「私立」となったことで、逆に「私立学校としての独自性」をほとんど失うことになった。[21]

しかし、一部の各種学校が私立学校として認可されたということは、学校の量的拡大それ自体については、一定の配慮がなされたということでもある。上記の学校以外にも、認可標準にもとづいて、台北市に台北中学校（一九三八年）と国民中学校（三九年）という私立中学校が誕生した。[22] また公立についても、花蓮港中学校（三六年、花蓮港庁）、台北第三中学校（三七年、台北州）、屏東中学校（三八年、高雄州）などが新たに設置された。三〇年代後半以降、島都・台北は、島内でもっとも多くの中学校を有しながら、公立・私立ともに増設が進んだ。加えて、従来中学校が未設であった東部台湾や州都以外の地方都市にも中学校の分布が広がった。

一九三〇年代以降の台湾においては、「台湾人本位」を追求する可能性はもとより、「地域側の能動性」を発動させる機会さえ狭められた。しかし中学校の新設・増設に関しては、抑制されるどころか、むしろ促進された。それは最低でも「中学卒業程度の学力と実力」[23]を証明する学歴が必要だと感じる人びとのすそ野が広がっており、統治者側はこれらの人びとの教育要求を受けて中学校を増設しなければならなかった、ということであろう。こうした状況のなかで、地域と学校にまつわる関係は、二〇年代と比べてどのような違いが見られたのか。南部台湾に止まらず、東部や北部の状況をも見据えながら、引き続き地域における中等・高等教育機関の問題を考えてゆくことが必要である。今後の課題としたい。

（1）鼓包美「新制度に関して中央政府との交渉の一端」『台湾時報』一九二〇年一〇月号、一七二頁。
（2）「地方制度改正に関する田総督の諭告訓示」（一九二〇年八月三一日）台湾総督府（編）『詔勅・令旨・諭告・訓達類纂（一）』（一九四一年／台北・成文出版社、一九九九年復刻）三二一―三二三頁。
（3）「嘉義中学校と農林学校生の喧嘩」『台湾日日新報』一九二七年六月二三日付。
（4）張文義（整理記録）『回首來時路――陳五福醫師回憶録――』（台北・財團法人呉三連臺灣史料基金會、一九九六年）四五頁。
（5）本田喜八等（編）『高雄州地誌』（一九三〇年／台北・成文出版社、一九八五年復刻）二八五頁。
（6）「打狗其折々」『台湾日日新報』一九二〇年七月六日付。
（7）「地方制度改正の／噂で周章狼狽の／阿緱内地人商売」『台湾日日新報』一九二〇年七月一日付。
（8）「中学校設置問題／屏東市民の極力運行」『台南新報』一九二一年一〇月二九日付。
（9）「打破教育搾取政策／宜設臺灣人本位的臺南高商」（漢文）『台湾民報』一九二六年八月一日付。
（10）田中智子『近代日本高等教育体制の黎明――交錯する地域と国とキリスト教界――』（思文閣出版、二〇一二年）二四一頁。
（11）連華圻「運命の悪戯」麗正会（編）『麗正――台北一中創立百周年記念特集号――』（一九九八年一〇月）一三四頁。
（12）邱輝煌（富山輝宏）「遥かなりし吾等の日々」『東大武の山高く――台湾・高雄中学第二十二期生の記録――』（高雄中学第二十二期会、一九九九年）一頁。
（13）林進助「高中生活の回想」前掲『東大武の山高く』三七頁。
（14）「台南高商設置運動／商専同窓会の熱情」『台南新報』一九二五年六月一八日付。
（15）「躍進嘉義市制五周年の今昔（二）」『台湾実業界』第七年第二号（一九三五年二月）四五頁。

（16）　真木勝太「祝辞」嘉義中学校校友会（編）『校友会雑誌　創立一〇周年記念号』第六号（一九三四年／阿部洋（代表）『日本植民地教育政策史料集成（台湾篇）』第六一巻、龍渓書舎、二〇一二年復刻）一〇頁。
（17）　「中学移転陳情」『台南新報』一九二二年一一月一八日付。
（18）　「打狗其折々」『台湾日日新報』一九二〇年七月六日付。
（19）　「打破教育搾取政策／宜設臺灣人本位的臺南高商」（漢文）『台湾民報』一九二六年八月一日付。
（20）　たとえば、軍部が台湾人の言論活動を干渉したことを指摘したものとして、近藤正己『総力戦と台湾――日本植民地崩壊の研究――』（刀水書房、一九九六年、三一頁）など。
（21）　駒込武『世界史のなかの台湾植民地支配――台南長老教中学校からの視座――』（岩波書店、二〇一五年）五七九―五八三頁。
（22）　汪知亭『臺灣教育史料新編』（台北・臺灣商務印書館、一九七八年）六六―六七頁。
（23）　講義録広告『台湾民報』一九二八年五月二〇日付。

引用文献一覧

日本語・邦訳文献（五十音順）

浅田喬二『日本帝国主義下の民族革命運動――台湾、朝鮮、「満州」における抗日農民運動の展開過程――』（未来社、一九七三年）
伊沢多喜男文書研究会（編）『伊沢多喜男関係文書』（芙蓉書房出版、二〇〇〇年）
伊藤彰浩『戦間期日本の高等教育』（玉川大学出版部、一九九九年）
伊藤潔『台湾――四百年の歴史と展望――』（中公新書、一九九三年）
井上寿一『政友会と民政党――戦前の二大政党制に何を学ぶか――』（中公新書、二〇一二年）
井上弘樹「台湾の科学者と「光復」――杜聡明による国立台湾大学医学院の運営を事例に――」『東洋学報』第九三巻四号（二〇一二年三月）
今林作夫『鳳凰木の花散りぬ――なつかしき故郷、台湾・古都台南――』（海鳥社、二〇一一年）
上田万年・松井簡治（共著）『大日本国語辞典 に―ん』（富山房・金港堂書籍、一九一九年）
上村健堂『台湾事業界と中心人物』（台北・台湾案内社、一九一九年）
氏平要等（編）『台中市志』（一九三四年／台北・成文出版社、一九八五年復刻）
江口圭一『都市小ブルジョア運動史の研究』（未来社、一九七六年）
王育徳（著）・近藤明理（編集協力）『「昭和」を生きた台湾青年』（草思社、二〇一一年）
王栄「日本統治時代の台南高等工業学校に関する一考察」『現代台湾研究』第二三号（二〇〇二年七月）
王耀徳「日本統治期台湾人入学制限のメカニズム」『天理臺灣學報』第一八号（二〇〇九年）
大園市蔵『現代台湾史』（一九三三年／台北・成文出版社、一九八五年復刻）

大園市蔵（編）『台湾人事態勢と事業界』（台北・新時代社台湾支社、一九四二年）
大西比呂志（編）『伊沢多喜男と近代日本』（芙蓉書房出版、二〇〇三年）
岡本真希子「アジア・太平洋戦争末期における朝鮮人・台湾人参政権問題」『日本史研究』四〇一号（一九九六年一月）
岡本真希子「政党政治期における文官総督制――立憲政治と植民地統治の相剋――」『日本植民地研究』第一〇号（一九九八年）
岡本真希子「在台湾『内地』人の『民権』論――植民地在住者の政治参加の一側面――」『日本史攷究』第二五号（一九九九年）
岡本真希子「一九三〇年代における台湾地方選挙制度問題」『日本史研究』四五二号（二〇〇〇年四月）
岡本真希子『植民地官僚の政治史――朝鮮・台湾総督府と帝国日本――』（三元社、二〇〇八年）
小川嘉一（編）『台湾鉄道旅行案内 昭和九年版』（台北・台湾総督府交通局鉄道部内ジャパン・ツーリスト・ビュロー台北支部、一九三四年）
小野容照『朝鮮独立運動と東アジア――一九一〇―一九二五――』（思文閣出版、二〇一三年）
嘉義街役場（編）『大嘉義』（嘉義・嘉義街役場、一九二六年）
嘉義市役所（編）『嘉義市制五周年記念誌』（嘉義・嘉義市役所、一九三五年）
梶康郎『市制町村制実務要覧』（一九二四年／信山社、二〇一一年復刻）
片山邦雄『近代日本海運とアジア』（御茶ノ水書房、一九九六年）
金澤史男「日本における地方財政の歩み」林健久（編）『地方財政読本（第五版）』（東洋経済新報社、二〇〇三年）
兼嶋兼福（編）『新興の嘉義市』（嘉義・台湾出版協会、一九三二年）
河原功（監修）『復刻版台湾総督府編台湾日誌大正八年～昭和一九年』（緑陰書房、一九九二年復刻）
川村竹治『台湾の一年』（時事研究会、一九三〇年）
顔杏如『植民地都市台北における日本人の生活文化――「空間」と「時間」における移植、変容――』（東京大学大学院総合文化研究科地域文化研究専攻博士論文、二〇〇九年）
紀旭峰『大正期台湾人の「日本留学」研究』（龍渓書舎、二〇一二年）
亀卦川浩『地方制度小史』（勁草書房、一九六二年）
岸達躬「嘉義市を繁栄せしむべき具体的方策」『当選懸賞論文集――嘉義市を繁栄せしむべき具体的方策――』（嘉義・嘉義市役所、一九三三年）
北波道子『後発工業国の経済発展と電力事業――台湾電力の発展と工業化――』（晃洋書房、二〇〇三年）

木原義行『最新台湾地誌』(台北・台湾郷土地理研究会、一九三四年)
許世楷『日本統治下の台湾――抵抗と弾圧――』(東京大学出版会、一九七二年)
栗原純「明治憲法体制と植民地――台湾領有と六三法をめぐる諸問題」『東京女子大学比較文化研究所紀要』五四(一九九三年)
栗原純「日本による台湾植民地統治とマラリア――『台湾総督府公文類纂』を中心として――」中京大学社会科学研究所『社会科学研究』第二七巻第二号(二〇〇七年三月)
公共埤圳嘉南大圳組合『嘉南大圳新設事業概要』(台北・台湾日日新報社、一九三〇年)
高成鳳『植民地鉄道と民衆生活――朝鮮・台湾・中国東北――』(法政大学出版局、一九九九年)
呉文星(著)・所澤潤(監訳)『台湾の社会的リーダー階層と日本統治』(財団法人交流協会、二〇一〇年)
黄昭堂『台湾総督府――日本の台湾統治五〇年を総括――』(一九八一年/台北・鴻儒堂出版社、二〇〇三年復刻)
興南新聞社(編)『台湾人士鑑』(一九四三年/台北・成文出版社、二〇一〇年復刻)
国立教育研究所『日本近代教育百年史五　学校教育(三)』(国立教育研究所、一九七四年)
後藤乾一『近代日本と東南アジア――南進の「衝撃」と「遺産」――』(岩波書店、一九九五年)
駒込武『植民地帝国日本の文化統合』(岩波書店、一九九六年)
駒込武「台南長老教中学校神社参拝問題――踏み絵的な権力の様式――」『思想』第九一五号(二〇〇〇年九月)
駒込武「台湾史をめぐる旅(六)布施辰治と簡吉」『季刊前夜』七号(二〇〇六年春)
駒込武「台湾総督府評議会の人的構成――予備的作業報告――」中京大学社会科学研究所・檜山幸夫(編)『歴史のなかの日本と台湾――東アジアの国際政治と台湾史研究――』(中国書店、二〇一四年)
駒込武『世界史のなかの台湾植民地支配――台南長老教中学校からの視座――』(岩波書店、二〇一五年)
五味渕典嗣「対抗的公共圏の言説編制――『新高新報』日文欄をめぐって――」『大妻女子大学紀要　文系』四〇(二〇〇八年三月)
近藤純子「『共学制』と日本語教育――植民地台湾における日本語教育の実態――」(平成四・五年度科学研究費補助金(総合A)研究成果報告書『戦前日本の植民地教育政策に関する総合的研究』、一九九四年三月)
近藤正己『総力戦と台湾――日本植民地崩壊の研究――』(刀水書房、一九九六年)
近藤正己・北村嘉恵・駒込武(編)『内海忠司日記一九二八―一九三九――帝国日本の官僚と植民地台湾――』(京都大学学術出版会、二〇一二年)
近藤正己・北村嘉恵(編)『内海忠司日記一九四〇―一九四五――総力戦体制下の台湾と植民地官僚――』(京都大学学術出版、二〇一

四年）
蔡龍保「梅澤捨次郎の台湾での活躍」『NICHE mook02』二〇一五年三月号
佐藤由美・渡部宗助「戦前の台湾・朝鮮留学生に関する統計資料について」『植民地教育史研究年報』第七号（二〇〇五年三月）
沢井実『近代日本の研究開発体制』（名古屋大学出版会、二〇一二年）
芝忠一『新興の高雄』（一九三〇年／台北・成文出版社、一九八五年復刻）
斯波義信『中国都市史』（東京大学出版会、二〇〇二年）
清水美里『帝国日本の「開発」と植民地台湾――台湾の嘉南大圳と日月潭発電所――』（有志舎、二〇一五年）
謝政徳『植民地台湾と地方「自治」制度』（大阪大学法学研究科博士論文、二〇一三年）
所澤潤「戦時体制と台南高等工業学校――国立成功大学の基盤形成の一側面――」『成功的道路――第一届成功大學史學術研討會論文集――』（台南・國立成功大學、二〇〇二年）
菅野正「義和団運動後の福建と日本」『奈良史学』第八号（一九九〇年）
菅野秀雄『新竹州沿革史（一）』（一九三八年／台北・成文出版社、一九八五年復刻）
鈴木辰三（編）『大正九年 台湾官民職員録』（台北・台北文筆社、一九二〇年）
鈴木辰三（編）『台湾官民職員録』（台北・台湾官民職員録発行所、一九二七年）
須永徳武（編著）『植民地台湾の経済基盤と産業』（日本経済評論社、二〇一五年）
関誠「日清天津条約前後の日本における情報と政策――壬午事変後の海軍・外務省の情報体制強化――」『情報史研究』第四号（二〇一二年五月）
台南州立嘉義中学校校友会（編）『校友会雑誌 創立一〇周年記念号』第六号（一九三四年／阿部洋（代表）『日本植民地教育政策史料集成（台湾篇）』第六一巻、龍渓書舎、二〇一二年復刻）
台南州立嘉義中学校校友会（編）『旭陵』第九号（一九三八年）
台南新報社（編）『南部台湾紳士録』（台南・台南新報社、一九〇七年）
台北高等商業学校同窓会緑水会本部（編）『緑水会記念特集号』台北高商創立六十周年記念号（一九七八年）
台北帝国大学『台北帝国大学一覧 昭和三年』（一九二八年）
台湾教育会（編）『台湾教育沿革誌』（一九三九年／台北・南天書局、一九九五年復刻）
台湾教育会（編纂）『台湾学事法規』（台北・帝国地方行政学会、一九二二年）

台湾経済年報刊行会（編）『台湾経済年報 昭和十六年版』（一九四一年／台北・南天書局、一九九六年復刻）
台湾公立台中中学校（編）『台湾公立台中中学校要覧』（一九一七年一〇月調査）
台湾商工社（編）『大正十二年 台湾民間職員録』（台北・台湾商工社、一九二三年）
台湾新聞社（編）『台湾実業名鑑』（台中・台湾新聞社、一九三四年）
台湾新民報社調査部（編）『台湾人士鑑』（台北・台湾新民報社、一九三四年）
台湾新民報社調査部（編）『台湾人士鑑』（一九三四年／湖南堂書店、一九八六年復刻）
台湾新民報社『改訂台湾人士鑑』（一九三七年／湖南堂書店、一九八六年復刻）、
台湾新民報社『台湾人名辞典』（『改訂台湾人士鑑』一九三七年／日本図書センター、一九八九年改題復刻）
台湾総督官房臨時国勢調査部『大正九年十月一日 第一回台湾国勢調査（第三次臨時台湾戸口調査）職業名字彙』（一九二二年）
台湾総督府『台湾列紳伝』（台北・台湾総督府、一九一六年）
台湾総督府『台湾総督府職員録』（台北・台湾日日新報社、一九一九年）
台湾総督府『大正十年七月一日現在 台湾総督府職員録』（台北・台湾日日新報社、一九二一年）
台湾総督府『台湾総督府及所属官署職員録 大正十四年』（台北・台湾時報発行所、一九二五年）
台湾総督府『昭和二年七月一日現在 台湾総督府及所属官署職員録』（台北・台湾時報発行所、一九二七年）
台湾総督府『台湾総督府及所属官署職員録 昭和三年』（台北・台湾時報発行所、一九二八年）
台湾総督府『昭和五年八月一日現在 台湾総督府及所属官署職員録』（台北・台湾時報発行所、一九三〇年）
台湾総督府『昭和十七年十一月一日現在 台湾総督府及所属官署職員録』（台北・台湾時報発行所、一九四三年）
台湾総督府『大正七年六月於総督官邸地方官会議総督、民政長官訓示 附会議事項、参考書類』（発行年不詳）
台湾総督府『台湾事情』（一九一八年）
台湾総督府『台湾事情 昭和二年版』（一九二七年／台北・成文出版社、一九八五年復刻）
台湾総督府『詔勅・令旨・諭告・訓達類纂（一）・（二）』（一九四一年／台北・成文出版社、一九九九年復刻）
台湾総督府警務局（編）『台湾総督府警察沿革誌（三）』（一九三九年／台北・南天書局、一九九五年復刻）
台湾総督府交通局鉄道部『台湾鉄道旅行案内』（一九二四年／栗原純・鐘淑敏（監修・解説）『近代台湾都市案内集成』第三巻、ゆまに書房、二〇一三年復刻）
台湾総督府交通局鉄道部『台湾鉄道旅行案内』（一九三〇年／栗原純・鐘淑敏（監修・解説）『近代台湾都市案内集成』第四巻、ゆまに

書房、二〇一三年復刻）
台湾総督府商業専門学校（編）『台湾総督府商業専門学校　大正八年九月調』（出版年不詳）
台湾総督府商業専門学校校友会（編）『会報』終刊号（一九二七年）
台湾総督府台南高等商業学校（編）『台南高商校報』第一回卒業記念号（一九二九年）
台湾総督府台北高等商業学校（編）『台湾総督府台北高等商業学校一覧　自大正十五年至大正十六年』（一九二六年）
台湾総督府台北高等学校（編）『台湾総督府台北高等学校一覧　昭和八年度』（一九三四年）
台湾総督府内務局『第三回地方改良講習会講演集』（一九二六年）
台湾総督府文教局『昭和十六年度版　台湾の学校教育』（台北・台湾総督府文教局、一九四二年）
台湾大観社（編）『最近の南部台湾』（台南・台湾大観社、一九二三年）
高雄中学第二十二期会（編）『東大武の山高く――台湾・高雄中学第二十二期生の記録――』（一九九九年）
高崎宗司『植民地朝鮮の日本人』（岩波新書、二〇〇二年）
田中智子『近代日本高等教育体制の黎明――交錯する地域と国とキリスト教界――』（思文閣出版、二〇一二年）
千草黙仙（編纂）『昭和三年四月現在　会社銀行商工業者名鑑』（台北・高砂改進社、一九二八年）
張有忠『私の愛する台湾と中国と日本――ある外地人弁護士の歩みと願い――』（勁草書房、一九八九年）
陳文媛「清朝統治下における台湾の道徳教育――『聖諭』の考察を手がかりとして――」『慶応義塾大学大学院社会学研究科紀要』第
三八号（一九九三年）
陳培豊『「同化」の同床異夢――日本統治下台湾の国語教育史再考――』（三元社、二〇〇一年）
帝国秘密探偵社（編）『大衆人事録――外地、海外編――』（帝国秘密探偵社、一九四〇年）
寺崎昌男「入試制度の歴史的背景――戦前日本を中心に――」日本教育学会入試制度研究委員会（編）『大学入試制度の教育学的研究』
（東京大学出版会、一九八三年）
田健治郎伝記編纂会『田健治郎伝』（田健治郎伝記編纂会、一九三二年）
遠山茂樹・今井清一・藤原彰『昭和史』（岩波新書、一九五九年）
内閣統計局『大正九年及昭和五年国勢調査　産業別人口の比較』（東京統計協会、一九三六年）
内藤素生（編纂）『南国之人士』（台北市・台湾人物社、一九二二年）
長濱實（編）『顏國年君小傳』（私家版、一九三九年）

波形昭一「台湾における経済団体の形成と商業会議所設立問題」(波形昭一(編著)『近代アジアの日本人経済団体』同文館、一九九七年)
波形昭一「植民地台湾の官僚人事と経済官僚」(波形昭一・堀越芳昭(編著)『近代日本の経済官僚』日本経済評論社、二〇〇〇年)
波形昭一「解題」波形昭一・木村健二・須永徳武(監修)『社史で見る日本経済史 植民地編 第一巻 台湾商工銀行誌/台湾商工銀行十年誌/台湾商工銀行 現況おしらせ』(ゆまに書房、二〇〇一年)
波形昭一(編著)『民間総督三好徳三郎と辻利茶舗』(日本図書センター、二〇〇二年)
波形昭一「植民地台湾における地場普通銀行の経営分析――一九〇五～一九一三年の嘉義銀行と彰化銀行を事例に――」『獨協経済』第八六号(二〇〇九年四月)
西脇良朋『台湾中等学校野球史』(私家版、一九九六年)
野口真広「石塚英蔵総督の台湾統治改革構想――台湾経験から見る郡警分離問題――」松田利彦・やまだあつし(編著)『日本の朝鮮・台湾支配と植民地官僚』(思文閣出版、二〇〇九年)
橋本賢康『少年日本地理文庫 台湾』(厚生閣書店、一九三〇年)
早川直義『如矢文集』(私家版、一九三〇年)
早川翁寿像建設委員会(編)『早川直義翁寿像建設記』(私家版、一九三九年)
春山明哲「黄欣:台南の『固園主人』――植民地近代を生きたある台湾人の肖像――」松田利彦・陳姃湲(編著)『地域社会から見る帝国日本と植民地――朝鮮・台湾・満洲――』(思文閣出版、二〇一三年)
檜山幸夫「台湾総督府文書と目録編纂について」(中京大学社会科学研究所台湾総督府文書目録編纂委員会(編)『台湾総督府文書目録』第一巻、ゆまに書房、一九九三年)
檜山幸夫(編)『台湾総督府文書の史料学的研究』(ゆまに書房、二〇〇三年)
弘谷多喜夫・広川淑子「日本統治下の台湾・朝鮮における植民地教育政策の比較史的研究」『北海道大学教育学部紀要』第二二号(一九七三年一一月)
弘谷多喜夫「植民地教育と日本人教師」石川松太郎他(編)『講座日本教育史四 近代Ⅱ・近代Ⅲ』(第一法規、一九八四年)
広中一成「ふたつの授業ボイコットからみた東亜同文書院の学校運営の問題(一九二〇～一九三〇年)」『史潮』第八一号(二〇一七年六月)
傅奕銘『近代台湾の地方制度と地方財政(一八九五～一九四五)』(岡山大学大学院文化科学研究科博士論文、二〇〇三年)
伏喜米次郎『グレート基隆』(一九三二年/台北・成文出版社、一九八五年復刻)

藤森智子『日本統治下台湾の「国語」普及運動――国語講習所の成立とその影響――』（慶應義塾大学出版会、二〇一六年）
本田喜八等（編）『高雄州地誌』（一九三〇年／台北・成文出版社、一九八五年復刻）
松岡格『台湾原住民社会の地方化――マイノリティの二〇世紀――』（研文出版、二〇一二年）
松岡弘記・塚田麻美「台湾日本統治下時代の一九三一年第十七回全国中等学校優勝野球大会（甲子園大会）で準優勝した嘉義農林学校『KANO』に関する調査報告」『愛知大学体育学論叢』第二三号（二〇一六年）
松金ゆうこ「植民地台湾における観光地形成の一要因――嘉義市振興策としての阿里山観光――」『現代台湾研究』第二二号（二〇〇一年一〇月）
三上敦史『近代日本の夜間中学』（北海道大学図書刊行会、二〇〇五年）
三木理史『移住型植民地樺太の形成』（塙書房、二〇一二年）
宮嶋博史『両班――李朝社会の特権階級――』（中公新書、一九九五年）
屋部仲榮『台南官民職員録』（嘉義・台南人物名鑑発行所、一九二七年）
やまだあつし「明治期台湾における糖業殖産興業政策――嘉義地方の小製糖業の実践と挫折を中心に――」『現代中国』第六八号（一九九四年七月）
やまだあつし「一九一〇年代台湾の地方農政――米種改良事業を中心として――」名古屋市立大学『人文社会学部研究紀要』第一三号（二〇〇二年一一月）
山室信一「植民地帝国・日本の構成と満洲国」ピーター・ドウス・小林英夫（編）『帝国という幻想――「大東亜共栄圏」の思想と現実――』（青木書店、一九九八年）
横井香織「台北高等商業学校卒業生の動向に関する一考察」『東洋史訪』第八号（二〇〇二年三月）
横井香織「日本統治期の台湾における高等商業教育」『現代台湾研究』第二三号（二〇〇二年七月）
吉川精馬（編）『台湾経済年鑑』（一九二五年／台北・成文出版社、一九九九年復刻）
吉野秀公『台湾教育史』（一九二七年／台北・南天書局、一九九七年復刻）
米田俊彦「両大戦間期における中等教育の実相――中等教育一元化の現実的基盤の検討――」『日本教育史研究』第一〇号（一九九一年九月）
米田俊彦『資料にみる日本の中等教育の歴史』（東京法令出版、一九九四年）
李承機「植民地新聞としての《台湾日日新報》論――『御用性』と『資本主義性』のはざま――」『植民地文化研究』第二号（二〇〇

三年）
李承機「一九三〇年代台湾における『読者大衆』の出現」呉密察・黄英哲・垂水千恵（編）『記憶する台湾――帝国との相克――』（東京大学出版会、二〇〇五年）
李昌玟『戦前期東アジアの情報化と経済発展――台湾と朝鮮における歴史的経験――』（東京大学出版会、二〇一五年）
李姵蓉「台湾新式郵便制度の設立をめぐる一考察――基隆の事例を中心に――」『Core Ethics』vol. 3（二〇〇七年）
劉夏如「植民地の法制化過程と台湾総督府評議会（一八九六～一九二二）――総督政治・法制官僚・地方名望家――」（『東アジア近代史』創刊号、一九九八年三月）
劉怡伶・斉藤修・谷口忠義「戦前台湾における有業人口の新推計」一橋大学経済研究所『経済研究』第四九巻第二号（一九九八年四月）
林琪禎『帝国日本の教育総力戦――植民地の「国民学校」制度と初等義務教育政策の研究――』（台北・国立台湾大学出版中心、二〇一五年）
林進發（編）『台湾官紳年鑑』（一九三四年／台北・成文出版社、一九九九年復刻）
林彦卿『非情山地』（台北・鴻儒堂出版社、二〇〇五年）
麗正会（編）『麗正――台北一中創立百周年記念特集号――』（一九九八年一〇月）
ロー・ミンチェン（著）・塚原東吾（訳）『医師の社会史――植民地台湾の近代と民族――』（法政大学出版局、二〇一四年）
若林正丈「資料紹介総督府秘密文書『文化協会対策』」『台湾近現代史研究』創刊号（一九七八年）
若林正丈『台湾抗日運動史研究　増補版』（研文出版、二〇〇一年）
『嘉南大圳』（作者・出版年不詳）

新聞・雑誌
『台湾日日新報』
『台南新報』
『台湾民報』
『台湾新民報』
『新高新報』
『神戸新聞』

『台湾』
『実業之台湾』
『台湾地方行政』
『台湾時報』
『台湾実業界』
『台湾警察時報』
『高雄州時報』
『台湾教育』

行政文書

『台湾総督府公文類纂』（台湾・國史館臺灣文獻館所蔵）
台湾総督府『昭和三年 第五十六回帝国議会答弁資料 下』（国立公文書館所蔵）
「大正九年御下付案」一九二〇年六月二九日（国立公文書館所蔵）
『公文類聚第五十編巻十一』一九二六年・二七年（国立公文書館所蔵）
『公文類聚第五十三編巻十』一九二八年（国立公文書館所蔵）
『枢密院会議筆記』一九三〇年一月一五日（国立公文書館所蔵）
『枢密院会議議事録』第二二巻（東京大学出版会、一九八五年復刻）
『帝国議会衆議院委員会議録』第六三巻（東京大学出版会、一九八九年復刻）
『帝国議会衆議院委員会議録』第六九巻（東京大学出版会、一九八九年復刻）

統計書

台湾総督府『府報』
台湾総督府『台湾産業組合要覧』
台南州『台南州報』
台南州内務部教育課『台南州管内学事一覧』

台南市役所『台南市統計書』
高雄州『高雄州統計摘要』
高雄州『高雄州報』
台湾総督府民政部学務部『台湾総督府学校生徒及児童身体検査統計書』（一九一九年）
台湾総督府内務局学務課『大正十一年　台湾総督府学校生徒及児童身体検査統計書』（一九二四年）
台湾総督官房調査課『大正八年十二月三十一日台湾現住人口統計』（一九二一年）
台湾総督官房調査課『大正九年十二月三十一日台湾現住人口統計』（一九二二年）
台湾総督官房臨時国勢調査部『第一回台湾国勢調査（第三次臨時台湾戸口調査）集計原表（州庁ノ部）（大正九年十月一日）』（一九二二年）
台湾総督官房臨時調査部『国勢調査　昭和五年　全島編』（一九三四年）
台湾総督官房臨時国勢調査部『昭和十年　国勢調査結果表』（一九三七年）
文部省大臣官房文書課『日本帝国文部省第五十八年報　自昭和五年四月至昭和六年三月』（一九三六年）
『台南州統計書』（第一～八：台南・台南州）（第九～二十一：台南州知事官房文書課）
『台湾総督府学事年報』（第一～六：台北・台湾総督府民政部総務局学務課）、（第七：台湾総督府民政部内務局学務課）（第八～九：台湾総督府民政部学務課）（第十～十六：台湾総督府民政部学務部）（第十七～二十：台湾総督府内務局学課）（第二十一～二十三：台湾総督府内務局文教課）（第二十四～三十六：台湾総督府文教局）
『台湾総督府統計書』（第一～三：台北・台湾総督府民政部文書課）、（第四～十：台湾総督府総督官房文書課）（第十一～二十：台湾総督官房統計課）（第二十一～四十一：台湾総督官房調査課）

中国語文献（画数順）

中央研究院近代史研究所「口述歴史」編輯委員會（編輯）『口述歴史　第五期　日據時期臺灣人赴大陸經驗』（台北・中央研究院近代史研究所、一九九四年）
王美雯・張靜宜「臺南新報内容概要及其史料價值」『臺灣史料研究』第三九號（二〇一二年六月）
王御風『高雄社會領導階層的變遷（一九二〇～一九六〇）』（台北・玉山社、二〇一三年）
王耀德「日治時期臺南高等工業學校之入學問題與族群關係」『臺灣史研究』第一六卷第二期（二〇〇九年六月）

王耀德「日治時期臺南高等工業學校設立之研究」『臺灣史研究』第一八巻第二期（二〇一一年六月）
王耀德「日治時期臺南高等工業學校之籌辦與建校」『臺灣文獻』第六三巻第一期（二〇一二年三月）
台灣省立嘉義高級中學『嘉中七十年』（嘉義・台灣省立嘉義高級中學、一九九四年）
汪知亭『臺灣教育史料新編』（台北・臺灣商務印書館、一九七八年）
呉三連・蔡培火等『臺灣民族運動史』（台北・自立晩報社文化出版部、一九七一年）
呉文星『日據時期臺灣社會領導階層之研究』（台北・正中書局、一九九二年）
呉文星『日治時期臺灣的社會領導階層』（台北・五南圖書出版公司、二〇〇八年）
呉新榮（著）・張良澤總（編撰）『呉新榮日記全集一（一九三三―一九三七）』（台南・國立臺灣文学館、二〇〇七年）
呉新榮『呉新榮回憶録』（一九七七年／台北・前衛出版社、一九八九年復刻）
呉榮發「高雄中學校創校經緯」『臺灣文獻別冊』一八（二〇〇六年九月）
李知灝「點亮嘉義――嘉義電燈株式會社與嘉義市街生活――」『嘉義市文獻』第二五期（二〇一七年三月）
李筱峰『林茂生・陳炘和他們的時代』（台北・玉山社出版、一九九六年）
林忠勝（編著）『劉盛烈回憶録――我與台大七十年――』（台北・前衛出版社、二〇〇五年）
林秀姿「一個都市發展策略的形成――一九二〇年到一九四〇間的嘉義市街」（國立臺灣大學歴史學研究所碩士論文、一九九三年）
林秀姿「一個都市發展策略的形成――一九二〇至一九四〇年間嘉義市街政治面的觀察（上）」『臺灣風物』第四六巻二期（一九九六年六月）
周婉窈・許佩賢「台灣公學校制度、教科和教科書總説」『台灣風物』五三巻四期（二〇〇三年一二月）
高淑媛『成功的基礎――成大的臺南高等工業學校時期――』（台南・國立成功大學博物館、二〇一一年）
徐聖凱『日治時期臺北高等學校與菁英養成』（台北・國立臺灣師範大學出版中心、二〇一二年）
陳慈玉（主編）『地方菁英與臺灣農民運動』（台北・中央研究院臺灣史研究所、二〇〇八年）
陳秀琍「高島愛生堂到林百貨――談日治時期商業地標之變遷――」『臺南文獻』第三輯（二〇一三年七月）
張文義（整理記録）『回首來時路――陳五福醫師回憶録――』（台北・財團法人呉三連臺灣史料基金會、一九九六年）
許佩賢『殖民地臺灣的近代學校』（台北・遠流出版社、二〇〇五年）
許佩賢『殖民地臺灣近代教育的鏡像――一九三〇年代臺灣的教育與社會――』（新北・衛城出版、二〇一五年）
黄煌雄『蔣渭水傳――臺灣的孫中山――』（台北・時報出版、二〇一五年）

黄慧貞『日治時期臺灣「上流階層」興趣之探討――以《臺灣人士鑑》為分析樣本――』（台北・稻鄉出版社、二〇〇七年）
國立成功大學（編）『成功的道路――第一屆成功大學史學術研討會論文集――』（台南・國立成功大學、二〇〇二年）
葉碧苓『學術先峰――臺北帝國大學與日本南進政策之研究――』（台北・稻鄉出版社、二〇一〇年）
葉榮鐘『日據下臺灣政治社會運動史（上）』（一九七一年／台中・晨星出版、二〇〇〇年復刻）
嘉義市政府（編）『嘉義市志　卷七　人物志』（嘉義・嘉義市政府、二〇〇四年）
趙祐志『日據時期臺灣商工會的發展（一八九五―一九三七）』（台北・稻鄉出版社、一九九八年）
趙祐志『日人在臺企業菁英的社會網路（一八九五―一九四五）』（上）（下）（新北・花木蘭文化出版社、二〇一三年）
蔡蕙頻「地方台、日人的政治結盟――以一九二〇年廢廳反對運動為例――」『臺灣風物』第六五卷一期（二〇一五年三月）
劉鳳翰『日軍在臺灣――一八九五年至一九四五年的軍事措施與主要活動――（上）』（台北・國史館、一九九七年）
鄭麗玲『臺灣第一所工業學校――從臺北工業學校到臺北工專（一九一二―一九六八）――』（新北・稻鄉出版社、二〇一二年）
鄭翼宗『歷刼歸來話半生――一個臺灣人醫學教授的自傳――』（台北・前衛出版社、一九九二年）
潘榮飲『秘密的社會如何可能？　論清代秘密結社的社會連帶――以清朝白蓮教五省之亂暨台灣林爽文事件為例――』（台中・東海大學社會學研究所博士論文、二〇一七年）
謝濟全『山子頂上的草根小紳士――日治時期嘉義農林學校之發展――』（台北・稻鄉出版社、二〇〇九年）
簡吉『簡吉獄中日記』（台北・中央研究院臺灣史研究所、二〇〇五年）
韓嘉玲（編著）『播種集――日據時期臺灣農民運動人物誌――』（台北・簡吉陳何基金會、一九九七年）
鐘肇政『鐘肇政回憶録（一）――彷徨與掙扎――』（台北・前衛出版社、一九九八年）

英文文献

Lin, Mosei, *Public Education in Formosa Under the Japanese Administration; Historical and Analytical Study of the Development and the Cultural Problem*, Submitted in partial fulfillment of the requirements for the degree of Doctor of Philosophy in the Faculty of Philosophy Columbia University, 1929.
Uchida, Jun, *Brokers of Empire: Japanese Settler Colonialism in Korea, 1876–1945*, Harvard University Asia Center, 2011.

あとがき

「中学校問題に関し／嘉義街民の奮起／市民大会を開催し／当局へ請願を決議す」――こんな見出しのおどる一九二二年三月一五日付『台湾日日新報』の記事を見つけたのは、二一世紀に入る少し前のことだった。現在台湾の新北市にある「國立臺灣圖書館」（台湾総督府図書館の後身）が、まだ台北市内にあって、「國立中央圖書館臺灣分館」と呼ばれていた頃である。同図書館が所蔵する、日本統治時代に発行された新聞のマイクロフィルムのなかに見たその記事は、嘉義という町に住む日本人と台湾人が協力して中学校誘致運動に取りくんでいる、という内容であった。従来の台湾史研究の枠組みにはうまく位置づけられないような、この記事に出会ってから、植民地社会に生きる人びとの、学校をめぐるさまざまな経験を体系的に理解したいと考えるようになった。本書はそうした問題意識の、一つの集大成である。

本書は、二〇一一年に京都大学大学院教育学研究科に提出した学位論文『一九二〇年代台湾における中等・高等教育と地域社会』、およびその後に発表した論文をベースにしている。初出時のタイトルと本文各章との関連は、以下のとおりである。

・「一九二〇年代台湾における台南高等商業学校設立運動」（『日本の教育史学』第四八集、二〇〇五年）＝第二章、第六章、第七章

・「一九二〇年代台湾における地方有力者の政治参加の一形態――嘉義街における日台人の協力関係に着目して――」(『日本台湾学会報』第九号、二〇〇七年)＝第一章、第四章
・「一九二〇年代台湾における高雄州設置と中等学校誘致問題――高雄・鳳山・屏東各街の日台人の動向に着目して――」(『日本台湾学会報』第一二号、二〇一〇年)＝第三章
・「第二次台湾教育令期における中学校設置問題――中学校の支持基盤に着目して――」(『京都大学大学院教育学研究科紀要』第五七号、二〇一一年)＝第四章補論
・「一九二〇年代台湾における市制運動の展開――地方制度改正後の台南州嘉義街における日・台人の動向を中心に――」(『歴史学研究』第九一八号、二〇一四年五月)＝第五章

なお、博士論文制作中である二〇〇八年に、台湾にある財團法人愛郷基金會より「紀念蘇添水先生南瀛學研究博碩士學術論文奬」をいただき、研究助成を受けた。

私は、明治大学を卒業後に台湾の國立臺灣大學で修士課程を修了し、その後京都大学の博士課程で学んだ者であるが、この過程で日本と台湾にまたがるたくさんの方々から多くのことを学んだ。本書の完成は、特に以下の方々なくしてはあり得なかった。

まずは、京都大学大学院教育学研究科の駒込武、辻本雅史、南部広孝の三先生のお名前を挙げたい。指導教官である駒込先生には、大学院に入学してから徹底的に鍛えていただいた。ゼミで報告すれば資料の読みの甘さを指摘され、論文を書けばもとのかたちをとどめないくらい真っ赤になって戻ってくるというような落ち込むことの連続であったが、そうした経験が、今では研究を続けてゆく上での根っ子となっている。先生には、卒業後も改稿作業の過程で多くの有益なアドバイスをいただいた。在学中も卒業してからも多大な迷惑をかけどおしであったが、不出来な学生の、出版までの行程に最後まで寄り添ってくださった。もう一人の指導教官である辻本先

生は、江戸時代の教育的事象を研究されている。分野はまったく異なるとはいえ、先生からは、大局的な見地から対象を見ることの大切さを教えていただいた。また、博士論文の副査である南部先生は、拙稿を丁寧に読み込み、改稿のヒントをくださった。

曹永和、呉密察、呉文星、神田信夫の四先生。

國立臺灣大學歷史學研究所で指導していただいた曹永和先生は、台北第二中学校のご出身である。先生は同校卒業後、働きながら研究を継続された。先生のこうした姿勢を見て、独学の重要性に気づかされたように思う。碩士論文（修士論文）の副査をしていただいた呉密察、呉文星の両先生からも得たものは大きい。呉密察先生は、ものの見方がユニークな研究者である。先生のような独特の感性を磨きたいと、試行錯誤した日々を思い出す。國立臺灣師範大學の呉文星先生は、優れた研究者であり、また熱心な教育者でもある。二〇一七年末に惜しまれつつも解散してしまったが、先生の主宰されていた「臺灣教育史研究會」に参加させていただき、関連分野を研究している皆さんと交流させていただいた。神田先生は、明治大学時代の恩師である。先生は、ご尊父である神田喜一郎先生が台北帝国大学で教鞭をとられていた関係で、青春時代の一時期を台湾で過ごされ、台北高等学校を卒業された。私は、学部を卒業して数年してから台湾史の研究を始めたのだが、そのことを報告がてら先生にお目にかかり、台北高等学校時代のお話をうかがった。今も心に残る楽しい思い出である。

駒込ゼミ、辻本ゼミ、曹永和ゼミ、呉密察ゼミの受講生の皆さん。皆さんとの真摯かつ刺激的な議論をとおして、さまざまな分野の基礎的な知識を学ばせていただいた。

駆け出しの研究者のぶしつけなアンケート依頼に快く応じてくださった、台北第一中学校、台北第二中学校、台北第三中学校、新竹中学校、台中第一中学校、台中第二中学校、嘉義中学校、台南第一中学校、台南第二中学校、高雄中学校、花蓮港中学校、私立国民中学校、台北高等学校の各校校友の皆さん。

学校にまつわる貴重な記録や校友会誌、記念文集を送ってくださった井上孝弘さん（私立国民中学校校友）、河野昭さん（高雄中学校校友）、相馬正和さん（私立国民中学校校友）、友近昭三さん（高雄中学校校友）、羽鳥道人さん（台南第一中学校校友）、藤原正義さん（台北第二中学校校友）、向山寛夫さん（台北第一中学校校友）、山口政治さん（花蓮港中学校校友）、葉國宗さん（國立嘉義高級中學校友服務組長）、林景明さん（台北第二中学校校友）、林彦卿さん（台北第一中学校校友）。

右に挙げた旧制中学校の関係者にご提供いただいた資料は、必ずしもすべて本書に反映されているわけではない。しかし旧制中学校の全体像を捉える上で、血となり肉となっている。

『旧制中学校の定期試験』（私家版、一九八四年）など旧制中学校にかかわるご著書を送ってくださった桑原三二さん、台湾における教員経験者の記録である『続・台湾への架け橋』（私家版、一九八三年）を送ってくださった山本良一さん。

写真提供の依頼にご快諾くださった、作家・呉新榮のご子息である呉南圖さん、呉南河さん。嘉義市政府文化局、高雄市立歴史博物館。

出版を通じてご縁を結ぶことはできなかったが、拙稿に厳しくも的確な助言をくださった、京都大学学術出版会の鈴木哲也さん。

鈴木さんのご紹介により九州大学出版会から本書を出版させていただくことになったが、その過程でお世話になった尾石理恵さん、古澤言太さんをはじめとする九州大学出版会の皆さんや、印象的な装丁を考えてくださった小泉弘さん。

上記の良き師や仲間、協力者に恵まれて、本書を完成させることができた。これらの方々および団体に、心より感謝したい。

台北高等学校を卒業された神田信夫先生や、台北第二中学校を卒業された曹永和先生を含めて、日本統治下における中等・高等教育修了者のなかには、すでに鬼籍に入られた方も多い。本書は、中等・高等教育機関をめぐる地域の物語であると同時に、これらの学校で学んだ日・台人エリートたちの記録でもあるが、南部の学校の新設や存廃に議論がかたよっている。「あとがき」も終わりに近づいた今、これからは南部以外の地域の学校やそこで学んだ人びとの歴史を掘り起こす作業にも本腰を入れなければ、という思いを新たにしている。

最後に、祖父・山田徳二、父・藤井毅、母・美恵子、夫・陳嘉永にも、ありがとうの気もちを伝えたい。特に大学院生活を可能にしてくれた、祖父の経済的な援助には感謝している。祖父も父母ももうこの世にいないが、それぞれの墓前に本書の完成を報告したい。「ようやくできたか」と喜んでくれるに違いない。

二〇一八年六月

藤井康子

索　引

（注）本索引は，図・表を含む本文と注釈を対象として，キーワードとなる用語を「初等後の学校」・「法令」・「人名」・「事項」に分類して構成したものである。「初等後の学校」中の「→」は校名の改称を，カッコ内は略称を示す。「人名」中の台湾人名は日本語音読みで配列した。

初等後の学校

総督府台北高等学校　7, 18, 26, 47, 185-187, 201, 278
総督府中学校→総督府台北中学校→台北州立台北第一中学校（台北第一）　102, 180-182, 185-186, 193, 201
総督府農林専門学校→総督府高等農林学校（農専，高等農林）　47, 50, 52-53, 63, 69-72, 79, 248, 278-279, 293

た行
台中州立台中第二中学校（台中第二）　102, 180-182, 193
台南州立嘉義中学校　102, 156, 159-163, 169, 171-175, 181, 199, 203, 209, 310, 318-319
台南州立台南第二中学校（台南第二）　47, 102, 153, 155-159, 168, 180-181, 193-194, 305
台南長老教中学校→台南長老教中学→長栄中学校　18, 27, 47, 57, 75-77, 183-184, 186, 198, 200-201, 239, 242, 249, 254-255, 258, 270, 312-313, 317, 319
台北州立基隆中学校　178, 181, 185
台北州立台北第二中学校（台北第二）　102, 180, 193-194, 297
台北帝国大学（台北帝大）　7, 26, 47, 185-186, 277-279, 288, 293, 298
高雄州立高雄中学校　3-4, 6, 24, 102, 119, 123, 125, 127-129, 181, 318
高雄州立屏東農業学校　71
淡水中学校→淡水中学→淡水中学校　76, 183, 198, 317

法　令

か行
学校卒業者使用制限令（1938 年，勅令第 599 号，制限令）　292, 296
高等学校教員規程ニ依ル専門学校ニ準スヘキ指定学校（1921 年，文部省告示第 449 号）　56
告示第 34 号（1922 年）　68, 79
告示第 59 号（1922 年）　79
告示第 60 号（1922 年）　79

さ行
州，庁ノ位置，管轄区域及郡，市ノ名称，位置，管轄区域（1920 年，府令第 47 号）　140
私立学校規則（1922 年，府令第 138 号）　183
専門学校入学者検定規程（1903 年，文部省令第 14 号，専検）　56, 69, 71-72, 183, 249
専門学校令（1903 年，勅令第 61 号）　50, 56, 60, 69

た行
台湾街庄制（1920 年，律令第 6 号）　43
台湾街庄制施行令（1920 年，府令第 112 号）　39
台湾教育令（1919 年，勅令第 1 号，第一次台湾教育令）　11, 47, 50-53, 55, 60-61, 67, 76-77, 104, 111, 183, 302
台湾教育令（1922 年，勅令第 20 号，第二次台湾教育令）　11, 60-61, 67, 69, 103, 105, 150, 153, 246, 302, 308
台湾市制（1920 年，律令第 5 号）　43
台湾州制（1920 年，律令第 3 号）　43
台湾総督府官制中改正（1909 年，勅令第 270 号）　41
台湾総督府諸学校官制中改正（1926 年，勅令第 283 号）　251
台湾総督府諸学校官制中改正（1929 年，勅令第 7 号）　261-262

人　名

事　項

な行

は行

ま行

や行

ら行

新聞記事見出し一覧

（注）おもに『台湾日日新報』・『台南新報』・『台湾民報』の3紙に掲載された，各地域の運動に関する記事を日付順に列挙した。リストには本文で取り上げていない記事も含む。見出し横に〔漢文〕表示があるもの以外，すべて日本語による記事。年表記は西暦に統一した。なお，表記に際して，袖見出しを省略した場合もある。

■高雄州高雄街・鳳山街・屏東街

○州庁舎設置に関する記事

・『台湾日日新報』1920年7月1日，地方制度改正の／噂で周章狼狽の／阿緱内地人商売
・『台湾日日新報』1920年7月6日，打狗其折々
・『台湾日日新報』1920年7月16日，阿緱
・『台湾日日新報』1920年7月18日，台湾統治上の一新紀元／官制改革の内容／新名「高雄州」と定員大増加／高田長官代理の談
・『台湾日日新報』1920年7月20日，日日小筆
・『台湾日日新報』1920年8月1日，打狗より啓上
・『台湾日日新報』1920年8月1日，阿緱より啓上（上）
・『台湾日日新報』1920年8月2日，高雄州庁舎として／打狗公館を使用／評議員会にて決定
・『台湾日日新報』1920年8月3日，阿緱より啓上（下）
・『台湾日日新報』1920年8月5日，打狗より啓上
・『台湾日日新報』1920年8月8日，打狗有志の奮発／三万円を寄附／高雄州庁舎改築費
・『台湾日日新報』1920年9月2日，高雄州庁／開庁式
・『台湾日日新報』1920年9月3日，高雄州／開庁祝賀会／早くも一日の夜挙行す

○中等学校誘致に関する記事

・『台南新報』1921年6月5日，高雄州にて／急施を要する事共
・『台南新報』1921年6月22日，高雄中等学校出願
・『台南新報』1921年10月9日，高雄中学校／計画ありとして経費問題
・『台南新報』1921年10月19日，旧阿緱庁舎火災／殆んど全部烏有に帰す
・『台湾日日新報』1921年10月19日，損害四万円中学予定の／屏東元郡役所焼く／六百坪の建物烏有に帰し／蕃人一名危篤，傷者四名／蕃公が台湾酒を酌んだのが原因
・『台南新報』1921年10月26日，鳳山に中学校／新設の運動
・『台湾日日新報』1921年10月27日，中学校は／高雄か鳳山か／設置運動の火の手挙る
・『台南新報』1921年10月29日，中学校設置問題／屏東市民の極力運動
・『台南新報』1921年10月29日，高雄中学新設

・『台湾日日新報』1921年10月30日，中学の新設は／高雄か屏東か／両街の競争火の手を挙ぐ
・『台南新報』1921年11月1日，屏東住民の／中学校設置運動／愈よ具体化し決議文を可決す
・『台湾日日新報』1921年11月1日，屏東市民大会／会するもの三百余名／中学校の設立運動
・『台南新報』1921年11月2日，屏東議設中學／市民之熱心／商定決議案〔漢文〕
・『台湾日日新報』1921年11月3日，中学校設立期成運動／建設費は負担すると／屏東有志者の陳情
・『台南新報』1921年11月3日，屏東中学校設置問題／陳情委員知事に陳情す
・『台南新報』1921年11月3日，鳳山中学校問題
・『台湾日日新報』1921年11月4日，中学問題で／高雄は冷静／其態度は是か否か
・『台南新報』1921年11月4日，設置中學問題〔漢文〕
・『台南新報』1921年11月6日，屏東は理想の学校地／環境は純朴であり／経済的にも利便多い
・『台南新報』1921年11月6日，中学校設置運動／屏東の請願書提出
・『台南新報』1921年11月7日，中學校設置運動／屏東之請願書提出〔漢文〕
・『台南新報』1921年11月11日，高雄州中学校問題／屏東に置くが便利
・『台湾日日新報』1921年11月12日，高雄中学設置地未定／高雄街に
・『台湾日日新報』1921年11月12日，高雄の中学／問題近く決定
・『台湾日日新報』1921年11月13日，引張り凧であつた／中学は愈高雄に／設置すと州当局言明す
・『台南新報』1921年11月22日，経費で行悩む／高雄中学校建設／撚が戻つて結局屏東か
・『台南新報』1921年11月23日，高雄州中学建築
・『台南新報』1921年11月23日，高雄中学校／位置変更せず
・『台南新報』1921年12月24日，高雄中学位置
・『台湾日日新報』1922年3月18日，高雄より
・『台南新報』1922年3月23日，屏東郡では／州立中学の寄附金／再割当に就き当局に質問した
・『台湾日日新報』1922年3月24日，高雄中学の寄附金／で屏東街に議論あり／との噂は何かの間違ひであらう
・『台南新報』1922年3月24日，高雄中學問題／屏東寄附金之質問〔漢文〕
・『台南新報』1922年3月24日，中学寄附金問題／屏東の引受未だ決せず
・『台南新報』1922年3月25日，屏東郡の為せる／中学寄附金質問に就て／東部長，大橋課長は語る
・『台南新報』1922年3月26日，高雄より
・『台南新報』1922年3月29日，屏東中学の寄附金協議／更らに紛糾すべし
・『台南新報』1922年3月30日，中学寄附金／屏東街諒解して／円満に解決せん
・『台南新報』1922年4月28日，高雄より

■台南州嘉義街

○置州運動・嘉義「繁栄策」に関する記事

・『台湾日日新報』1920年7月17日，楽観せる嘉義市民の耳へ／霹靂の如く響いた／官制改正の内容
・『台湾日日新報』1920年7月20日，熱狂せる／嘉義庁住民大会／参集者無慮二千余堂に溢れ／雨中傘を翳して場外に立つ
・『台湾日日新報』1920年7月22日，論置州之運動〔漢文〕
・『台湾日日新報』1920年7月22日，州置期成同盟会の／陳情委員四名は／愈々上京と決定
・『台湾日日新報』1920年7月24日，白熱化せる／嘉義置州同盟会／総理大臣拓殖局長にも打電／台湾関係代議士にも打電
・『台湾日日新報』1920年7月28日，公開欄／嘉義の善後策
・『台湾日日新報』1920年7月29日，嘉義置州同盟会／善後策協議中／飽く迄運動継続
・『台湾日日新報』1920年8月2日，嘉義の／大演説会／弁士全島知名の士
・『台湾日日新報』1920年8月6日，改正の大綱は確立され／二三日中に発表さる／躍起運動の如きは／此際断然やめて欲しいと
・『台湾日日新報』1920年8月7日，廃庁の結果／地方税取扱は／どう云ふ風になる
・『台湾日日新報』1920年8月7日，嘉義置州同盟会／大演説会／来庁者の熱誠物凄ごく／弁士の舌端亦火を吐く
・『台南新報』1922年2月20日，嘉義置州会解散
・『台南新報』1922年2月25日，嘉義置州期成／同盟会の解散まで

○中学校誘致運動に関する記事

・『台湾日日新報』1922年3月14日，嘉義に中学／を設けよと建議
・『台南新報』1922年3月15日，嘉義に起つた／中学校新設運動／請願委員七名は台南州へ／吉岡知事は斯ふ言つて居る
・『台湾日日新報』1922年3月15日，中学校問題に関し／嘉義街民の奮起／市民大会を開催し／当局へ請願を決議す
・『台湾日日新報』1922年3月16日，嘉義の学校問題／中学校と実業学校
・『台湾日日新報』1922年3月16日，嘉義街の有志大会／中学移転問題に対する／街民の気勢大に揚る
・『台南新報』1922年3月17日，中学設置を請願より／嘉義の運動／未だ継続する
・『台湾日日新報』1922年3月18日，中学校問題に／対する考察
・『台南新報』1922年3月18日，中学移転問題解決／嘉義街は度量を示して
・『台南新報』1922年3月26日，中学校建設陳情に出南した／請願委員の報告
・『台南新報』1922年3月26日，台南嘉義両地の／中学志望者に／斯んな差があるのに／嘉義に置けとは無理だ
・『台南新報』1922年6月20日，嘉義の諸問題
・『台南新報』1922年7月25日，州下中学校問題の研究／嘉義新設に伴ふ三策
・『台南新報』1922年10月15日，嘉義街／協議会／傍聴の記

・『台南新報』1922年10月19日，嘉義街の陳情／高女敷地と第二中／学移転説
・『台南新報』1922年10月21日，嘉義市街に／中学新設の協議
・『台湾日日新報』1922年10月21日，嘉義両校問題／街より経費／を寄附する
・『台南新報』1922年10月25日，嘉義中学設置陳述／昨日参庁せる委員より
・『台南新報』1922年10月27日，中学請願報告会／更に陳情書を督府へ提出し／極力目的の貫徹に努めん
・『台南新報』1922年10月28日，嘉義中学問題
・『台南新報』1922年11月16日，南二中を嘉義へ／中学校移転運動／陳情書を作成して
・『台南新報』1922年11月17日，台南第二中学移転運動／嘉義を中心に宣伝書発送
・『台南新報』1922年11月17日，民衆論壇／中学校問題
・『台南新報』1922年11月18日，中学移転陳情
・『台湾日日新報』1922年11月23日，台南州協議会（第二日）
・『台南新報』1922年11月23日，台南州協議会議／第二日目
・『台湾日日新報』1922年11月24日，台南州協議会（第二日続）
・『台南新報』1922年11月26日，本年の台南／州協議会（下）
・『台湾日日新報』1922年11月29日，嘉義籌設中學校〔漢文〕
・『台南新報』1923年7月17日，嘉義中学新設／帰庁の吉岡知事語る
・『台南新報』1923年8月20日，嘉義中学設立／予算に計上さる
・『台南新報』1923年11月27日，台南州明年度の新事業／嘉義中学新設と商品陳列館新築
・『台湾日日新報』1923年12月1日，地方近事
・『台南新報』1924年2月2日，本島新設学校絶望／議会解散の為め予算は実行予算
・『台南新報』1924年2月3日，新設困難となれる／嘉義中学校善後策／街有力者の奔走
・『台南新報』1924年2月5日，嘉義中学措置／何等かの方法を発見せん
・『台湾日日新報』1924年2月6日，嘉義中学問題
・『台湾日日新報』1924年2月7日，嘉義中學問題〔漢文〕
・『台湾日日新報』1924年2月7日，中等学校問題／結局当分私立か
・『台湾日日新報』1924年3月4日，新設の中等学校／予備金の責任支出で／新学期から開校すべく奔走中
・『台湾日日新報』1924年3月5日，新設中等學校／擬以責任支出開校〔漢文〕
・『台湾日日新報』1924年3月9日，新設中等学校の運命は／二十日頃に決まると
・『台南新報』1924年3月21日，嘉義中学／開校と新入学生
・『台南新報』1924年3月22日，嘉義中等学校／入営《(ママ)》志願者
・『台南新報』1924年3月24日，嘉義中学／入学試験は四月か
・『台湾日日新報』1924年3月27日，新設の四中等学校／愈々設立と決定／二十五日の閣議を経て
・『台南新報』1924年3月27日，嘉義中学／開校準備公報
・『台南新報』1924年3月28日，嘉義地方悦ぶ／中学校の開設で
・『台湾日日新報』1924年3月28日，新設中等校の／入学試験は／四月七，八両日
・『台南新報』1924年3月29日，新設中等学校には／他学校入学許可者の／転校を許可しない

・『台南新報』1924 年 3 月 29 日，嘉義中学開校／新入生募集と成績
・『台湾日日新報』1924 年 3 月 29 日，四中等学校新／設の実現／其徳育に特／に努力せよ

○市制運動に関する記事
・『台南新報』1922 年 12 月 16 日，運動好きな嘉義街民／今度は市制を目標に／寄々運動の準備中
・『台南新報』1927 年 1 月 15 日，市制促進協議
・『台南新報』1927 年 1 月 16 日，嘉義街の／市制実施促進運動／愈々具体案成る
・『台南新報』1927 年 1 月 18 日，地方たより
・『台南新報』1927 年 1 月 23 日，嘉義市制／運動中止／となる可し
・『台南新報』1927 年 1 月 24 日，嘉義市制運動中止／期成会にて声明書発表
・『台南新報』1927 年 1 月 24 日，嘉義市制懇談〔漢文〕
・『台南新報』1927 年 2 月 2 日，地方たより
・『台南新報』1927 年 4 月 27 日，嘉義市制問題／尚早論が多数で／商工会は運動再開
・『台湾日日新報』1927 年 9 月 22 日夕刊，嘉義置市／將實現歟〔漢文〕
・『台湾日日新報』1927 年 9 月 27 日，全島最大の街／嘉義の面目／台湾の街市と云へば皆役人町だが／此処だけは純経済都市／市の実力も充分あるが／市制施行に案外冷淡
・『新高新報』1929 年 7 月 5 日，嘉義特信
・『台湾日日新報』1929 年 11 月 2 日，嘉義新竹両市制實施期／應在十二月一日〔漢文〕
・『台湾日日新報』1929 年 11 月 5 日，新竹嘉義両市制／十一月中に実施出来やう／山本事務官の談
・『台湾日日新報』1929 年 11 月 15 日，嘉義未曾有の／賑ひが期待される／市制実施祝賀会／催物のかずかず
・『台湾日日新報』1929 年 11 月 15 日，新竹，嘉義市制案／近く枢府通過／但，実施期日は／十二月一日か
・『台湾日日新報』1929 年 12 月 5 日，嘉義，新竹両市制／実施期／十三，四日頃とならう
・『台湾日日新報』1929 年 12 月 12 日，新竹，嘉義市制案／上程また延びる
・『台南新報』1930 年 1 月 6 日，今春に持越された／嘉義，新竹の市制？／植民地統治の諸重要案件／関係植民地長官の入京を待つて審議
・『台南新報』1930 年 1 月 16 日，嘉義新竹両街の／市制実施通過す／十五日枢府本会議で／其他の台湾官制も通過
・『台南新報』1930 年 1 月 16 日，市制実施に／事務所の存置／嘉義街民の歓喜／全街に溢れ漂ふ
・『台南新報』（夕刊）1930 年 1 月 17 日，嘉義街として／最後の協議会／明年度予算は参考案とし／市当局者へ引継ぐ
・『台南新報』1930 年 1 月 17 日，市制実施に伴ふ／嘉義の事務引継／準備着々進捗し／廿一日に執行の予定
・『台南新報』1930 年 1 月 17 日，嘉義市制実施／祝賀会と祝宴／余興其他の打合会／実施が二十ならば／二十一日市役所開庁
・『台南新報』1930 年 1 月 17 日，市制実施の慶びに溢るゝ／嘉義の祝賀会に／総督以下

の官民を招待／旗行列，提燈行列，電飾塔，花火手踊等
- 『台南新報』1930 年 1 月 18 日，嘉義街最後の／協議会を開催／開会四十五分にして／全問題を一気に可決
- 『台南新報』1930 年 1 月 20 日，新しい嘉義が／生れ出でむとする喜び／盆と正月が一度に来る騒ぎ／分列式，解散式，告別式，余興準備等
- 『台南新報』1930 年 1 月 20 日，両市制実施の／公布廿日と決定／市尹助役其他の任命と／夫に伴ふ異動も即日発表
- 『台南新報』1930 年 1 月 20 日，発令を待つ／政所嘉義新市尹／助役候補の阿部文書課長も／嘉義で事務引継に忙殺
- 『台湾日日新報』（夕刊）1930 年 1 月 20 日，新竹嘉義市制施行／けふ正式に官報で公布
- 『台湾日日新報』（夕刊）1930 年 1 月 20 日，沃野の中枢／嘉義は陸の港／四通八達交通の中心／領台卅年面目全く一新／見よ！ 伸びる大観
- 『台湾日日新報』1930 年 1 月 21 日，新たに任命さる二十名の／嘉義市協議会員／七名は新顔の見込
- 『台湾日日新報』1930 年 1 月 21 日，市制実施は／同慶に堪へぬ／東京にて 人見長官談
- 『台南新報』1930 年 1 月 21 日，嘉義市制実施記念号
- 『台南新報』1930 年 1 月 21 日，嘉義，新竹両市制／二十日から実施／けふ官報で公布さる
- 『台南新報』1930 年 1 月 21 日，祝嘉義市制施行／並述感想〔漢文〕
- 『台南新報』1930 年 1 月 21 日，嘉義市制実施の公報に／鳴響く電笛と百雷／漸く世に出た市役所の門標／街役場員を集めて真木街長の告別式
- 『台南新報』1930 年 1 月 22 日，祝嘉義市制施行／並述感想（続）〔漢文〕
- 『台南新報』1930 年 1 月 22 日，市勢の振興を目差して／嘉義懇話会々則を変更／広く本島人有志をも網羅加入せしめ／政治的団体として活動開始
- 『台湾民報』1930 年 1 月 25 日，大多數民衆眼中的／新竹嘉義両市制之實施／尋不出可祝的材料〔漢文〕
- 『台南新報』1930 年 1 月 25 日，嘉義空前の賑ひ／市制実施祝賀会／二十五，六両日全市を挙げて／全島官紳多数を迎へて大祝賀宴／三千の大衆行進歌を高唱大行列
- 『台南新報』1930 年 1 月 26 日，真木委員長の／祝賀の辞／於嘉義市制実施祝賀会
- 『台南新報』1930 年 2 月 11 日，嘉義市制実施に就て／各縁故者は語る
- 『台南新報』1930 年 2 月 13 日，嘉義市制実施に就て／各縁故者は語る

■台南州台南市

○台南商専廃校に関する記事

- 『台南新報』1922 年 2 月 12 日，台南商業専／門学校の運命
- 『台南新報』1922 年 2 月 13 日，商専校の将来に就て
- 『台南新報』1922 年 2 月 19 日，商専問題と台南市／市の対策を決定せんとの説
- 『台南新報』1922 年 2 月 19 日，商専父兄大会／昨日同校にて開催
- 『台南新報』1922 年 2 月 20 日，商業専門父兄大会／決議事項と委員選挙
- 『台南新報』1922 年 2 月 23 日，台南商専問題／問題は事理明白である／運動者等には

一切面会せ／ぬ考である／末松内務局長談
・『台南新報』1922 年 2 月 27 日，商専父兄招致／台南州に
・『台南新報』1922 年 3 月 1 日，南部台湾の実業教育／商専問題解決の一考察（一）
・『台南新報』1922 年 3 月 1 日，商専問題解決私案
・『台南新報』1922 年 3 月 2 日，南部台湾の実業教育／商専問題解決の一考察（二）
・『台南新報』1922 年 3 月 2 日，商専問題解決私案（承前）
・『台南新報』1922 年 3 月 2 日，末松局長の説明／新教育令と商専学校の関係／高工と州立甲種商業の希望
・『台湾日日新報』1922 年 3 月 3 日，台南商専問題に就て／末松局長台南にて語る
・『台南新報』1922 年 3 月 3 日，学校問答
・『台湾日日新報』1922 年 3 月 3 日，再び商業学校／問題に就きて
・『台南新報』1922 年 3 月 7 日，商専生徒の前途には／何等かの曙光が見へやう／生駒課長と関係者の会見
・『台南新報』1922 年 3 月 8 日，本紙報道の消息につき／商専父兄生徒の態度／多分現状維持に決せん
・『台南新報』1922 年 3 月 23 日，今は小康を得たるも／商専校今後の衰微／関係者に憂慮さる

○高等商業学校誘致運動に関する記事
・『台南新報』1925 年 6 月 17 日，台南高商設置問題／請願書起草委員会
・『台南新報』1925 年 6 月 18 日，台南高商設置運動／商専同窓会の熱情
・『台南新報』1925 年 7 月 9 日，台南高商設置運動／大学一部設置は絶望／高商設置期成同盟会
・『台南新報』1925 年 7 月 13 日，高商問題協議／知事に一任す
・『台南新報』1925 年 7 月 14 日，台南高商運動成行／物々しい期成運動などはやめて／慎重に督府の諒解を得るが良策
・『台南新報』1925 年 12 月 6 日，台南の懸案は解決／高等商業＝嘉南大圳－／神社列格…木下長官代理談
・『台南新報』1925 年 12 月 6 日，台南高等商業／経過報告会
・『台南新報』1925 年 12 月 9 日，高商設置につき／台南市民より／謝状を送る
・『台湾日日新報』1926 年 5 月 19 日，台南高商の／官制が行き悩む／関係者は一日千秋の想ひ
・『台湾日日新報』1926 年 5 月 20 日，臺南高等商業／在法制局阻格／官制遅於發表〔漢文〕
・『台湾日日新報』1926 年 6 月 3 日，台南高商の官制で／法制局頑張る／然し大体諒解したらしい／次の問題は校舎新営
・『台湾日日新報』1926 年 6 月 20 日，台南高商案／通過援助を／黒金局長へ依頼
・『台湾日日新報』1926 年 6 月 28 日，黒金局長の尽力で／法制局を通過した／台南高商官制／内地から募集する学生の／数を制限する条件で
・『台湾日日新報』1926 年 7 月 3 日，目鼻がついた／高商官制／後藤長官の上京を俟つて／決定の運びとなる／文教局はすらすらと通らう

・『台湾日日新報』1926年7月16日，台南高商問題／昨日督府側と法制局側の／会議を開く／結局山川長官に一任
・『台湾日日新報』（夕刊）1926年7月23日，文教局＝高商問題／又もや形勢逆転／法制局でお冠りを曲ぐ
・『台南新報』1926年7月23日，文教局問題行悩／台南高商も道伴れ
・『台南新報』1926年7月27日，台南高商と／文教局
・『台湾日日新報』1926年7月27日，二十八日閣議上程の／台南高商案／多少の修正は免れまいが／結局通過するだらう
・『台湾日日新報』1926年7月29日，台南高商に／開校の見込つく／加藤専門校長に招電飛ぶ／生徒は追募集か
・『台湾日日新報』1926年7月29日，文教局案閣議通過／台南高商は上程せず
・『台湾日日新報』1926年7月30日，台南高商／官制案／来月四日／閣議上程
・『台湾民報』1926年8月1日，打破教育搾取政策／宜設臺灣人本位的臺南高商〔漢文〕
・『台南新報』1926年8月1日，近く開校となる／台南高等商業学校／四日の閣議に上程決定／志願者中の死亡棄権を除き／百十六名夫れに追募もある／内地では全然募集をしないと
・『台南新報』1926年8月2日，台南高商の開校／入学希望者も倍加し／校舎敷地の選択には／種々の点に注意を払ふ
・『台南新報』1926年8月2日，後藤長官車中談／台南高商，文教局問題／新旧総督談／地方長官会議は全島視察後
・『台南新報』1926年8月5日，台南高商設置／閣議にて承認さる
・『台南新報』1926年8月5日，台南高雄商業開校と／各学校教職員の異動
・『台南新報』1926年8月10日，台南高商校長教授／官制発布と共に発表／多く商専教授の兼任らしい
・『台南新報』1926年8月15日，台南高商官制発布は／多分十六日なるべく／準備の為若槻視学官来南
・『台南新報』1926年8月16日，台南高商／使命と特色
・『台湾日日新報』1926年8月17日，台南高商官制発布に／関係者愁眉を開く／南方発展の策源地台南市民の歓び／発布迄の血の滲むやうな曲折の跡
・『台南新報』1926年8月17日，総督府高等官／諸専門学校官制／台南高等商業学校官制も
・『台南新報』1926年8月17日，台南高商の内容／森山参事官や山口視学官／などの来南の上詳細は判る
・『台南新報』1926年8月18日，台南高商／校長教授／任命発表
・『台南新報』1926年8月18日，台南高商志願生
・『台湾日日新報』1926年8月19日，生駒課長等の／高商建設敷地視察／決定の上は市より寄附
・『台南新報』1926年8月19日，台南高商の敷地／三候補地の下検分
・『台南新報』1926年8月20日，台南高商／特色ある学校と／南支南洋を目標に／真の内台人共学が出来て／興味ある結果が見えやう

・『台湾日日新報』1926 年 8 月 21 日，文教課長が視察した／台南高商の敷地／南門方面の墓地か／第一中学校の附近か／商人連は暗中模索
・『台南新報』1926 年 9 月 5 日，高商祝賀／協議決定
・『台南新報』1926 年 9 月 27 日，台南高商／開校式
・『台南新報』1926 年 9 月 28 日，台南高商開校式／後藤総務長官の訓示／喜多知事の祝辞
・『台南新報』1926 年 9 月 28 日，南部官民衷心の祝び／高商開校祝賀会／参会者四百に余る盛況
・『台南新報』1926 年 9 月 29 日，臺南高商開校式／後藤長官之訓示／喜多知事之祝辭〔漢文〕
・『台南新報』1926 年 9 月 29 日，高商開校祝賀會／與會者有四百餘名之盛況〔漢文〕
・『台南新報』1927 年 3 月 19 日，商業専門学校／最後の卒業式／何れも就職先決定

○台南高商存置運動・高等工業学校創設に関する記事
・『台湾日日新報』1923 年 10 月 13 日，台南商工会から／高等工業校／新設を請願
・『台湾日日新報』1927 年 10 月 5 日，総督府評議会／（第二日目）
・『台湾日日新報』1927 年 10 月 5 日，評議会第二日目／入替り立替り／違憲を述ぶ／実業的教育振興諮問案／今日に持越す
・『台湾日日新報』1928 年 9 月 25 日，台南高商を廃止し／『高等工業』を新設／工業の台湾へ転向の一施設／来年度に予算を計上
・『台湾日日新報』1928 年 9 月 26 日，高等工業学校／の設置／工業台湾の出／現に必須条件
・『台湾日日新報』1928 年 9 月 26 日，積極的に敢然と／工業の台湾へ／日月潭復活，南支南洋の原料輸入等／門司で抱負を説く 川村総督
・『台湾日日新報』1928 年 9 月 26 日，誕生前も誕生後も／つき纏ふ暗い影／建築費にも敷地にもまだありつけぬ／受難の台南高商（上）
・『台湾日日新報』1928 年 9 月 27 日，台南高商学生／廃校噂に動揺／学校当局は慰撫に勉め居るも／父兄側に反対気勢
・『台湾日日新報』1928 年 9 月 27 日，一寸面倒な／教授の身売／廃校の報に驚愕した学校当局／受難の台南高商（中）
・『台湾日日新報』1928 年 9 月 28 日，高工建設地が／今から頭痛の種／各方面から引張凧とならう／受難の台南高商（下）
・『台湾民報』1928 年 10 月 7 日，高工か高商か／問題は民族偏見
・『台湾日日新報』1928 年 10 月 9 日，新設の高工は／台南に確定して居る／敷地三万坪施設費二百万円／高商との比較でない
・『台湾日日新報』1928 年 10 月 13 日，廃校の噂に／蹶起する学生／反対具体運動に移らんとす
・『台湾日日新報』1928 年 10 月 14 日，台南高商問題／学生は父兄と共／存続運動に／猛進するに決す
・『台湾日日新報』1928 年 10 月 21 日，台南高商存置を／父兄から陳情／其他積極運動開始
・『台湾民報』1928 年 10 月 28 日，臺南高商父兄大會／先派代表提出陳情書／或者再到中央運動存置〔漢文〕

・『台湾民報』1928年10月28日，臺南市民雖可希望高工／高工果終設在臺南嗎？〔漢文〕
・『台湾民報』1928年11月4日，高工は果して／台南に設置するか？／市民は騙されるな！
・『台湾日日新報』1928年12月14日，『工業化』への戦士を作る／台南高工具体化す／来年度に新営費を計上／台南高商は廃校とする
・『台湾日日新報』1928年12月15日，台南高商廃校の／報道に対し…興奮した／加藤校長語る
・『台湾民報』1928年12月16日，臺南高商運動又猛烈／當局何苦禁止辯論會／高商廢止是市民的大恥！〔漢文〕
・『台湾日日新報』1928年12月18日，台南高商廃校問題／学生側は大勢と／環境に鑑み／涙を呑んで反対運動を捨てる
・『台湾日日新報』1928年12月25日，石黒局長の／廃校訓示と／学生の態度
・『台湾日日新報』1928年12月25日，学生中に／硬軟二派決裂／態度一致せず
・『台湾日日新報』1928年12月25日，大勢上止むを得ない／廃校問題観
・『台湾日日新報』1928年12月26日，臺南高商廢校／石黒局長訓示後／學生態度忽惡化〔漢文〕
・『台湾日日新報』1928年12月26日，臺南高商生／両派決裂／因態度不一致〔漢文〕
・『台湾民報』1929年1月1日，臺南高商的廢止確定／由石黒局長到校宣告／學生們的血判状發出了〔漢文〕
・『台湾日日新報』1929年1月12日，合併か分校か／台南高商の善後／生徒及父兄の意思を／尊重して決定する
・『台湾日日新報』（夕刊）1929年1月10日，臺南高等商校問題／河原田政府委員／聲明現生徒卒業時廢校〔漢文〕
・『台湾日日新報』1929年2月14日，台南高商は／結局合併か／台北高商側は分校を主張／しかし大勢は合併へ
・『台湾日日新報』1929年2月18日，虐げられる／受難の高商／当局の優柔不断の態度に／合併促進運動を起さん
・『台湾日日新報』1929年2月20日，合併か分校か／台南高商善後策／決定までに曲折が免れぬ
・『台湾日日新報』1929年3月2日，高商合併は／二学期から断行／台南高商廃止の勅令は／二十日頃までに公布
・『台湾日日新報』（夕刊）1929年3月3日，臺南高商合併／自二學期斷行／勅令至廿日公布〔漢文〕
・『台湾日日新報』1929年3月17日，書替へられた看板／台北高商分教場／台南高商廃校となる／勅令きのふ公布さる
・『台湾日日新報朝刊』1929年3月17日，臺南高商廢止／官制改正勅令公布／本令公布即日施行〔漢文〕
・『台湾民報』1929年3月24日，臺南高商已廢校〔漢文〕
・『台湾日日新報』（夕刊）1929年3月24日，臺南高商／卒業式／止此一回／可稱空前絶後〔漢文〕

・『台湾日日新報』1929年3月26日，新らしき標札の下に／台南高商卒業式／名士多数参列極めて和／やかに挙行さる
・『台湾民報』1929年3月31日，南商専同窓會／並為加藤校長送別〔漢文〕
・『台湾日日新報』1929年4月20日，台南州臨時協議会／高工要地の／寄附につき協議／原案通り可決
・『台湾日日新報』1929年4月21日，極秘裡に選定中の／台南高工予定地／要地五万二千坪に及び／略内定してゐる
・『台湾日日新報』1929年4月24日，台南高工の敷地／最後の決定を為すべく／河原田長官一行台南へ
・『台湾日日新報』1929年7月18日，台南の市民を脅かす／政府の緊縮策／高工其他の復活要求の／声を挙げんとする市民
・『台湾日日新報』1929年7月19日，復活要望の走り／台南『高工』を提ぐ／政党政派に超越した大問題として／当局と力を併せ実現を期す
・『台湾民報』1929年8月4日，台南一部紳商的／高工復活運動／市民們多甚冷淡〔漢文〕
・『台湾日日新報』1929年11月13日，問題視された／旧台南高商への／寄附金四万円の始末／結局寄附者へ還附と決す
・『台湾日日新報』1930年4月8日，旧高商校舎に移る／台南市役所／今月中に開庁式挙行
・『台湾日日新報』1930年6月26日，工業学校問題／場所に触れずに／台南側で設置運動

図典拠一覧

・巻頭図 1「1920 年の地方制度改正により設けられた行政区画」呉密察・翁佳音（審訂）・黃清琦（地圖繪製）・黃驗・黃裕元（撰文）『增訂版臺灣歷史地圖』（台北・遠流出版事業股份有限公司，2018 年）より作成
・巻頭図 2「台南州」『日本地理体系 台湾編』（1930 年／新北・上河文化，2007 年復刻）より作成
・巻頭図 3「高雄州」同上

●序章
・図 1「第 22 期生が在籍した頃の高雄中学校」河野昭氏提供

●第一章
・図 1「12 庁制下の行政区画」呉密察・翁佳音（審訂）・黃清琦（地圖繪製）・黃驗・黃裕元（撰文）『增訂版臺灣歷史地圖』（台北・遠流出版事業股份有限公司，2018 年）より作成
・図 2「水越幸一」『台湾人士鑑』（台北・台湾新民報社，1934 年）

●第二章
・図 1「1910 年代の台南市街」國家圖書館（台湾）所蔵
・図 2「台南市街略図」台湾総督府交通局鉄道部『台湾鉄道旅行案内』（1930 年／栗原純・鐘淑敏（監修・解説）『近代台湾都市案内集成』第 4 巻，ゆまに書房，2013 年復刻）
・図 3「台南商業専門学校」http://liondog.jugem.jp/?eid=210
・図 4「台北高等商業学校」國家圖書館（台湾）所蔵
・図 5「末松偕一郎」若槻内閣編纂会『若槻内閣』（1931 年）

●第三章
・図 1「1920 年代の高雄市街」國家圖書館（台湾）所蔵
・図 2「商船の定航・蕊取丸《しべとろまる》の航路」片山邦雄「大阪商船南洋線の前史 —— 航路視察復命書を中心として ——」『東南アジア研究』19 巻 4 号（1982 年 3 月，390 頁）および『神戸新聞』1917 年 5 月 17 日付より作成
・図 3「冨島元治」橋本白水『評論台湾之官民』（台北・南国出版協会，1924 年）
・図 4「高雄市街略図」台湾総督府交通局鉄道部『台湾鉄道旅行案内』（1930 年／栗原純・鐘淑敏（監修・解説）『近代台湾都市案内集成』第 4 巻，ゆまに書房，2013 年復刻）
・図 5「1910 年代の阿緱市街」國家圖書館（台湾）所蔵
・図 6「阿緱庁庁舎」『台湾写真帖』第 2 集（1914 年 12 月号）

・図 7「打狗公館」『台湾写真帖』第 7 集（1915 年 4 月号）
・図 8「下村宏」橋本白水『評論台湾の事業』（台湾出版社，1920 年）
・図 9「1920 年代の鳳山市街」『高雄州要覧』（高雄・高雄州，1922 年）
・図 10「鳳儀書院」高雄市立歴史博物館提供
・図 11「簡吉」財團法人大眾教育基金會（台湾）所蔵
・図 12「蘇雲英」『台湾列紳伝』（台北・台湾総督府，1916 年）
・図 13「開校当初の高雄中学校」『高雄州要覧』（高雄・高雄州，1923 年）

○コラム 1
・図 1「高雄中学校」山形屋製

●第四章
・図 1「1920 年代の嘉義市街」國家圖書館（台湾）所蔵
・図 2「1906 年の地震による嘉義市街の惨状」『台湾写真帖』第 2 集（1914 年 12 月）
・図 3「嘉義農林学校」勝山吉作（編）『台湾紹介最新写真集』（台北・勝山写真館, 1931 年）
・図 4「嘉義市街略図」小川嘉一（編）『台湾鉄道旅行案内 昭和 9 年版』（台北・台湾総督府交通局鉄道部内ジャパン・ツーリスト・ビユロー台北支部，1934 年）
・図 5「嘉義銀行」頼彰能氏所有，嘉義市政府文化文化局提供
・図 6「福地載五郎」橋本白水『評論台湾の事業』（台湾出版社，1920 年）
・図 7「嘉義街役場前に集合した真木勝太街長と一部の第一期街協議会員」頼彰能氏所有，嘉義市政府文化文化局提供
・図 8「嘉義商工補習学校」林錦德氏所有，嘉義市政府文化文化局提供
・図 9「台南第二中学校」國家圖書館（台湾）所蔵
・図 10「嘉義中学校と生徒たち」同上

○コラム 2
・図 1「甲子園で準優勝した嘉義農林学校野球部」國立嘉義大學（台湾）所蔵 http://www.ncyu.edu.tw/secretary/content.aspx?site_content_sn=45442
・図 2「嘉義中学校野球部」『嘉中七十年』（嘉義・台灣省立嘉義高級中學，1994 年）

●第四章補論
・図 1「講義録の広告」『台湾民報』1928 年 5 月 20 日付
・図 2「両洋中学の生徒募集広告」『台湾新民報』1932 年 4 月 2 日付

●第五章
・図 1「嘉義市役所成立直前，街役場関係者が集まって撮った記念写真」頼彰能氏所有，嘉義市政府文化文化局提供
・図 2「台南州庁」國家圖書館（台湾）所蔵
・図 3「嘉義郡役所」同上
・図 4「嘉義電燈関係者」黃盈璋氏所有，嘉義市政府文化局提供

・図 5「王鐘麟と抗日運動の同志たち」嘉義市政府文化局提供
・図 6「嘉義市役所」國家圖書館（台湾）所蔵

●第六章
・図 1「伊沢多喜男」鷲津敦哉（編纂）『台湾総督府警察沿革誌』第 1 編（台北・台湾総督府警務局，1933 年）
・図 2「津田毅一」『台湾総督府高等官写真帖』（1914 年）
・図 3「林茂生」http://thetaiwanese.blogspot.tw/2006/04/dr-lim-bo-seng.html
・図 4「上山満之進」武内貞義『台湾』（台北・新高堂，1927 年）
・図 5「川村竹治」大塚清賢『躍進台湾大観』（中外毎日新聞社，1937 年）
・図 6「台南高商廃校を報じた『台湾日日新報』の記事」『台湾日日新報』1928 年 9 月 25 日付
・図 7「高島鈴三郎」林進發（編）『台湾官紳年鑑』（1934 年／台北・成文出版社，1999 年復刻）
・図 8「台南市役所」http://timand2002.pixnet.net/blog/post/49535634-%E5%8F%B0%E5%8D%97%E8%88%8A%E6%99%AF

●第七章
・図 1「蔣渭水」蔣渭水文化基金會（台湾）所蔵
・図 2「松岡富雄」佐藤吉治郎（編）『台湾糖業全誌』（台中・台湾新聞社，1926 年）
・図 3「台南高等工業学校初代校長・若槻道隆」國立成功大學（台湾）所蔵 http://www.ncku.edu.tw/~ncku70/menu/006/06_01.htm
・図 4「台南高等工業学校校門」同上

○コラム 3
・図 1「台南高工蹴球部の仲間たち」林忠勝（編著）『劉盛烈回憶録』（台北・前衛出版社，2005 年）

著者紹介

藤井康子（ふじい やすこ）

静岡県生まれ。2011 年，京都大学大学院教育学研究科博士後期課程修了。博士（教育学）。現在，國立清華大學外國語文學系・天主教輔仁大學日本語文學系兼任助理教授。近著として，「1920 年代台湾における市制運動の展開——地方制度改正後の台南州嘉義街における日・台人の動向を中心に——」（『歴史学研究』第 918 号，2014 年 5 月）など。

わが町《まち》にも学校《がっこう》を

── 植民地台湾の学校誘致運動と地域社会 ──

2018 年 10 月 20 日　初版発行

著　者　藤　井　康　子

装　丁　小　泉　　弘

発行者　五十川　直　行

発行所　一般財団法人 九州大学出版会

〒 814-0001　福岡市早良区百道浜 3-8-34

九州大学産学官連携イノベーションプラザ 305

電話　092-833-9150

URL　https://kup.or.jp

印刷／城島印刷㈱　製本／篠原製本㈱

ISBN 978-4-7985-0239-7